Crónicas desde la región más violenta

Crónicas desde la región más violenta

Sala negra de *El Faro*

Óscar Martínez

(Compilador)

DEBATE

Crónicas desde la región más violenta

Primera edición: julio, 2019

D. R. © 2019, Carlos Martínez, Óscar Martínez, José Luis Sanz, Roberto Valencia, Daniel Valencia Caravantes

D. R. © 2019, derechos de edición mundiales en lengua castellana:
Penguin Random House Grupo Editorial, S. A. de C. V.
Blvd. Miguel de Cervantes Saavedra núm. 301, 1er piso,
colonia Granada, delegación Miguel Hidalgo, C. P. 11520,
Ciudad de México

www.megustaleer.mx

ISBN: 978-607-317-772-6

Impreso en México – *Printed in Mexico*

El papel utilizado para la impresión de este libro ha sido fabricado a partir de madera procedente de bosques y plantaciones gestionadas con los más altos estándares ambientales, garantizando una explotación de los recursos sostenible con el medio ambiente y beneficiosa para las personas.

Penguin
Random House
Grupo Editorial

Índice

PANDILLAS

AUSENCIA DE ESTADO

VÍCTIMAS

PANDILLAS

El viaje de la Mara Salvatrucha I.
El origen del odio

Carlos Martínez y José Luis Sanz
Septiembre 2012

Una de las pandillas más peligrosas del mundo era apenas hace 30 años un grupo de jóvenes roqueros recién llegados al sur de California. ¿Cómo se fundó la Mara Salvatrucha? ¿Qué significa el 13? ¿Cómo empezó la guerra con el Barrio 18? Las respuestas están en las calles de Los Ángeles, junto a la historia de la primera tregua.

No es que el joven *palabrero* de la Fulton fuera muy dado a hacer las paces. De hecho, no se ganó el sobrenombre de Satán por promover treguas con sus enemigos.

Era el líder de la *clica* de la Mara Salvatrucha en el Valle de San Fernando, que colinda con la ciudad de Los Ángeles.

Había recibido uno de los mejores entrenamientos del ejército salvadoreño y fueron precisamente sus habilidades militares las que lo convirtieron, al cabo de apenas un año, en el líder de una de las más poderosas *clicas* de la Mara Salvatrucha en Estados Unidos. Decir eso no es poco. Dentro de los protocolos pandilleriles casi nadie pasa en solo un año de ser un bulto movido a patadas durante el bautizo inaugural, el *brinco*, a ser el que decide quién se convierte en bulto y quién no.

Era capaz de armar y desarmar armas cortas y armas largas; sabía de repliegues estratégicos, de emboscadas, de la función de las pequeñas unidades, de la importancia de mantener firmes algunas plazas. Probablemente sabía matar. Sabía mucho de guerra el Satán.

Ernesto Deras, que con ese nombre nació el Satán, jamás fue un Rambo de película salvo tal vez por su voz cansada, porque susurra más que habla, porque parece alguien infinitamente triste.

11

Salvo porque quienes lo conocen dicen que nunca lo han escuchado gritar, ni reírse a carcajadas. Salvo porque se formó con el entrenamiento de Boina Verde que impartían los asesores gringos a los Batallones de Reacción Inmediata durante la guerra civil salvadoreña.

Fuera de eso, Ernesto bien podría ser el cliché del migrante salvadoreño que llegó a Los Ángeles en 1990: era un veinteañero flaco y duro como una rama de guayabo, lampiño y huraño. Venía huyendo de la guerra civil y había entrado a los Estados Unidos a hurtadillas, como un animalillo nocturno.

También es importante decir de nuevo que Ernesto era Satán y que no era muy dado a hacer las paces con los enemigos.

Por eso en 1993, cuando una pareja de mediadores intentó convencerlo de que asistiera a reuniones de paz, tuvieron que mencionar a los que no se mencionan, tuvieron que explicarle que el asunto tenía el visto bueno de la Mafia. Y en esos ambientes todos saben que a los Señores es mejor no hacerles el feo.

***

La pandilla a la que se incorporó Satán en 1990 era una pandilla paria.

Cuando los salvadoreños llegaron en masa a California en los últimos años setenta y en los primeros ochenta —buscando refugio del horror que presentían en su tierra—, los mexicanos y sus descendientes, los *chicanos*, ya tenían décadas de organizarse en pandillas para plantar cara a los desprecios blancos y no estaban dispuestos a que los recién llegados tuvieran en aquellas calles una bienvenida que ellos no tuvieron.

Por eso cuando los salvadoreños fundaron su propia pandilla para plantar cara a los desprecios morenos, los mexicanos y sus descendientes los miraron con asco. No es fácil ser el nuevo del barrio y esperar que los demás te inviten a jugar con ellos. Incluso si el juego consiste en hacerse la guerra.

Como en todo ecosistema, lo esencial para sobrevivir es aprender quién se come a quién. Cuando la Mara Salvatrucha apareció, hacía ratos que en el Sur de California eso estaba claro: cada pandilla podía ser presa de cualquier otra, y en la cúspide de la cadena alimenticia habitaba sola y voraz la Mafia, la organización de los Señores, que a fin de cuentas decidía quién jugaba y quién no.

La Mara Salvatrucha, por ejemplo, no podía jugar.

La Fulton, la *clica* que Satán comenzó a dirigir en 1991, era la única célula de la Mara Salvatrucha en todo el Valle de San Fernando, en el sureste de California, donde guerreaban al menos otras 75 pandillas por esa época. Para todas ellas la Mara era un enemigo común.

La conciencia de saberse presa universal hizo de la Fulton una *clica* arisca, huraña y muy violenta. Los años de ser el enemigo común le enseñaron a desconfiar de todos… por eso cuando en 1993 dos tipos se acercaron a Satán para invitarlo a entrar a una potencial trampa, el instinto militar del muchacho le aconsejó tener un plan de salida, o al menos un plan para que —dado el caso— no fueran los *homies* de la Fulton los únicos muertos de la jornada.

***

Del excampeón mundial de Kick Boxing, William "Blinky" Rodríguez, y de su socio, Big D, hablaremos luego. Por lo pronto basta decir que estos dos amigos de infancia renacidos en el cristianismo se habían embarcado en una cruzada por conseguir lo que parecía una simple tontería de fanáticos religiosos: un acuerdo de paz entre todas las pandillas del Valle de San Fernando.

El asunto se vuelve más terrenal al decir que ambos tenían permiso para ondear el estandarte de la Mafia. Los Señores habían dado el visto bueno a este par de cruzados y eso les garantizaba, como mínimo, la atención de los líderes de todas las pandillas.

El día de Halloween de 1993 los dos mediadores consiguieron reunir por primera vez a decenas de pandillas en el parque Pacoima, en uno de los distritos del Valle de San Fernando, sin que hubiera ningún incidente violento entre ellas. Les hablaron de Dios y les invitaron a acercarse a dirimir sus conflictos hablando… y ocurrió. La prensa californiana miró aquello con una ceja arqueada: ante sus cámaras estaba ocurriendo lo que parecía imposible. A partir de ese día, aquellas reuniones tuvieron lugar cada domingo. Como era de esperar, la Mara Salvatrucha fue de las últimas en ser invitada. Satán sabía lo que estaba ocurriendo y sabía también que la invitación no tardaría en llegarle:

"Llegaron a buscarme. Me llamó la atención y les dije que sí. No a hacer paz, pero que íbamos a ir, porque si no íbamos iban a decir que nos estábamos acobardando. Les dije que llegaría el siguiente domingo, pero me dijeron que esperara para que ellos prepararan el terreno. Dijeron que iban a preparar a los demás para la llegada de la Mara. Tiramos un *meeting* y les dije a los *homeboys*: 'Parece que los Señores están arriba de esto, pero lleven el armamento necesario porque vamos a ver a nuestro enemigo cara a cara, vamos a entrar como una liebre a una jaula de leones'. Fuimos los últimos en llegar al parque de Pacoima. Entramos unos 30 y se quedaron unos 10 afuera, armados. Ellos ya sabían lo que tenían que hacer si algo pasaba. Ahí entramos diciendo: salimos o no salimos.

"Había reporteros, el parque estaba lleno de pandillas, se levantaron todos. Algunos comenzaron a buscar bronca, pero no pasó nada. Cuando los reporteros se enteraron de que era la Mara la que estaba llegando, corrieron a buscarnos, pero los *homeboys* los mandaron al carajo, no los dejaron entrevistarlos ni tomarles fotos. A mí uno de los organizadores me llegó a decir que si me quitaba el gorro, por respeto."

Para dejar claro con quién estaban hablando, Satán se había vestido para la ocasión: llevaba sus holgados atuendos de *cholo* y la cabeza tocada con un gorro en el que se leía: "Fuck everybody", que en una muy libre traducción al español vendría siendo como un "váyanse todos a la mierda". El *palabrero* de la Fulton entró en aquel parque con talante buscapleitos. El excampeón de kickboxing, Blinky Rodríguez, temió que aquel gorro terminara en una batalla campal y le pidió a Satán, con las mejores maneras que supo, que se lo quitara por respeto a sus enemigos. Satán accedió sin darle mucha importancia. Aquel fue el primer gesto de paz de la Mara Salvatrucha.

14

LOS ÚLTIMOS MIGRANTES

Hay quien cree que la Mara Salvatrucha nació en la calle 13 del Suroeste de Los Ángeles. El expresidente de la República de El Salvador, Mauricio Funes, llegó a decirlo en público sin ruborizarse. El problema es que esa calle no existe. Su lugar en esta ciudad de avenidas con estrellas y calles plagadas de pandillas lo ocupa el pulcro Boulevard Pico, muestrario de comercios latinos y paralelo con la calle 12, que corre al norte hacia el ahora revalorizado Downtown, y a la 14, que aparece y desaparece en los mapas una cuadra al Sur.

Hay también quien piensa que la Mara Salvatrucha brotó de una escisión en la *Eighteen Street Gang*. Y sí, esas cosas ocurren en el mundo de enormes promesas de gloria callejera y frágiles lealtades en que habitan las pandillas: la misma *Eighteen Street*, la Pandilla 18, nació a finales de los años cuarenta como una fractura de la veterana Clanton 14, que desde la década de 1920 callejea por la ciudad y es probablemente la pandilla latina de mayor antigüedad de las que aún existen en California.

Pero no, la MS no nació de la 18. El 13 es en realidad un apellido que indica pleitesía a una fuerza criminal mayor, a los Señores, a la Mafia mexicana, que reina en el sur de California. Y la MS tardaría algunos años en necesitar, desear y merecer esa amistad y esos números.

A finales de los setenta en Los Ángeles la Mara Salvatrucha era solo una panda de adolescentes desarrapados y aficionados al heavy metal. Se hacían llamar *stoners* en traducción del término "roquero" y por influencia de los Rolling Stones, como muchos otros grupos de jóvenes —los *Mid City Stoners*, los *The Hole Stoners*…— que por esos días consumían rock y marihuana en las esquinas y parques de sus barrios.

Ninguno de los miembros de la Mara Salvatrucha Stoners pasaba de los 18 años. La mayoría había llegado a Estados Unidos hacía poco, con sus padres que huían de la pobreza en El Salvador. Eran los últimos migrantes en arribar y ninguno podía decir todavía que fuera territorio suyo ni un solo pedazo de asfalto en aquella ciudad compleja plagada de afroamericanos, mexicanos o coreanos.

Aun así, hablar hoy de *stoners* en la Mara Salvatrucha es invocar lo puro, lo radical, lo auténtico. En la Mara, que tiene la memoria borrosa de las tradiciones orales, se suele decir que ya no queda vivo ninguno de aquellos pioneros, pero aún hay pandilleros que aseguran con aparente desinterés haber entrado al juego en aquellos días, conscientes de la herencia de prestigio que eso deja. Los pasados borrosos abundan en la constante guerra por el respeto que se libra en las pandillas.

La policía de Los Ángeles tiene memoria de la existencia de grupos de la Mara Salvatrucha Stoners en 1975. Investigadores como Tom Ward, de la Universidad de California, han constatado la fundación de pequeñas *clicas* o núcleos de *stoners* de la MS en 1978.

No hay certeza de cuál fue su primer asentamiento, pero algunos veteranos salvatruchos angelinos cuentan que a finales de los setenta una docena de *stoners* comenzó a reunirse habitualmente en el Seven Eleven que aún existe en el cruce de Westmoreland Avenue y James M. Wood Street. Esa, la Seven Eleven, fue probablemente la primera *clica* de la Mara Salvatrucha. Todavía hay en Los Ángeles y en El Salvador pandilleros que se *brincaron* años después y pertenecen a ella.

Los salvatruchos se sentían malvados. Vestían jeans ajustados y rotos a la altura de las rodillas, camisas negras con portadas de discos de AC/DC, Led Zeppelin o Kiss, y largas melenas que gritaban rebeldía. Se involucraban en peleas con grupos similares, robaban caseteras de carro y se hacían respetar en escuelas como la *Berendo Middle School*, a cuatro cuadras del cruce entre Normandie Avenue y Pico Boulevard. Algunos incluso presumían de ser satánicos mientras cantaban "Hell Bent for Leather", de Judas Priest. Pero apenas tenían más horizonte y ambición que sentirse fuertes e ir juntos al próximo concierto y levantar el puño simulando con los dedos un par de cuernos. De momento.

***

En la primavera de 1984 la cercanía de la inauguración de los Juegos Olímpicos hizo que la alcaldía de Los Ángeles decidiera barrer de sus calles todo aquello y a todos aquellos que pudieran ensuciar la fotografía de lo que debía ser una demostración de la superioridad deportiva y social de Occidente sobre el enemigo soviético.

En plena Guerra Fría, cuatro años después del boicot estadounidense a los Juegos de Moscú, Ronald Reagan quería que los de Los Ángeles no solo pasaran a la historia como los primeros juegos rentables y organizados por una corporación privada, sino como un escaparate de la armonía social prometida por la receta única del modelo capitalista.

En un planeta atenazado por la amenaza nuclear, Los Ángeles debía ser una ciudad segura. Y esa seguridad pasaba por limpiar de pandillas el centro-sur y el oeste de la ciudad, aunque fuera por unas semanas. Las calles se militarizaron. Hubo redadas y planificadas detenciones masivas. Los sospechosos habituales fueron encarcelados. Los cabecillas de las principales pandillas latinas, negras y asiáticas de la ciudad estaban entre ellos.

La Chele ya era por esos días miembro de la Mara Salvatrucha y vestía como una *stoner*. Aunque nació en El Salvador, se crio en Los Ángeles. A los ocho años soportó burlas de otras niñas porque, aunque hablaba mejor inglés que castellano, no sabía jugar a las Cuatro Esquinas, un típico juego infantil estadounidense. A los 11 una amiga de la escuela trató de convencerla de que se uniera al Barrio 18 y no quiso. Cuando tenía 13 años, harta de soportar golpes y sentirse acorralada por las pandillas *chicanas* de su instituto, se unió a la Mara.

—Para los Juegos Olímpicos de 1984 los policías levantaron a los *cholos* pesados de las pandillas grandes, y el vacío ayudó a asentarse a la Mara —dice.

—¿Por qué solo a la Mara?

—No, no solo a la Mara. En todo Los Ángeles el número de pandillas aumentó, y sus membresías crecieron.

Descabezadas, muchas *clicas* de pandillas angelinas pasaron durante los años 84 y 85 por violentas batallas internas para redefinir liderazgos. La Mara, ajena todavía a las luchas intestinas por un poder que no tenía, se dedicó únicamente a crecer por la vía de cautivar a los cada vez más y más adolescentes salvadoreños que llegaban a Los Ángeles con sus familias, huyendo de la guerra civil; y a ganar territorio peleándolo con los puños o con cuchillos.

—Sam, el águila, la mascota de aquellos juegos, fue el culpable de lo que la Mara es hoy —dice la Chele. Y se ríe.

Los detalles de cómo la Mara fue arrebatando terreno a las pandillas *chicanas* dependen de quién relate la historia. Pandilleros de Los Ángeles cuentan hoy lo que quieren recordar o lo que oyeron de sus *homeboys* más veteranos: que armados de juventud y furia guanaca arrebataron ferozmente las esquinas y las calles a hombres menos locos, menos tenaces o simplemente menos hombres.

Pero hay versiones menos épicas. Un veterano de la pandilla *Playboys* cuenta, por ejemplo, que en los primeros años ochenta el Flaco, *palabrero* de la *clica* Playboys Normandie Locos, que controlaba el cruce entre Normandie Avenue y la 8th street, recibió una grave herida de bala en la espalda y tuvo que someterse a varias operaciones. Cuando al cabo de algunos meses el Flaco salió del hospital, atado para siempre a una silla de ruedas, algunos de sus *homeboys* se habían dispersado por la ciudad y su *clica* estaba deshecha. La Mara Salvatrucha, antes sometida, huesped en territorio *Playboys*, heredó ese cruce de calles sin dueño e hizo suyo el nombre de la desaparecida *clica* de los *Playboys* para alumbrar una de sus *clicas* más poderosas: la Normandie Locos Salvatrucha.

Fueron meses de crecimiento y de cambios frenéticos para la Salvatrucha. Quienes se integraron a la Mara en la segunda mitad de los ochenta cuentan que la mayoría de las pandillas *chicanas* no aceptaba a aquel grupo de recién llegados y los condenó a un constante acoso, a una evidente enemistad. Como si pensaran que discriminar al recién llegado, al nuevo migrante, otorgara al victimario un carné de no migrante. Como si uno tuviera que discriminar como un estadounidense para ser estadounidense.

Los mareros eran ridiculizados en las cárceles y en las calles por utilizar palabras como *cipote, cerote, vergo* y *mara*, que los *chicanos* consideraban vulgares. Pero esa reivindicación de origen, de carácter, los fue consolidando. Solos, se unieron más. Golpeados, se fortalecieron. La Mara Salvatrucha no gustaba pero cada vez pasaba menos desapercibida. Pronto se ganó fama de brutal. Mientras

18

otros grupos peleaban con cadenas y cuchillos, la MS comenzó a utilizar cumas; antiguos miembros de la *Playboys* dicen haber conocido a mareros que caminaban armados con hachas.

A medida que algunos de sus miembros eran detenidos por pequeños delitos y enviados a las prisiones juveniles, su identidad metalera fue quedando en un segundo plano y su carácter de pandilla callejera cobrando forma. Con las melenas afeitadas a la fuerza nada más ingresar al penal, aislados de sus compañeros en las calles e indefensos frente a grupos enemigos más numerosos en los patios, los salvatruchos fueron aprendiendo los códigos carcelarios del sur de California y se vieron en la necesidad de asumir la estética de los *cholos* para tratar de diluirse en el grupo.

Si la calle fue en los primeros años de la Salvatrucha un espacio relativamente libre en el que abrirse camino, la cárcel se convirtió en el verdadero espacio de socialización para esos nuevos migrantes. Como una procesadora de carne que te convierte en lo que el sistema te dice que eres, la cárcel acabó de educar en la lógica pandilleril de Los Ángeles a los miembros de la Mara.

Si el sistema te dice que eres como los demás, un pandillero latino, tú lo asumes y te vistes como lo que te han convencido que eres: un pandillero latino.

Para 1985 la mayoría de *clicas* de la MS había dejado atrás la estética, la identidad y el apellido *stoner* y en los años siguientes se fueron integrando en la rutina de la venta de drogas a pequeña escala, o extorsionaban a los *dealers* de su zona. Dominar la calle no tenía sentido si no se podía obtener beneficio económico por ello. Competir con otras pandillas era querer ganar en todas las categorías: presencia, control, violencia… dinero. La Chele recuerda cómo los *homies* que salían de la cárcel iban aleccionando a los nuevos en las artes de la intimidación y el poder, aprendidas en largas conversaciones de celda. Ella misma, a la salida de una breve estancia en un penal, se encargó de poner orden en su *clica*, que según ella perdía dinero porque solo cobraba el impuesto a los vendedores de droga una vez a la semana.

—El *homie* que había estado encargado me dijo: "¿Como venís de la *pinta* creés que podés mejorar la teoría?", y yo le dije: "Simón, la renta se cobra cada día, y además los *traqueteros* te miran a leguas llegar con esa *troca* roja tuya, se te esconden y por eso no apañas nada".

—¿Explicaron las nuevas reglas a los *dealers*?

—Ellos ya sabían cómo era la onda. Pero se les dejó decidir: si querían vender droga en territorio de la pandilla debían pagar renta, o se podían ir a otro territorio. Siempre tiene que haber más de una opción; sin eso el ser humano no dispone de, digamos, voluntad. Y la voluntad es lo que realmente nos separa de las bestias.

—¿No hubo quién se resistió a pagar a diario?

—Siempre lo hay, pero cuando alguien abre un negocio sin registrarse en el Ministerio de Hacienda tarde o temprano llega alguien a pedirle el tributo. Hubo que dar algún castigo ejemplar, claro, de la misma manera que un *padrote* cachetea una prostituta para dar un ejemplo o que una monja en un orfanato golpea las manos de un huerfano con la Biblia... Creeme, todo en las pandillas es un reflejo de la sociedad.

—¿La mara mató a alguien para dar ejemplo?

—Eso te lo puede contestar mejor la Policía... La violencia es mala para el negocio, pero nadie dijo que estos locos tenían un MBA [maestría en administración de empresas].

La Mara había conservado el símbolo de los cuernos metaleros, al que ahora los salvatruchos llaman "la garra", pero sin tiempo apenas para disfrutar su adolescencia era ya una pandilla adulta. Tenía al menos 12 *clicas* en el centro-oeste de Los Ángeles, entre las que destacaban la Normandie, la Hollywood, la Leeward y la Western.

Había cultivado en el vecino Valle de San Fernando una *clica* más, especialmente díscola y desafiante, la Fulton, que rápidamente creció y se ganó respeto entre sus iguales. Esa *clica* que algunos años después iba a liderar Ernesto Deras, Satán.

La Salvatrucha tenía ya incluso un primer mártir, asesinado ese mismo año, 1985, en el parqueo posterior del Seven Eleven de la James M. Wood Street. En ese mundo, matarte es de alguna manera aceptarte, dejar claro que se te considera parte del juego de la guerra por las esquinas. El apodo del primer MS muerto en las guerras entre pandillas, un apodo todavía *stoner*, era Black Sabath.

Un paseo por Gangland

El edificio Curacao no va a aparecer nunca en un atlas de arquitectura. Al menos en ninguno sobre obras bonitas, o construidas para adornar nada. Es un monstruo gordo de cemento y vidrios oscurecidos, con el mismo encanto de un general golpista parado en medio del distrito de Pico Union, en la frontera sureña del West Side de Los Ángeles.

La única virtud de esa mole —al menos si uno no tiene que pasar en ella ocho horas diarias— es la fragancia única que despide la sucursal de Pollo Campero que perfuma los primeros pisos. Esta cadena guatemalteca de pollo frito se ha convertido en el centro de las nostalgias estomacales de los salvadoreños y quizá ese perfume, que recuerda a la tierra dejada, pueda darle a este edificio duro algún ligero baño de ternura.

El *downtown* angelino no consigue sacudirse aún la mala fama que le dejaron las décadas de los años ochenta y noventa. En aquel tiempo se le presuponía un lugar lleno de chusma, de malolientes mendigos negros que arrastraban carretas de supermercado llenas de basuras acaso más malolientes que ellos mismos; de hordas de enloquecidos latinos matándose entre sí por cualquier esquina mugrosa; de lugar de despacho de drogas, de robos, de balaceras. En otras palabras, los gringos lo presuponían un lugar lleno de migrantes ilegales. Y tenían razón.

Con la llegada de nuevas oleadas migratorias, los barrios poblados de indocumentados fueron corriéndose hacia las periferias del *downtown*, arrastrando con ellos el sonido molesto que hacen los marginados al llegar. Uno de esos lugares es el distrito de Pico Union, epicentro de la migración salvadoreña de aquellas décadas. Ahí está ahora la torre Curacao perfumada de Pollo Campero.

En el séptimo piso de ese lugar, en medio de un pasillo en el que las apretujadas oficinas comparten un baño, está la sede de *Homies* Unidos, que preside un salvadoreño pequeño y de barriga pronunciada llamado Alex Sánchez.

Una hoja de vida no oficial de Alex Sánchez diría algo así: llegó a Estados Unidos a los siete años huyendo de la guerra civil.

Siendo muy joven ingresó a la Mara Salvatrucha y asegura que tiene el abolengo de haber sido *stoner*. Fue deportado a El Salvador en 1994. Volvió a entrar ilegal a los Estados Unidos un año después para fundar la organización de prevención y reinserción juvenil que aún dirige.

Homies Unidos goza en Los Ángeles de alta credibilidad, algo que en los últimos años ha perdido su homóloga salvadoreña.

En 2002 Alex Sánchez consiguió convencer a un jurado de estadounidenses de que en El Salvador su vida corría peligro debido a su pasado pandilleril y se convirtió en uno de los pocos casos en los que ese gobierno concede asilo humanitario. En 2009 una embestida del FBI en contra de la MS se lo llevó entre las patas: fue sacado de su casa y acusado de llevar una doble vida, como activista por la rehabilitación de pandilleros y como líder de la Mara. Junto a otras 24 personas fue acusado de una larguísima lista de crímenes, entre ellos el de asesinar y el de conspirar para asesinar. Estuvo dos años en la cárcel y tras un masivo movimiento civil en su favor fue puesto en libertad con la condición de que no abandone el estado de California, de que no beba alcohol y de que no tenga ninguna relación —eso incluye hablar— con miembros de la Mara Salvatrucha. Hasta la fecha, el caso sigue vivo en las cortes de California y su juicio está programado para 2013.

Habrá que decir que no encontramos a nadie en Los Ángeles, luego de hablar con funcionarios públicos, pandilleros activos y retirados, investigadores académicos y expertos, que creyera que Alex Sánchez es culpable de esos cargos. Él dice al que quiera oírlo que ha sido víctima de un complot tramado por policías vengativos.

En resumen, la vida de Alex Sánchez ha estado cruzada, como una cicatriz en la cara, por las pandillas; y cuando le pedimos que nos explicara algo importante sobre ese mundo nos dijo lo siguiente:

—El de las pandillas es un juego en el que, desde el momento en que te *brincas*, autorizas al enemigo a matarte en el momento en que te vea, por el solo hecho de ser de la pandilla que eres. En realidad, ser pandillero es, esencialmente, autodestructivo. Es solo una forma de suicidio.

Alex dejó la pandilla hace 10 años. En sus propias palabras dejó de suicidarse cada día hace 10 años.

—¿Por qué crees que las pandillas latinas se matan entre sí? Mira el rostro de un mexicano, de un salvadoreño, de un hondureño, un guatemalteco. ¿Qué ves? El mismo color de piel, y restos de los mismos rasgos aztecas, mayas. Y no ves a las pandillas latinas matando a blancos, ni peleando por el territorio de las pandillas afroamericanas, aunque sean enemigas.

—¿Qué quieres decir?

—Que la violencia de las pandillas nace de no querer ser quien eres. Es una lucha contra uno mismo, contra el espejo.

***

En los años ochenta, el mejor espejo de la Mara Salvatrucha era la veterana pandilla 18, que ya tenía 30 años de vida. Mientras otras pandillas de raigambre *chicana* rechazaban a los migrantes no mexicanos, o incluso se negaban a recibir a los nacidos en México, decididos a enarbolar únicamente la bandera *chicana*, la *Eighteen Street* se definió por ser una pandilla abierta a migrantes latinos de origen diverso, lo que le permitió convertirse rápidamente en una de las mayores pandillas de Los Ángeles. Todavía hoy, entre sus miembros, se usa el término "la grandota" para referirse a la 18.

La coincidencia geográfica de ciertas *clicas* de ambas pandillas, cierta visión paternalista de la 18 hacia los recién llegados, y la fuerte presencia de salvadoreños entre sus filas, facilitaron la afinidad entre la 18 y la Mara Salvatrucha. Las dos pandillas caminaban juntas. Miembros de una y otra acudían a las mismas fiestas y peleaban juntos frente a enemigos comunes.

Algunos dieciocheros con sangre salvadoreña admiraban, en secreto, la identidad de la Salvatrucha, que se negaba a ser igual que el resto. Si cuando llegué hubiera existido una pandilla salvadoreña como la ms, pensaban, yo ahorita no sería 18.

Muchos, para entrar en pandillas como la *Playboys*, habían ocultado y siguieron ocultando durante años que eran de San Julián, Chinameca o Santa Rosa de Lima. Otros, incluso en la plural pandilla 18, habían borrado su acento para no ser menos, para ser uno más. Los salvatruchos no se obligaban a sí mismos a hablar como *chicanos* ni renunciaban a su origen: lo llevaban en el nombre de su pandilla. Una antigua pandillera de la 18 recuerda que en los primeros ochenta coincidía habitualmente en fiestas con los miembros de la MS y les ordenaba en son de broma que se cortaran el pelo, que vistieran mejor, que dejaran atrás su apariencia de vagos con pantalones rotos.

"Les decía que olían mal, y a alguno que me trató de conquistar le dije que ni se le ocurriera que iba a amarrar con uno de ellos —dice—. Pero éramos aliados. Y aunque se prohibía a las chicas de la 18 andar con chavos de otros barrios, varias *homegirls* mías acabaron de novias con *homies* de la MS."

Las barreras entre ambas pandillas eran tan porosas como la piel humana. Incluso ahora que la frontera entre la MS y la 18 tiene como centinela a la muerte, hay casos de dieciocheros que forman familia con chicas tatuadas con la M y la S, y viceversa. En aquellos días el cruce de miradas era normal. El lazo de afectos, tolerado.

Clicas de ambas pandillas llegaron a compartir territorio. Los MS de la Leeward y los dieciocheros de Shatto Park llegaron incluso a rifar barrio juntos, haciendo con la mano un gesto que unía en una sola seña la E de la *Eighteen Street*, la 18, y los cuernos de la joven MS. La Salvatrucha y el Barrio 18 juntos en una sola mano y unidos en el gesto por el que en una pandilla se grita, se mata o se puede morir.

Si alguna vez la Mara Salvatrucha tuvo un hermano en Los Ángeles se llamó Barrio 18. Tal vez por eso allí las dos pandillas colocan hoy su enemistad por encima de las que mantienen con el resto de grupos callejeros. El odio es siempre más profundo cuando se ha querido, cuando se ha estado cerca, cuando el sentimiento de traición esconde un dolor más íntimo: la vergüenza de haber confiado.

***

Alex Sánchez aprendió las reglas del odio primigenio por las malas y siendo un niño recién llegado a una jungla donde las normas ya estaban puestas: si tu acento y tus palabras suenan raras serás el bufón, a menos que tengás los huevos de marcar una raya a fuerza de puños.

A los ocho años propinó su primera paliza a un *chicanito* que le rompió un avión de papel. Fue suspendido de la escuela, pero su padre tenía dos trabajos y su madre estaba empleada en una fábrica a tiempo completo. De todos modos ninguno hablaba inglés, así que cuando llegó la notificación escolar, él mismo la firmó y asunto arreglado.

Los años le fueron borrando el acento salvadoreño y aprendió a desaparecer, a mimetizarse, a sentir vergüenza por el lastre heredado de sus padres: ese acento de mierda, esas palabras ridículas, ese país que era solo una sombra borrosa que no dejaba de perseguirlo. Con el tiempo descubrió que no era el único salvadoreño que iba por la vida disfrazado de *chicano*, que había otros muchachos que incluso habían conseguido colarse en algunas de las pocas pandillas que permitían el ingreso a personas de dudosa procedencia, como la *Eighteen Street*, o la *Playboys*.

Hasta que conoció al Cuyo.

Alex tenía 14 años cuando el Cuyo le presentó a la Mara Salvatrucha, una agrupación de adolescentes a la que la palabra pandilla aún le quedaba grande, como cuando los niños juegan a ponerse las corbatas y los zapatos de los adultos. Pero aquel grupo de jóvenes tuvo para Alex Sánchez un brillo genuino, abrazador: hablaban como lo que eran, un puñado de chavitos salvadoreños plantando cara a un mundo de *chicanos* y ganándose el derecho a estar ahí sin esconderse de nadie y levantando bandera. Claro que se sumó. Al poco tiempo él mismo se había embarcado en levantar las primeras *clicas* infantiles con estudiantes de la *Berendo Middle School*, cercada por las calles Berendo y Catalina. Fue parte de la *clica* Catalinos Locos, que luego, al descubrirse en conflictos abiertos con otras pandillas, tuvo que diluirse en una más grande, la Normandie, donde había muchachos un par de años mayores que él.

—Alex, ¿cómo comenzó entonces la guerra contra la pandilla 18?

—Esas primeras *clicas* de la MS se estaban defendiendo contra las otras pandillas que estaban en el área, sin embargo con la 18 siempre hubo una amistad, porque la pandilla 18 ya existía, y para muchos antes que la MS existiera, la 18 era la única pandilla que aceptaba inmigrantes centroamericanos. Entonces ya había pandilleros salvadoreños adentro de esa pandilla, y se mantuvo una relación con la 18 por muchos años. A veces los problemas suceden porque los muchachos acá se empiezan a pelear y ya van los malos acuerdos, los malos entendidos y de una pelea se llega a una enemistad y termina alguien muerto y empieza todo.

—Pero ¿cómo comenzó la guerra?

—Con la 18 se mantuvo una relación íntima.

—¿Íntima?

—O sea que la 18 y la MS tenían muchos enemigos y amigos comunes, con algunas excepciones como por ejemplo la pandilla *Easy Riders,* que siempre mantuvieron una relación buena con la MS pero no se llevaban con los 18. Pero en general la MS y la 18 nos defendíamos juntos en todo lugar. También a veces en las cárceles nos defendíamos entre todos contra otras pandillas. Pero el problema fue que había una *clica* de la MS que se llamaba King Boulevard Locos y ahí fue cuando hubo una pelea.

—¿Qué? ¿Llegó un 18 a matarlos?

—No... O sea, no, porque se llevaban... pero hubo una pelea parece que por una jovencita, y entonces el muchacho que perdió la pelea, de la 18, parece que no quedó satisfecho...

—¿Eso fue en la calle?

—Fue en un callejón, ahí donde se juntaban los MS entre King Boulevard y la Normandie.

—[Tomando nota en la libreta] En-tr-e Ki-ng Bo-u-le-vard y la Nor-man-die.

—Mirá, si querés nos vamos a verlo.

***

Salimos del edificio Curacao en el Mazda compacto recién alquilado, con Alex Sánchez como copiloto, por el West Olimpic Boulevard, que conecta el *downtown* con el West Side. Avanzamos hasta la calle Alvarado y doblamos a la izquierda. Pasamos el cruce con el

Boulevard Pico, legendario en la nomenclatura pandilleril. Justo en la intersección de ambas calles hay un restaurante muy bien montado, que a simple vista parece una sucursal de cualquier cadena gringa de comida rápida y que en grandes letras rojas tiene escrito: "Pupusería".

Seguimos recto por la calle Alvarado, hasta que se convierte en Hoover, que corre paralela a la calle Bonnie Brea; atravesamos el Boulevard Venice —en la intersección hay otra ostentosa pupusería—, hasta cruzar a la derecha en el ancho Boulevard Washington. Durante todo el recorrido los rótulos son en español y mientras se van sucediendo las "lavanderías", "taquerías" y ventas de autos —no *cars*, no *vehicles*— Alex Sánchez va pronunciando, como en una lotería, los nombres de las pandillas que reclaman cada cuadra: Drifters, Playboys, Mid City, Harpies, Easy Riders...

En el ecosistema angelino las pandillas tienen más de una preocupación. Generalmente sus territorios son estrechos, apenas divididos por callejuelas delgadas o, con suerte, por boulevares o avenidas que permiten mayor certeza acerca de quién controla cada acera. Algunas veces, dos pandillas vecinas se ven obligadas a rotular la misma esquina y a poner flechas en direcciones opuestas para que haya alguna seña que clarifique las fronteras. Otras veces —las más— simplemente viven en pleitos potencialmente mortales con sus vecinos más próximos. No siempre la 18 es la principal preocupación de la ms y viceversa. Se pelea con el que se tiene a la mano.

Los orígenes de este abanico de pandillas son muy variados: las hay que fueron un club de carros, o equipos de fútbol americano barriales, o no tan barriales, o agrupaciones de grafiteros... Actualmente se calcula que hay en Los Ángeles aproximadamente 400 pandillas latinas. Más de 700 en el Sur de California. Por no contar las pandillas negras, asiáticas, caucásicas...

Avanzamos sobre el Boulevard Washington, y aparece en paralelo, de forma intermitente, la calle 18. Un semáforo nos obliga a detenernos al lado del inmenso *Angelous Rosadale Cementery*. Ahí están sepultados cuatro hermanos amigos de nuestro guía. Los cuatro eran Easy Riders. Los cuatro murieron en las guerras pandilleriles de antaño. Un rótulo azul anuncia, justo después del cementerio, que esa calle ancha que atraviesa el Boulevard Washington es la avenida Normandie. Estamos entrando en territorio de la Mara Salvatrucha. Bajamos por la Normandie, que se introduce en una zona residencial de calles menos transitadas.

Durante los ochenta y noventa aquí se libraron auténticas guerras. Las calles estaban rotuladas con la marca de sus dueños y los *homeboys* más jóvenes patrullaban las calles con armas de fuego, listos para defender el territorio que reclamaban. Los extraños eran de dos tipos: compradores de drogas o enemigos. En ambos casos había que estar listos para dar la respuesta adecuada.

Todo ese panorama cambió con las leyes conocidas como *gang injunction*, que aun hoy prohíben que tres o más pandilleros fichados por la policía como miembros de una organización delictiva estén juntos en la vía pública, so pena de ser arrestados y de pagar una multa de 1 000 dólares. Sumado, siempre, el riesgo de ser deportados. Desde finales de los ochenta y, sobre todo, durante la segunda mitad de los noventa, las *gang injunction* hicieron a las pandillas cambiar de hábitos.

Ahora las calles del suroeste de Los Ángeles lucen como las de cualquier vecindario pacífico, donde los residentes pasean diminutos perros y las ancianas conversan en las aceras. De tanto en tanto, tatuadas en un árbol, o tímidas, sobre el propio suelo, se leen las iniciales de alguna *clica*. No hay pandilleros en las esquinas. Sin embargo, ojos desconfiados observan desde los balcones de los edificios.

El recorrido por este paisaje de calles con nombre de *clica* está por terminar. Dejamos la Normandie para entrar en el boulevard Martin Luther King Jr, donde Alex Sánchez nos da instrucciones de detenernos para entrar en un estrecho callejón, en el que el pequeño Mazda cabe justo. Es difícil en Los Ángeles encontrar una callejuela de tierra como esta. Sobre el piso se acumulan los charcos lodosos y a los lados crecen matorrales sin dueño al pie de cercas de madera. Unos mendigos negros han construido una champa de plástico al lado de la pared en la que alguna vez estuvo escrito "Rest in peace Shaggy". Aquí fue donde todo comenzó.

28

La venganza del Shaggy

El cruce de Normandie Avenue con Martin Luther King Jr. Boulevard es territorio de la *clica* Western Locos de la Mara Salvatrucha. Y el largo callejón que se esconde a pocos metros, paralelo a la King Jr. y a Browning Boulevard, era en los ochenta un lugar habitual de reunión para la MS. Todas las casas de la cuadra tienen todavía hoy dos pisos con ventanas de madera, una cochera y un pequeño jardín con puerta trasera al callejón. Dicen que la fiesta, aquella noche a finales de 1989, fue en una de esas casas.

En reuniones como aquella, pandilleros de la Salvatrucha y de diversas *clicas* de la 18 solían compartir cerveza y licor mientras en la atmósfera flotaba el olor alegre de la marihuana. La gente entraba y salía, y siempre había alguien nuevo a quien conocer en aquella telaraña de relaciones que era la estructura de *clicas* a lo largo y ancho de todo Los Ángeles. En la calle y en las casa de los vecinos resonaba con descaro la música a todo volumen: rock y hip-hop del momento, intercalado con algunos *oldies* de James & Bobby Purify, o de Mary Wells. Los dieciocheros insistían en pedir música de los sesenta, en llevar ellos trajes amplios de *pachuco* y sombrero, en hacerse ellas altísimos peinados. Vestir como pandilleros *old school* era una suerte de reivindicación de su historia, porque la tenían.

La Salvatrucha estaba apenas empezando a escribir la suya y solo respiraba el momento presente.

Nadie parece recordar el nombre de la chica por la que inició la discusión, pero la mayoría de versiones coincide en que aquella noche la fiesta se rompió en una pelea entre el Shaggy, de la Western, y un dieciochero que acabó yendo por una subametralladora UZI y resolvió la disputa en el callejón, a balazos. Así lo cuentan, sin más. Como si las muertes nacieran de la nada, la memoria ha reducido aquel episodio trascendental a la imagen de un arma siendo disparada. Como si aquel estallido no necesitara explicación porque se diera por sobreentendido que la fiesta estaba bañada en pólvora. Dicen que el cuerpo del Shaggy quedó tendido sobre el suelo de tierra de ese callejón, en el que hoy duermen los vagabundos.

Pero ni siquiera eso es seguro. La génesis de la religión del odio es confusa.

El investigador estadounidense Tom Ward, que desde hace 20 años pregunta a pandilleros de los dos bandos cómo comenzó su guerra, ha recogido otros testimonios que hablan de un *drive by*, un ametrallamiento desde un carro en movimiento, en el que pandilleros de la MS quisieron matar a miembros de una pandilla rival, los *Harpies*, y por error alcanzaron a un dieciochero que se encontraba con ellos. Según esta versión, el Barrio 18 pidió a la MS una compensación económica por la muerte de su *homeboy*, un gesto habitual entre pandillas para demostrar arrepentimiento o pedir perdón. Pero la Mara no quiso pagar. Lo consideró una humillación y reclamó a la 18 por permitir que sus miembros se reunieran con los *Harpies*, enemigos de sus amigos.

Nadie cuenta, en ninguna de las versiones, quién apretó aquel primer gatillo. El nombre de quien desencadenó la guerra entre la Mara Salvatrucha y el Barrio 18 ha desaparecido hasta de los rumores.

***

Alex Sánchez cuenta que la noche que mataron al Shaggy él estaba con amigos en su *cancha*, cerca de la esquina de Normandie con la 8th, cuando llegó alguien a darle la noticia. "Ya se reventó", le dijeron.

No le extrañó. En los últimos años los roces con la 18 se habían ido haciendo más y más habituales. Por disputa de negocios, por enemistades personales, porque la calle engendra odios. Pero por encima de todo, la lenta pero constante migración hacia las filas de la Salvatrucha de dieciocheros salvadoreños ansiosos por dejar de fingir que eran *chicanos,* que se toleró en un principio, se había tornado cada vez más incómoda para los líderes del Barrio 18, inquietos por ver crecer a su hermano pequeño e indignados porque lo hiciera a costa de ellos, robándoles.

—Sentían que la Mara Salvatrucha les estaba faltando al respeto —dice Alex Sánchez.

Y en el mundo de las pandillas cuando desaparece el respeto no queda nada que preservar y se esfuma la hermandad. Roto ese himen simbólico, en las pandillas solo queda el diálogo escueto y brutal de la violencia.

La noche que mataron al Shaggy, según cuenta Alex Sánchez, hubo quien propuso de inmediato buscar una solución pactada, tratar de ahogar el eco de las balas ya disparadas, antes de que se confundiera con el sonido de las balas de respuesta.

—Dijimos que había que hablar de lo que había pasado, tratar de ver una solución. No se podía empezar una guerra así con esta gente porque… porque no.

—¿Por la amistad? ¿Para que la Mara no sumara un nuevo enemigo?

—No me crean, pero en la Normandie éramos diferentes, porque en la zona de la Normandie estaban todavía los *Playboys* y mi *clica* en esos años todavía se llevaba muy bien con los *Playboys*, aunque eran enemigos de la 18. A nosotros de cierta manera no nos caían muy bien los 18. Pero otras *clicas* estaban bien atadas a ellos, y esa era la relación que se tenía que mantener.

—¿Y qué hicieron para solucionarlo?

—Nada. Se iba a tratar pero no dio tiempo. Los muchachos de la Western y los amigos íntimos de Shaggy no dieron oportunidad, y al amanecer ya había como cuatro muertos.

Engrasar la maquinaria de la venganza después de aquello fue fácil. El Barrio 18 y la Mara Salvatrucha eran tan cercanas que cada pandilla conocía los escondites de la otra y dónde vivían sus miembros. En los años que siguieron, cuando a un enemigo se le encendía una *luz verde*, una condena de muerte, siempre había alguien que sabía dónde encontrarlo. Y los nombres de los muertos nuevos fueron haciendo olvidar a aquellos primeros.

—A los pandilleros no les importa la historia. Si les importara, estarían estudiando historia en la escuela —dice Alex Sánchez—. Yo conocí al Shaggy. Cuando lo mataron tenía más o menos mi edad, 17 años. Solía verlo pasar la tarde en un Taco Bell cerca de aquel callejón, junto a su novia. Pero ahora casi nadie en la Mara se acuerda de él. Viene la gente, se va… y solo quedan leyendas.

***

—¿De verdad crees que todo esto empezó solo por una mujer? Sentada en la terraza de un bar en San Salvador, con su segunda cerveza delante, la Chele lanza una mirada de cansancio y repite lo que nos ha dicho ya otras veces: que la gente inventa historias, que agarra los hechos y les pone orejas y rabo, que en este mundo de las pandillas los *homies* hablan como si lo supieran todo pero casi nadie sabe de verdad qué o quién pasó por la historia de la Mara. La Chele suele presumir de feminista y ha apuntado con una pistola a la cabeza de hombres que la quisieron mirar de menos, pero repite que la guerra entre la Mara Salvatrucha y el Barrio 18 empezó por algo más importante que el cariño de una chica.

—Pues eso dicen: que esa noche comenzó el pleito y que a la mañana siguiente ya había cuatro muertos —le insistimos.

—Pues sí, pero la cosa no pasó de un día para otro. Venía de antes. La onda es que por esos días tres salvadoreños de la 18 se habían brincado a la Mara, pero por decirlo de algún modo no se habían salido de la 18 primero. Y dos de esos se habían brincado a la *clica* Western Locos.

—¿Y estaban en esa fiesta?

—Parece que sí. La cosa es que en esa fiesta se discutió por eso, y ahí viene lo de la UZI. Al Shaggy las balas le volaron una mano y lo mataron. Pero no fue planeado. Y el siguiente muerto no fue esa noche. Fue días después, esa misma semana.

—¿Quién fue?

—El Funny, de la 18. El Funny pasaba por el territorio de la Normandie sin saber nada de lo que había ocurrido, y los *homies* de la Mara lo llamaron. En una casa lo tuvieron horas haciéndole de todo, hasta que lo mataron.

—¿Para vengar al Shaggy?

—Sí. Iban uno a uno. Ahora se ha perdido la cuenta. Pero no fue por una mujer.

Una mujer es, en la pandilla, un ser insignificante. Hay veteranas pandilleras en Los Ángeles que dicen que a ellas, en su barrio, se les ha respetado, que han sido un igual, que su barrio es diferente a los otros, pero en la mayoría de pandillas latinas de Los Ángeles y especialmente en sus ramificaciones centroamericanas, hoy una mujer es un ser insignificante que no vale nada.

En Los Ángeles, desde hace años, *clicas* de la Mara Salvatrucha como la Fulton —la *clica* de Satán— no brincan a mujeres y las condenan a caminar a su lado con un rango menor al del pandillero. Temen que sean más propensas a delatar a sus *homies* o que causen conflictos internos. La pandilla 18, en El Salvador, tampoco acepta ya a mujeres en sus filas. La mujer da apoyo logístico, colabora en los negocios, es concubina de uno o de varios pandilleros, pero no tiene voto ni voz, ni merece la venganza que el honor exige cuando el enemigo mata a un *homeboy*. La mujer es prescindible.

Hay aguerridas excepciones. Como la misma Chele, que en Los Ángeles acumuló y conserva respeto. O como La Reina, una agresiva líder de la Mara Salvatrucha en Honduras a la que pandilleros en varios países atribuyen el control de buena parte del negocio de la droga y las armas en San Pedro Sula. Mujeres con más hombría que sus propios hombres. Eso: excepciones.

Por eso resulta extraño, retorcido casi, que pandilleros de los dos bandos enemigos aseguren, tanto en Los Ángeles como en Centroamérica, que el odio entre la Mara Salvatrucha y la pandilla 18 se originó en una pelea por una chica.

—El tema de fondo es que ellos no querían que los salvadoreños de la 18 se hicieran de la Mara —insiste la Chele—. Querían que estuviéramos siempre a la sombra del grupo hispano más dominante.

—…

—¿De verdad crees que por un pleito por una mujer alguien iba a torturar a un hombre durante horas? ¿Que por una mujer le iban a introducir a un infeliz un palo de escoba por el ano, como le hicieron al Funny? No, hombre… fue algo más importante.

***

No cambia nada saber si alguna vez existió esa Helena de Troya de los callejones de Los Ángeles por la que dicen que se desató la guerra entre la MS y la 18. No importa si tuvo un nombre y se ha olvidado. Hay pandilleros que aseguran incluso que el Shaggy no fue el primer muerto de la guerra, que poco antes la 18 había matado a otro *homie* de la MS apodado el Boxer. No importa. Veintitrés años después de la fiesta en el callejón de King Jr., el rencor entre la Mara Salvatrucha y el Barrio 18 no depende ya de a quién recuerdes.

Especialmente en Centroamérica, adonde ambas pandillas bajaron a comienzos de los noventa ya odiándose, ha habido tantos muertos, tantas decenas de miles de muertos, que cada pandillero tiene su propia razón para vengar. También se han deformado las dimensiones y límites de lo que se considera respeto.

Un antiguo pandillero del Barrio 18 cuenta que en la cárcel salvadoreña de Mariona, en 1995, hubo cursos de informática para presos que tuvieron que suspenderse porque sus antiguos *homeboys* de la 18 se negaban a usar computadoras cuyo sistema operativo era MS DOS. No es broma. Y las hebras envenenadas del conflicto son cada vez más imprevisibles y voraces. Una mala mirada puede importar lo suficiente como para matar, y una vida lo bastante poco como para canjearla por una palabra inoportuna.

Un veterano miembro de la MS en El Salvador, con más de 15 años en la pandilla, recuerda haber estado a finales de 2011 tomando con otros *homies* cuando uno más se incorporó al grupo. Le ofrecieron algo de beber y lo rechazó, con esta frase: "No, no quiero beber, ayer me puse una gran peda". La reacción de la mayoría del grupo fue violenta, radical. Uno le dijo: "¿Cómo que una gran peda? Aquí uno se pone pedo, no peda. Solo los *chavalas* [los miembros de la pandilla 18] se ponen peda".

"Y lo picaron, lo mataron", dice con cierta repugnancia. Hace una década él pensaba que formaba parte de una fraternidad unida en una tradición y unos enemigos comunes. Pero uno de sus *homeboys* dijo una palabra en femenino y sus hermanos de *clica*, sus compañeros, lo condenaron por traición y lo mataron a puñaladas. Le repugna. Pero no revela asombro. En las pandillas salvadoreñas que alguien muera en nombre de un odio difuso, sin origen, no genera asombro.

***

Alejandro Alvardo tiene 38 años y fue pandillero de la 18. Aunque es guatemalteco lleva tanta vida en Los Ángeles que le cuesta hablar español. Hace años que está *calmado*, alejado de las armas y las calles, y trabaja en *Homies Unidos*, como Alex Sánchez, tratando de que otros pandilleros se *calmen* también. De eso habla mientras come sin ganas un sándwich en la planta baja del edificio Curacao: de la forma de romper el círculo de violencia en el que te mete la pandilla.

Le comentamos que en El Salvador la Mara Salvatrucha y la 18 acordaron el pasado marzo una tregua, que aseguran que ya no se van a matar entre ellos y han logrado una reducción drástica, casi increíble, de las cifras de homicidios. No parece sorprendido. A Alejandro Alvardo, que habla despacio y mira como si hubiera regresado hace solo unos minutos de un viaje de vida agotador, parece que nada de lo que le digamos o mostremos lo puede sorprender ya.

—Pues sí, se puede llegar a un acuerdo, pero también se necesita que haya más gente, porque ¿de qué sirven las paces si no hay recursos, si no hay alternativas? ¿Me entendés?

—Claro.

—Aquí también hubo un tiempo, por el año 93, en el que trataron de hacer paces, y no andar, *you know*, no andar balaceándose y todo eso. Funcionó por un rato. Pero comenzó a venir la función más antigua, la que dice que no puede ser así, porque somos enemigos y siempre va a haber algo muy adentro que no va a permitir que eso siga. Es como si esas paces fueran un refugio, como si tú pusieras vasos de agua en el desierto, ¿me entendés? Pero si alguien viene y quita esos vasos, como tu vida depende de tomar agua vas a regresar a lo mismo, porque la pandilla viene siendo como el agua para darte vida.

—¿Esa paz ya se rompió?

—Sí, ya se rompió. Sí.

—¿Por qué?

—Pues porque siempre hay alguien que va a comenzar algo. Porque en las pandillas no quiere decir que porque una persona cambie todos tienen que cambiar. Yo paré de tomar hace 12 años.

No tomo, no fumo, y fumaba toda mi vida. Dos policías mataron a mi hermano y a mi primo, y yo no pienso ahora que todos los policías son malos, fíjate. O sea, yo soy un testimonio que una persona puede cambiar hasta esos extremos. Pero cada persona tiene su punto, cada persona tiene, *you know,* su *check point* para saber que hasta acá llegó.

—¿Entonces nadie te puede ordenar que te calmes?

—¿Y cómo? ¿Cómo si vienes herido, te han violado, te han maltratado, te han dañado físicamente y mentalmente? ¿Cómo vas a aceptar todo eso? ¿Me entiendes? Es como que le digas al borracho "ya no puedes tomar". ¡Tu madre! Va a seguir tomando. Va a encontrar la manera de tomar, ¿tú me entendés?

El viaje de la Mara Salvatrucha II.
La letra 13

José Luis Sanz y Carlos Martínez
Septiembre 2012

A comienzos de los años noventa, la MS y el resto de pandillas latinas del área de Los Ángeles pactaron dos treguas. Una tenía detrás la voluntad genuina de cesar la violencia en las calles. Otra era parte de una estrategia del crimen organizado para lubricar sus negocios de extorsión y venta de drogas en las calles. Detrás de la segunda estaba la eMe, la Mafia Mexicana.

El zumbido del helicóptero es una bendición. Si hubiera silencio la espera entre cada serie de golpes sería más estremecedora y los impactos parecerían más brutales todavía. Si hubiera silencio, el espectador lo llenaría imaginando el sonido de la porra al chocar con las rodillas, el torso y los brazos de ese hombre negro que rueda por el suelo lentamente mientras tres policías lo vapulean. Uno de ellos abre las piernas como un bateador de beisbol para bajar su centro de gravedad y apalear con más fuerza y control. Un porrazo, otro, otro; una pausa; y de nuevo a la carga con una sucesión de tres golpes más en las piernas de ese saco de carne que se trata de incorporar desorientado; y otra pausa para respirar, y siete golpes más.

En las imágenes de televisión se pueden contar un total de 56 golpes. Si en la grabación no estuviera ese helicóptero para llenar el silencio con su atronador zumbido, uno imaginaría incluso el rechinar de los huesos a punto de romperse.

***

El video de la paliza a Rodney King dio la vuelta al mundo en 1991. Los bastonazos a aquel hombre negro de 25 años, un exconvicto por robo que esa noche de marzo se había negado a detener su carro pese a las órdenes de la policía, porque estaba bebido y temía regresar a prisión, fueron grabados por un videoaficionado y aparecieron en noticieros en los cinco continentes.

De inmediato se convirtieron en un símbolo de la brutalidad y el racismo de la policía de Los Ángeles, que desde la exitosa limpieza de calles del 84 había gozado de protección política para golpear o disparar con casi total impunidad. En el lugar de los hechos había 15 agentes de uniforme que no movieron un dedo para detener la descarga de bastonazos, que duró más de 10 minutos. Solo cuatro policías, los que usaron la porra y su sargento inmediato, fueron a juicio.

La sentencia para ellos se conoció un año y dos meses después, la tarde del 29 de abril de 1992: inocentes. Un jurado en el que 10 de los 12 integrantes eran blancos consideró que el video no era prueba suficiente de abuso de fuerza y desestimó los cargos.

En las calles de Los Ángeles, especialmente en los suburbios de *Central South* y *South West*, la noticia fue una inyección de furia. Primero fueron pequeños grupos de vecinos negros que gritaban en alguna esquina; después, descontrolados que apedreaban vidrieras e insultaban a los conductores blancos que atravesaban sus barrios. Al cabo de pocas horas el Suroeste de la ciudad ardía, literalmente. En los tres días que siguieron, la Policía tuvo que retirarse de barrios enteros y se generalizaron los saqueos y la violencia callejera. Gasolineras, comercios, edificios enteros fueron pasto de las llamas. Los bomberos registraron durante los disturbios un total de 7 000 incendios en todo el condado de Los Ángeles.

En medio del caos, la misma tarde del veredicto un helicóptero de un canal de televisión se encargó de responder a las imágenes de la paliza a King con una metáfora gráfica del ojo por ojo: los estadounidenses pudieron ver en directo, desde sus casas, cómo en el cruce de Florence Avenue y Normandie Avenue seis hombres negros detenían a pedradas un camión cargado de arena y sacaban de él a la fuerza al conductor, un hombre blanco llamado Reginald Denny. Lo tumbaron y se turnaron para molerlo a patadas, le golpearon en la cabeza con un martillo y, cuando ya estaba inconsciente, uno de los atacantes le aplastó el cráneo con un ladrillo de hormigón. Después de hacerlo, comenzó a danzar alrededor del cuerpo de Denny, que milagrosamente sobrevivió a las heridas.

Al macabro bailarín no le importaba ese detalle. Era un profesional de la violencia. Vestía una enorme camiseta blanca, pantalones anchos y un pañuelo azul en la frente. Era miembro de la pandilla *Eight Tray Gangster Crips*, una de las muchas bandas afiliadas a la gran federación Crips en Los Ángeles.

Mientras las autoridades desplegaban a la Guardia Nacional y convertían su sorpresa en un plan de reacción a los disturbios, los tres días consecutivos de estallido racial se convirtieron en el parapeto perfecto para quienes, en Los Ángeles, ya vivían al margen de la ley. No solo las principales pandillas negras —Crips y Bloods— se hicieron dueñas absolutas de sus territorios y se unieron para atacar a grupos de otras etnias; pandilleros latinos y blancos de toda la ciudad encabezaron acciones de pillaje y aprovecharon para saldar cuentas pendientes con bandas enemigas sin la incómoda presencia de la Policía. Cuando el día 2 de mayo el Ejército logró recuperar el control de las calles, ya se habían cometido 53 homicidios. Un tercio de las víctimas eran latinos.

También fueron latinos la mitad de los detenidos durante los disturbios. Uno de ellos, capturado por participar en uno de los miles de saqueos de esos días, era el pandillero fibroso y de mirada fría que dirigía la Fulton, la *clica* de la Mara Salvatrucha en el Valle de San Fernando. Su nombre era Ernesto y su apodo Satán.

***

Era la primera vez que iba a la cárcel, pero Satán sabía lo que le esperaba allí. Y sabía quiénes le esperaban.

Desde hacía algunos años, la Mara Salvatrucha vestía en su nombre un número que entre las pandillas del Sur de California lo significa casi todo: el 13. Muchas otras pandillas de Los Ángeles y sus alrededores, incluso algunas de las más antiguas —Florencia 13, Artesia 13, Norwalk 13— cierran hoy su nombre con esas cifras, que simbolizan la decimotercera letra del abecedario castellano: la M. Se trata de una cifra de lealtad. Y de sometimiento.

A finales de los años cincuenta, en el correccional juvenil Deuel, en Tracy, muy cerca de San Francisco, una docena de adolescentes de diferentes pandillas, *chicanos* la mayoría, decidió crear lo que concebían como una pandilla de pandillas, una banda integrada por los delincuentes juveniles de peor reputación y destinada a controlar por la fuerza ese y cualquier reclusorio al que los enviaran. Aunque todos eran menores de edad y muchos habían sido condenados solo por pequeños delitos, se bautizaron a sí mismos, con ambición desmedida, la Mafia Mexicana.

Pronto sus expedientes judiciales estuvieron plagados de asesinatos cometidos en cada cárcel a la que fueron destinados. Para inicios de los años setenta la fama, la brutalidad y el control de la organización se había extendido ya a todo el sistema penitenciario de California. Aunque apenas tenía una treintena de integrantes provenientes de distintas pandillas latinas del Sur de California, la Mafia Mexicana reinaba en los patios carcelarios y atemorizaba desde allí a casi todos los pandilleros latinos del Estado, que se sabían predestinados a pasar en algún momento por sus dominios amurallados.

Era como si en la cárcel te esperara el juicio final y la Mafia Mexicana se hubiera apropiado de las llaves del infierno. Para nombrarla y conjurar su influencia, en los ambientes pandilleriles comenzó a bastar con mencionar su inicial, la M, o la eMe.

Las cárceles californianas son además, desde hace casi un siglo, un hervidero de odios raciales en los que las pandillas encontraron la extensión de su guerras callejeras. Para gozar de la protección de la Mafia Mexicana ante las poderosas pandillas negras, por ejemplo, las pandillas latinas del Sur de California comenzaron paulatinamente a identificarse como *Sureñas*, a incorporar a su identidad el número 13 y a pagar tributo a los Señores. La cárcel manda en la calle porque la calle teme a la cárcel. También la *Eighteen Street*, el Barrio 18, es una pandilla 13, aunque por tener ya otro número no lo exhiba en su nombre.

Diferentes *clicas* de la Mara Salvatrucha comenzaron a considerarse a sí mismas *sureñas* y a rendir lealtad y tributo a la eMe desde mediados de los ochenta, a medida que sus líderes iban cayendo en manos de la ley y pasando por los penales juveniles, del condado o estatales. Los primeros en entrar a los dominios de la eMe sufrieron las violentas consecuencias de la indefensión, pero para finales de la década toda la pandilla había entendido que necesitaba el blindaje del 13.

En palabras de la Chele, que vivió la convulsión de aquellos años en la Mara, "fue como un proceso de difusión de innovaciones. Nadie dio una orden, ni hubo un *meeting* general para acordarlo. Simplemente, en unos pocos años, las *clicas* fuimos incorporando el 13 y haciéndonos todos *sureños*".

En 1992 la Fulton ya era *sureña* y Satán sabía que en la cárcel lo esperaban los Señores. Como *palabrero* de su *clica*, era de hecho el encargado de recoger cada mes el dinero que se iba a tributar a la eMe, salido de los negocios de extorsión o venta de droga de los miembros de la *clica*, y de entregarlo en un *meeting* general de la Mara a la persona encargada de hacer llegar a la Mafia Mexicana el pago de toda la pandilla. Mes a mes, sin falta, como un diezmo que se entrega mirada al suelo. La violencia es solo uno de los dos idiomas de la pandilla, el que los extraños escuchamos más fuerte. El otro es el dinero.

Pero Satán también sabía que, pese a ser *sureño*, era un mal momento para entrar en el territorio de la eMe.

La teoría dice que iba a tener garantizada su seguridad física entre los muros porque, bajo la autoridad de la eMe, en la cárcel rige una tregua entre todas las pandillas *sureñas*, incluso entre aquellas que en la calle son enemigas. En las cárceles californianas, bajo la mirada paternal y estricta de la Mafia Mexicana, miembros de la Mara Salvatrucha y del Barrio 18, por ejemplo, comparten celdas y patios sin problemas. Es lo que se conoce como correr *El Sur*.

Pero *El Sur* tiene excepciones. La Mafia Mexicana protege pero también castiga. Y la ms-13, a principios de los noventa, era sometida a continuos castigos por contravenir alguna orden, por atrasarse en un pago, por matar a quien no se debía o en el lugar que no se debía. La *luz verde* que autoriza u ordena a los *sureños* castigar en nombre de la Mafia Mexicana se encendía a menudo, en aquellos años, contra la díscola ms-13. Unas veces contra una *clica* en específico; otras, para la Mara Salvatrucha al completo.

Cuando Satán entró a la cárcel por primera vez, la Mara tenía encendida una de esas *luces verdes* que en las calles te buscan para golpearte o matarte y que con suerte puedes esquivar, pero que en la cárcel te alumbran con toda su fuerza, sin escapatoria. Ya en la estación de policía otros pandilleros detenidos, de otras pandillas *sureñas*, le habían dado una primera golpiza. El primer mensaje de parte de la eMe. Cuando llegó a la cárcel del condado la cosa fue peor.

"En esas *luces verdes* no es que te digan 'ok, ya te dimos, te dejamos con los brazos quebrados y ya estuvo'. Si te madreaban, los guardias te sacaban de la celda y te ponían en otra, pero en esa también te tocaba. Así hasta que te mandaban al hospital. Llegó un momento en que a todos los *homeboys* de la Mara los ponían en una sola celda; pero a todos ibas a verlos con los ojos morados, con las manos quebradas…"

Él solamente tuvo que aguantar dos meses esa rutina de castigo. A principios de julio un oportunísimo sarampión le regaló pasar en el hospital el tercer mes de condena mientras sus *homeboys* seguían recibiendo golpizas todos los días en la cárcel del condado.

Tres meses después, el 7 de octubre, un partido de fútbol iba a complicar aún más las cosas para los miembros de la Mara. El Salvador jugó un partido amistoso contra México en el Coliseo de Los Ángeles, el orgulloso estadio donde en el 84 Reagan había inaugurado los Juegos Olímpicos. Tres meses antes, el 26 de julio, en otro amistoso en el estadio Cuscatlán de San Salvador, los mexicanos ya se habían impuesto por 2 a 1, y en este juego volvió a ganar "El Tri": 2 a 0. Pero lo más importante no fue el resultado ni ocurrió en la cancha. Durante el partido, en las gradas, ante las omnipresentes cámaras de televisión, un hincha salvadoreño quemó una bandera de México. Ese hombre con 15 minutos de fama era un *homeboy* de la ms-13 y se apodaba Ardilla.

A la Mara le salió cara la fama del Ardilla. La eMe, que presume de pureza azteca —se dice que desde los años sesenta solo admite entre sus miembros a pandilleros de sangre mexicana—, se sintió directamente ofendida por ese gesto y respondió encolerizada. Desde la cárcel de máxima seguridad de Pelican Bay, donde la mayoría de los Señores cumple pena, encerrados 23 horas al día en pequeñas celdas de aislamiento, se enviaron órdenes inapelables: la Mafia Mexicana ponía *luz verde* a todos los salvadoreños del Sur de California. No solo a los miembros de la Mara Salvatrucha, sino a todos los salvadoreños de la región. Aunque solo durara unos meses, la quema de esa bandera provocó la mayor *luz verde* que se haya puesto nunca en California.

"Nos ponían *luces verdes* por tonteras para que todos los *sureños* se fueran contra nosotros, pero fueron formando un monstruo. Ahora ya no tan fácil nos ponen *luces verdes*, porque ahora somos fuerza, fuerza para los mismos Señores, pero saben que si esa fuerza se les rebela automáticamente pierden fuerza, y la Mara Salvatrucha ya es muy reconocida."

A Satán y a otros miembros de la MS-13 en Los Ángeles les gusta decir hoy que aquella época, aquella constante sucesión de *luces verdes*, los hizo más fuertes.

✳✳✳

Una mañana de 1988 al excampeón de kickboxing William "Blinky" Rodríguez lo despertó una llamada inesperada. Era Danilo García. Big D, como lo conocía todo el mundo, era un veterano miembro de la Mafia Mexicana —hay quien lo nombra incluso como uno de los fundadores de la eMe— que había pasado la mayoría de los últimos 31 años entre rejas. Hacía solo unos meses que había salido de la cárcel del condado de Los Ángeles.

Blinky lo conocía bien. Aunque Big D era 13 años mayor, ambos habían crecido en el Valle de San Fernando y alguna vez habían coincidido en fiestas y bares. Se habían seguido la pista mutuamente. Blinky cuenta que en los años setenta tuvo un sueño en el que aparecía Big D. Un sueño en el que el mafioso se convertía al cristianismo y se unía a él en una especie de cruzada evangelizadora. Unos meses después le contó su sueño a Big D, que se encontraba en las calles con libertad condicional. El mafioso se limitó a mirar con desconfianza al excampeón. Blinky se conformó con un silencio como respuesta. Probablemente agradeció que Big D no lo mandara matar.

Pasó más de una década, antes de que uno volviera a saber del otro. Por eso aquella madrugada de 1988 a Blinky Rodríguez le costó reconocer la voz al otro lado del teléfono.

—Soy Dano… *This is the Big D, man!*

—*Hey, Big D… What happens?* —alcanzó a preguntar, todavía adormecido.

Desde el otro lado del teléfono, exaltado, eufórico, el mafioso le respondió:

—*Jesus Christ happens!*

***

—¿El de la silla del centro es [Augusto] Pinochet?

—¡Sí! Se llamaba Pinochet Ugarte. Aquí estamos en el palacio de Pinochet en Chile. Benny, Fumio Demura y yo. ¡Era el campeonato mundial de Karate, *man*, y recorrimos todo el país haciendo exhibiciones!

El recorte del periódico *El Mercurio* está bien conservado para ser de 1982. En la fotografía en blanco y negro aparece el sonriente dictador chileno, vestido de civil y con las gafas oscuras bajo las que solía esconder sus ojos pequeños y mortecinos. Está en un salón del palacio de La Moneda, sentado junto a tres hombres corpulentos enfundados en trajes y corbata. El titular de la nota los llama "los karatecas invencibles", y el pie detalla: "El presidente de la república de Chile Augusto Pinochet recibió a los campeones de karate Blinky Rodríguez, Fumio Demura y Benny Urquides".

La fotografía ha salido de una carpeta atestada de otros recortes, de carteles, de revistas enteras en las que Blinky es portada o se hace referencia a su carrera como karateka y como experto en artes marciales mixtas. Es evidente que en los años setenta y ochenta William "Blinky" Rodríguez fue una celebridad.

Tenía un estilo de pelea desgarbado, bravucón, poco técnico, pero en aquellos tiempos en los que las disciplinas de lucha y las reglas oficiales de las artes marciales se confundían entre sí y variaban de una pelea a otra en plena fiebre de innovación y mestizaje, se hizo un nombre. Junto con su cuñado, Benny "The Jet" Urquídez, para algunos el mayor campeón de artes marciales mixtas de todos los tiempos, Blinky recorrió medio planeta para participar en exhibiciones y combates. Holanda, Japón, Brasil…

Las paredes de su despacho en la sucursal de *Communities in Schools* para el Valle de San Fernando, la ONG especializada en prevención e intervención en pandillas que él mismo abrió en 1995 en los suburbios de Los Ángeles, están plagadas de recuerdos de aquellos buenos tiempos. "Tenía más pelo", bromea a sus 58 años, con la cabeza completamente afeitada.

Las fotos y los trofeos del despacho de Blinky no son solo adornos. Tienen algo de declaración de identidad. Los pandilleros que se calman, que dejan de delinquir y matar, que se alejan de su *clica* y de los negocios de su *clica*, los que lo logran, suelen mantener cierta apariencia de luchadores en letargo, capaces de subirse a la guerra cuando haga falta. Conservar la fiereza es como un salvoconducto. Blinky nunca fue pandillero pero conecta con esa filosofía. Es un luchador retirado que trabaja con expandilleros, con hombres que se ven a sí mismos como luchadores retirados.

También es un hombre religioso. Extremadamente religioso.

El 3 de febrero de 1990, alrededor de la una de la madrugada, pandilleros de la zona de Pacoima dispararon desde un vehículo en marcha al joven Bobby Rodríguez, de 16 años, y lo mataron de un tiro en el pecho. Bobby era mejor atleta que estudiante y solía vestir como un pandillero. Muchos en su escuela aseguraban que lo era, aunque no tenía antecedentes policiales. Era uno de los de hijos de Blinky.

La noticia de la muerte de Bobby no salió en los périódicos, pero sí fue noticia que Chuck Norris, compañero de entrenamiento de su padre en los años ochenta, cubriría parte de los gastos del sepelio. Al funeral llegaron excampeones de lucha, estrellas de cine y *palabreros* de varias pandillas del Valle de San Fernando, compañeros de instituto y de las andanzas callejeras del chico. Allí, frente al ataúd de su hijo, se acercaron a Blinky y le ofrecieron venganza. El luchador dice que se aferró a su fe para decidir qué pasos dar. Los frenó y les invitó a visitarlo unos días después en su casa. Para rezar.

Quién sabe si por compromiso o fascinados por aquel hombre corpulento que había logrado con sus puños prestigio y dinero, seis de aquellos pandilleros llegaron a la cita. Eran miembros de diferentes *barrios*, es decir, de diferentes pandillas. Fue la primera de muchas reuniones que se celebrarían en los meses siguientes, en las que Blinky predicaba pero tambien había tiempo para hablar de la vida en las calles y de los problemas de cada pandilla. Sin saberlo, Blinky se estaba empezando a convertir en un mediador. Actualmente, cuando habla de la muerte de su hijo, la llama "la semilla".

***

Cuando sus reuniones con pandilleros comenzaron, Blinky Rodríguez llamó a Big D y le pidió ayuda. Tras su conversión religiosa, el mafioso había logrado algo que aún hoy parece imposible: retirarse de la Mafia Mexicana y seguir vivo. En honor a sus años entregados a la causa de la eMe, los Señores le habían *dado el pase;* es decir, le habían permitido alejarse sin rencores. Pese a ser ahora un predicador, Big D todavía atesoraba un enorme respeto en el mundo pandilleril del Sur de California.

Justo lo que Blinky necesitaba. El exluchador sabía que para seguir su labor no bastaría con rezar más intensamente. No podía dar pasos más ambiciosos sin tener al lado a alguien que hablara a los pandilleros en su mismo idioma. Y lo más importante: sin alguien que explicara a la eMe que las intenciones de Blinky no eran perjudicarla. Las pandillas de Los Ángeles y sus alrededores son el agua en la que navegan los intereses económicos de la Mafia Mexicana. Cualquier viento que haga olas en ese mar atrae la mirada de los Señores.

Big D hizo consultas, logró avales y las reuniones se trasladaron de la casa de Blinky al Jet Center, el enorme gimnasio que el exluchador había montado a principios de los años ochenta con su cuñado Benny "el Jet" Urquilla. El número de pandillas participantes creció. El impacto de lo que allí se hablaba tambien.

Blinky recuerda una vez que un chico, un pandillero de unos 25 años, llegó a una de las reuniones con hematomas en el rostro y golpes por todo el cuerpo. Decía que un grupo de pandilleros de otro *barrio* le había dado una paliza. Sus *homies* lo acompañaban. Querían saber quiénes y por qué lo habían hecho. Hablaban fuerte. Querían justicia callejera. El sentimiento de irrespeto les causaba un hueco en el pecho y lo querían llenar con el dolor de alguien. De repente, desde el fondo del gimnasio, un pequeño pandillero se abrió paso entre el resto, avanzó y dijo: "Hey, no te *brincaron*, yo te hice eso".

El culpable confeso medía menos de 1.60 metros y aparentaba unos 16 años. Alegó que el otro pandillero le había faltado al respeto, que lo había insultado delante de su novia. "Yo solito te partí el queso", dijo. Y dice Blinky que al otro se le vio en la cara que era verdad.

"Los de su *barrio* se lo llevaron. Pero si esa situación no se hubiera aclarado, ¡matazón! —dice Blinky—. Por una mentira de alguien que no quería quedar como cobarde, *man*. Antes de que hiciéramos esas juntas, si algo pasaba, se montaban en un carro, iban y ¡pum!, pegaban a cualquier persona, porque no había comunicación. No me importa si hay celulares, si hay periódicos... ¡No hay comunicación! En las calles aún hoy se cae la casa sin que se comunique uno con el otro."

Durante dos años el Jet Center fue el epicentro de la vida pandilleril del Valle de San Fernando, un enjambre de distritos residenciales y suburbios en el que habitan más de 1 800 000 personas. Cada domingo, Blinky y Big D resolvían conflictos puntuales y sermoneaban a los pandilleros: "Mirá, no es lo que estás haciendo al resto, sino lo que te estás haciendo a ti mismo. Tienes a tu propia madre secuestrada, *man*. Tu madre y la de tus *homeboys* se tienen que esconder detrás de las cortinas y vuestras hermanas no pueden salir a jugar a la calle, *man*". Acuñaron un lema: *"No mothers crying no babies dying"*. Ni madres llorando ni hijos muriendo.

Lograron que las pandillas del valle alcanzaran un acuerdo de no agresión entre ellas. Una tregua.

Desde 1992 parecía haberse desatado una epidemia de treguas entre pandillas callejeras en el sur de California. Después de los disturbios por el caso Rodney King, las dos grandes agrupaciones de pandillas negras del estado, Crips y Bloods, habían abierto un proceso de diálogo y logrado que muchas de sus pandillas afiliadas cesaran los enfrentamientos entre ellas. Además, en parques de Los Ángeles y sus alrededores se venían celebrando también *meetings* esporádicos de pandillas latinas en los que importantes miembros de la Mafia Mexicana llamaban a la unidad de *la raza* y pedían paz entre los barrios Sureños. La eMe prohibió a las pandillas latinas hacer *drive-by*, es decir, disparos desde vehículos en movimiento, y atentar contra la familia de pandilleros enemigos. La policía desconfiaba y estaba desconcertada. Casi tanto como los *palabreros* de muchas de esas pandillas, que tras décadas de guerra entre ellas veían ahora a los Señores hablar de cesar el fuego, de darse mutuo respeto.

En el Valle de San Fernando, ya con una paz firmada, también las reuniones se trasladaron a un espacio abierto. El día de la noche de Halloween de 1993, el 31 de octubre, cerca de 300 pandilleros entre los que estaban los líderes de más de 70 pandillas diferentes del valle se reunieron por primera vez en Pacoima Park, ante los ojos de sus vecinos. Y ante los de la Policía, que no disolvió la reunión de ese día ni las siguientes, ni hizo detenciones pese a que estaban en vigor diversas *gang injuction*, las leyes antipandillas que prohibían la reunión en lugares públicos de tres o más pandilleros con ficha policial.

Blinky advirtió a las autoridades de lo que estaba haciendo y, con el apoyo de otras organizaciones como YMCA o iglesias de la zona, logró de los jefes policiales una promesa tácita de tolerancia.

En las siguientes semanas, en el parque de Pacoima se celebraron todos los domingos partidos de baloncesto, fútbol, béisbol y *tacofútbol*, una especie de fútbol americano sin protecciones al que en Estados Unidos se suele jugar en familia. Las diferentes pandillas formaban equipos y se enfrentaban. Sin armas. Sin golpes. Como si se hicieran realidad los spots televisivos de una asociación de *boy scouts*.

En esos torneos deportivos había representantes de todas las grandes pandillas del valle menos de la Mara Salvatrucha. El resto de *barrios*, todavía impregnados del racismo *chicano*, no la querían allí. Pero Blinky y Big D insistieron. Sabían que si la MS-13 no estaba en los *meetings* tampoco la alcanzaría la tregua, y una bala suya o para ellos acabaría por romper la paz del resto. Tardaron semanas en reblandecer a los *palabreros* de pandillas de la zona como *Langdon Street, Dead End Boys* o de la misma *Eighteen Street Northside*, la *clica* del Barrio 18 que opera en el Valle de San Fernando. Las pandillas *sureña*s sabían, además, que solo un año antes la eMe había prendido *luces verdes* contra todos los salvadoreños del condado de Los Ángeles. Se podría decir que odiar a la ms-13 estaba bien visto.

Al final prevaleció el argumento de la necesidad de unir a *la raza* latina y Big D habló con Satán, el *palabrero* de la Fulton. Le tendió la mano en nombre del resto de pandillas. Le aseguró que los *meetings* en Pacoima Park tenían el visto bueno de la eMe. Le convenció de que la tregua era buena para todos. Satán, receloso, accedió a consultar a sus *homeboys*. Llamó a un *meeting* de la *clica* y propuso ir a la reunión, unirse a la tregua. La primera respuesta que recibió fue desafiante: "Con otros *barrios* puede haber paz, pero nunca con los 18". Le costó convencer a sus *homeboys*: Pactarían pero no se estaban rindiendo. No estaban renunciando a sus odios.

Acudieron. Llegaron armados y desafiantes. Mientras 10 de sus *homies* esperaban fuera listos para disparar, Satán entró sin pistola, acompañado de un pequeño grupo de salvatruchos. Llevaba un gorro con la leyenda *"Fuck everybody"* —Jódanse todos— que había elegido especialmente para la ocasión. Los organizadores le rogaron quitarse el gorro que llevaba porque insultaba a los otros pandilleros presentes y lo hizo. Avanzó por el pasillo que le abrían sus enemigos, devolviendo miradas y llegó al frente, dispuesto a escuchar. Satán sabía que ni siquiera a la batalladora Fulton le interesaba estar completamente sola y en guerra abierta con el resto de pandillas del valle.

"Hicimos la tregua. La cosa era algo así como: 'Ok, si mis *homeboys* llegan a tu barrio y tú los llegas a golpear o algo por el estilo esto se va a terminar, automáticamente vamos a ir para atrás. Pero si tú miras a mis *homeboys* y le das el respeto les vamos a dar el respeto a tus *homeboys* también cuando los encontremos'. Porque la onda es que tampoco vas a dar respeto a uno que llega a tu territorio con la camisa abierta, mostrando tatuajes, todo *felón*. Si te dan respeto tú respetas. Así es la cosa."

En aquel *meeting* en Pacoima Park alguien trató de reclamar a Satán por una pelea en la que un marero había participado días antes. El *palabrero* de la Fulton lo paró en seco. "Hablame de lo que suceda de hoy en adelante."

Blinky asegura que después de esa reunión, durante un año entero, no hubo en el Valle de San Fernando ni un solo asesinato relacionado con pandillas. Pero eso no es del todo cierto.

La noche del 17 de septiembre de 1994 fue asesinado un joven de 25 años llamado Daniel Pineda. Regresaba a casa tras ver por televisión cómo Julio César Chávez derrotaba una vez más a Meldrick Taylor por el campeonato mundial de los superligeros, y se estacionó junto a un parque para tomar las últimas cervezas con sus amigos. Una pareja de pandilleros se acercó, le reconoció como un enemigo y lo acuchilló. Pineda, al que apodaban Droppy, trabajaba como pintor y era miembro activo de los San Fers, una pandilla del valle. Y era esposo de una sobrina de Blinky. Fue como si un guionista hollywoodense hubiera decidido cargar de ironía familiar la historia del fin de la tregua.

Blinky defiende que la de su sobrino fue la primera muerte en 11 meses desde la tregua de Pacoima Park, pero los registros policiales dicen que para entonces ya se habían cometido ese año, en el valle, nueve asesinatos relacionados con pandillas. Menos, en todo caso, que los 15 cometidos en el mismo periodo del año anterior.

La tregua había dado algunos frutos pero comenzaba a perder fuerza. A la reunión dominical de la semana siguiente solo llegaron representantes de 18 pandillas. Aunque Blinky y Big D siguieron celebrando encuentros en Pacoima Park hasta abril de 1995, sabían tan bien como los pandilleros del valle que el sueño se estaba desmoronando. Nadie lo dijo nunca abiertamente en un *meeting*, pero todos tenían señales de que la Mafia Mexicana, cansada de supervisar desde la lejanía, quería tomar control absoluto de sus asuntos en el Valle de San Fernando.

DISPAROS CON SILENCIADOR

—Blinky, sabemos que en 1993, al mismo tiempo que ustedes estaban haciendo esto en el Valle de San Fernando, se estaban celebrando reuniones similares en la ciudad de Los Ángeles, reuniones que no coordinaban ustedes sino la eMe.

—Mira, yo tengo cuidado de no pronunciar ese nombre. No lo uso.

En California no se nombra a la eMe. Ni a sus soldados, elegidos de entre los miembros de las pandillas *sureña*s para que ejecuten órdenes y se manchen las manos matando por la Mafia. Ni a sus *carnales*, los verdaderos miembros de esta pandilla de pandillas, elegidos en secreto por el resto de *carnales* de entre los pandilleros más influyentes y de trayectoria más firme en el sur del estado. Al igual que sucede en muchas comunidades salvadoreñas, donde a los pandilleros de la Mara Salvatrucha o del Barrio 18 se les llama tímidamente "los muchachos", para no incomodar, para no invocarlos con la palabra, en Los Ángeles a la Mafia Mexicana y sus hombres se les llama con respeto reverencial "los Señores", o se elude directamente hablar de ellos.

—No lo usemos, ok.

—Había una diferencia. No quiero parecer un fanático religioso pero sí, soy un fanático. Por esto sigo aquí, en esta labor, 22 años después. Aquí sigo, en el filo de la navaja, todos los días. Mirá, yo no le digo a la gente todo lo que hacemos… —Blinky baja la voz, como diciendo un secreto— porque se celan. Es triste, *man*. Acá en Los Ángeles el gobierno quiere poner lo que hacemos en una cajita, con un lazo, y lo quiere vender… Porque en estos días este trabajo se ha vuelto bien sexy. Pero esto es una obra, *man*. Y requiere el sudor de la frente.

—¿Cuál es la diferencia con lo que pasaba en la ciudad de Los Ángeles?

—Lo de aquí [el Valle de San Fernando] para mí era un milagro. Suena sencillo, pero no lo es. Ellos sabían que a mí me mataron a mi hijo y que era un hombre íntegro. Y teníamos el apoyo de dos iglesias: una popular, de calle; y otra grande, la *Church on The Way*. Sin firmas, sin contratos… Lo que estaba pasando aquí tenía la mano de Dios.

—¿Y lo de Los Ángeles no?

—Allí era diferente *programa*.

—¿Y por qué terminaron las reuniones de Pacoima Park?

—Ya habían pasado tres años y para seguir adelante necesitábamos fondos. Y estaba el cansancio, *man*. No había instructores, no había trabajos que ofrecer a los *vatos*, no había dónde meter a esa juventud y a los adultos para ir a escuelas… Y estaba de por medio la política, porque ellos estaban viendo todo desde la cárcel. Ellos saben siempre más que la gente aquí fuera.

A Blinky le gusta dramatizar con el cuerpo y la voz cuando habla. Más que decir la última frase la ha susurrado. Pero cuesta no creerle. Es decir, uno considera la posibilidad de que parte de que lo que dice no sea cierto o incluya imprecisiones, pero cuesta imaginar que esté mintiendo, que no crea sus propias palabras. Habla de forma apasionada y en su español con acento estadounidense se confunden identidades y argots. "Vatos", "madrecita", "*commodities*". Se recuesta en la silla y se coloca las manos tras la cabeza. A los 58 años es tan corpulento que sus brazos parecen demasiado cortos para haber sido los de un luchador. De repente se lanza de nuevo hacia adelante, para seguir hablando.

—Mirá, yo no soy tan pendejo como para no saber que estaban pasando otras cosas, pero esos no eran mis asuntos. Mi asunto era parar la violencia. Es como una batería: tiene un polo positivo y otro negativo… ¡pero produce energía, *man*! La cosa era cómo parar la violencia, cómo hacer que las madres del barrio pudieran dormir bien por la noche, por el barrio, por la raza latina. Cuando empezamos a ver elementos externos tratando de usar lo que nosotros estábamos haciendo dejamos de hacer las reuniones, pero seguimos haciendo el trabajo. Entonces fue que nos convertimos en una ONG.

—En el 95.

—Es complicado, porque es gente a la que rechazan adonde vayan: "No valen nada", "Ustedes son una bola de piratas de cualquier mar", "Y sus padres igual"… Y está el interés económico: en este país hay muchos que quieren llenar las cárceles, porque las cárceles son privadas, y cobran 55 000 dólares al año por tener a alguien ahí. Ahora la cárcel está en el *stock market* y han hecho de las vidas un *commodity*.

—¿No exageras?

—Mira lo de Columbine... Dos chicos entran en el campus y pam, pam, pam... Cuando eso mismo pasa en el barrio, en los noticieros todo es "Mira a estos animales", "Mira a estos hijos de todos sus... ¿Dónde están sus padres?" Y por balacear a alguien en el brazo te dan de 25 años a cadena perpetua. Y mira Columbine: estos vatos lo planearon, bien planeado... Entraron en una escuela. Y mataron a gente. Y en la televisión todo era "¿Qué pasó con ellos?" Y música bien blanda... "¿Por qué pasó esto? ¿Qué podríamos haber hecho nosotros por evitarlo?" Como con el otro que en Arizona atacó a una congresista: "Oh, what did we do wrong?"

***

Ernesto Deras tiene el semblante de los que se toman todas las cosas en serio. Aunque poco después del fin de las reuniones en Pacoima Park dejó de ser *palabrero* de la Fulton y un año después se *calmó* y dejó los negocios de la Mara Salvatrucha, todavía camina erguido, casi tenso, como si de sus tiempos del batallón Belloso le hubiera quedado el gesto, o como alguien cuya vida depende de no botar plante, de demostrar que todavía es un hombre firme.

En realidad, así es. Nos recibe en una sala de reuniones en las oficinas de *Comunity in Schools*, la ONG que Blinky Rodríguez fundó cuando fracasó la tregua. Ernesto trabaja aquí desde 2005. Blinky volvió a convencerle. Su tarea es asesorar a jóvenes en riesgo e intervenir cuando hay actos de violencia en las calles, hablar con los palabreros para evitar venganzas, alimentar el diálogo ahora que no son tan habituales las reuniones en parques. Y para eso necesitas que los barrios sepan que tu nombre es Satán y te sigan teniendo respeto. El que fue su supervisor hasta hace unos meses sabía de eso: era Danilo García, Big D, que murió el pasado junio de cáncer.

Ernesto se sienta frente a la mesa y saluda. Es cordial, pero no ablanda la mirada. Clava los ojos en la grabadora aún apagada y nos aclara que ha tenido malas experiencias con periodistas antes. Que unos le han achacado crímenes de guerra y que otros han usado fuera de contexto sus palabras para justificar cosas que no son ciertas. Nos damos por enterados.

—Oíme, ¿por qué se jodió el acuerdo del Valle de San Fernando?

—Mirá, durante un año hubo tregua. Las cosas se dialogaban. Y todo funcionó bien durante un tiempo. Pero en el 94, poco a poco, Blinky y Dano [Big D] se salieron de ahí porque ya no querían meterse en política, por decirlo así. Ya esto no se estaba viendo bien y ellos retrocedieron. Y ya las únicas reglas que quedaron eran prohibir los *drive-by* y no hacer jales con jefitas [matar a las madres de los pandilleros]. Pero la mayoría de cosas volvió a ser como antes. Lo único es que ahora si querías matar a alguien tenías que bajarte del carro y después *pegarle*.

—Lo de los *drive-by* fue una norma que impuso la eMe. ¿La tregua del Pacoima Park pudo hacerse sin el aval de la eMe?

—Es muy difícil, muy difícil. Para que llegue a suceder lo que sucedió en ese tiempo... Es muy difícil algo por el estilo a menos que ellos den una autorización, porque casi todas las pandillas tienen un respeto, un temor hacia esta gente, ¿me entiendes? No pueden hacer nada mientras no sea bajo la mano de ellos.

"Esta gente." "Ellos." De nuevo el temor a nombrar a la Mafia Mexicana. De nuevo la sensación de que en Los Ángeles todo el que tiene alguna relación con las pandillas se siente observado y amenazado desde la cárcel.

—Ernesto, ¿por qué se teme a la eMe?

—No es que se le tema... Es más como un respeto. Desde el momento en que quieres ser pandillero en el área de Los Ángeles automáticamente tienes que ser *sureño*, llevar el trece. Y al hacerlo estás aceptando las reglas. Aceptas quién está encima de ti.

—Y aceptas que te enciendan *luces verdes*, como a la Mara Salvatrucha en los noventa.

—En esos días, ya al ver lo de las *luces verdes* nosotros nos encendíamos y decíamos "que venga lo que venga". Pero cuando se trata de cumplir reglas no se piensa en los *homeboys* que están afuera, sino en los que están adentro, porque digamos que hay unos cinco *homeboys* de la Mara en una prisión y unos 200 en contra suya, ¿qué vas a hacer? Hay que hacerle huevos acá afuera, por los *homeboys* que están torcidos.

***

A comienzos de los noventa la Mafia Mexicana era ya mucho más que una pandilla carcelaria. Desde sus celdas pero apoyados en los *carnales* que salían libres, los principales líderes de la organización extorsionaban a pequeños comerciantes de droga o ya administraban sus propios negocios de venta de crack y heroína.

Ademas, el tributo de las pandillas *sureñas* estaba prácticamente generalizado. Cada *clica* y cada pandilla aportaban según su tamaño y la importancia de sus negocios. Como en una espiral que asfixiaba cada vez más a las pandillas latinas, a medida que estas crecían y se involucraban en delitos más graves y lucrativos, más debían pagar y mayor era el poder de coacción que la eMe ejercía sobre ellas. Cuando te arriesgás a una condena de 20 años, tener aliados en la cárcel es mucho más necesario que cuando sos un ladronzuelo que solo teme pasar unos meses entre rejas.

Aun así, miembros retirados de la eMe han admitido durante los últimos años que a comienzos de 1992 la Mafia Mexicana quería consolidar de forma definitiva su control sobre las calles, y el rumbo lo iba a marcar uno de sus *carnales*: Peter Ojeda.

En enero de ese año Ojeda, al que todos conocían como Sana, convocó a todas las pandillas *sureñas* del condado de Orange, al sur del condado de Los Ángeles, a una reunión en el parque El Salvador, de la ciudad de Santa Ana. Una vez allí, ante cerca de 200 *homeboys*, se subió a lo alto de las gradas metálicas de la cancha de béisbol y les arengó en contra de los traficantes de drogas que hacían dinero en las esquinas y comercios del condado sin ser *sureños*. Hay grabaciones de aquel encuentro, que lo muestran aquel día diciendo: "Este es su barrio. Ustedes mueren por su barrio. Y ellos deberían pagar por vender drogas en su barrio. Deberían pagar un impuesto".

Ojeda se acababa de convertir en el primer líder de la Mafia Mexicana que ordenaba a las pandillas de su zona de influencia extorsionar a los comerciantes mexicanos de droga que operaban en territorio sureño.

Después, habló en defensa de la identidad latina frente a las pandillas negras del Sur de California, mostró un documento escrito y les anunció que desde aquel momento quedaban prohibidos los *drive-by* contra miembros de *la raza*. Quien rompiera esa regla sería castigado igual que un soplón o un violador.

A muchos de los *palabreros* presentes les costó entender lo que estaba diciendo aquel hombre de 49 años que vestía una camisa de cuadros tan grises como su cabello. Ojeda era un pandillero veterano, un viejo miembro de F-Troop, la pandilla más fuerte del condado, y tras pasar por penales míticos como San Quintín, Folsom o Pelican Bay, estaba de nuevo en la calle, desde donde controlaba negocios de venta de droga y alimentaba su adicción a la heroína. Todos le conocían. A él y a su reputación como uno de los primeros y más letales integrantes de la Mafia Mexicana. Pero lo que decía no acababa de tener sentido. Nunca hasta ese momento la eMe se había distinguido por ser especialmente pudorosa en las formas a la hora de matar.

Ojeda siguió celebrando reuniones similares durante los meses siguientes y fue doblegando cualquier resistencia a su mandato amenazando desde la cárcel con el puño de la eMe. Además, los disturbios por la sentencia del caso Rodney King fueron un chorro de gasolina sobre su encendido mensaje de reivindicación racial, que entre líneas era un llamado al combate de los latinos contra las pandillas negras. El mes de agosto, Ojeda logró congregar en el Parque El Salvador a más de 500 pandilleros.

Otros miembros de la Mafia Mexicana comenzaron a convocar a reuniones similares en los condados de San Diego, San Bernardino o Los Ángeles. El 18 de septiembre de 1993 el carnal de la eMe Ernest Castro, conocido como Chuco, miembro de una vieja pandilla del este de Los Ángeles llamada Varrio Nuevo Estrada, llegó a reunir a aproximadamente 1 000 pandilleros en Elysian Park, a apenas una cuadra de la sede de la Policía local. Los periódicos reportaron la noticia y cronicaron cómo los organizadores revisaron a los asistentes uno por uno para asegurarse de que no portaban armas y les hacían levantarse la camisa para comprobar por sus tatuajes que realmente eran miembros de una pandilla *sureña*. Públicamente, miembros de las pandillas involucradas dijeron que el acuerdo de suspender los *drive-by* era el inicio de una tregua entre ellas.

Los pandilleros se sentían respaldados por la eMe para incrementar su control sobre el territorio mediante el impuesto a los vendedores de droga, pero en realidad se estaban adentrando más y más en la telaraña de tributos de la Mafia Mexicana.

Al mismo tiempo, la Policía de Los Ángeles insistía en denunciar que era consciente de que lo que parecía un llamado a reducir la violencia en las calles era en realidad una maniobra estratégica de la eMe para, mediante la imposición de nuevas reglas, aumentar su control sobre las pandillas *sureñas*. Además, evitar los *drive-by* reducía el riesgo de que en un tiroteo hubiera víctimas no pertenecientes a pandillas, y contribuía a que una menor presencia policial. La paz es buena para el negocio de venta de drogas. El teniente Sergio Robleto, jefe del Departamento de Homicidios del sur de Los Ángeles, llegó a declarar a *Los Ángeles Times*: "Estoy a favor de la paz, pero lo que estamos viendo es en realidad el comienzo del crimen organizado".

La eMe estaba reservándose la potestad de regular las rutinas profesionales del sicariato. Para matar, para hacer *una pegada* ahora un pandillero tendría que parquear el carro. No era cuestión de evitar muertes, sino de imponer a los pandilleros una nueva regla de tránsito.

Ernesto Deras recibió la orden en 1994 y la transmitió al resto de la Fulton. Fue una de las últimas órdenes que dio como pandillero activo: "La cosa es que el carro no fuera en movimiento. Podías tirar desde el carro detenido. Si no podías bajarte, podías hacer lo que tenías que hacer e irte. Esto evitó muchas muertes que nada tenían que ver con pandillas".

Aunque durante 1993 la actividad pandilleril pareció reducirse en zonas tradicionalmente violentas como el este de Los Ángeles o Pico Rivera, las cifras policiales confirman que la supuesta tregua impulsada por la Mafia Mexicana nunca llegó realmente a serlo.

En 1993 la cifra de homicidios relacionados con pandillas se redujo ligeramente en el condado de Los Ángeles —724 frente a los 803 registrados en 1992—, pero en los dos años siguientes repuntó de nuevo hasta los 807 cometidos en 1995. Variaciones ligeras en todo caso, casi imperceptibles estadísticamente de no ser porque en esos mismos años la cifra total de homicidios en el área sí iba en descenso. En 2001 las muertes relacionadas con pandillas llegaron a suponer un 54.9% del total en el condado de Los Ángeles.

Al mismo tiempo, la Mexican Mafia se alimentó de aquellos encuentros para entrar en una nueva etapa de relación con las pandillas *sureñas* para consolidar sus negocios de extorsión y comercio de drogas, pero en Los Ángeles cualquier pregunta sobre los negocios de la Mafia Mexicana se encuentra con el silencio del miedo. Nadie sabe con certeza qué tan grande es hoy la organización.

El palo y la rama

Estamos sentados en una pequeña salita de este hostal, intentando cazar la furtiva señal de internet que viene y va. Se trata de un pequeño lugar para mochileros en medio del *downtown* de Los Ángeles, que parece haber sido decorado muy meticulosamente bajo una sola directriz: si algún objeto tiene colores chillones y es muy feo, ponlo dentro. Las lámparas de la pared están sepultadas en flores de plástico y las sillas tienen la forma de manos inmensas, diseñadas para sostener el trasero del visitante.

El hostalito queda justo entre el pasado y el futuro del centro angelino: unas cuadras hacia el este se apretujan los carritos de hot dogs y tacos callejeros; los tenderetes latinos, bulliciosos y saturados de baratijas; los *homeless* que duermen en las aceras hasta el medio día, y los chicos con apariencia de *cholos* que se agrupan en las esquinas. Unas cuadras hacia el oeste los inversionistas remodelan edificios para adaptarlos a los exigentes gustos de una nueva generación de profesionales exitosos; comienzan a abrirse clubs nocturnos de moda, donde las chicas rubias hacen largas colas con sus zapatos caros para conseguir mesa. El centro de Los Ángeles se está transformando y los personajes de dos mundos distintos se mezclan cada día alrededor del hostalito kitsch en el que ahora intentamos hacer una llamada desde Skype.

Durante los últimos días hemos tenido varios encuentros con Ricardo Montano, el Hipster, un *palabrero* de la Mara Salvatrucha en Los Ángeles al que conocimos casi por casualidad y que se ha mostrado muy interesado en que tomemos nota de que los mareros californianos no miran con buenos ojos lo que sus pares salvadoreños están haciendo "allá abajo". Asegura que pocos *homies* gozan de tanto respeto como él en Los Ángeles y no ha tenido problema en que lo grabemos despotricando contra la manera en que los que llevan *palabra* en El Salvador están conduciendo la pandilla.

No solo eso. El Hipster nos ha prometido presentarnos a los *palabreros* de otras *clicas* que están interesados en darnos su opinión sobre la tregua pactada recientemente, en El Salvador, entre la MS-13 y la *Eighteen Street*. Le estamos llamando para acordar el lugar y la hora.

Al fin conseguimos enlazarnos, pero el Hipster suena diferente. Esta mañana ha recibido una llamada desde la cárcel de Ciudad Barrios, cuartel general de la MS-13 en El Salvador, y le habían hablado muy mal de *El Faro*. El dicharachero y amigable tipo con el que habíamos estado conversando los días anteriores ha desaparecido. Ahora tiene un tono amenazador. Nos queda claro desde un inicio que no habrá ninguna cita con sus *homeboys*.

—Vaya, mirá, la onda es que ustedes no me habían dicho que ustedes tenían pedo con los locos de abajo. Yo les hice el *paro* de hablar con ustedes y no quiero tener pedo por eso.

—A ver, Ricardo, ¿Qué te dijeron?

—La onda es que yo ni siquiera le dije al loco de qué medio eran ustedes, solo le dije que iba a hablar con unos periodistas de El Salvador y él me dijo que seguro eran de *El Faro* y que ustedes tenían *sacados del cuadro* a los locos de allá abajo, que habían dicho unas mierdas… La onda es que yo no sé qué pedo. Solo les digo una onda: yo sé que ustedes viven allá y que yo estoy aquí, pero si a mí me meten en pedos yo también puedo hacer cosas allá abajo.

Nos acabamos de enterar de dos cosas: la cúpula de la Mara Salvatrucha en Ciudad Barrios ha dejado saber a sus huestes que los tenemos *sacados del cuadro*, indispuestos, enojados, encabronados; y que este señor no se anda con tonterías para amenazar. Acordamos encontrarnos con él para arreglar las cosas cara a cara.

Unas horas después nos vemos en el parqueo de un Burger King. Nos saluda con un abrazo de medio lado y nos pide que sigamos su carro hacia un restaurante salvadoreño que él conoce. Nos volvemos a subir a nuestro Mazda alquilado. A medida que conducimos nos queda claro que el dichoso restaurante está dentro del territorio controlado por la *clica* del Hipster.

Dobla hacia el interior de un callejón estrecho que conduce a la puerta trasera de un local. Parqueamos junto a él y entramos en el lugar. A estas alturas la imaginación ya se ha echado a volar y cada uno, en secreto, está convencido de que hemos caído en una trampa.

Era el efecto deseado. Dentro del restaurante no nos aguarda ninguna celada, y el Hipster se desternilla de risa por nuestra cara de susto. "Ustedes creen que los traigo *encaminados*, jajajajajaja… No hombre. Si hubiera querido hacerles algo, ya lo hubiera hecho", y se sigue cagando de risa.

Al final, el asunto se arregla más fácil de lo esperado: si hace dos días nos pidió explícitamente que lo citáramos mencionando su nombre, su apodo y la *clica* a la que pertenece —porque él es un *homeboy* con *palabra* y él no tiene que pedirle permiso a nadie para decir lo que le salga de los huevos—, ahora nos pide discreción y nos hace prometer que cambiaremos su nombre y su apodo, y que no mencionaremos su *clica*. Por eso Ricardo Montano es un nombre ficticio.

***

La relación entre los pandilleros de California y los de El Salvador ha cambiado profundamente desde que los primeros *homeboys* de la Mara Salvatrucha y del Barrio 18 fueron deportados a Centroamérica a finales de los ochenta y noventea. Los primeros *bajados* vivían pensándose en Los Ángeles. Pese a la distancia geográfica, aquellos que levantaron *clicas* de su pandilla lo hicieron intentando respetar los lazos de jerarquía y los códigos de "allá".

Luego vinieron otras generaciones y ambas pandillas entraron en un proceso de expansión virulenta. No es extraño que la mayoría de deportados pertenecieran a aquellas pandillas que tras romper con el racismo *chicano* habían abierto sus puertas a guatemaltecos, salvadoreños y hondureños. El modo de vida y el carisma que irradiaban esos *bajados* atrajeron rápidamente a cientos de jóvenes que se *brincaron* en masa a los dos *barrios* y los hicieron mayoritarios. A la región también llegaron deportados miembros de otras pandillas *sureñas* como *White Fence* o *Playboys*, pero se hicieron casi invisibles ante el rapidísimo crecimiento de la MS-13 y la 18. Si Los Ángeles era un abanico amplísimo de pandillas, Centroamérica se volvió bipolar.

En 1993 las distintas *clicas* de la Mara Salvatrucha en El Salvador, conscientes de su nueva dimensión, se reunieron para tomar decisiones importantes en una especie de asamblea general que tuvo lugar en el estacionamiento del parque nacional La Puerta del Diablo. Aquella reunión cambiaría la historia de la Mara en Centroamérica y, a largo plazo, en Estados Unidos.

Hasta ese momento, cada vez que un *homeboy* fundaba una *clica*, por ejemplo, en Sonsonate, la bautizaba con el nombre de su propia *clica* en Los Ángeles. Por eso un montón de muchachos sonsonatecos aún hoy se consideran de la Normandie, o de la Hollywood. En aquella reunión se autorizó que las nuevas *clicas* fueran bautizadas con nombres locales, y así surgieron células como los Teclas Locos Salvatruchos, surgidos en Santa Tecla; o los Iberia Locos Salvatruchos, en la colonia Iberia de Soyapango. Fue el primer gesto de autonomía guanaca. Y era también el origen de un conflicto.

En los años siguientes, cuando un muchacho que se había *brincado* a la Mara en El Salvador migraba a Estados Unidos y buscaba refugio en la pandilla, los mareros angelinos le explicaban que en Los Ángeles no existía ninguna filial de la Teclas Locos, por ejemplo, y que tenía que volver a ser sometido a la golpiza bautismal para ser admitido en una de sus *clicas*. Del mismo modo, si en aquel grupo ya había alguien con su *taca* —su apodo pandillero—, el recién llegado tenía que resignarse a buscar una nueva. Así, el que llegaba a Los Ángeles siendo el Shadow de la Teclas Locos, podía terminar siendo el Goofy de la Leeward.

En justa respuesta, los pandilleros en El Salvador también fueron perdiendo el respeto a los deportados que siguieron llegando. Cuando uno de estos aparecía en una *clica,* altivo, reclamando un lugar de autoridad por su condición de californiano, los locales le explicaban que no señor, que eso ya no era así, y lo obligaban a someterse a las normas y jerarquías salvadoreñas.

El Hipster vivió en primera fila aquel conflicto noventero. Aunque nació en El Salvador y lleva cerca de 20 años indocumentado en Los Ángeles, se considera californiano, y para los pandilleros de su país natal reserva un descuidado "los de allá", o "los locos de abajo", o simplemente "los salvadoreños".

—Hay muchos locos que llegaron deportados a El Salvador y que los mataron los mismos locos de allá.

—¿Por llegar muy *felones*?

—Simón. Eso creó, tipo 98, 99 y 2000, una miniguerra entre nosotros, porque a los que venían de El Salvador para acá también los reventábamos acá. Y muchas veces eran buenos soldados que traían ganas de aportar.

—¿Entonces hubo gente que vino a Los Ángeles y que aquí se encontró una bronca sin saber por qué?

—O sea que a veces llegaban a una *clica* queriéndose *brincar* y con el simple hecho de decir que venían de allá ya era motivo para que el que los recibía… no directamente los iba a matar, pero sí darles verga o no recibirlos en la *clica*, por el simple hecho de venir de allá. Se recibía mejor en ese tiempo a un *civil* que viniera de allá, pasmado, chúntaro, indio, paisa… que a uno que ya fuera miembro, por lo que estuvo pasando. Ahorita eso ya no pasa.

—¿Y cómo se calmó esa miniguerra?

—Eso se habla. Por ejemplo, cuando uno ya mira que eso está perjudicando, porque al final de cuentas somos *homeboys*, entre nosotros mismos no es difícil llegar a un acuerdo, porque siempre hay alguien con quien podés hablar.

***

Al Hipster lo conocimos en medio de un atestado restaurante salvadoreño. Justo un día en el que por enésima vez la selección de fútbol de Honduras derrotaba a la de El Salvador en un partido trepidante… o que al menos le resultaba trepidante a la hinchada salvadoreña que había colmado aquel lugar.

En la ciudad de Los Ángeles las cervezas Regias de litro o las Pílsener, o las pupusas de queso con loroco o los cócteles de conchas dejaron de ser productos nostálgicos hace rato. Desde antes de que en 2004 entrara en vigor el Tratado de Libre Comercio entre Estados Unidos y El Salvador.

Aquella tarde las meseras no eran suficientes para atender a la clientela y pasaban apuradas, arrastrando un montón de miradas y de piropos, con bandejas llenas de cervezas guanacas y de pupusas recién hechas. En una esquina, con los ojos fijos en el televisor, estaba Ricardo Montano vociferando consejos técnicos, maldiciendo a algún defensa.

Estaba parado justo al lado de la única mesa vacía del lugar y parecía custodiarla. Cuando nos vio el gesto de rapiña, nos invitó a sentarnos. En ese momento no lo sabíamos, pero Ricardo Montano no estaba ahí para ver el fútbol. Estaba trabajando. Nos sentamos los tres y nos enzarzamos en un debate futbolero que, según nosotros, era de alta factura técnica. A dos mesas de distancia, el único hondureño en el lugar aprovechó un error en la zaga salvadoreña para pronunciar una ligera burla. Se hizo un enorme silencio. Hasta que alguien se animó:

—¡Mirá *hijuelagranputa:* la Casa Catracha está allá a dos cuadras, este es un restaurante sal-va-do-re-ño. ¿Por qué no te vas a decir pendejadas allá?!

Y el lugar entero explotó en carcajadas y en insultos, que el hondureño recibió partido de risa. Era un conocido del lugar, amigo de todos en aquel sitio. Solo eso explica por qué salió de ahí gozando de toda su dentadura.

La broma rompió el hielo y Ricardo terminó contándonos cómo llegó a Los Ángeles y cómo su historia se fue complicando.

Nos explicó que a los 13 años se había enrolado en una pandilla, y como quien dice una bobada nos contó que esa pandilla se llama la Mara Salvatrucha. Antes de que siguiera despachándose la vida le advertimos que éramos periodistas y que estábamos en la ciudad justo buscando pandilleros. Se le iluminó la cara y decidió probar su punto: en medio de aquella multitud Ricardo Montano se levantó la camisa para mostrarnos unas enormes letras azules que tatuaban su cuerpo: MS. La clientela y el servicio miraron para otro lado y ahí mismo supimos que aquel señor no era un pandillero cualquiera, que al menos era uno con la suficiente confianza para levantar su bandera en público. Uno que se sabía temido.

En el oficio de periodista se aprende que nadie te regala su historia solo porque sí. Que quien cuenta el cuento de su vida quiere que se sepa algo, que se diga algo, que algo quede escrito. Ricardo Montano quería que supiéramos que en Los Ángeles él es alguien importante para la Mara Salvatrucha y quería que dijéramos lo que él piensa sobre cómo está siendo dirigida la pandilla en El Salvador. Quedamos de reunirnos al día siguiente para conversar.

Nos vimos en el mismo sitio, que sin partido de la selecta lucía desierto. Éramos los únicos en el restaurante y Ricardo Montano, que ya se había presentado como el Hipster, nos advirtió que tendríamos que interrumpir la entrevista unos segundos para que pudiera atender a una clienta. Es vendedor de droga.

La clienta había quedado en encontrarse con él en el parqueo del local y mientras ella llegaba Hipster nos mostró el producto: una bolsita pequeña de ziploc con un conjunto de piedritas transparentes dentro, como pequeñas astillas de vidrio. Una droga que está causando furor en Los Ángeles y que algunos cárteles mexicanos comienzan a producir masivamente debido a que su elaboración y su traslado implican mucho menos riesgo en comparación de las voluminosas marihuana y cocaína. El producto se llama cristal y el Hipster sacó un pequeño fragmento y jugueteó con él mientras nos daba una cátedra sobre cómo usar esta droga.

—Mirá... ¿y no creés que se pueden molestar los dueños del restaurante porque saqués eso?

—(Con el rostro cambiado, como si le preguntaras al Papa si Dios existe) ¿¡Y qué putas van a decir!? Si ellos bien saben que no tienen derecho a opinar nada, que si abren la boca ya saben lo que va a pasar.

Salió a despachar a su clienta y volvió abanicándose con un puñado de billetes: "Vaya, 180 dólares en un ratito, jejejeje... vaya pues, pregúntenme ondas".

***

"En Los Ángeles la Mara, *simón*, está loca, mantiene la misma reputación, pero las acciones que se hacen en El Salvador no se hacen acá. El estilo en que se cometen allá no es el mismo acá.

"Aquí en los Estados Unidos, debido al sistema judicial, tenés que actuar con más cautela, aquí se agarra escuela, *clecha*, para hacer las cosas. Aquí no se hace un *jale* o una *pegada* hasta que uno no está seguro de que la va a librar sin poner en riesgo a nadie, porque aquí te dan años como darte dulces. No es como allá, donde el 90% de acciones queda impune.

"Cuando vienen *homeboys* de allá abajo vienen acelerados, porque vienen acostumbrados a hacer *pegadas*, ondas, sin ver consecuencias. Se les hace difícil adaptarse acá. Yo he estado varias veces en El Salvador. No es que estén más locos ellos que nosotros, sino que tener más libertad para operar, para hacer las cosas, te da confianza y eso es lo que aquí no podés tener. Aquí hay un sistema de respuesta mucho más rápido, 10 a uno comparado con El Salvador.

"Como te digo, no es que estén más locos, sino es que, simón, hay locos de allá que vienen con dos o tres calaveras, huyendo porque han *reventado* gente allá abajo. A veces uno tiene que controlarlos. Hay muchos locos que solo viniendo de allá ya están haciendo tiempo en la cárcel, como uno de [la *clica*] San Cocos, otro de Prados de Venecia que *están torcidos* porque vinieron acelerados. Como te repito, la diferencia de los locos que vienen de allá para acá es que quieren venir a aportar y quienes van de aquí para allá se quieren ir a calmar.

"Nosotros estamos en la misma sintonía con El Salvador, solo que el *programa* es diferente. Como por ejemplo eso que están usando allá abajo los locos de que si alguien no está activo o no está colaborando con el *barrio* le están poniendo básicamente una cuota. Básicamente se le está poniendo una *renta* al que no está activo.

"Hay cosas que acá nosotros no respaldamos, pero allá en El Salvador hay *homeboys* que *corren el programa* a su manera. Cuando uno habla con ellos de aquí para allá, los locos algunas veces se te rebelan en el aspecto que dicen: 'Ustedes no están aquí, nosotros *corremos* el pedo aquí y ustedes *corren* el pedo allá'. Nosotros no estamos de acuerdo en que los *homies* deportados que llegan a El Salvador tengan el deber de aportar allá cuando ellos van de aquí de hacer tiempo en la cárcel y que tengan que ir a someterse a las exigencias de los locos allá... ¡No!

"Allá está la *clecha* de que si traés las dos letras sos de la Mara y por lo tanto tenés que aportar y someterte al *programa* y que si no aportás te *quitan*. Ahorita básicamente es la ley de la cárcel. Estos locos de los *tabos* tienen a los bichos afuera cobrando *renta* para que los estén manteniendo a ellos y quieren que les manden la feria a la brava y los bichos no pueden agarrar ni 10 dólares, porque si el loco de la cárcel se da cuenta de que se lo quitaste, te manda a *pegar*.

"Lo que pasa es esto: los locos te amenazan, te dicen: '*Simón,* ya sabe, *hijueputa,* que cuando venga aquí lo vamos a mirar, lo vamos a esperar.'"

La desventaja es que si no estás de acuerdo con lo que están haciendo en El Salvador es poco lo que se puede hacer, porque no siempre respetan tu palabra, aunque seás un *homeboy* con *palabra*. Está el caso de un *homie* deportado para Sonsonate, que era un loco *pegador*, con *palabra*. Salió de la prisión, lo deportaron y la *clica* que estaba ahí en Sonsonate le estuvo cobrando renta a él y a su mamá. La señora tenía su tiendita, ¿ves que allá la gente acostumbra a tener tiendita en su casa? Entonces el *homie* llamó desesperado para decir: '¿Qué ondas con estos hijos de puta? A mi *jefita* le están cobrando renta y me vinieron a amenazar'. Nosotros llamamos de aquí para allá y no quisieron tomar en cuenta lo que dijimos... En un 80% de los casos hay respeto, pero en el otro 20% les vale verga.

"En el aspecto de conocer sobre el *barrio*, sus orígenes, sus políticas, nosotros tenemos más *clecha*, pero en el aspecto de huevos, de valor, de *palabra*, ellos tienen mucho conocimiento sobre eso. Esa es la diferencia de la Mara de El Salvador y miembros de la Mara aquí en L. A. nosotros tenemos gente loca, *simón*... pero con los huevos que aquellos locos allá, unos pocos. Decididos a morir por el *barrio*, como allá, unos cuantos...

"Quiero que quede claro que mucha gente que vino huyendo de la guerra de El Salvador para acá en los ochenta, noventa tiene una ideología respecto a la MS-13 diferente a la que tienen segunda y tercera generación como la de hoy. La generación de hoy, en su ignorancia, dice que aman las letras: 'Yo estoy loco por la bestia, por La Mara, las dos letras yo represento, la M y la S'; pero ellos se están dejando llevar por sus emociones, porque no saben los orígenes, el principio. No podés querer algo que no sabés lo que es, y no podés morir representando algo que no tiene sentido para vos. Básicamente ahorita lo que ha pasado es que... 'Mi primo y mi hermano eran de la Mara, o mi colonia es de la Mara y entones yo me voy a meter'... diferentes motivos. Tal vez quieren respeto, no tienen mamá, papá, están pobres, están solos, quieren alivianarse.

"Con los cabecillas en El Salvador tenemos contacto. Cada *clica* de acá tiene uno o dos miembros deportados o presos en El Salvador; entonces nosotros nos damos cuenta a través de ellos. Ahora: estos locos de allá no están en la obligación de comentarnos a nosotros nada de lo que ellos quieran hacer en El Salvador, como nosotros no estamos en la obligación de decirles a ellos nada de lo que hacemos nosotros en L.A. Pero tienen que entender algo: nosotros somos el palo y ellos son una rama y están conscientes. En L.A. comenzó y se creó y es algo que no les gusta, pero nosotros somos el palo y ellos la rama."

ALGO EN LA MARA ESTÁ CAMBIANDO...

Este año el sistema de inteligencia de la PNC entregó a El Faro un cuadro con imágenes de la estructura jerárquica de la Mara Salvatrucha en El Salvador. Se trata de una lámina de Power Point titulada "Ranfla Nacional pandilla MS13" en la que aparecen 45 rostros, que según la policía constituyen la crema y nata de la élite marera en el país. En la cúspide de esa estructura aparecen Borromeo Enríquez Solórzano, el Diablito, de la *clica* Hollywood Locos, y Ricardo Adalberto Díaz, la Rata, de la *clica* Leeward Locos, que son presentados como "líderes nacionales".

Tanto el Diablito como la Rata ingresaron a la pandilla en Los Ángeles siendo unos adolescentes. De hecho, en las calles angelinas, al segundo aún se le recuerda como *Little* Rata, debido a que esa *taca* la heredó de su hermano mayor, que cayó en las guerras pandilleriles de los noventa abatido por cinco disparos.

A un lado de estos dos rostros la policía ha colocado un pequeño recuadro, el único sin fotografía en la lámina. Sobre el cuadrito sin rostro escribieron: "líder internacional" y abajo se lee: "(a) —de apodo— Comandari".

Este organigrama parte de la vieja creencia en los organismos de seguridad centroamericanos de que la Mara Salvatrucha es una estructura con unas relaciones de jerarquía férreas, en cuyo trono máximo se sienta una especie de capo capaz de dirigir y de darle cohesión a la estructura.

Resulta que Comandari no es un apodo, sino el apellido de un salvadoreño llamado Nelson Comandari al que la Mara Salvatrucha encendió la *luz verde* hace años. Es decir que la MS-13 en lugar de obedecerlo más bien quiere matarlo.

Nelson Comandari apareció por las calles de California en los primeros años de este siglo y era un hombre de negocios —negocios no legales— que necesitaba esquinas y pies que movieran su mercancía. Comenzó una relación estrictamente comercial con la Mara; él tenía el producto y los *homeboys* las esquinas. Pero la posibilidad de mover cocaína no era lo único que hacía atractivo a Nelson Comandari para la Mara. Según varios pandilleros e investigadores —que desde luego pidieron no ser identificados al hablar de este tema—, este señor ofrecía también a la MS-13 una conexión muy preciada: su suegro era el Perico, uno de los Señores de la Mafia Mexicana.

Por su herencia salvadoreña, la Mara nunca había conseguido que uno de sus miembros fuera tomado en cuenta dentro de la estructura de la eMe, que exige al menos una gota de sangre mexicana a quienes aspiran a llegar a ser *carnales*. Mientras que la Mara tenía vetado el paso a las camarillas de poder de la Mafia Mexicana, sus enemigos de *Eighteen Street* tenían desde hace años a varios de sus miembros ostentando el título de *carnal*. El vínculo directo de Comandari con el Perico era hasta ese momento lo más cerca que la MS había estado del Olimpo pandillero en California.

Interesados en sus lazos familiares, *palabreros* de la MS-13 no solo hicieron a Comandari miembro de la pandilla, sino que en poco tiempo le entregaron *las llaves* del *barrio*, es decir, lo nombraron *corredor* general del programa del Condado de Los Ángeles: *palabrero* de *palabreros*, un estatus por encima de los líderes de todas las *clicas* del Condado.

Pero el matrimonio de conveniencia duró poco. Ocho meses aproximadamente. El padrino de Comandari, el Perico, murió de una sobredosis de heroína dentro de la prisión y, sin su sombrilla, el *corredor* general perdió influencia. Además, su creciente visibilidad lo colocó en la mira de las autoridades. Al ser arrestado aceptó de inmediato convertirse en soplón del FBI y terminó delatando a varias personas vinculadas con la Mafia Mexicana. Pasó a ser recluido dentro del sistema de Protected Custody, cuyas siglas PC originaron el despectivo *peceta* que todas las pandillas utilizan para designar a los desertores.

Desde entonces tiene encendida la *luz verde* y desde entonces el gobierno de los Estados Unidos ha convertido su paradero en un secreto.

Aunque esto ocurrió en 2003, su leyenda sigue generando cuadritos sin fotografía en los organigramas que la policía salvadoreña elabora sobre la cúpula de la pandilla.

***

El viernes 13 de abril de este año, en algún lugar de Los Ángeles, la Mara Salvatrucha convocó a una reunión general de *palabreros* para discutir el "asunto" de El Salvador. California aún se siente con derecho a estar al tanto y a que su voz sea escuchada, y ha recibido como profunda ofensa que los *homies* en El Salvador ninguneen su opinión en un "asunto" tan relevante. El "asunto" es, por si queda duda, la inédita tregua entre la MS-13 y el Barrio 18 que ha desplomado la tasa de homicidios en El Salvador hasta fondos que no se creían posibles un año atrás.

Es difícil saber lo que se habló en aquella reunión. Los códigos de la pandilla convierten en *rata* a cualquiera que lo revele. Alguien que estuvo en ese *meeting* se limita a ronronear con desprecio unas pocas palabras: "Las cosas se van a poner más serias... De todos modos, en Los Ángeles tenemos cosas más importantes que discutir que lo que hacen los locos de allá abajo".

La policía de Los Ángeles lanzó en las primeras semanas de junio una nueva embestida contra la Mara Salvatrucha y varios *homeboys* han cedido a la tentación de convertirse en informantes a cambio de protección judicial. Nadie confía en nadie en la calle, a los *meetings* se entra sin teléfonos y los pandilleros se miran entre sí con recelo. Algo está cambiando en la pandilla y las autoridades estadounidenses parecen saberlo.

El cambio no tiene nada que ver con lo que se esté tramando en El Salvador o en el resto de Centroamérica. Hace más o menos ocho meses, en un hotel de Hollywood, en la sofisticada parte norte de Los Ángeles, Little One, un pandillero, un muchacho de apenas 29 años, de madre mexicana, fue ungido como *carnal* de la eMe. Aunque en las calles angelinas aún hay *homeboys* que desconfían de la seriedad del nombramiento y temen que alguien en las cárceles esté tratando de engañar a la pandilla, otros celebran el hecho de que Little One se haya convertido en el primer miembro de la Mara Salvatrucha en ingresar a la Mafia Mexicana.

Guatemala después del Sur

José Luis Sanz y Carlos Martínez
Noviembre 2012

I. El día de la traición

El 15 de agosto de 2005 la Mara Salvatrucha provocó en las cárceles de Guatemala nueve motines simultáneos que causaron 36 muertos, pero no lo hizo por odio. La ruptura del Sur, un pacto de no agresión con el Barrio 18 y el resto de pandillas, fue un movimiento estratégico gestado durante siete años por un motivo frío: negocios.

Los viejos códigos carcelarios de Los Ángeles siempre fueron un corsé apretado para los pandilleros guatemaltecos, pero en los años noventa los *paisas*, los *civiles*, dominaban los penales de todo el país, y *correr* el Sur parecía la única forma de sobrevivir.

Las deportaciones masivas iniciadas por la administración del primer presidente Bush apenas impactaban todavía en Guatemala, las pandillas llegadas de California no se habían levantado aún en las calles, y los escasos *cholos*, como se llamaba a todos los pandilleros, sin distinción de barrio, eran en las cárceles como animales exóticos y peligrosos a los que domar. Por si acaso intentaban sacar las garras, los *paisas* los mantenían en celdas y sectores separados, siempre vigilados.

Sin excepción, al tatuado que caía preso le imponían humillantes tareas de limpieza de suelos y baños, conocidas en el argot carcelario como *talacha*, y le hacían pagar hasta por el lugar donde dormía. Las miradas de orgullo se cerraban con golpes. Pandilleros que estuvieron en esas cárceles aquellos días cuentan que la

71

indisciplina se castigaba en ocasiones hasta con descargas eléctricas mientras los custodios miraban a otro lado. Desafiar la autoridad de los líderes *paisas* podía costar la vida en unas cárceles en las que las *tablas*, los recuentos diarios de reos, a menudo no cuadraban porque los muertos no duermen en sus celdas.

Por eso parecía necesario correr el Sur —Southern United Raza—, una norma aún vigente entre las pandillas del sur de California que prohíbe que dentro de una cárcel corra la sangre entre latinos. Un acuerdo impuesto por la Mexican Mafia, la temida eMe, que sirve para protegerse de las numerosísimas pandillas de negros y blancos, e incluye el pacto entre enemigos de no agredirse en zonas que abarcan varios kilómetros alrededor de los penales.

En las calles, el Sur prohíbe también matar niños, violar mujeres o atacar al enemigo en presencia de su familia. Dentro y fuera de las fronteras de Estados Unidos, a las pandillas que defienden esta especie de código de honor se les llama pandillas *sureñas;* y *sureños* a los pandilleros que lo respetan.

Para 2002 los sureños guatemaltecos eran algo más fuertes y estaban más hartos. Decidieron rebelarse contra los *paisas*. En los penales y en la calle formaron *ruedas sureñas* en las que participaban uno o dos representantes de las muchas pandillas californianas que ya tenían presencia en el país: White Fence, Chapines 13, Eleven Street, Lenux, Harpies, Play Boys… y por supuesto de la Mara Salvatrucha y el Barrio 18, mucho más numerosas que el resto. Enemigos reunidos para comandar un solo ejército y tomar las cárceles.

Durante un año, las órdenes de esas *ruedas* movieron engranajes en decenas de *clicas* y celdas. Sospechosamente, a ciertos penales comenzaron a entrar a diario pandilleros presos por pequeños delitos. Por un robo a una anciana, por tenencia de armas, por fumar marihuana justo delante de una comisaría. "Se les decía a los *homies*: vos hoy tenés que caer preso, y vos y vos, porque allá necesitan *la esquina*. Y allá que iban, y te dejabas caer preso", cuenta un expandillero de la 18 que formó parte de esas *ruedas sureñas*. Armas de fuego, machetes, granadas, entraron a los penales ocultos en el cuerpo de esos presos voluntarios, o frente a los ojos de custodios cegados con un soborno.

Otro expandillero, este de la Mara Salvatrucha, cuenta cómo la pandilla entregaba armas a sus *homies* presos en la torre de tribunales, cuando salían a audiencia. "Solo decías que te había traído comida la familia, o cosas así, y ahí te daban tu pistola. Después al regresar al penal, como salíamos y entrábamos en grupos de a 10, al momento del registro nos agarrábamos a *pencazos* entre siete u ocho de nosotros para que el que llevaba las ondas saltara la valla y fuera a descargarlas al sector 17."

Los sureños acordaron fechas para las revueltas. Los objetivos principales eran la cárcel de Pavoncito y el Preventivo de Zona 18, dominios de dos líderes *paisas* especialmente destacados por su odio a los *cholos*. Por meses los pandilleros siguieron bajando la cabeza ante los reos comunes mientras planeaban el estallido.

***

Silvestre recuerda el día que entró al Preventivo en septiembre de 2002. Tenía 20 años y cargaba las letras de la Mara Salvatrucha en la piel. Se creía muy fuerte. Había matado por rutina —y, admite, con cierta dosis de placer—, desde que a los 14 años su hermana le regaló su primera pistola, una Amadeo Rossi calibre .38, un revólver pequeño de frabricación brasileña. En teoría debía servirle para defenderse de los constantes asaltos de un pequeño grupo de pandilleros del Barrio 18 que campaban por su colonia con actitud de finqueros. Pero Silvestre era un joven con iniciativa. Con esa arma comenzó a asaltar comercios y autobuses en otras zonas de la ciudad.

Dice que al principio solo disparaba al aire o a las piernas. Fue Sadman, un pandillero amigo suyo, deportado del norte de California, el que templó el pulso y le enseñó a apuntar a la cabeza. También fue el que, cuando Silvestre le pidió *brincarse* a su pandilla, le puso freno con un buen consejo: "No te conviene. En Guate solo *pandillas sureñas* van a quedar y las que se van a parar bien son la 18 y la MS. Mejor hacete de una de esas". Antes de que terminara 1997 el ambicioso Silvestre ya había conseguido autorización para levantar su propia *clica* de la Mara Salvatrucha. Cuando en septiembre de 2002 llegó al Preventivo de Zona 18 lo acusaban de 10 asesinatos.

—No todos eran míos, pero no importa. Así es esta onda —dice Silvestre. Y sonríe. Sabe que también se ha librado de pagar por otras muertes que sí son suyas.

***

El 23 de diciembre un joven líder de la Mara Salvatrucha, el Vago de Coronados, encabezó un motín en el penal de Pavoncito, a las afueras de Ciudad de Guatemala. Mientras un centenar de pandilleros sureños derribaba muros y abría rejas para hacerse con el control del recinto, el Vago se lanzó directamente a la búsqueda de Julio César Beteta, que por años había sido el líder de los *paisas* en esa cárcel. Según publicaciones periodísticas de aquellos días, el Negro Beteta, como le llamaban, acumulaba más de 50 000 quetzales (más de 6 000 dólares) al mes en impuestos a otros presos, tenía una oficina junto a la del director, y aquellos que no cumplían sus normas los encerraba en unas bartolinas en las que permanecían hasta 15 días con agua hasta las rodillas.

A Silvestre le contaron que el Vago se amarró pedazos de colchoneta en el pecho y la espalda como armadura improvisada, agarró un machete en cada mano y se encaminó al Sector 5, donde se alojaba Beteta. Unas horas después posaba frente a las cámaras de todos los noticieros del país con la cabeza del líder *paisa* clavada en una larga estaca. Esa víspera de Noche Buena, el Vago de Coronados se cambió el apodo y decidió que en adelante se llamaría el Diabólico de Coronados. Su nombre sonaría muy fuerte en la década siguiente. Y aún lo hace.

El motín de Pavoncito duró dos semanas y reforzó el respeto del Diabólico en el interior de la Mara. Catorce muertos y 50 heridos son medallas para un verdugo. A principios de enero él personalmente llamó a Silvestre para darle instrucciones: la misma suerte de Beteta debía correrla el líder *paisa* del Preventivo: Byron Lima.

El capitán Byron Lima Sosa era el preso más popular de Guatemala. Estaba condenado junto a su padre y otras tres personas por asesinar en 1998 al obispo y defensor de los derechos humanos Juan Gerardi, quién sabe por orden de qué hombre con alma de Caín y poder suficiente para evitar la cárcel. A Lima, que era parte del Estado Mayor Presidencial del expresidente Álvaro Arzú, le cayeron 20 años de prisión y nunca se dio con el autor intelectual del crimen. Quizá por eso el capitán, lejos de la deshonra esperable, conservaba importantes vínculos en las altas esferas políticas y del Ejército guatemalteco. Literalmente, gobernaba su propia cárcel. No solo recibía trato de favor, sino que imponía disciplina militar al resto de presos y controlaba todos los negocios del penal, los lícitos y los ilícitos. Lo cuentan varios expresidiarios y hace 10 años era un secreto a voces: Lima tenía el monopolio de la compra de producto para los comedores y tiendas que los internos administraban intramuros. Lima te conseguía un teléfono y te vendía el saldo para usarlo. Lima introducía y vendía cualquier droga que se consumiera en el lugar.

"Si tenías pisto te recibía con los brazos abiertos —cuenta Silvestre—, pero a nosotros… 'Llévese a los *cholos* o los muchachos los van a matar ahí abajo', les decía a las autoridades. Hasta el teléfono celular del director tenía, y ordenaba a los guardias que le abrieran o cerraran los sectores que él quería y los *sombrereaba*: 'Si esas botas que cargás yo las mando a comprar. Abrime, ¿o querés que te despida o te haga trasladar?', les decía."

La palabra de Lima era la ley de Dios en el Preventivo de Zona 18, y a Silvestre la Mara Salvatrucha le dijo que había que asesinar a ese dios.

El miércoles 12 de febrero de 2003, liderados por Spyder, del Barrio 18; Psyco, de la *clica* Alfa y Omega de la MS-13, y Chopper, también de Alfa y Omega, un total de 250 sureños desataron un motín en el Preventivo. Silvestre participó en él y cuenta que el capitán Byron Lima salvó la vida porque cuando inició la batalla no estaba en su celda del sector 7, sino en el área de visitas, donde logró protección de los guardias.

Quienes no escaparon a la guillotina de los *cholos* fueron sus lugartenientes. Ese día los pandilleros usaron las barras de pesas del gimnasio para abrir candados y asesinaron a siete hombres. Decapitaron a cuatro de ellos. Uno de los descabezados era Obdulio Villanueva Arévalo, un sargento mayor, antiguo compañero de armas de Lima, condenado a su lado por el asesinato de Gerardi. Cuentan que

Villanueva trató de escapar de su celda haciendo a golpes un agujero en la pared, pero estaba demasiado gordo y no logró atravesarlo. Después de la masacre del Preventivo, Lima fue trasladado varias veces, pero allá donde fue se llevó su autoridad consigo. Y su odio por los *cholos*. En 2008 tuvo su último enfrentamiento con ellos, en Pavoncito, precisamente. Cuatro líderes históricos de la Mara Salvatrucha fueron decapitados por los *civiles* a las pocas horas de llegar trasladados al penal. Lima, el líder carcelario, asegura que trató de evitarlo pero no pudo. Diez años después, como si el tiempo se burlara de los muertos y de quienes matan en las cárceles de Guatemala, el capitán Byron Lima sigue siendo el principal líder de los *paisas* en el país y gobierna con rostro amable pero autoridad férrea el penal de Pavoncito. Dirige la cooperativa que controla todos los negocios del penal, incluida una maquila que elabora uniformes para la Fuerza Armada, y pese a que otros internos han puesto denuncias contra Lima por abusos, el actual director del Sistema Penitenciario lo considera un preso modelo.

Silvestre aún viste como si fuera pandillero pero hace siete años decidió que se bajaba del tren en marcha de la Mara Salvatrucha. En la cárcel había conocido a su segunda esposa y concebido con ella su segundo hijo. A este no quería perderlo como al anterior, que vive con su madre en Estados Unidos. "Hoy tengo por quién vivir y quiero vivir por ese alguien", les dijo a los líderes de la Mara. Lo sentenciaron a muerte.

Sentado en un banco de piedra, en la cárcel en la que todavía cumple condena rodeado de *paisas* y de otros pandilleros retirados —*pesetas*, traidores, los llaman los activos—, cuenta de nuevo la forma en que se les escapó Lima como si fuera una jugada intrascendente en mitad de un partido de fútbol que viene durando años y ya le aburre. Asegura que, al fin y al cabo, matar al capitán Lima era solo una parte de la misión y que en las instrucciones que Diabólico le dio en enero de 2003 había en realidad un plan oculto más importante.

—El motín en Preventivo tenía otro fin. Cuando hablamos, Diabólico me dijo que el plan era que por el motín nos movieran a todos a Pavoncito, para cumplir con lo que se había hablado en el 99.

—¿Y qué es lo que se había hablado en el 99?

—La ruptura del Sur. Diabólico quería que se rompiera ya de una vez, en Pavoncito, pero necesitaba tener a más gente, porque los de los números eran demasiados.

Tal y como Diabólico había calculado, las autoridades castigaron a los responsables de la masacre trasladándolos a Pavoncito, porque en ningún otro penal los quisieron recibir. Con una lógica similar a la que en esos mismos años estaba aplicando en El Salvador al separar a la MS y la 18 para que no se mataran, el Estado guatemalteco decidió separar a los *cholos* del resto de presos. Cómo imaginar que la Salvatrucha jugaba con el sistema para sus propios fines.

Pero esos fines de la MS-13 encontraron un nuevo obstáculo. "Al llegar a Pavoncito vimos que éramos muy pocos. Ellos nos duplicaban en cantidad de *soldados*", dice Silvestre. El expandillero piensa que los dieciocheros ya sabían lo que sus enemigos tramaban y por eso habían intensificado la entrada de gente al penal, a la espera de que alguien tirara la primera piedra. De los cerca de 700 internos, calcula que unos 250 eran del Barrio 18 y que los salvatruchos no llegaban al centenar. Los mareros tenían pocas pistolas y balas para enfrentar a tanta gente.

"En Pavoncito siguieron las *ruedas sureñas*, pero era todo una gran mentira. Cada vez que había una *buruca*, los *llaveros* de los números convocaban a los de letras y al resto del Sur para pedir calma, pero nuestros *llaveros* iban siempre a aquellas reuniones con un par de granadas y alguna nueve, por si acaso algo", cuenta Silvestre.

El 13 de abril de 2003, Martes Santo, dos avionetas sobrevolaron el penal arrojando volantes de papel que decían "Cristo los ama, conviértanse". Desde el aire la Policía estaba grabando imágenes del recinto para preparar un asalto al día siguiente. En la madrugada del Miércoles Santo un millar de policías entró a Pavoncito con la intención de esposar a todos los pandilleros y trasladarlos a otros penales. Milton Navas, el Gato de Hoover, del Barrio 18, salió de su celda disparando una subametralladora y mató a un policía justo antes de que lo abatieran. Silvestre cree que reaccionó así porque no supo que era una requisa y pensó que se estaba rompiendo el Sur.

La mayoría de líderes fue a parar a Escuintla. El Estado reaccionaba con aparente dureza, aislando a los más asesinos, separando a esos animales tatuados de los presos considerados normales. En realidad, los pandilleros se habían ganado sus propias cárceles y ahora, libres del acoso de los *paisas*, los líderes de la MS podían por fin armarse lo suficiente como para cumplir su objetivo.

—El Sur lo queríamos romper porque los *vatos* de los números eran... muy feo su modo, pues. Nos andaban taloneando los negocios, todo copiaban. Nosotros deseábamos operar solos, desde la cárcel pero solos. De ahí que en la Mara vivíamos el Sur como una hipocresía y pasamos los años siguientes trabajando en las calles para comprar armas y meterlas a los penales para romperlo —recuerda Silvestre—. Pasamos esos dos años en el "espérense, espérense".

***

Buster tiene 26 años, es delgado, y su mirada triste y distraída lo vuelve amable a la vista. No tiene tatuajes en el rostro. Solo un fino bigote sin el cual le costaría parecer adulto. Fue miembro de la MS-13 durante más de 15 años, antes y después del Sur, y conoció a una Mara de la que ya pocos vivos tienen recuerdos: la de los primeros pasos en Guatemala, la de los primeros dilemas.

Una Mara Salvatrucha que pensó en hacer negocios en grande antes que otras pandillas. Y que fue despiadada antes que el resto.

—En el 96 vino el tráfico, y los [de la *clica*] Gangster Locos empezaron a matar a gente de la misma Mara —dice Buster—, porque vieron que el dinero estaba en el tráfico. Ellos fueron los primeros que decidieron trabajar para ciertos traficantes.

—¿Y el resto de *clicas*, los siguió?

—Parte de la Mara no estaba de acuerdo con trabajar para alguien, y se paró. Ahí empezaron las guerras dentro del mismo barrio. El barrio empezó a elegir *clicas*. Y al resto, se le encendían *luces*.

—¿Cómo así? ¿La Mara encendió *luces verdes* a algunas de sus *clicas*?

—Cabal. Yo solo era *chequeo* [pandillero a prueba, que no ha sido *brincado* o pasado por la ceremonia de admisión como miembro

78

pleno] en esos días, y me tocó recibir órdenes. Ponele: a nuestra *clica* nos dieron 13 días para acabar con otra *clica* y era o nosotros o ellos. El Shark de Normandie, el Soldado de Coronados, y el Chapín de Centrales, que había venido del Norte, nos dijeron. Y nos dieron carros, pistolas, motos… Igual le pasó a la *clica* de mi hermano, que tuvo que matar a otra.

De su hermano, mayor que él, también marero, escuchó Buster una historia que él no puede imaginar sino cierta y que dibuja un rasgo más en el rostro de la MS-13: en 1998 ya algunos palabreros de la Mara Salvatrucha, encabezados por el Shark de Normandie, tenían decidido seguir el ejemplo de El Salvador, donde el Sur angelino nunca llegó a instaurarse y la guerra con la 18 se libraba no solo en las calles sino también en las cárceles. Querían romper con las tradiciones angelinas y establecer sus propias reglas para la guerra pandilleril en Guatemala.

Al saberlo, según le contaron a Buster, los *homies* angelinos enviaron a un emisario, el Snyper de Adams, un pandillero fornido, bigotudo y peinado hacia atrás. En el pecho tenía las letras de la Mara y el tatuaje de un dragón. Traía con él un mensaje con una sentencia de muerte: el Sur no debía romperse, y se le había comisionado matar al Shark para hacerlo saber. Hubo un *meeting*, en el Cementerio Nacional en la Zona 3, un lugar controlado por la MS-13 y por los cientos de zopilotes que pueblan el enorme basurero junto al cementerio. A la reunión acudieron palabreros de varias *clicas*. Snyper pensó que iban a escucharle. Tal vez imaginó que se ahorraría una bala.

Lo que Buster sabe es que ese día, delante de aquella rueda, como en un ritual para matar al padre, la Mara Salvatrucha ejecutó al Snyper, quemó su cadáver y lo arrojó al basurero. La voz de Los Ángeles, si alguna vez había sonado a autoridad, quedaba silenciada en las cabezas afeitadas de los mareros guatemaltecos, enterrada con el Snyper entre sucios pedazos de ropa y apestosos restos podridos de comida.

—¿Quién te dijo eso? —pregunta Diabólico mirando de reojo, cuando le contamos del Snyper, del *meeting* en el cementerio, del cuerpo arrojado al basurero.

Esposado de pies y manos, completamente vestido de blanco como un santero, con un gorro también blanco calado hasta las cejas y ojos recelosos, Jorge Yahir de León, Diabólico, se parapeta en monosílabos cuando le preguntamos por los años que la Mara Salvatrucha pasó planeando romper el Sur. Levanta la barbilla y deja ver los tatuajes de su cuello, que parecen ser ellos solos los que sostienen su cabeza. Las autoridades guatemaltecas dicen que Diabólico es desde hace algunos años el principal líder nacional de la Mara Salvatrucha y que desde la cárcel de máxima seguridad en la que estamos, Fraijanes II, da órdenes a otros penales y de ahí a todo el país.

La autoridad de Diabólico se esculpió a base de ser más violento y espectacular que sus camaradas "ya desde las cárceles de menores venía armando motines", dice Silvestre. En febrero de 2007 se le culpó de liderar el asesinato, en la cárcel del Boquerón, de los cuatro policías que asesinaron a su vez a tres diputados salvadoreños del Parlacen y su motorista, aunque de esas muertes Yahir fue después absuelto en juicio. A finales de 2005 intentó matar a puñaladas a tres dieciocheros durante una audiencia, en la sala de un juzgado. Detrás de nosotros, seis custodios penitenciarios armados con porras no pierden de vista al pandillero engrilletado. Otro más sostiene amenazante una especie de extintor con forma de pistola en su extremo. Es un enorme rociador de gas pimienta.

Diabólico escucha más que habla. Mide la intención de nuestras palabras y el efecto de las suyas.

—No te podemos dar la fuente. Solo queremos saber si la historia es cierta.

—No es cierto —dice Diabólico—. No hay ningún Snyper.

Sí lo hubo. Pandilleros en Estados Unidos recuerdan a un guatemalteco al que llamaban Snyper de Adams, y cuando se les cuenta el relato de Buster parecen entender por qué ese *homie* despareció de Los Ángeles de repente, para siempre, a finales de los noventa. Pero niegan que la pandilla lo hubiera enviado a Guatemala en misión para defender el Sur. "Era un *vato* raro, que se creía más *mente* de lo que en verdad era. De esos que hablan creyendo que gran conocimiento, ¿va?, pero solo *casaca*", dice un antiguo *homie* suyo. "Una vez le dimos una gran *vergueada* porque no venía a los *meetings* y no se estaba *parando* bien. Fue la última vez que lo vi", cuenta un veterano angelino que ahora vive en Washington.

—Como sea, al final el Sur sí lo rompió la Mara Salvatrucha, ¿no es así, Yahir?

—Sí, nosotros lo rompimos, por qué negarlo. Las situaciones que se vivieron en las cárceles, las presiones, llevaron a que se rompiese eso. "Si la duermo me van a jalar", pensaba uno.

—La idea era entonces romperlo ustedes antes de que lo hiciera la otra pandilla.

—Es que se juntó bastante pandilla de ellos, y nos querían meter en un solo lugar a los de la Mara, pero nosotros no aguantamos casaca. Somos pocos, pero sabemos a quién metemos, no como ellos. Ellos al ver que eran un vergo, querían destruirnos con pura política suya.

A finales de los noventa el Barrio 18 creció frenéticamente en las colonias más populosas de la capital y el desbalance de fuerzas con la Mara Salvatrucha se hizo cada vez más incómodo, en la calle y sobre todo en los penales. La MS guatemalteca detestaba medularmente a la 18 y, al ver cómo brincaba a más y más *patojos*, cómo hinchaba su pecho, temió llegar un día a temerla.

Pero las presiones de las que habla Diabólico tienen más que ver con los negocios que ambas pandillas dirigían dentro de los penales y los planes de crecimiento empresarial que escondía la Mara en las calles. Silvestre asegura que los dieciocheros copiaban los sistemas de extorsión telefónica que los salvatruchos iban ideando y atraían la atención de la Policía. Líderes de la 18 explican que, a medida que aumentaba su población carcelaria, introducían mayores cantidades de droga en los recintos, se permitían bajar los precios de cada dosis y arrinconaban a los *dealers* de la Salvatrucha.

La guerra entre la Mara Salvatrucha y el Barrio 18 hace mucho que dejó de ser solo por honor o por cadenas de venganza. En Guatemala, el Sur era un lastre para los planes de negocio de la Mara. En las pandillas la cárcel gobierna la calle y la MS-13 estaba harta de compartir sus oficinas corporativas con el Barrio 18.

***

Parado en medio de aquel patio carcelario que estaba listo para una batalla, mirando hacia sus *homies* del Barrio 18 pero gritando también hacia el otro extremo, para que le oyeran sus enemigos de la Mara Salvatrucha, el Trouble pidió calma: "¡Nel, al suave, al suave! Me extraña, raza, ¿qué hemos hablado?"

Pedir calma era casi imponerla. Aunque muchos de sus propios camaradas de la 18 desearan en ese momento pasar por encima de él, derribarlo en una carrera y lanzarse a cuchilladas hacia los descamisados que esperaban al otro lado. "¡Vos tu madre, a la verga con esto!", le decían.

Minutos antes, una discusión entre un dieciochero y un miembro de la MS-13 había derivado en una pelea a puños. De inmediato, en uno de los reducidos patios de la Comisaría 31 de Escuintla, una cárcel para 200 presos a la que todos llaman El Hoyón, se habían formado dos grupos de hombres dispuestos para sacar de sus celdas las armas escondidas y, a machetazos o a tiros, poner fin para siempre al Sur.

A los dieciocheros solo los frenaba la autoridad del Trouble. Pandilleros guatemaltecos recuerdan cómo en los años 98 y 99 la presencia de Jacobo, el Trouble, recién *bajado* de Estados Unidos, convirtió a la *clica* Hollywood Gangsters de la Zona 6 de Ciudad de Guatemala en un foco de atracción para dieciocheros de todo el país. El Trouble irradiaba autoridad más allá de su *clica*. Tenía respeto en todo el barrio. "Tenía *mente*", dicen los actuales líderes de la 18. "Portaba un cerebro grandísimo el compadre." "Era de aquellos que, la neta, ¿que los *homies* de allá andan pidiendo *esquina* y les están entrando los de la MS? Puta, para allá iban carros, armas, porque él lo decía."

Fue ese respeto el que le permitió aquel día mantener en pie las leyes que la Eighteen Street se había traído consigo desde sus orígenes en Los Ángeles y contener el instinto asesino de su gente en El Hoyón. Algunos miembros de la MS-13 hicieron lo mismo entre los suyos y ese día no se rompió el Sur. Corría 2003.

El Trouble salió libre en 2004 y lo mataron poco después. Había ido a la granja penitenciaria de Pavón a visitar a otros pandilleros de la 18, y pistoleros de la Mara Salvatrucha lo esperaban a la salida. Lo siguieron en taxi algunos kilómetros, hasta que se alejó del perímetro carcelario, y lo asesinaron.

***

La *rueda* del Barrio 18 estaba reunida en una celda cuando sonaron los dos primeros disparos. Blam, blam. "Vaya, *homies*, qué pedos, es aquí dentro." Las detonaciones llegaban del otro lado del muro, de las celdas y el patio que ocupaba la Mara Salvatrucha, pero el griterío que las siguió recorría todo el recinto. El Abuelo, el Pantera, Criminal, Driver, Snoop, Spider, Lobo… los grandes nombres de la pandilla, supieron al instante que se habían equivocado. Afuera había 160 dieciocheros descalzos y vestidos solo con boxers y camisetas, esperando la muerte con las manos vacías.

Una media hora antes, un *homie* les había advertido que creía haber visto a un salvatrucho con un arma de fuego, pero no quisieron hacerle caso. Imposible, le dijeron. La ruptura del Sur era un riesgo evidente desde hacía años, y algunos líderes de la 18, como Criminal, Lobo o Abuelo incluso habían propuesto varias veces al resto de la *rueda* tomar la iniciativa y sacar ventaja. Pero hay miedos y deseos que nunca se cumplen y acaban por diluirse en las rutinas. Cuando alguien propuso introducir en el penal al menos un par de pistolas, para tenerlas guardadas por si acaso, la respuesta de Driver y Spider fue no. "Si las ven, ahí sí *las letras* la van a querer reventar." El 15 de agosto de 2005, cuando en el Hoyón sonaron los primeros dos disparos del lado de la MS-13, los presos del Barrio 18 no tenían consigo ni una sola arma de fuego.

El día había amanecido extraño. Cuando a las siete a.m. se abrieron todas las celdas, los miembros de la Mara Salvatrucha ya estaban todos calzados y con los tenis amarrados. Los de los números, en cambio, se encaminaron en chancletas hacia su patio, para asearse, desayunar y esperar que a las nueve se encerrara la *rueda* a su acostumbrada reunión de cada mañana y comenzara la rutina de ejercicio diario que se autoimponía el Barrio 18.

A las nueve también la rueda de la Mara Salvatrucha entró a reunirse a una de sus celdas, como todos los días. Pero esta vez tardaron apenas unos minutos en salir, pistola en mano. Los primeros blam, blam fueron disparos en la cabeza de dos pandilleros de White Fence que se les atravesaron en el camino. Romper el Sur no era solo romper con la 18, sino con todos los sureños, incluso con aquellos, como los White Fence, con los que la MS-13 había mantenido alianzas por años en las calles de Guatemala y a los que había tratado como iguales en las cárceles. A esos disparos les siguió la explosión de una granada que causó los primeros muertos de la 18. Después, en aquella pequeña cárcel, una bartolina policial reinventada como penal para pandilleros, todo fueron gritos, disparos, explosiones y carreras.

El Hoyón, la Comisaría 31 de Escuintla, es una edificación de muros blancos con pequeños torreones y almenas, un castillito de una sola planta y apariencia frágil que más parece una escenografía en miniatura que una cárcel. En su interior, además de las oficinas administrativas, hay un recinto cuadrado y en el centro de éste una rectangular con 12 celdas, seis por lado, que lo divide en dos pequeños patios comunicados por los lados.

Cuando los pandilleros de la Salvatrucha, que no llegaban al centenar, comenzaron a avanzar de un patio al otro con aquellos que tenían armas de fuego al frente, los dieciocheros, aunque eran más que su enemigo, se sintieron en una ratonera.

Unos pocos alcanzaron las celdas, se refugiaron bajo sus catres y se protegieron con los colchones. La mayoría optó por correr sin parar dentro de aquella trampa en un desesperado intento por esquivar las balas. Nadie trató de sacar los machetes de las celdas. De qué sirve un cuchillo, por largo que sea, frente a un revólver.

Pero los mareros disparaban agazapados, con miedo, cubriéndose de unas balas que jamás llegaron. No concebían la posibilidad de que sus adversarios hubieran jugado limpio, que no tuvieran un as bajo la manga, que no tuvieran ni una sola pistola.

Si la Mara hubiera sabido que los dieciocheros no estaban armados, probablemente ninguno hubiera quedado vivo.

La *rueda* del Barrio 18, los líderes, fueron los más encerrados de todos. Bajo la lluvia de plomo intentaron una y otra vez salir de la celda y unirse al resto de sus acorralados *homies*, que se arrastraban heridos, se apretaban contra los muros o trataban de escapar ensangrentados por los tejados. Hasta que una granada cruzó la reja de la puerta y estalló entre ellos. Las esquirlas hirieron a Lobo y destrozaron a Pantera.

Un dieciochero gritó que había que avisar por teléfono al resto de penales, pero para todo era tarde. Se trataba de un golpe programado y el ataque en otros centros había sido simultáneo. A las nueve de la mañana los líderes de la Mara Salvatrucha habían puesto sus teléfonos celulares en conferencia entre todas las cárceles del país donde había pandilleros. Nueve en total, incluidas las de menores.

Los custodios de todos esos centros estaban desconcertados. En Chimaltenango y Cobán lograron intervenir antes de que hubiera muertos. En Pavón, donde Diabólico se encargó de encabezar el ataque, tuvieron que dar cobijo a un nutrido grupo de pandilleros de la ms-13 que saltaron los muros de sus sectores para huir, porque se negaban a romper el pacto *sureño* y participar en la masacre. En el Hoyón, al ver a los pandilleros subirse a los tejados, los guardias se soltaron a dispararles. Algunos de los dieciocheros muertos de ese día en esa cárcel fueron obra suya. La vida de un reo, o de 10, o de 100, no es una preocupación real cuando existe la posibilidad de un escape.

Ese 15 de agosto en las cárceles de Guatemala murieron en total 36 personas. El presidente Óscar Berger, de viaje oficial en Taiwán, dijo en sus primeras declaraciones sobre la masacre que lamentaba las pérdidas humanas pero celebraba que no hubiera habido fugas.

También en las calles aquel día se desató la furia. Buster, el marero de rostro triste, cuenta que en su *clica* los llamaron a *meeting* a las ocho de la mañana y les entregaron armas. A los siete que, como él, estaban *brincados*, y a todos los *chequeos*, 25 pandilleros en total. "Nos dijeron que el Sur se rompía ese día, que ya sabíamos qué teníamos que hacer, que había que golpear todo lo que pudiéramos", dice.

Cuenta que él se subió a una moto de las que solían compartir, robadas, y se fue hacia Carolingia, territorio del Barrio 18, armado con una 9 mm en el frente del cinturón y un revólver .38 a la espalda. Le gustaba especialmente ese .38. Buster ya había matado antes, pero pensaba que era un día para lucirse. Llegó a Carolingia como a las 11, parqueó y caminó tres cuadras hasta llegar al *punto* de la *clica* CLG. Los encontró reunidos, a 12 o 15 de ellos, y disparó una y otra vez sin dejar de caminar hacia ellos. Dice que cuando el grupo se dispersó, en el suelo había tres cuerpos. No quiso dar tiempo a que el resto regresara armado y salió corriendo de nuevo hacia la moto, volvió a su *punto* para cargar municiones y enfiló hacia la Zona 6 junto con otros *homies*, todos en motos. Querían matar más antes de que acabara el día.

Cuando llegaron al barrio San Antonio ya entraba la tarde. Se sabía lo que había pasado en los penales y todos los *puntos* estaban en alerta. Sintieron caliente la vibra. "Nos esperaban armados y al vernos comenzaron a detonar", cuenta Buster. Allí perdieron a uno de los suyos, un brincado. "Dejamos tirado allí al compadre. Por la noche lo andaba pidiendo su familia." De regreso, en Zona 1, cruzaron disparos con un grupo de policías pero siguieron su camino. De ahí fueron a la Zona 18, al Limón, al Paraíso... Hirieron a varios pandilleros de la 18 y perdieron a un *chequeo* de la MS-13.

Opacados por la cadena de motines en las cárceles, ni esos tiroteos ni esas muertes merecieron una sola línea en los periódicos del día siguiente. Ni una línea.

Esa noche, Buster y sus *homies* de la Mara Salvatrucha celebraron con cervezas y carne asada. "Creo que amanecimos" —recuerda—. "Al día siguiente todo había cambiado."

Después del 15 de agosto de 2005 el Barrio 18 se prometió a sí mismo no confiar nunca más en sus enemigos y no olvidar lo sucedido. Abundan los dieciocheros que se grabaron en la piel, en un brazo, en el rostro, la fecha del agravio y el nombre de algún caído. La mayoría construyó con su dolor un nuevo odio hacia la Mara Salvatrucha y coreó la voz de los *llaveros* más guerreros, como Lobo, como Criminal, que en los años siguientes, convertidos en líderes, quisieron demostrar a toda Guatemala, en las calles, con violencia, que la 18 no era débil.

También hacia dentro de la pandilla se envió ese mensaje. En cuanto comenzaron a cicatrizar las heridas de bala y esquirlas, inició una purga interna cuyas primeras víctimas fueron aquellos miembros

86

de la *rueda* que habían defendido hasta el último momento el Sur. Driver, a quien el Trouble en persona había nombrado su sucesor en la cúpula del barrio, fue ejecutado en el Hoyón por sus mismos *homies* a mediados de septiembre. Spider murió en el penal de Mazatenango antes del fin de 2005, también ajusticiado.

Otros hombres de respeto que sobrevivieron a esa purga perdieron poco a poco liderazgo en esa pandilla ensatanada por sentirse herida. En cierto modo, el Barrio 18 también comenzó a perder sentido para los pandilleros de la vieja escuela, forjados en la supuesta mística de la hermandad y de cumplir la palabra.

II. Los dos caminos de las hermanas

Después de la ruptura del Sur, las dos pandillas más grandes de Guatemala corrieron para alejarse de sus orígenes: casi ninguno de sus actuales miembros estuvo en Los Ángeles, muy pocos sobrepasan los 30 años y la clecha sureña —la filosofía y los valores de las pandillas del sur de California— se desprecia como se desprecia lo obsoleto y lo ridículo.

Abuelo ya está retirado. Dio toda la vuelta en el carrusel del Barrio 18 y se hartó. Fue un niño alucinado por los pantalones tumbados Dickies o Van Davis y los tenis Nike Cortez; fue un sicario en bicicleta, fue una voz de autoridad, fue un prisionero renombrado, apareció en los esquemas policiales como "líder" de la pandilla... y se hartó. Se cansó del desorden, de la falta de reglas, de que los nuevos *patojos* desprecien la *clecha* de los mayores, de que se entreguen con tanta devoción a su amor por el gatillo. O al menos eso dice él.

A Abuelo sus años en la pandilla le alcanzaron para cubrirse de tatuajes: la tinta le subió por la panza, fue armándole tramas en el pecho y en los brazos, le trepó por el cuello y al final terminó por comerle la punta de la nariz. También le dejaron una sentencia de 50 años en una cárcel de máxima seguridad y la suficiente reputación para que las autoridades no le crean una palabra. No le creen que sea un *ladeado*, no le creen que quiera colaborar y no le creen que su nueva voluntad de hablar no es un plan de la pandilla para confundirlos, para llenarles la cabeza con mentiras. Por si las moscas vive aislado de sus ex *homeboys* y de vez en cuando algún policía se aparece en la cárcel para escucharlo y decirle luego que no le cree nada.

Llega esposado de pies y manos al cuartito de entrevistas en la cárcel de Fraijanes I, donde viven varias generaciones de *ruederos*, de líderes del Barrio 18. Lo escolta un enjambre de custodios, de 10, al menos, con los rostros cubiertos, y cuando le quitan las esposas hay algunos con los bastones en la mano. Pero Abuelo no intimida, aunque ponga "Fuck the World" en su frente, aunque en su cara la única piel con color de piel es la que dibuja un enorme 18 que le cruza el rostro entero, aunque sea un asesino. Tiene una sonrisa grande, grande y unos dientes disparejos, una cara redonda y una barriga. Parece un enorme niñote careto, pero en la frente pone "Fuck the World" y la cara se la cruza un 18 y está preso por homicidio.

Abuelo es un veterano de la pandilla, él vio nacer al Barrio en Guatemala, por eso puede contar su historia y por eso su *palabra* era pesada. Pero decir veterano en Guatemala es solo un decir. Abuelo tiene 30 años y jamás estuvo en Los Ángeles, desde luego no habla inglés y de la filosofía original de la Eighteen Street solo oyó hablar a algunos que llegaron deportados de Estados Unidos y que ya no están: o se escondieron, espantados por la locura del hijo que parieron, o se regresaron, o los mataron.

En el vecino El Salvador la mayoría de líderes del Barrio 18 y de la Mara Salvatrucha pasa los 40 y, a veces, hasta los 50 años. Los más célebres y probablemente los más respetados se *brincaron* en Los Ángeles y presumen de haber guerreado con decenas de pandillas enemigas, de haber sufrido los desprecios de los mexicanos y de los gringos, de haber vivido bajo las normas sureñas impuestas por la Mafia Mexicana. Algunos miembros de la MS-13 fueron *stoners*, auténticos fundadores de la MS-13. En Guatemala ningún líder pandillero pasa de los 30, y las generaciones de *ranfleros* cada vez son de menor edad. En las calles las pandillas reclutan niños cada vez más niños en los que la filosofía sureña habita deformada y raquítica, en los que el respeto a los mitos y a las tradiciones desapareció hace tiempo.

Probablemente gran parte de la explicación de estas diferencias tenga que ver con los años en los que migraron los salvadoreños y los guatemaltecos. Un estudio de la Universidad Centroamericana (UCA) y la Red Internacional de Migración y Desarrollo consigna que la mayor parte de salvadoreños que vivía en Estados Unidos entre 2005 y 2007 había entrado a ese país antes de 1990, mientras que los guatemaltecos llegaron principalmente después del 2000.

Según el *U.S. Deparment of Homeland Security*, entre 1970 y 1989, 166 846 salvadoreños obtuvieron el estatus de residentes en los Estados Unidos, lo que implica que estos debieron haber cumplido un largo proceso de arraigo. En ese mismo periodo, solo 82 684 guatemaltecos obtuvieron el mismo estatus. Menos de la mitad si solo consideramos los números brutos, pero el significado de los mismos se amplía al tomar en cuenta que la población chapina de aquella época casi duplicaba a la de El Salvador.

En resumen, los guatemaltecos emigraron más tarde y emigraron menos a Estados Unidos que los salvadoreños.

Las pandillas guatemaltecas fueron siempre menos angelinas que las de El Salvador y más aún después de 2005, cuando refundaron su filosofía y mandaron al carajo la *clecha* sureña, los modales californianos: la Mara porque fue aquella filosofía tonta la que los obligó a convivir con sus enemigos durante años; y la 18 porque fue justo aquella *clecha* maldita la que los dejó a merced de la traición de la MS-13. Para no olvidarlo nunca, Abuelo se hizo tatuar en el brazo aquella fecha, 15/08/2005.

En la época en la que Abuelo conoció por primera vez a pandilleros deportados de Estados Unidos, era un niño de 11 años de las barriadas urbanas en la zona seis en Ciudad de Guatemala; era miembro de los King Master Techno, su apodo callejero era Rebel Boy, "el chico rebelde", y lo que más le gustaba era bailar.

—En 1993 vinieron tres locos de allá de Los Ángeles, va. Entonces, nosotros teníamos un grupo, que nos dedicábamos a bailar.

—¿A bailar?

—Sí, sólo bailábamos y, ponele, nos manteníamos afuera de un instituto, y allí con chavas y todo. Esè era nuestro rollo. No había problemas de peleas, no había ni mucha droga.

—¿Y se dedicaban a bailar?

—Nos juntábamos solo para eso, va, para bailar. Nos hacíamos llamar los KMT, King Master Techno, tipo "Maestros del Baile", va. Con el tiempo vinieron esos tres de Estados Unidos, y llegaron donde nosotros nos juntábamos. Vinieron deportados. Era uno que le decían Loco, otro que se llamaba Gerson, y no me acuerdo cómo se llamaba el otro. Tenían entre 18 y 20 años. Nos explicaron de la 18, de cómo era el pedo allá en Los Ángeles y todo, va. Y nos gustó.

—¿Recordás la primera vez que los viste?

—Sí, ponele que nosotros andábamos siempre tipo con una grabadora… Andábamos ensayando, tipo en los parques. Nos poníamos a ensayar el baile, y vinieron ellos y venían vestidos así, flojos, va y nos cayeron, que qué ondas, a qué nos dedicábamos. Nosotros les dijimos que éramos un grupo de baile, que éramos varios, de varias colonias. Entonces ellos vinieron y nos dijeron que si no nos interesaba ver qué pedo con la 18. Les preguntamos qué era eso y ya nos explicaron que era una calle allá en Los Ángeles, la cual peleaba con otras pandillas y que ellos querían expandirla por varios lados, que no había problema, va, de que el problema allá era con otras pandillas; incluso aquí no existía la Mara Salvatrucha. Ponele, sólo había en varias zonas pandillas de baile, va. Porque, incluso, en las fiestas nos topábamos con gentes de otras zonas y…

—¿Peleaban?

—No. En pleno baile, se hacía una rueda y se metía uno a bailar, se salía el de nosotros y se metía el de ellos, a ver quién bailaba mejor, vaya. No había problemas, no había gente armada. Como te digo, no había mucha droga, era sano todo. Allí nos dijo que nos tenía que bautizar, que teníamos que *brincar* al Barrio. Le preguntamos que cómo era eso, va. Y nos dijo que era que nos tenían que poner a tres *vatos* y vos solo, y entre los tres te tenían que pegar; vos te podías defender, para ver qué tan cabrón eras. Y dijimos que está bien, va, nos brincamos.

—¿Cómo alguien te convence de meterte en un grupo en el que necesitan que tres tipos te agarren a patadas para dejarte entrar?

—Ponele, como éramos *patojos*… quiera que no, ¿cómo te dijera?, iba andar mencionada tu pandilla, no sólo por aquí, sino que por Los Ángeles. Vos sabés que todos sueñan con eso. Quién quita viene gente de allá o lo llevan a uno para allá.

—¿Tenías familia allá, en Estados Unidos?

—Mis hermanos y mi papá.

—¿Todos los KMT se brincaron?

—Sí.

—¿Cuántos eran?

—Unos 50.

Los bailarines del barrio Quintanal en la zona seis de Guatemala se convirtieron en la *clica* Hollywood Gangsters del Barrio 18. Según las autoridades, y varios pandilleros y expandilleros, aquella fue la primera vez que un grupo de muchachos se llamaba a sí mismo *"clica"* en Guatemala y que se entendían como miembros de una pandilla sureña.

***

El miércoles 4 de febrero de 1976 Guatemala amaneció terremoteada. Una sacudida de 7.5 grados en la escala de Richter desparramó la capital chapina a las tres de la madrugada y dejó al país entero hecho un estropicio que tardó más de una década en ser reparado. Entre 23 y 25 000 guatemaltecos murieron sepultados bajo los escombros. A más de un millón de personas se les cayó la casa.

Como suele pasar cuando ocurre una desgracia —ora un terremoto, ora un dictador, ora una tormenta tropical—, el meneo dejó desnudos a los que tenían poco. Aunque el terremoto devastó la capital, también afectó los departamentos de Chiquimula, Chimaltenango, El Petén, Izabal y Zacatepéquez. En dos meses a la Ciudad de Guatemala le habían nacido, en la periferia, al lado de los basureros, en las paredes de los barrancos, en los lados de las quebradas, 126 asentamientos precarios; 126 tugurios, champeríos, villas miseria…

El terremoto del 76 destruyó una Guatemala que peleaba una guerra civil desde 1960 y que no se detendría hasta 1996. La guerra siguió heredando su goteo permanente de refugiados que abandonaban el interior rural chapín buscando sobrevivir en la capital. Cuando finalizaba la década de los ochenta, todos los esfuerzos de seguridad estaban dedicados a perseguir a los revolucionarios que se atrincheraban en las montañas de la Guatemala profunda, y en sus tropelías el ejército barrió a decenas de miles de indígenas que —otra vez— eran despojados de sus tierras.

En la Guatemala de aquellos días no había espacio para voltear a ver a los hijos de aquellos refugiados que se apiñaban en los lugares invisibles de la capital, ni a los hijos de esos hijos…

**

En 1985 a Guatemala la gobernaba el general Óscar Humberto Mejía Víctores, que se había hecho con la presidencia luego de darle golpe de Estado a otro general que a su vez le había dado golpe de Estado a otro general que había cometido fraude en las elecciones.

A finales de agosto de aquel año el general Mejía Víctores tuvo una mala idea. O al menos una idea de la que tuvo que arrepentirse: subirle el precio al pasaje de autobús de 0.10 a 0.15 centavos de quetzal. En una época efervescente, las calles prendieron fuego de inmediato, los universitarios agitaron el país, los sindicatos de trabajadores apoyaron el movimiento convocando a huelga general y se sumaron también los chicos de los institutos públicos y con ellos las maras primigenias de los ochenta.

Mientras los cuerpos de seguridad estaban ocupados en otros asuntos, en la Ciudad de Guatemala se formaban pandillas que peleaban entre sí, que cometían delitos, que defendían su propio territorio y que en su mayoría se llamaban a sí mismas "mara": la Mara Five, que operaba en la Zona 5; la Mara 33, que manejaba gran parte de la Zona 6; La mara de la Plaza Vivar, en la Zona 1; la Mara X, que operaba en las colonias de El Milagro y la Carolingia, del municipio de Mixco que colinda con la capital; la Unión de Vagos Asociados —los UVA— que controlaban los alrededores del parque Mixco; Los Monjes de Belén, en la colonia Belén de Mixco…

Eran organizaciones formadas por adolescentes y algunas de ellas, como la 33, consiguieron reunir a varios cientos. No eran necesariamente organizaciones criminales, o al menos no habían sido conformadas con ese propósito, apenas tenían estructura interna y entre ellas no era común el uso de armas de fuego. Algunos de los muchachos relacionados con estas pandillas estudiaban en los institutos públicos más cercanos a lo que consideraban "su" territorio: por ejemplo, la gente de la Plaza Vivar estaba en gran número en el Instituto Central para Varones y en el Rafael Aqueche; los de la 33 en el Enrique Gómez Carrío y los de la Five en el Instituto José Matos Pacheco.

La reacción violenta del ejército al movimiento de protesta generó una respuesta a tono, y enseguida lo que comenzó siendo una muestra de descontento ciudadano terminó pareciéndose a disturbios vandálicos.

Gustavo era un adolescente que desde muy niño se había buscado la vida solo. Escapó de su casa en el interior del país y callejeó durante varios años por las arterias de la capital. Fue parte de la Mara de la Plaza Vivar y estudiaba en el Instituto Central en aquella época. Él lo recuerda así: "Llegaba la gente de la universidad a dar sus discursos de que tenemos que pelear, discurso revolucionario. Entonces asumimos el rol de ¡*simón*! Salgamos a las calles y vamos a demostrar... y esa onda deja de ser una protesta y se convierte en vandalismo, empiezan a saquear negocios, uno paraba el bus y le quitaba la cuenta y bajaba la gente y desviaba el bus para donde uno quería, y se vuelve Guatemala un caos, y la gente del interior empieza a mandar comida para que uno comiera en el instituto. Como yo había estado en la calle, para mí eso era alegre. Estaba en séptimo grado. Estuve viviendo en el instituto como tres meses, pero los estudiantes pues tienen familia, papás, y la familia los empieza a regresar a la casa y no aguantan tanto el movimiento de resistencia y empieza a perder peso el movimiento. Entonces jalé a los chavos de la Plaza Vivar y sustituyen a los estudiantes y los chavos de la Plaza se van a dormir, a comer y a protestar con el instituto, ja, ja, ja... Empieza a crecer la bronca".

Veinticinco autobuses fueron quemados por intentar cobrar la nueva tarifa, hubo jornadas de saqueo de negocios, el 3 de septiembre los estudiantes marcharon hacia el palacio presidencial y en respuesta el general Mejía Víctores les mandó a 500 soldados que se tomaron la universidad ayudados por un tanque de batalla.

El ministro de educación decidió dar por terminado el año escolar. El diploma de estudios de Gustavo dice que en 1985 "ganó por decreto" su séptimo grado. Finalmente el gobierno tuvo que ceder y desistir de su intento de subir el pasaje de autobús.

"Cuando todos ganamos por decreto el año la mara mantenía el discurso de que iba a estudiar, pero se iba a los billares, a las maquinitas, seguían sus jornadas de estudios pero estudios de vagos. Los de la Five se juntaban en la 21, que es un hoyo. Entonces se unían y los de la Plaza iban a un toque, a la discoteca Music Power que era famosa, también la 3, 2, 1… que eran disco móviles y uno se iba a las fiestas a bailar y a conectarse chavas. De ahí empiezan a surgir discotecas famosas que ya eran locales como La Montaña Púrpura, donde solo llegaban chavos de la Plaza Vivar. Había otra que se llamaba la Frankenstein, donde llegaba gente de la 33; el Tívoli, donde llegaban chavos de la Zona 5. Ahí se iban haciendo sus grupos y se peleaban por distintas cosas."

Cuando a los muchachos la fiesta se les alargaba más de la cuenta se quedaban a pasar la noche en la Zona 1, en el centro de la capital, en espera de que se reactivara el servicio de transporte público: tomando copas, coqueteando, peleando… Si necesitabas esperar a que amaneciera había una calle en la que encontrarías a todo mundo y que te garantizaba estar entretenido hasta la madrugada: se trataba de la calle 18.

Para Gustavo aquella costumbre cambió su vida: "Ahí se comenzaban a cohesionar todos estos grupos en un solo espacio, todos se conocían… alrededor de la 18 Calle".

En 1993 ya varios muchachos habían abandonado sus lealtades a las maras de las que provenían y ahora se sentían mucho más orgullosos y más grandes al considerarse parte de la extensa fauna variopinta de la 18 Calle. Ese año Gustavo cayó preso por un delito menor y ese fue el año en que —dentro del centro penal de Pavoncito— vio por primera vez a dos pandilleros angelinos. En realidad los vio por primera y por última vez.

"La primera vez que vi *cholos* fue en el 93, ya en una cárcel, en Pavoncito. Yo miro que caen dos locos que eran uno de Harpies y el otro loco creo que de Pacoima. Y los *vatos* hacían lenguajes con manos y nosotros estábamos sentados afuera de una iglesia, todos de la 18 Calle. Habíamos ido a oír un servicio de alcohólicos anónimos, porque ahí les daban cigarros a todos por oír esa paja. En ese tiempo éramos chavos. Entonces estábamos sentados todos cuando sale uno de ellos con playera blanca y zapatos blancos diciendo *where are you from, ese?*, y un chavo que había estado en Los Ángeles nos dijo que preguntaban que de dónde éramos y le dijimos que de la 18 Calle y nos dijeron que *Fuck you su puto barrio* y el otro nos dijo que había dicho que nuestro barrio era una mierda y los muchachos se levantaron "¿ah, eso dijo?, ¡pero si no nos conoce!, ¿cómo así que nos va a maltratar?" Y los agarraron como 50 muchachos y los *picaron* y los mataron".

A principios de los noventa comenzaron a llegar a Guatemala, en mucha menor proporción que a El Salvador, jóvenes pandilleros deportados de la ciudad californiana de Los Ángeles, particularmente de aquellas pandillas que recién habían comenzado a permitir el ingreso de miembros que no tenían ascendencia mexicana, como las veteranas Harpies, White Fence o Pacoima, pero principalmente de una pandilla fundada a finales de los cincuenta, caracterizada por su apertura a centroamericanos a partir de la década de los ochenta: la Eighteen Street, el Barrio 18. Un poco más tarde aparecieron también, perdidos en una Ciudad de Guatemala que apenas conocían, jóvenes que se habían integrado a una pandilla cuyos orígenes eran exclusivamente salvadoreños, pero que con el paso de los años sirvió de cobijo a los centroamericanos que veían en ella una forma de reivindicar su origen sin tener que disfrazarse de *chicanos*: la Mara Salvatrucha.

Los dos *cholos* que terminaron apuñalados en Pavoncito al parecer no tuvieron tiempo de tropicalizar sus costumbres angelinas, donde corre el Sur al interior de los penales y donde una ofensa como la que ellos cometieron termina a lo sumo en una pelea a puños, debido a la prohibición de matarse entre pandillas latinas. Pero también confundieron otra cosa: la 18 Calle a la que creyeron insultar no tenía nada que ver con la Eighteen Street contra la que guerreaban en Los Ángeles. Era solo una desafortunada coincidencia de nombres.

No fueron los únicos en confundirse. En unos pocos años las cárceles albergaban ya a varias decenas de pandilleros del Barrio 18, que predominaban holgadamente en comparación con el resto de pandillas sureñas que habían quedado reducidas a un puñado mínimo, incluyendo a la MS-13, que aún no conseguía cobrar fuerza ni dentro de las cárceles, ni en las calles chapinas. Los cholos de Eighteen Street dieron por hecho que los chavos de la 18 Calle eran una extensión de su barrio. Entre ellos, Gustavo.

"La MS en Guatemala no se oía y la 18 empieza a crecer y en el Preventivo de la Zona 18 se arma un sector, una celda grande de los chavos de la 18, pero que no tienen visitas, que no tienen dinero, que son más pobres. Y ahí convergen la 18 y la 18 y comienzan a hablar los *cholos* de filosofía, a tirar *clecha* sobre la hermandad, todos los principios que tiene la pandilla. Y nunca nadie se preocupó por preguntar si eras brincado y empezamos a *correr* el pedo de ellos. Era más atractivo en ese momento, se vestían como raperos y cuando entendés que tienen una filosofía, respetás un código, ya no repondés a intereses personales sino que comunes... Eso hace la diferencia."

***

El 15 de mayo de 1998 la Policía buscaba a un empresario secuestrado meses atrás, hasta que finalmente lo encontró cautivo dentro de un local que funcionaba como prostíbulo. Luego de liberar a la víctima, los agentes capturaron a la dueña de aquel burdel y tiempo después la condenaron a 40 años de prisión.

Aquella mujer tenía varios hijos a los que había criado sola. Luego de su arresto, cada uno tomó su camino y el menor quedó "recomendado" en la casa de una vecina. Era un muchacho de 13 años llamado José Daniel Galindo.

De un día para otro José Daniel se encontró siendo un niño solitario, depositado en la casa de una familia extraña, en uno de los barrios más bravos de la capital: la colonia Carolingia, en el municipio de Mixco, que hace las veces del hermano pobre y arrimado de Ciudad de Guatemala.

Así que José Daniel se fue a buscar a una esquina lo que había a mano y un año después del arresto de su madre cayó preso por primera vez en una correccional de menores.

Quince años después, pocos recuerdan que alguna vez este muchacho —ahora de 27 años— se llama José Daniel y es muy difícil imaginárselo con el rostro sin tatuajes. Ahora tanto su pandilla como las autoridades lo conocen como Criminal y está recluido en la prisión de máxima seguridad Fraijanes I. Según los organigramas que presenta la Policía guatemalteca, Criminal está en la cúpula del liderazgo pandilleril del Barrio 18, junto a otros como Lobo. En la calle se le considera un veterano; su reputación hace honor a su *taca*, a su *placazo*. Es parte de la generación guerrera con que la 18 aún intenta vengar la gran traición y quizá por eso su relato está desprovisto de épica, de una visión romántica sobre su pandilla. Criminal es joven y es duro.

En una pequeña oficina normalmente destinada para las citas con el psicólogo de la prisión, unos custodios encapuchados le retiran los grilletes y Criminal se sienta a hablar de su historia en la pandilla. A medida que pasan los minutos, en el cuarto no cabe nadie más: los guardias no quieren perderse el cuento de este hombre y se apretujan en los rincones del cuartito y se superponen en la puerta de entrada. Detrás de al menos una docena de agentes con el rostro cubierto, alguno todavía intenta cabecear entre los hombros a ver si consigue ver o al menos escuchar a Criminal contando algo de lo que aún queda de José Daniel.

—Cuando mi mamá cayó presa y mis hermanos agarraron su lado yo me quedé con una señora que nos quería y ya, de allí, siempre para la esquina, donde estaban ellos; a conocer armas, pues. Ya en el 90 ya había *homies*, ya eso estaba echado. No muchos, pero ya se miraban.

—¿En el 90 ya se miraban *clicas*?

—Ya se miraban bastantes *homies*. Lo que sí no se miraban, en ese entonces, eran tatuajes en la cara. Era solo ropa tumbada, pues. Aparecieron muchos que venían de California. Sí existe aquello de que vinieron a implantar aquí el Barrio. Sí es algo cierto que hubo gente de Los Ángeles, que bajó aquí y venía con el propósito de levantar pandillas. No solo el Barrio vino así, pues; vinieron muchos barrios sureños. Ya después aparecieron también los ms, ¿va?

—Entonces, tu *clica*, la Little Psychos Criminal, ¿nunca fue antes una organización de *breikeros*, de gente que bailaba breakdance?

—¡No, no! O sea que en mi *punto* éramos unos 22, y entre estos 22 había unos siete que habían sido *breikeros* y burgueses. O sea, un burgués piensa solo en estar en el Nintendo, en la bicicleta de trucos, que patines, cosas así.

—¿Entonces, ustedes comenzaron directamente siendo un grupo de muchachos que se dedicaba a delinquir?

—Sí, por decirlo así. Nosotros empezamos con aquello de "agarrá la escopeta y andá a buscar un ms si querés sentarte aquí con nosotros; si no, quítate de aquí", ¿va?

—¿Directamente comenzaron a ser pandilleros del Barrio 18?

—O sea que se comenzó a ir a aquello en todas las colonias, va. Bajaron *homies* de otro tipo, de California, ya aparecieron otros de aquí, de Guatemala, que para ese entonces, en el noventa y algo, ya la meneaban bastante. Ellos hablaron, pues, de que, por decirlo así: allá en la esquina se mantiene un grupo, preguntémosles que qué ondas, si van a ver qué onda con el Barrio. Entonces, fue aquello de que ¡*man!*, nosotros queremos ser dieciochos, va. Entonces, ya ellos mismos dijeron 'bueno, entonces, busquen, escojan entre ustedes quién va a ser el *ranflero* de ustedes y de una vez pateénse, va'.

—En un principio, ¿era importante, en la vida normal de la *clica* el dinero?

—No, no. Nunca fue así, hasta ya con los años se pensó solo en *feria*. Antes solo se pensaba en "vamos a la cafetería". Antes, habíamos muchos que trabajábamos maquileando; en muchos trabajos. Pero salía aquello de: "Somos 22, hay que poner 500 quetzales cada uno, para algo, un arma, cosas así". Ya con el tiempo fue que ya unos no querían trabajar, ya "*nel*, ya, no, no tengo necesidad de otros". Y se presentó la ocasión de necesitar *feria* y, entonces, pues, ya se hablaban entre el grupo. No era solo porque aquel quería ir a robar o a extorsionar en la esquina solo porque él quería; ya si todos estábamos de acuerdo, pues, "ya no trabajemos, mejor agarremos el arma y… vamos a asaltar buses, vamos a robar a la esquina, vamos con el de la tienda a que nos dé todo".

—¿En qué año dices que ya el Barrio estaba creciendo en la calle?

—Ya 2000, 2001, puta, ya la Zona 1, Montserrat… en todas las paradas de buses se miraba aquello de que reventaba de *cholos*, pues. Tanto del Barrio como de los otros [MS-13].

***

Durante décadas, en el Ejército de Guatemala prevaleció la matonería y el connubio con el crimen organizado, cuando no la articulación y conducción de temibles bandas y escuadrones que traficaron, robaron y mataron al amparo del Estado. Luego del conflicto armado, estas estructuras se colaron en todas las instituciones del ramo de seguridad, especialmente en la Policía, y terminaron de consolidarse cuando en 2000 llegó a la presidencia Alfonso Portillo, actualmente preso en una cárcel guatemalteca acusado de corrupción y pendiente de una posible deportación a Estados Unidos para enfrentar cargos por conspiración para el lavado de dinero.

En el periodo siguiente, bajo el gobierno de Óscar Berger, Carlos Vielman llegó a ser ministro de Gobernación —del que dependen el viceministerio de Seguridad Pública y la Policía— y Alejandro Giammattei fue nombrado director general del Sistema Penitenciario. Ambos fueron acusados de dirigir una estructura criminal dedicada a la ejecución de reos. Según la Comisión Internacional contra la Impunidad en Guatemala (CICIG) "esta estructura prosiguió con una actividad criminal continuada en delitos de asesinatos, tráfico de drogas, lavado de dinero, secuestros, extorsiones y robos de droga, entre otros". Giammattei fue posteriormente encontrado inocente por un tribunal. El jefe de la Policía de esa administración, Erwin Sperissen, también fue acusado por estar implicado en diversos casos de ejecuciones extrajudiciales desde 2004 hasta 2007 y el jefe de la División de Investigación Criminal (DINC), Víctor Soto Diéguez, fue acusado por manejar un escuadrón de exterminio; y por el mismo delito, su subdirector, Javier Figueroa, fue detenido en Austria, donde se ocultaba.

En el siguiente periodo, el del expresidente Álvaro Colom —a quien su propio batallón presidencial le instaló micrófonos para espiarlo en su despacho— la viceministra de seguridad, Marlene Blanco, que había sido directora de la Policía, fue detenida y acusada de comandar un grupo de "limpieza social".

Esta década de profunda putrefacción institucional heredó una justificada y extendida desconfianza de los guatemaltecos en sus cuerpos de seguridad y la sospecha generalizada de que el cáncer sigue dentro.

Como durante mucho tiempo la política policial antipandillas fue el exterminio, nadie se preocupó por hacerse preguntas sobre el origen y la naturaleza de estas organizaciones. Aquel periodo también dejó otros lastres: la imposibilidad de precisar cuántos de los cadáveres de pandilleros se debieron a la guerra que siguió a la ruptura del Sur y cuántos al accionar de los grupos paraestatales de limpieza social.

Para matar a alguien no es preciso conocerlo mucho y por lo tanto esos años heredaron también ignorancia, una profunda ignorancia sobre la MS-13 y el Barrio 18. Carlos Menocal, quien fue ministro de Gobernación hasta enero de 2012, lo explica así: "Cuando Colom asumió [2008] el gobierno creía que la Salvatrucha y la 18 eran como una sola pandilla, y no se entendía la expresión de *clicas*. Creían también que la 18 y la MS tenían a su gran capo y que a partir de ahí todos era soldados".

Juan Pablo Ríos es jefe del grupo de tarea de delitos contra la vida y probablemente la persona dentro de la Policía que más sabe de pandillas. Forma parte de una nueva generación de jóvenes funcionarios que consiguieron escalar rápidamente luego del largo periodo de oscurantismo en el interior de los cuerpos de seguridad.

El equipo de Juan Pablo Ríos tiene bajo su responsabilidad ordenar las piezas de un rompecabezas incompleto. Coordina un equipo de trabajo subdividido en dos unidades especializadas, una en el Barrio 18 y otra en la Mara Salvatrucha. Normalmente tiene una reunión semanal con el presidente de la República, Otto

Pérez Molina, junto con el ministro de Gobernación, Mauricio López Bonilla.

Desde que asumió el cargo, en enero 2012, Juan Pablo y su equipo han ido desmitificando a los dos barrios, han aprendido a diferenciarlos, a comprender el efecto que la ruptura del Sur provocó en estas dos pandillas gemelas y peleadas a muerte: la Mara Salvatrucha conservó el sigilo y la sangre fría con la que tramó su traición durante años, en silencio, agazapada, calculadora y paciente. El Barrio 18 todavía lleva el puñal en la espalda y en el pecho la vergüenza de haber confiado, la ira del humillado y la actitud pendenciera del que espera su venganza. La nueva generación dieciochera es estridente y compite para ver quién se golpea el pecho más fuerte.

Ricardo Guzmán fue durante años el fiscal jefe de la sección de delitos contra la vida y su diagnóstico sobre la 18 coincide con el de Juan Pablo: "Los 18 han sido más desordenados, más sanguinarios en el sentido de ataques a ciudadanos. Una vez, para matar al piloto de un bus, mataron a todos los pasajeros; cuando la MS-13 va a matar, apunta bien a su objetivo. La Mara tiene negocios, ha sabido manejar mejor el dinero y sus miembros son más antiguos".

Luego de 2005, dos *clicas* sobresalieron entre las demás de la pandilla 18, por ser más grandes, por ser más sanguinarias, por acumular más dinero, la Little Psychos Criminals y la Solo Raperos impusieron su voz y su temperamento. La personalidad del Barrio 18 en Guatemala está escrita con la caligrafía de estas dos células y la dureza de sus líderes: Criminal y Lobo. Ninguno de los dos intenta esconder la violencia desbocada de los suyos.

Aldo Dupié, Lobo, gesticula con ira con la sola mención de la Mara Salvatrucha. En su presencia es preciso pronunciar a sus enemigos solo como "las letras", o "los otros". Tiene sobre sus hombros varias sentencias por asesinato y a los 28 años ha conseguido convertirse en la máxima referencia de autoridad de su pandilla desde su celda en la cárcel de máxima seguridad Fraijanes I. "Ellos tuvieron su oportunidad de exterminarnos y no pudieron", admite con resignación, refiriéndose a "los otros", pero enseguida se yergue: "¡Aquí estamos todavía echándoles guerra a ellos".

"Si nos dieran un ingreso ¿creés que yo extorsionaría? Pero si los *homies* están sin nada que hacer ¿qué tienen? Un teléfono... y ya sé cómo hacer para que me den la paga. Si tuviéramos trabajo iría bajando la cantidad de rentas, de asesinatos de pilotos [choferes de autobús], porque hubo un tiempo en el que lastimosamente... hasta que comprendimos que el chofer no tiene nada que ver, que el que tiene que ver es el socio [de la línea de buses], porque el chofer... si se muere uno sientan a otro en la burra [bus] y se acabó."

Criminal es incluso más explícito.

—Siempre quisimos demostrar que el Barrio 18 chingaba en todo. Porque nosotros pensábamos reventarla con la PNC, cosa que los MS nunca lo piensan. Nosotros somos del plan de que pela la verga... a lo que venga. Antes solo con el hecho de que nos sacaran a un *homie* para otro penal... "mirá, andá a buscar a un par de guardias y matalos y vamos a mandar el mensaje de que fue por el *homie* que se llevaron."

—La otra pandilla, de 2005 para acá, lo manejó de otra manera, ¿verdad?

—Sí.

—Ellos no hicieron tanto ruido.

—Así es. O sea, que ellos lo que tuvieron de manejarse en otra manera fue cuando nosotros empezamos los problemas con las autoridades. Te lo voy a poner así: varios lo vimos del punto de vista en que dijimos "queremos que todos digan 'estos, los de la 18, le andan reventando a los de la PNC, al sistema, a los del Ministerio Público'". Se llegó al extremo de disparar a los juzgados también. Pero ellos vieron todo esto y dijeron "dejemos que estos se metan más en problemas, mientras que nosotros agarremos más las reglas". Esto fue lo que ellos hicieron.

—Algunas personas con las que hablamos nos dicen que la MS ha comenzado a generar más recursos, más ingreso, haciendo menos ruido y haciéndose una pandilla más llena de plata.

—Han tratado de andar haciendo eso, por medios de entrada legal, sí ha sido así. Por decírtelo así, te voy a poner un ejemplo: si entre todos agarramos 100 000 *baras*, para drogarnos, "droguémonos todos hoy, *muchá*, porque estamos alegres, hoy es 18 de mes", ¿va? Pues mientras, ellos vienen y nel, con esas 100 000 *baras*...

Y nosotros "disfrutemos, de todas maneras, si se acaba, vamos a ir a ametrallar allá y nos van a dar unos… va".

La estridencia del Barrio 18 consiguió hacerlos más visibles, más detectables. Según Juan Pablo Ríos, aunque la *clica* SR (Solo Raperos) sigue activa en la calle, 90% de sus miembros está capturado y de esos más de la mitad condenados. La mayoría de sus miembros operativos son niños de entre 10 y 14 años. La Policía cree conocer a todas las *clicas* activas del Barrio 18 y tener claramente identificados a sus líderes. El mismo Lobo reconoce que su barrio actualmente "está fregado".

La Mara Salvatrucha es un enigma para las autoridades. Han conseguido moverse en la sombra. Uno de los investigadores especializados en esta pandilla reconoce que existen *clicas* que aún se mueven como bultos debajo de una sábana: es posible saber que están ahí, pero no qué forma tienen. En 12 de esas *clicas* no conocen ni el nombre de un solo miembro.

Dos hechos dan razones a la Policía para sospechar que debajo de la sábana hay una organización más compleja y sofisticada: cuando en 2010 las autoridades decidieron trasladar a Diabólico hacia el penal de máxima seguridad, la pandilla ordenó el descuartizamiento de cuatro víctimas al azar, cuyos restos fueron depositados frente a la fachada de varias instituciones de gobierno incluyendo el Ministerio Público. En ese mismo contexto, la Mara ordenó el asesinato de choferes de autobús. En una jornada de matanza, un escuadrón utilizó ocho vehículos diferentes para evitar ser rastreados, incluyendo un BMW. Hace unos meses la Policía capturó a un miembro de la MS-13 que regentaba varios negocios lícitos, entre los que se encontraba una purificadora de agua, una empresa de servicio de televisión por cable y una importadora de vehículos. Sin embargo, no les ha sido posible establecer cómo participaba la pandilla de esos recursos, ni qué papel jugaba para la estructura este sujeto.

***

Abuelo insiste en que se hartó de todo, que ya nada es lo mismo, que sus *homies* se volvieron ambiciosos y que les importa poco entender a la pandilla, que la ven como un trampolín para tener dinero y poder.

—¿Por qué cambió la pandilla después de 2005?

—De 2005 en adelante todos empezamos a extorsionar para armarnos y hacerle una guerra a los *vatos* que... Porque aquí adentro que lleguemos a ellos está muy difícil. Entonces, la intención era hacerlos verga en las calles, ¿me entendés? Matarles a todos sus soldados. Ponele, ahora yo comencé a escuchar que están comprando vehículos legales, están poniendo negocios legales, ¿va? Porque como se les está acabando... Todo eso se acaba.

—¿Qué se acaba?

—La extorsión se tiene que acabar algún día. No siempre se va a poder extorsionar. Algún día la van a bloquear y ¿de qué te vas a quedar?

—¿Crees que el responsable de esa *clecha* agresiva del barrio es Lobo?

—El poder hace muchas cosas. Hay mucha gente que se quiere apoderar del barrio. Lobo vino, estuvo con nosotros, ¿veá? Él era mi camarada, por decirlo así. Siempre anduvimos juntos en varios penales, viendo qué pedo. Y hubo un tiempo en que la *clica* de él se vino abajo, pero después se levantó. Empezaron a salir *patojos* y matones, y empezaron a hacer un gran desvergue. Y él agarró poder, por su gente. Vos sabés que el que más gente tiene, más poder tiene. El Lobo, cómo te dijera yo... El *vato* no ha salido de su fantasía, ¿me entendés? El *vato* no es nada formal. Pesa por la gente que tiene, y porque también es uno de los viejos, pero para llevar una organización así, a mi pensar, y no es porque yo ya no esté ni nada, el Lobo no sirve. No va a llevar al barrio a nada bueno. Para él todo es matar y matar y matar, y a veces los huevos se tienen que ganar por otros lados.

—Hay quien nos dice que la MS ha evolucionado de una manera muy diferente.

—Las letras ahora no se dedican a seguir al Barrio. Las letras están trabajando con el narcotráfico y el crimen organizado. Y es algo a lo que el Barrio no le ha puesto coco ahora, ¿me entendés? Ellos están guardando a su gente. Su gente está escondida. Creo que ya ni se están *tinteando*, para hacer mejor el *bisnes*. Ya nos pegaron, en 2005, nos hicieron verga, y ahora los únicos que se dedican a buscarlos a ellos es el Barrio. Pero el Barrio agarra *anzuelos*, *patojos* que no valen nada, pero no agarra a los meros meros; porque los meros meros no son tontos, están usando la cabeza para trabajar. ¿Sabés qué pasa ahora? Que vengo yo, voy a poner un ejemplo, y digo: "Bueno, *chequeo*, andá a matar un tiendero, me matás tres choferes y a otro de tal centro comercial". Y luego "Bueno, *homies*, ya este *vato* ya arregló, *brinquémoslo*". Y ya lo vuelven *homie*.

—Ya.

—Ya no lo vuelven *homie* por *cora* al Barrio, ¿me entendés?, sino por su dinero, porque se están quedando sin gente. Entonces, ahora, si trabajás para mí la cosa es: "Mirá pues, *homie*, pongamos tal renta y, como vos estás en la calle, andá a matar y yo la hago de aquí adentro, y vamos mitá, mitá". Y acá adentro no te caen mal 1 000 pesitos, 2 000 pesitos a la semana. O sea, ahora ya no es la guerra con los *vatos*, ¿me entendés? Ya se mira que es la guerra con los comerciantes. Mirá en las noticias la mayoría de muertos: choferes, tienderos, algún comerciante… No mirás *vatos* así, todos rallados de las letras o de los números. Ahora es el negocio.

***

Durante las últimas semanas en Guatemala fue más o menos sencillo establecer contacto y hablar con pandilleros del Barrio 18 en las calles y especialmente en la cárcel, pero la Mara Salvatrucha se mostró esquiva. Solo pudimos llegar hasta *homies* retirados, alejados todos, unos más, otros menos, del presente de la silenciosa ms-13. Hoy, hasta donde sabemos, jefes de *clica* de una de las zonas con peor fama de Ciudad de Guatemala han accedido a hablar con nosotros. Trabajadores sociales de una ONG han servido de puente y nos han traído hasta aquí con la condición de que no citemos su nombre, ni el de la comunidad en la que estamos, ni el de los pandilleros con los que vamos a reunirnos, ni el de su *clica*.

Pasan las tres de la tarde. Bajamos del carro de nuestros guías en una aburrida calle principal y nos adentramos caminando con ellos en un callejón en pendiente, que se deshilacha una y otra vez en bifurcaciones. El camino se estrecha, se curva, y se ensancha de nuevo cada 10 metros. Las paredes están repletas de puertas que se abren a pequeñas casas de dos plantas, casi sin fachada.

Uno de los trabajadores sociales, sin mover la cabeza, señalando con la mirada, nos trata de interpretar el lugar: "Aquí nunca entra la policía", "unas cuadras más abajo comienza el territorio de la 18", "en esta casa venden droga". Lo cierto es que en algunas de estas enjutas e inclinadas calles los policías no podrían entrar ni siquiera en moto, y hacerlo a pie, a la fuerza en fila india, sería regalarse a quien quisiera emboscarlos. Volteamos para reconocer el supuesto punto de distribución de droga y apenas vemos una pequeña puerta metálica idéntica al resto de minúsculas puertas metálicas de la colonia. Pronto tenemos la sensación de que a medida que avanzamos se va cerrando el paso detrás nuestro y no sabríamos deshacer a solas el recorrido andado.

Acompañados por las miradas curiosas de los pocos vecinos con los que nos cruzamos y de unos adolescentes a los que suponemos afiliados a la Mara, completamos el descenso hasta llegar a un local en el que nos deben estar esperando los pandilleros. La tarde está nublada pero el lugar recibe bastante luz natural. Buscamos a los mareros con la mirada, entre las máquinas de lo que parece ser un centro de cómputo. No parecen haber llegado, o ya se han ido. Por los carteles y pizarras en las paredes entendemos que aquí se imparten talleres. Al fondo, sentados alrededor de una mesa, vemos a tres chiquillos rezagados de la última actividad. Ni rastro de un *homie*.

Los guías nos invitan a avanzar hasta la mesa y una vez allí la sorpresa se cruza con la decepción. Los tres miembros de la MS con los que vamos a platicar son tres niños, una chica y dos chicos, ninguno parece mayor de 12 años. Los tres visten ropa deportiva y están recostados en sus sillas con los brazos cruzados en el pecho. A la izquierda, la chica tiene un rostro luminoso, es una morenita con unos ojos enormes y una nariz que respinga. Nos mira seria. Marca su territorio. En el centro, un niño de cara redonda y ojos rasgados se esconde bajo un gorro calado hasta las cejas igual que hace el Diabólico. La chica medirá apenas un metro y medio, y él no parece mucho más alto. A la derecha, más alto, un chico de rostro tímido al que la camiseta, sin mangas, desnuda en su delgadez. Les llamaremos la Niña, el Gorras y el Callado.

Comenzamos por presentarnos y tratar de saber sus nombres. Aunque prometemos no publicarlos, no quieren darlos. Solo pronuncian sus edades: 16 años los dos de menos altura, 15 el más espigado. Los tres son mayores de lo que parecen. Tres edades enormes para esos microscópicos cuerpos. "¿Cuándo se brincaron?"

La Niña a los 14. El Gorras a los 10; es el veterano. El Callado, a los 12.

La conversación inicia tropezada, entre nuestras preguntas improvisadas, algo condescendientes, y los recelos de los pandilleros, que aún no aciertan a decidir si hacerse ante nosotros los duros por la vía del silencio o confiar, ser ellos.

—Como nos dice el *jefe*, la Mara es para siempre —recita la Niña.

—Sí, de aquí al cementerio de una vez —coincide el Gorras.

Les hemos preguntado si les gusta pertenecer a la Mara Salvatrucha y responden como si hubieran memorizado una lección o la oración a la bandera. Es, además, la primera vez que escuchamos la palabra *jefe* de boca de un pandillero. Lo habitual es ver a los líderes encarcelados, a los *ranfleros*, *palabreros* y *llaveros* despojarse de sus galones, desplazar el liderazgo al grupo, a la horizontalidad, al todos somos iguales.

Las respuestas siguen encallando en simplificaciones cuando les pedimos que nos expliquen qué es la Mara y cuál es su objetivo. "Acabar con los dieciochos", se apresura a decir el Gorras. "Tener nuestro territorio cada uno", le ayuda con tono de sabelotodo la Niña. Entre los dos nos explican que unas cuadras más abajo, en la calle, hay un chorro, y que ese chorro es la frontera. "Ni ellos pueden venir aquí ni nosotros podemos ir allí", dice la Niña con una sonrisa. "Si les vemos subir, tenemos que dispararles."

A la niña le gusta este juego donde ella nos explica cosas sobre la vida y la muerte. Al Gorras se le escapa la risa fanfarrona cuando se habla de balazos.

El callado, calla. Ninguno de los tres sabe que la Salvatrucha nació en Estados Unidos, ni qué fue el Sur, ni el porqué del odio eterno, inacabable, que les corresponde honrar con balas. "Esas cosas no las hablan con nosotros", dice la Niña.

El Gorras cuenta que entró en la pandilla porque le gustó el dinero fácil, "tenerlo todo muy rápido, tener todo sin trabajar, sin un esfuerzo".

Cuando la niña se imagina cómo sería la escena de una vida feliz y opulenta, esa vida que intenta conseguir siendo de la Mara, dice: "Es como que le pidas un quetzal a tu papá y siempre te lo dé". Un quetzal. Como ocho centavos de dólar.

Los tres jóvenes pandilleros viven en una casa de la pandilla, como en un internado para *little homies*, como en un vivero de gatilleros. Explican que la pandilla les provee ropa, comida, todo lo que necesitan. La Niña tiene papá y mamá, sí, y viven cerca, a algunas cuadras, y a veces va a verlos, sobre todo a su madre. Con el padre no se lleva bien. Despliega un evidente gesto de desprecio cuando habla de él, como si fuera su enemigo. El Gorras tiene un hermano en el Barrio 18, que vive a unas cuadras y que cuida su lado del chorro con la pistola que sus jefes le han dado.

—¿Alguna vez se han enfrentado?

—Sí, una vez.

—¿Y le disparaste?

—Sí, estuve a punto de darle —dice el Gorras, y endurece el rostro.

—Pero este tiene muy mala puntería, jaja —se burla de él la Niña, y se carcajea, como se carcajean los niños cuando se gastan una broma. El callado celebra la ocurrencia también.

El Gorras endurece aún más el rostro, y murmura algo parecido a un "la próxima vez no se me escapará".

A la Niña, el jefe, el *palabrero* de su *clica*, la ha inscrito en una escuela privada. Firmó los papeles necesarios como si fuera su tutor, paga las cuotas, acude a las reuniones de padres, recibe sus notas. "Una vez hice algo en la escuela y la directora llamó al jefe y él me mandó a llamar y me dijo: '¿Qué hiciste ahora?' y yo le dije que nada..."

La Niña presume de ser una buena estudiante: "Si viera mis notas, solo nueves y dieces". Parece que la Mara la está preparando para algo más que a sus compañeros. Y al Gorras y al Callado no les extraña.

—Ellos son nuestros dueños, nosotros somos como sus mascotas —explica el Gorras.

La Niña, estudiante aventajada en todo, recibió su primer tiro a los 11 años. En su cuerpo tiene dos orificios de bala, uno en la pierna y otro en el hombro. Los muestra con orgullo, porque eso demuestra que es peligrosa y valiente. Pero de su cuello cuelga un atrapasueños de plata, como sus aretes, como los dos anillos que lleva en la mano izquierda, y todavía sonríe como una niña. Mientras sus compañeros se esconden bajo un gorro o tras el silencio, ella parece relajarse poco a poco. Lleva puesto el uniforme de deporte de su colegio, del colegio que le paga la Mara Salvatrucha.

¿Ya han hecho pegadas? Los tres responden que sí, aburridos, como si la pregunta no tuviera mucho sentido para ellos, como si todo lo relacionado con matar a una persona fuera obvio.

—Tus jefes te felicitan, te dan dinero, te dan armas. Y un arma te da poder. Te sientes más grande —cuenta el Callado, que hasta el momento solo ha asentido, a veces ni eso, para acompañar lo que explicaban sus compañeros.

La Niña casi salta de la silla cuando cae sobre la mesa el tema de las armas. Ella y el Gorras se interrumpen entre saltos y alegrías para contarnos cuáles son sus preferidas, y la Niña se carcajea recordando la primera vez que disparó: de cómo sus brazos de niña no estaban listos para contener el pateo de la 9 mm y cómo la pistola terminó golpeándole la cara y haciéndole sangrar la nariz; o qué se siente cuando el rebote de un fusil te golpea el hombro.

—Me gusta la Mara, que la gente te tenga miedo, que los que antes te molestaban ahora te tengan miedo —dice.

—Yo no molesto a quien no me molesta, yo molesto a quien *me* molesta —se autodefine el Gorras, con énfasis en el me, en el poder para defenderte que se te entrega con el arma.

—Pues a mí me gusta que la gente te tenga miedo —insiste la Niña—, que se expandan como si fueran hormigas, que se hagan al lado para que vos pasés, como si fueras un coronel.

La Niña y el Gorras están prendidos, se sienten protagonistas y se deshacen en ganas por fin de contarlo todo. Ella habla con las manos, con los ojos. Las respuestas del inicio ya se olvidaron. "¿Han pensado en salir de la pandilla?"

—Yo sí, si pudiera, pienso en tener mi familia, en mis hijos… —dice la Niña, de repente más niña, soñando con una escena de película.

—Yo igualmente, si se abre la puerta y se salen como cuatro o cinco —dice el Gorras.

—¿Y tú?

—Yo también —responde el Callado.

—Pero eso tú si estás en la Mara no lo puedes decir —dice el Gorras.

—Es tu secreto —aclara la Niña—. Si uno le dice a su jefe que se quiere salir, pum —el gesto con la mano, como una pistola—, lo mata.

—…

—Sí, uno por su mala cabeza se metió en esto —insiste la pequeña pandillera.

Mientras los tres adolescentes con rostros infantiles hablan de su mala cabeza, un chico algo mayor que ellos, o que al menos lo parece, ha entrado al lugar y se ha sentado a la mesa, como quien sabe perfectamente quién es quién y lo que está pasando. Es extremadamente delgado. Viste unos jeans gastados y una camisa de tirantes. Lleva el pelo algo largo y despeinado. Parece que acaba de despertar de una siesta que duró todo el día.

—¿Tú también eres de la Mara? —le preguntamos.

—No, yo soy sicario.

La respuesta, inesperada, irreal, nos ha levantado una sonrisa que rápidamente aplacamos al caer en la cuenta de que no miente. El chico a nuestro lado es un sicario. O al menos lo era, como nos aclarará más tarde.

Los pandilleros confirman su historia. Es evidente que lo conocen. Se han criado juntos y viven en mundos diferentes que se cruzan en los mismos callejones. El sicariato es parte del negocio de muchas *clicas*. El despeinado lo ejercía por libre.

—Fui sicario durante cuatro años. No todo el tiempo, solo cuando salía un trabajo.

—¿Hiciste muchos trabajos?

—Tres. En el cuarto me balearon.

Quienes lo contrataron para ese cuarto y último trabajo no le dijeron que el tipo al que tenía que matar era un profesional, otro gatillero. Uno con más experiencia que él. El Despeinado tampoco se preocupó por hacer demasiadas preguntas. Le iban a pagar bien, dice. Una gente de la Zona 2 para los que ya había trabajado antes.

—Cuando lo vi me fui contra él sin pensar, con el arma en la mano. Pero él me vio y me disparó antes. Pensé que hasta ahí llegaba.

Por lo que cuenta, estuvo a punto de ser así. El Despeinado tiene el pecho lleno de cicatrices por las operaciones que le salvaron la vida. Sus amigos pandilleros se burlan de él. Le dicen que parece un mapa del mundo. También tiene el brazo derecho mucho más delgado que el izquierdo y guarda la mano en la bolsa del pantalón. Se niega a mostrárnosla. Dice que puede moverla, que está bien, pero no quiere sacarla del bolsillo. Está muy deshidratada.

Ha comenzado a caer la luz y conviene irse. Buscamos de nuevo la calle, esta vez por callejones distintos, zigzagueantes y más estrechos aún que aquel por el que entramos. Los hombros casi rozan con las paredes en algunos puntos. El Despeinado nos acompaña. Los pequeños pandilleros abren y cierran en grupo, como si nos guiaran y protegieran. Probablemente lo hacen, pero la escena resulta chocante por la altura de dos de ellos y la complexión tremendamente frágil del otro.

Ya en la calle principal, les decimos que necesitamos un taxi y se ofrecen para acompañarnos un par de cuadras más hasta encontrar uno. El grupo se dispersa, y la Niña y el Gorras se abren hacia los lados escoltándonos. Cuando los otros se han alejado unos pasos y no pueden escuchar, el Callado se aproxima y nos cuenta:

—Mi tarea es vigilar estas calles. Sobre todo por la noche. Ver que no venga el enemigo, y avisar si llega alguien extraño. Me llaman el Guardián en las sombras.

No hallamos qué responder.

La pandilla que se ahogó en el océano

José Luis Sanz
Julio 2013

*Cuando en 2004 se supo que la Mara Salvatrucha había llegado a
Barcelona, en Centroamérica y España se pensó que una epidemia de
violencia iba a atravesar el Atlántico. No fue así. Diez años después del
supuesto desembarco, los mareros catalanes tienen enormes aspiraciones
pero muy poco poder en las calles.*

Al Boixo, cuando habla de sus enemigos, se le llena la boca de sali-
va y parece que un percutor le ha activado una rabia descontrolada.

"¡Si me amenazan otra vez, te lo juro, su familia está en peligro! ¡¡Te lo juro, su familia está en peligro!!"

Es español, de Barcelona, y cuando entró a la sala hace unos
minutos saludó tímido, como si fuera él y no yo quien está de visita
en esta cárcel. Se sentó erguido en la silla de madera y aluminio,
con las manos en las rodillas, y esperó callado a que la educadora
hiciera las presentaciones y le explicara el porqué de la reunión. Le
acompaña su camarada Topo, que como él cumple condena por
robo. La educadora es la única figura de autoridad en esta sala diáfa-
na y sellada con una puerta de apariencia común pero capa interior
de acero, cristal reforzado y bisagras de seguridad. En todo el recorrido por el penal no he visto a nadie armado. Supongo que donde
hay autoridad no es necesario exhibir la fuerza.

La educadora es también, probablemente, una de las pocas personas de esta prisión en las que el Boixo confía. Por eso ahora,
después de repasar su pasado y hablar de su pandilla, este chele
alto y rubio que habla español con ligero acento catalán me está

113

confesando que unos gitanos con celdas en su mismo módulo le amenazan constantemente. A él, a un agresivo miembro de la Mara Salvatrucha.

—Me dicen "te vamos a cortar la cara".

—¡Pero cómo te van a cortar la cara, si esto es Gran Hermano! —le dice la educadora para calmarle. Y le explica que en esta moderna cárcel plagada de cámaras de vigilancia nadie le va a hacer daño.

—Me dicen: "Mira con quién vas, con ese *tapón* peruano, la Mara 13 no sirve para nada". Fffffff —el Boixo resopla como una olla a presión. A lo largo de la conversación se ha ido poniendo nervioso y aquí es donde estalla, se descontrola—. ¡Si me amenazan otra vez, te lo juro, su familia está en peligro! ¡¡Te lo juro, su familia está en peligro!!

Tartamudea, gira la cabeza hacia los lados para sacudirse el riesgo de que se le humedezcan los ojos, pero no lo logra y vuelve a resoplar. Se hace un silencio. En España, como en El Salvador, de las lágrimas de un pandillero no se habla. Topo —el peruano del que los gitanos se burlan por bajito— y la educadora le dan tiempo para recomponerse. El Boixo no parece un mal chico. Tampoco muy listo. Le faltan palabras y asiente constantemente para que tú también lo hagas y así saber que le estás entendiendo. Por momentos da la impresión de que cuando era más joven consumió demasiadas drogas o recibió demasiados golpes en la cabeza. Dice que se hizo de la Mara hace un año, en busca de emociones fuertes. Estaba en otra pandilla, los Ñetas, desde que abandonó la escuela a los 14.

—Me sentía solo y vi que ellos me apoyaban. "Hermanito nosequé, hermanito nosecuantos…" Pero llegué a lo máximo en la banda, estaba juramentado, y pedí *la verde*, ¿no?

—Y te la dieron, te saliste.

—Sí, pero quise entrar en la Mara para probar, porque es la banda más violenta —y asiente dos veces para que yo lo haga tambien.

El Boixo nunca ha salido de Cataluña. Podría ser un gamberro de barrio obrero cualquiera en cualquier ciudad de España. Pero la cicatriz rosada que tiene en el entrecejo se la hicieron de una patada cuando le brincaron a la MS-13. Dice que el día que le patearon habían venido a Barcelona pandilleros hondureños de Valencia y Madrid.

—Contaron hasta 13 y repitieron tres veces el 10 —dice con una sonrisa infantil.

***

Cuando en 2005 la periodista Lisa Ling, de *National Geographic*, adjudicó a la Mara Salvatrucha (MS-13) el superlativo mérito de ser "la pandilla más peligrosa del mundo" la MS-13 se confirmó de forma irreversible, fuera de Centroamérica y de ciertas ciudades de Estados Unidos en las que su poder sí es real, como una amenaza por encima de sus propias posibilidades. Los miedos llegan siempre más lejos que quienes los engendran, y avalado por la elevada cifra de homicidios en El Salvador —el promedio de siete diarios se consideraba entonces alarmante— y por la brutalidad con que los cometía, desde ese momento el miedo a la Mara se volvió transfronterizo.

No ayudó, desde luego, que en 2004 el ministro de seguridad de Honduras, Óscar Álvarez, hubiera dicho que existían vínculos entre la MS-13 y grupos terroristas internacionales, o que el *Washington Times* hubiera publicado en septiembre del mismo año que había contactos entre la Mara y Al Qaeda. Pese a los esfuerzos del FBI por desmentir esa relación, hubo quien llegó a escribir, y habrá incluso quien se lo crea, que la Salvatrucha compartía negocios con el grupo terrorista ETA.

En Perú o Ecuador, donde por esos años se comenzaron a detectar supuestas células de la MS-13, las autoridades se encontraron ante el desafío de administrar su propio pánico y el de la población. En España, pese a la insistencia de los cuerpos policiales por restar importancia a la evidente presencia de la Mara Salvatrucha, el terror asociado a su nombre siguió creciendo en los años siguientes a base de reportajes televisivos en los que jóvenes con el cuerpo y el rostro tatuados hacían gestos desafiantes con un fondo músical de hip hop y de constantes publicaciones en prensa.

En noviembre de 2008 *El Periódico* de Cataluña publicó un largo reportaje titulado "La mafia mexicana envía a Barcelona a jóvenes sicarios para 'conquistar' la UE". En el texto, dos responsables de la Oficina de Naciones Unidas contra la Droga y el Delito (ONUDD), españoles ambos, sentenciaban: "Los cárteles mexicanos están enviando a Barcelona y a otras ciudades como Madrid, Málaga, Bilbao, Oslo y Ámsterdam a jóvenes sicarios de las maras centroamericanas para que sean la avanzadilla que conquiste esos territorios". El objetivo de "las maras" —el nombre genérico usado a menudo para referirse tanto a la Mara Salvatrucha como al Barrio 18— y de sus socios mexicanos era supuestamente "controlar todo el tráfico de cocaína del continente". Todo el tráfico de cocaína, decían.

En febrero del año siguiente el diario *El Mundo*, uno de los de mayor tirada del país, tituló entre exclamaciones un artículo a toda página en el que se hablaba de un perverso efecto secundario de la migración centroamericana a España: "¡Que viene la mara!" Y basado en las mismas fuentes de la ONU que *El Periódico*, el 30 de octubre de 2009 un reportaje de la veterana revista *Tiempo* se sumó a la alarma: "Las dos principales maras que operan a escala suprarregional, la Mara Salvatrucha o MS-13 y la Pandilla de la Calle 18 o 18 Street, quieren hacerse con el control del crimen organizado en Europa, desde el narcotráfico al mercado negro de órganos".

"Vendrán sin tatuajes y con corbata, porque vendrán los líderes máximos", vaticinaba en ese reportaje Amado Philip de Andrés, encargado de la ONUDD. Según él, un puñado de pandilleros centroamericanos se bastarían, por su carácter enormemente violento, para arrebatar el negocio de las drogas, las armas y la trata de personas a los tradicionales grupos criminales locales, y a la mafia rusa, a la italiana o a la china. "Con que haya 17 [miembros de la MS-13 o la 18] bien organizados ya es suficiente", decía el supuesto experto.

Como si la Mara y la 18 fueran un ébola aniquilador que alguien estuviera utilizando como parte de un plan maestro.

Ese mismo año, Jesús María Corral Gómez, jefe de la Unidad de Planificación y Estrategia del Cuerpo Nacional de Policía de España, admitió en un congreso internacional sobre pandillas celebrado en Los Ángeles que la MS-13 había desembarcado en la península, pero aclaraba que su trascendencia era la de "una gota de aceite en el océano". Esa proporción no ha cambiado. La alarma que aún resuena cada vez que un miembro de la MS-13 comete un delito convive con otra realidad que admiten los mismos mareros catalanes y que repiten miembros de otras pandillas, trabajadores sociales y autoridades: "En Barcelona, la Mara Salvatrucha no tiene la calle".

***

Sentado al lado del Boixo está el Topo, el peruano bajito. En su país era de la barra brava de la U. Esa era su historial criminal cuando llegó a España. No llevaba demasiado tiempo en Barcelona cuando se metió en la Mara Salvatrucha casi por azar. El Topo admite que le gusta mucho beber. Los amigos de un primo suyo le invitaban a beber por horas en un parque del barrio del Raval y para él eso era hermandad. Al cabo de un mes sus amigos de trago le tenían rifando MS-13 con las manos sin explicarle lo que eso significaba. Tardó unas semanas más en entender que ya estaba dentro.

"Yo no sabía nada. A mí lo que me gustaba era la noche", dice, y se carcajea.

Lo que no sabía, se lo enseñaron. Sus amigos, centroamericanos la mayoría y mayores que él, no le sometieron a ningún ritual de entrada pero le enseñaron los gestos, los códigos e incluso la historia de la Mara Salvatrucha. El Topo sabe que la MS-13 nació en Los Ángeles y sabe que el 13 es el número de las pandillas Sureñas vinculadas a la Mexican Mafia, aunque no entienda con detalle su vínculo, si es que existe con un océano de por medio, con ese grupo. Probablemente es de los pocos mareros en España que conoce esos detalles. La mayoría de miembros de la Mara en Barcelona piensa que la Mara Salvatrucha nació en El salvador y la llaman coloquialmente "la 13", asumiendo que también la 18 es mara y sin saber que en California hay decenas de pandillas 13.

El líder del grupo era un salvadoreño musculoso y tatuado en el pecho y el brazo, que presumía de su pasado pandillero en El Salvador y solía mostrar un video colgado en YouTube en el que aparecía él, más joven y delgado que ahora, empuñando un AK-47. A los más jóvenes, como Topo les fascinaba esa imagen que, en un país como España, en el que el acceso a armas está muy limitado, parecía de película. La invitación a formar parte de la MS-13 era, en Barcelona, una invitación a ser parte de esa película.

—Me han contado cómo es la cosa en El Salvador, en Honduras... —presume el Topo—. Me han dicho que se para un loco tatuado ahí y la gente pum, pum, pum.

El pandillero hace como si disparara una pistola. La televisión y el cine han hecho que todos sepamos simular mejor o peor un disparo aunque, como el Topo, nunca hayamos empuñado un arma de fuego.

—¡Yo me iba a ir para allá! ¡A correr a lo grande!

—¿A El Salvador? ¿Querías ser pandillero en El Salvador?

—¡Sí! Es que en ese tiempo estaba bien activado. Iba a irme a llevar el tiro de allá.

No puedo dejar de pensar que el Topo no duraría ni una semana en las calles de San Salvador o San Pedro Sula. Tiene 22 años, una edad con la cual la mayoría de pandilleros centroamericanos ha participado en delitos de sangre y olvidado el yo que eran antes de entrar a la Mara. En Guatemala niños de 15 años presumen de su experiencia pandillera y muestran heridas de bala. Veo al Topo al lado de esos niños adultizados y pienso que aunque sea mayor de edad parece un simple adolescente.

La educadora me contará más tarde la historia de vida del Topo y me dirá que se repite casi como un calco en la mayoría de pandilleros con los que ha trabajado: se criaron con sus abuelas porque sus padres migraron a España cuando ellos tenían pocos años, y han llegado a Cataluña siendo adolescentes, para encontrarse con un país y una cultura diferentes, unos padres que trabajan todo el día y a los que apenas conocen, y unas calles en las que se encuentran con jóvenes de nacionalidades distintas pero historias similares. Ecuatorianos, colombianos, chilenos, peruanos, marroquíes, búlgaros o rusos, a la mayoría no les importa, en realidad, pertenecer a una u otra pandilla ni conocer el origen de las siglas por las que pelean. Cuando empiezan, simplemente buscan el abrigo de un grupo y tener una causa propia.

—¿Qué es ser de la Mara en España?

—Ser los más violentos. El primer lugar en todo.

—Pero no lo sois. Acá sois una pandilla pequeña.

—Sí, los más grandes son Latin Kings, Ñetas, Trinitarios... hay que ir subiendo.

—¿Y cómo se sube?

—No sé, brincando gente, a quien se vea con fuerza...

***

El barrio del Raval está junto a las Ramblas, en el patio trasero del puerto de Barcelona, en el distrito de Ciudad Vieja. Fue durante muchos años una zona roja conocida por sus calles estrechas y oscuras repletas de prostitutas y de locales nocturnos sin más pedigrí que el que da, cuando es deseada, la sordidez. Lo llamaban el barrio chino —aún hay quien lo hace— porque a principios del siglo XX en sus recodos los rateros cortaban con una cuchilla de afeitar, a la que llamaban "la china", los bolsillos de tela de los distraídos para extraerles la cartera y el dinero. En el viejo Raval, a ese mal arte se le llamaba *chinar*.

En las últimas tres décadas el ayuntamiento ha intentado modernizar el barrio y lo ha convertido en una zona de profundos contrastes. Ahora tiene dos museos de arte contemporáneo, hoteles para turistas, bares de moda y un paseo con una escultura del colombiano Fernando Botero, que conviven con la prostitución de siempre, su propio mercado de droga y estrechos edificios que nadie restaura y en los que se siguen alquilando habitaciones baratas. Una cara del barrio se adorna con el mítico y hermoso mercado de La Boquería. La otra tiene su propia *clica* de la Mara Salvatrucha. Hay quien piensa que la del Raval fue, de hecho, la primera *clica* catalana de la MS-13, aunque eso no es del todo cierto.

Los Mossos d'Esquadra —la policía autónomica de Cataluña— tuvieron la primera pista de la presencia de la Mara Salvatrucha en Barcelona en febrero de 2004. Fue un pequeño "Arriba la MS" escrito con plumón en los azulejos blancos de la estación de metro Universitat, en el centro de la ciudad, justo en los límites del Raval. Pero los jóvenes detrás de ese rudimentario grafiti se reunían por aquel entonces en el parque de la Pegaso, unos kilómetros más al norte, cerca de la Avenida Meridiana. Se trataba de chicos de 12 a 14 años, de distintas nacionalidades, que apenas sabían de la Salvatrucha lo que les contaba algún compañero salvadoreño en el colegio y lo que habían encontrado en internet. No tenían planes de futuro. No querían dominar el mundo. Su único deseo era distinguirse de los Latin Kings y los Ñetas.

Barcelona, como el resto de capitales españolas, era en esos días un vivero fértil para las dos pandillas hegemónicas en Ecuador. Si una década antes las deportaciones habían transplantado a Centroamérica a la MS-13 y el Barrio 18 por la simple razón de que eran las pandillas angelinas con mayor presencia de salvadoreños, hondureños y guatemaltecos, bastaba saber que en los primeros dosmiles el principal grupo de inmigración de latinoamérica a España fueron los ecuatorianos para comprender que los Latin Kings y los Ñetas serían las primeras pandillas americanas en asentarse y crecer en la península.

Los chicos de la Pegaso buscaban ser diferentes. El Detective, un mosso d'esquadra de hablar frontal y más de 10 años de trabajo en contacto directo con pandillas en Barcelona, dice que durante sus tres primeros años como grupo los seudomareros de la Pegaso no delinquieron, o al menos no cometieron ningún robo o acto violento que se les pudiera achacar claramente.

—Eran solo emuladores. No tenían ningún contacto en absoluto con Centroamérica. Conocí a uno que incluso caminaba con los Latin King aunque decía que él era mara —dice el Detective—. Los primeros dos o tres años nos pasaron desapercibidos, hasta que en 2007 llegó un salvadoreño que quiso organizarles en serio.

—¿Un marero venido desde El Salvador?

—No, un chico de 23 años nacido en España pero que es también salvadoreño porque nació allí su padre o su madre, no recuerdo bien. En uno de sus viajes a su país conoció el fenómeno de las maras y lo quiso copiar aquí. Pero no le funcionó. Cuando les dijo a los de la Avenida Meridiana lo que quería, los chavales se asustaron y se le fueron todos menos dos.

Ese emprendedor con ganas de levantar en serio la Mara Salvatrucha se llamaba —se llama— Alexander Fuentes, y es un hispano-salvadoreño nacido en 1984 que no tardó en entender que para plantar una cepa firme de la ms-13 necesitaría simiente original. La encontró pronto. En 2008 ya caminaba por Barcelona con el Crazy, un marero de 18 años brincado en El Salvador que tenía la experiencia y las ganas de sembrar *clicas* por toda la ciudad.

El Crazy se llama Marvin Flores, tiene hoy 25 años y es el pandillero musculoso y tatuado que enseñó al Topo a hacer con la mano la garra de la Mara Salvatrucha. También reclutó y formó en los siguientes dos años a muchos otros jóvenes en la zona centro y Sur de Barcelona. Por un tiempo, las autoridades lo identificaron como uno de los líderes de la ms-13 en Cataluña.

—¿Alexander mandó a traer al Crazy o él llegó a España por su cuenta? —le pregunto al Detective.

—En teoría el Crazy vino con el mandato de la cúpula de la Mara para crear una *clica* potente en Barcelona. Así lo vendieron Alex y él al resto del grupo aquí, pero yo creo que no hay nada cierto. Sí es verdad que quisieron crear algo parecido a lo de allí, para demostrar a El Salvador que aquí se podía hacer lo mismo, pero no pudieron. No ha sucedido. No les dejamos.

—¿Qué quieres decir con que no les dejásteis?

—En cuanto supimos lo que estaba pasando los encaramos y dialogamos con ellos, les pusimos claro el escenario. No se puede decir que fuera una negociación porque en realidad fue decirles: "Sabemos quiénes sois, dónde es vuestra casa, qué queréis hacer... y estos somos nosotros y esto va a pasar en el momento en que cometáis un delito".

Alex vivía cerca de la Plaza Cataluña, a pocas cuadras del Raval, y por eso él y el Crazy se alejaron de Avenida Meridiana y comenzaron a moverse por la zona de Ciudad Vieja, más céntrica. Se les unieron un chileno y dos o tres bolivianos, pero el Detective asegura que la *clica* nunca levantó vuelo del todo. Sus comienzos no fueron fáciles. Un compañero del Detective cuenta que una noche los mareros que caminaban con el Crazy se aproximaron a un grupo de jóvenes migrantes filipinos que solían reunirse a beber y vaguear en una cancha de baloncesto detrás de la Facultad de Comunicaciones de la Universidad Autónoma de Barcelona, en la plaza Terenci Moix. Querían incorporarles a la mara, brincarles. Los filipinos no estaban interesados y les forzaron a abandonar el parque. Un puñado de amigos filipinos diciéndole no a la MS-13 mientras en El Salvador cientos de colonias, municipios enteros, cientos de miles de personas, se someten día tras día a la ley de esas mismas siglas. Sometida a la prueba de la calle, la temida y publicitada transnacionalidad de la Mara Salvatrucha —la amenaza global— se convertía en un concepto difuso, inservible.

Con esa búsqueda desesperada de nuevos *homeboys* arrancó en realidad la historia de la *clica* del Raval.

***

El Guerrero es Ecuatoriano. Tenía 13 años y el rostro devorado por el acné cuando entró en la MS-13 y vio por primera vez el video de YouTube en el que el Crazy aparece con un AK-47. Lleva cinco años en la Mara y eso le convierte, como al Topo, casi en un veterano. Como él, entró sin saber bien lo que hacía. Cuenta que quería ser uno de esos chicos duros a los que nadie plantara cara y que triunfan con las chicas. Los buenos estudiantes no suelen ser los más populares en ningún patio de colegio, menos aún si ese colegio está en el barrio de Pubilla Casas, al norte de Hospitalet, uno de los muchos municipios de antigua vocación agrícola devorados por el crecimiento de Barcelona de los años sesenta y convertidos hoy en periferia obrera y enclave tradicional de migrantes. La mayoría de adolescentes de Pubilla no pertenece a ninguna pandilla, pero conviven con varias de ellas. Hospitalet es, según las autoridades, el principal asentamiento y el centro neurálgico de casi todas las pandillas que operan en Cataluña.

—Un amigo y yo íbamos a hacernos de los Blood Little Warrior, pero unos hondureños que conocimos nos dijeron que mejor nos metiéramos en la Mara.

—¿Y cómo te convencieron?

—No me convencieron. Yo les dije: "Voy a ver en internet. Si son conocidos, entonces sí". Y me fui a ver.

Sudaba el verano de 2008. El Guerrero *googleó* a la Mara Salvatrucha como un ritual para decidir qué hacer con su vida y se encontró de bruces con el pánico que infundían sus siglas. Sí, la MS-13 era muy, muy conocida. Dice que le gustaron el despliegue de violencia sobre el que leyó y los tatuajes de gangster. Se *brincó*, mediante el ritual de la paliza de los 13 segundos, un 13 de septiembre, junto a su amigo y a otro vecino boliviano.

Antes de que acabara el año ya había conocido a los mareros del Raval. No quiere decir sus nombres porque dice que eso sería *ratear*, traicionar al secreto de la Mara, pero a medida que describe a "los mayores", como él los llama, se hace evidente que esos pandilleros no podían ser sino el Crazy, Alex y quienes caminaban con ellos.

—Eran maras antiguos. Había dos salvadoreños, y un chileno, y una vez nos reunimos y había un mexicano enorme, que llevaba una camiseta negra, pantalón corto negro y calcetines blancos, y otro como de 40 años que tenía un escudo de El Salvador tatuado en el pecho.

—¿Qué te dijeron?

—Hablamos de que teníamos que hacernos notar porque había muchas otras bandas y estaban creciendo —recuerda el Guerrero.

A él y sus dos compañeros recién brincados les ordenaron crear en Pubilla Casas una nueva *clica* que se llamaría Morritos Locos Salvatrucha (MLS) y que debía funcionar como la división junior de la que integraban los mayores. Se conviertieron en un esqueje con tres miembros que debían contagiar a otros su devoción por la Mara. El Guerrero presume de que en solo dos semanas, rebosantes de energía y ganas de agradar a sus mayores, habían brincado a otros 12 vecinos, ecuatorianos y bolivianos la mayoría, deseosos como ellos de ser los dueños del parque de Pubilla.

Entre 2008 y 2010 los Morritos Locos Salvatrucha quisieron vivir la vida loca y se hicieron notar con una constante cadencia de pequeños robos y varias peleas a cuchillo. Por una de ellas, el Guerrero fue a la cárcel en 2009. En Hospitalet, la Mara Salvatrucha llegó incluso a matar. En España, donde la tasa de homicidios es de 0.9 por cada 100 000 habitantes, casi cada muerte es una alerta que se comenta en las mesas familiares, que asalta los noticieros y que obliga a decisiones en los cuerpos policiales.

En 2010 Cataluña fue catalogada como la región más peligrosa del país con una tasa de 1.27 homicidios por cada 100 000 habitantes. La tasa de El Salvador, ese año, fue 60 veces mayor.

***

Hay dos versiones de por qué Tommy llevaba un cuchillo de cocina al salir de la estación de metro del Hospital Clinic la tarde del miércoles 1° de diciembre de 2010. El Guerrero asegura que acababa de comprarlo para su madre y volvía de hacer el recado cuando se encontró casualmente con King Yahá, el líder de los Latin Kings en la zona, su enemigo, y tras un intercambio de insultos decidió acuchillarle. Debían ser las seis y media. Las cámaras de vigilancia del metro de Barcelona registraron el inicio de la discusión en el recibidor de la estación y cómo los dos, y un tercer Latin King, salían a la calle. Minutos después King Yahá, Luis Diego Fernández, un pandillero peruano de 17 años, se estaba desangrando a las puertas del cercano hospital, con una profundísima herida en el vientre. Al día siguiente, cuando los periódicos dieron la noticia de la muerte, enfatizaron que la víctima tenía antecedentes penales. "Las bandas latinas llevan su rastro mortal al Eixample", tituló *La Vanguardia* el viernes.

El hermano menor del Guerrero, Control, le inyecta grandeza al crimen y dice que la *clica* entera se la tenía jurada a King Yahá. "Siempre nos jodía, y jodemos a quien nos jode", sentencia. Dice que era cuestión de días que alguien ejecutara la decisión de asesinarlo. Por eso supone que Tommy fue armado y consciente a buscar a King Yahá. Como si fuera poco honroso que Tommy, a sus 14 años, le hiciera los recados a su madre. Como si una muerte planeada y ejecutada en frío con una herramienta de carnicero engrandeciera a Tommy, que a sus 14 años ya era el *palabrero* de los Morritos Locos Salvatrucha.

Tommy es ecuatoriano, fibroso y muy alto para su edad, casi 1.80 de estatura. También es un chico listo. Sus camaradas dicen que siempre fue *mente* y tomaba las decisiones adecuadas. Por eso les marcaba el paso a chicos mucho mayores que él. Anochecía el 1º de diciembre de 2010 cuando el Guerrero, que acompañaba a su novia a casa, se lo encontró en la calle.

"Tuve un problema con King Yahá, pero ya está solucionado", dice el Guerrero que le dijo sin más detalle. Parecía agitado. Se despidieron.

Al cabo de un rato volvió a encontrárselo. Esta vez huía. Los compañeros de Fernández habían desatado una cacería en busca de venganza. El Guerrero le propuso llevarlo a un lugar seguro pero Tommy prefirió correr hacia su casa, peligrosamente cerca del Clinic. No sabía que un grupo de Latin Kings ya había estado allí y le había advertido a su madre que rezara por que la Policía lo capturara antes que ellos. Cuando el *palabrero* de los Morritos se asomó a su calle obviamente le estaban esperando. Corrió y corrió con sus enemigos corriendo a sus espaldas y acabó por refugiarse en un bar y esconderse en el baño mientras gritaba desesperado que le querían matar, que alguien llamara a la Policía.

A Tommy se le debieron hacer largos los minutos de espera, escondido en el baño de aquel bar sitiado por Latin Kings decididos a terminarlo. Nunca ver el uniforme de los Mossos d'Esquadra, confesar un homicidio y sentir las esposas fue tan alegre para un pandillero de la Mara Salvatrucha.

Un homicida de 14 años lo es por muy poco, por meses. La ley penal española considera no responsables de sus actos y por tanto inimputables a los menores de esa edad, y es especialmente cuidadosa en las medidas de castigo o reeducación que impone a delincuentes jóvenes. Tommy fue a la cárcel por el enorme impacto mediático que tuvo el caso en Cataluña pero, sobre todo, porque su vida corría peligro fuera de ella. "Para proteger su propia seguridad y vida", justificó el juez que decretó su internamiento por seis meses en un centro para menores. Dos años después sigue encerrado. También sigue siendo, con 16 años, el *palabrero* de los Morritos Locos Salvatrucha. "Si él brinca, brincamos todos", le declara lealtad Control, que tiene 17.

"El *fuking* estaba allí y él estaba cuchillo en mano, así que se defendió", le justifica el Guerrero.

A uno u otro lado del Atlántico, cuando hablas con pandilleros acerca de una muerte se repite una paradoja sutil, íntima. Para ninguno es una opción reconocerse débil o admitir miedo; la muerte se encara de forma consciente, se administra desde el poder, se ejecuta como una habilidad. Se mata porque se puede y se quiere. Pero también, y ahí se abre una grieta, un respiradero, se mata porque se debe. En los relatos del que ha matado hay siempre un pero susurrado, una puerta en la pared del fondo, que da a otro cuarto donde se guarda una razón o una excusa. "Tenía que defenderme", "Era él o yo", "Así tenía que ser", "Era inevitable". Como si el pandillero quisiera preservar su alma y necesitara aclarar que no es un malvado puro, sino solo la más eficaz y valiente herramienta del destino.

✼✼✼

Cuando en octubre de 2003 un grupo de Ñetas asesinó al joven colombiano Ronny Tapias en una parada de metro pensando que era un miembro de los Latin Kings y desató la primera alerta social sobre la presencia de pandillas latinas en Cataluña, los Mossos d'Esquadra llevaban apenas unos meses lanzados a una búsqueda compulsiva de respuestas sobre un fenómeno, el de las pandillas de origen latinoamericano, que prometía darles trabajo. Su prioridad era, lo decían entonces y lo dicen ahora, comprender con el mayor detalle posible qué estaba pasando. Viajaron a Estados Unidos, enviaron a agentes a Centroamérica y a Ecuador, conformaron equipos de análisis, y diseñaron estrategias preventivas que involucraban a otros actores como centros escolares y de salud, asistentes sociales, organismos de justicia o centros penitenciarios, y que se basaban en la no simplificación del diagnóstico ni de las respuestas. En 2004 sus primeros estudios revelaron la existencia en Cataluña de alrededor de 400 simpatizantes de cuatro pandillas distintas: Latin Kings, Ñetas, Vatos Locos y Mara Salvatrucha. La cifra de miembros auténticos, vinculados de manera estable a su grupo, era sin embargo mucho menor: 70 personas.

Nueve años después las autoridades estiman que las pandillas que operan en Cataluña ya suman alrededor de 3 500 miembros. Es evidente que el fenómeno pandilleril ha crecido, pero también lo es que no se ha desbordado. Los Mossos insisten en un dato que rompe el estereotipo del migrante pandillero: solo 1% de los jóvenes que migran a Cataluña se integra a una pandilla. Y solo 20 de los 403 homicidios que se han cometido en los últimos cinco años en Cataluña están relacionados con miembros de pandillas, o fueron motivados por la pertenencia del autor o de la víctima a pandillas. "En 2003 pensábamos que en número de homicidios hoy día, en 2013, estaríamos mucho peor", admite un agente que estudia el fenómeno de las pandillas desde entonces.

El detallado trabajo estadístico de las autoridades catalanas permite además dimensionar el escaso arraigo que la Mara Salvatrucha y el Barrio 18 han logrado incluso en la región de España donde, según los cuerpos de seguridad, tienen mayor presencia. En la actualidad, los miembros de las dos pandillas en Cataluña apenas suman entre 100 y 300. Los integrantes de la MS-13 representan un 7.13% del total de pandilleros catalanes. Los del Barrio 18 son menos aún: un 3.24%.

Las cifras desafían a la propia historia de la MS-13. En Los Ángeles, en apenas 10 años, durante la década de los ochenta, la recién nacida Mara Salvatrucha se convirtió en una pandilla Sureña, conocida por su brutalidad y capacidad de disputar territorios y algunos mercados de drogas a pandillas históricas como Playboys o el Barrio 18. En El Salvador, en los noventa, una década bastó para que dejara de ser un vínculo invisible entre algunos cientos de deportados y lograra, como pandilla, presencia en todo el país, control sobre municipios enteros e incluso conquistara por la fuerza, ante las autoridades, el privilegio simbólico de tener sus propias cárceles.

En Cataluña, sin embargo, el embrión de la Mara Salvatrucha que hace 10 años quemaba las horas en el parque de La Pegaso sigue siendo un embrión aunque ocupe otros parques y haya cambiado a parte de sus miembros. La MS-13 no tiene control territorial en los barrios que habita ni ha evolucionado en sus actividades delincuenciales. Inoculado en una sociedad menos enferma que la centroamericana, el temido virus de la Mara Salvatrucha no se ha llegado a desarrollar. En las calles, la mera mención de la Mara no ha bastado para hacerla realidad.

Aunque cada cierto tiempo vuelve a aparecer la sombra de la alarma, actualmente a la Policía catalana le preocupan mucho más otras pandillas.

Por un lado, los Mossos d'Esquadra diferencian entre aquellas pandillas que tienen vínculos o dependencia jerárquica directa de su país de origen, como los Latin Kings, y otras que se han creado y expandido pero son puramente miméticas. Ese es el caso de la Mara Salvatrucha y el Barrio 18. Por otro, tanto los Mossos d'Esquadra como la Policía Nacional han detectado que los Black Panther y Los Trinitarios están siguiendo un camino alterno al de los Latin Kings, los Ñetas o la misma MS-13: son más restrictivos en cuanto a la nacionalidad de sus integrantes o compartimentan la información dependiendo de si estos son o no dominicanos.

Según un portavoz oficial de los Mossos d'Esquadra, todo indica que estas pandillas están tratando de pasar a otro estadio organizativo, con menos presencia en la calle pero más rentabilidad en sus negocios.

—Hay ciertos grupos que están dando un paso más, que muchas veces se caracteriza por dejar de lado el tema de las *caídas* y centrarse en obtener un beneficio económico.

—Buscan llamar menos la atención.

—Correcto. Black Panthers llama menos la atención. No es un grupo que dé problemas un fin de semana con peleas o incidentes en discotecas o zonas de ocio… Es un grupo más hermético y mucho menos numeroso que Latin Kings o Ñetas, pero que se ha estructurado para llevar a cabo actividades delictivas.

—¿Como mover kilos de droga?

—Los Trinitarios o los Black Panters no van a hacer un narcotráfico fuerte, es decir, no van a traer un contenedor de cocaína al puerto de Barcelona, pero pueden hacer un tráfico de drogas interesante, un goteo constante a través de países productores o adquiriendo la sustancia aquí: dos o tres kilos de cocaína en maletas, cuatro o cinco… Cantidades intermedias pero que en Cataluña son consideradas de notoria importancia. Después, los escalafones más bajos de la banda se ocupan del narcomenudeo en la plazas, en las calles.

El Detective coincide con la versión de sus superiores. Aclara que no quiere restar importancia a las pandillas pero asegura que se trata de un fenómeno controlado y presume de que no hay un solo homicidio cometido por la Mara Salvatrucha o por otra pandilla en Cataluña en la última década que no haya terminado con el autor en la cárcel o en un centro para menores.

—¿Quieres saber cuál es la realidad? —dice subiendo el tono de voz, para enfatizar sus ideas—. La realidad es que las *clicas* de la MS-13 aquí no forman todas una red entre ellas, y ninguna tiene contacto directo con la gente en El Salvador ni en Honduras.

—¿Tampoco la gente del Raval, los mayores?

—La *clica* del Raval sigue existiendo pero es pequeña. Y como son más mayores, son menos violentos.

—Pero los pandilleros más jóvenes siguen venerando al Crazy.

—Todos estos son grandes vendedores de humo. Mira, el chaval brasileño que está al frente de la MS-13 de Can Vidalet, en Esplugues, vive de una pelea de cuatro cuchilladas en la que participó cuando tenía 17 años. Y ahora tiene 25. En esto se basa el respeto de su gente.

Alex y el Crazy, que en 2007 se sentían llamados a ser los grandes nombres de la Mara Salvatrucha en Cataluña, están desde hace años en la cárcel, pero en los parques, los *homeboys* del Boixo, el Topo, el Guerrero o Tommy no se resignan. Siguen soñando con un futuro dominio de la Salvatrucha y deslizan la idea de que están esperando a alguien pesado, a un *homie* de Centroamerica que va a parar el barrio de a de veras, pero suena a mito. En realidad, cuando le preguntas al Boixo si tiene él contacto con gente en El Salvador te responde que sí, que tiene a pandilleros centroamericanos como amigos en Facebook. El Topo recuerda que allá por 2008 el Crazy tenía el teléfono de gente en El Salvador, y que de vez en cuando hablaban con ellos:

—"Tal fecha viene tal a Tarragona", nos decían. Cosas así.

—¿Y llegó esa persona?

—No… Parece que hubo un chivatazo, eso me dijeron.

Las autoridades estadounidenses y salvadoreñas han advertido varias veces de supuestos planes de la Salvatrucha para enviar a representantes a España. Funcionarios de la embajada de España en El Salvador confirman haber trasladado a los cuerpos de seguridad en Madrid al menos una alerta de este tipo en los últimos años, basada en una *wila*, una carta, interceptada a la salida de la cárcel de Ciudad Barrios, donde cumple pena la cúpula salvadoreña de la MS-13. En Barcelona, sin embargo, el Detective insiste en desmitificar la posible llegada de ese Mesías al que los mareros catalanes esperan para que cambie radicalmente el rumbo de la pandilla en España.

—Desde 2009 al menos lo estamos esperando también nosotros. No ha llegado nadie.

***

El Guerrero cuenta que iba muy drogado y muy borracho cuando acuchilló a aquel joven en la puerta de aquel instituto de Cornellá, algunos kilómetros al este de Pubilla Cases.

—En ese colegio estudian unos 18 y estábamos ilusionados por hacerles daño. Habíamos estado en el parque de San Ildefonso fumando y bebiendo, y fuimos. Nos pusimos a gritar cosas contra los 18, pero nadie decía nada. Al rato salieron unos Latin King y uno de nosotros le intentó robar a uno de ellos el teléfono y la pulsera...

El resto de su relato coincide con el que apareció en los periódicos. El hermano pequeño del joven Latin King salió en su defensa, y un compañero del Guerrero, otro ecuatoriano al que apodan Danger, le clavó un sacacorchos en el pecho. Sí, un sacacorchos.

—Y yo saqué una navaja, una mariposa, y le acuchillé en un lado.

—¿Porque era Latin King?

—A saber. Yo al boliviano no lo conocía para nada.

El boliviano es el chico de 14 años al que acuchilló y que salvó la vida de milagro. El Guerrero cuenta aquello sin orgullo. Parece cansado de repetirlo o de recordarlo. Ha pasado casi tres años en la cárcel por aquello y dice que eso le pesa. Le condenaron a dos de encierro y cinco de libertad vigilada por tentativa de homicidio, pero una vez en prisión le fueron saliendo *clavos* anteriores, robos, reyertas, y la condena se fue alargando.

Salió hace solo tres meses de la cárcel de jóvenes de Cuatre Camins, el único centro penal que hay en Cataluña para internos de entre 18 y 25 años. En España hay un nivel intermedio entre los centros para menores y las cárceles para adultos. Si cometes un delito, por grave que sea, y tienes entre 18 y 25 el Estado considera que tienes más posibilidades de reformarte y reinsertarte que si eres mayor aún, y te procura un sistema de atención psicológica y educativa focalizado. En estos momentos 80% de internos de la cárcel de jóvenes de Cuatre Camins es extranjero. En el formulario de registro que se usa para entrevistar a los nuevos reclusos, la tercera pregunta, después del nombre y la edad, es "¿cuánto tiempo llevas en España?"

Al regresar a Pubilla Cases el Guerrero se ha encontrado con una *clica* de cerca de 20 miembros que se reúnen los fines de semana a beber y fumar hachís o consumir pasta base —bazuco— en un parque. Aquel fuerte impulso de los primeros años de los Morritos Locos Salvatrucha no derivó en una epidemia de *brincos* ni cambió el mapa de las calles de Hospitalet. "Es que en un colegio le aparece uno de las maras a un niño y el niño se pone a llorar —dice un oficial de la Policía Nacional que trabaja en Cataluña—. No es como los Latin Kings, que venden una historia muy bonita de defensa de la identidad latina, y que él se lo va a creer y se lo van a llevar. Las maras tienen muy limitado el tema de la adscripción."

Los últimos han sido años difíciles para los MLS, asumiendo que una *clica* de la Mara Salvatrucha en España haya tenido alguna etapa fácil. Sus principales líderes están en la cárcel, y las deportaciones, la crisis económica que ha forzado a familias enteras a regresar a su país de origen en busca de trabajo, y otras que mandaron a sus hijos de vuelta a Centro y Suramérica para que no se siguieran metiendo en líos, estuvieron a punto de hacer desaparecer la *clica*. Hubo además problemas internos. El Guerrero dice que hay muchos traidores, y que los hay también que andan *rifando* MS-13 "más por la droga que por la Mara".

Los Morritos dejaron incluso de reunirse unos meses, pero la amenaza de otras pandillas que los supieron divividos les hizo reactivarse, por seguridad. Ser de la MS-13 en Cataluña es un dilema: jugar a la ley del más fuerte no es tan interesante como parecía cuando descubres que tú eres el débil.

—Al principio todo era muy leal, muy unido. ¡No podíamos ni hablar con gente de otras bandas! Todo era unión. Pero luego se fue viendo la doble cara de la gente —dice el Guerrero.

—¿A qué te refieres?

—Que tuvimos problemas con los mayores.

—¿Qué problemas?

—Una vez tuvimos problemas con los Blood pequeños, que se llaman Pride Juniors, y les arrinconamos, pero cuando ya los teníamos llegaron los mayores de ellos, y nosotros llamamos a los nuestros y no llegaron.

—Os dejaron valiendo…

—Nos regalaron. Eso nos enfadó y nos dejamos de ajuntar un tiempo, cada uno por su lado.

A la mayoría de aquellos rudos y veteranos pandilleros que le hicieron soñar con replicar en España la grandeza de la MS-13 en Centroamérica no los ha vuelto a ver.

El Guerrero está pensando en colgar las armas. Sabe que ahora que es mayor de edad las condenas que le pueden tocar por un robo o un navajazo son más fuertes. Además, está recibiendo un subsidio que el Estado concede a quienes salen de la cárcel mientras consiguen un trabajo. Alrededor de 400 euros al mes durante un año y medio. En España, alguien pensó que no es fácil que te empleen si dices que acabas de salir de prisión, y que si un delincuente que cumplió su pena no tiene de dónde vivir es probable que vuelva a delinquir. Por eso el Guerrero recibe un pago que es tres veces el salario mínimo en El Salvador, a cambio de asistir a cursos de formación profesional. Está aprendiendo cocina. Todas las mañanas se pone un mandil y empaniza, fríe, sazona, emplata.

—¿Va a ser un problema calmarse? ¿Te dejará hacerlo tu *clica*?

—Yo he dado mucho por la Mara y hay otros que solo esperan que dés por ellos, pero los que llevan más tiempo saben cómo era yo antes y que después de mucho tiempo encerrado uno tiene otra mente. Ya hablé con ellos —parece que el cansancio se le carga al

Guerrero hasta en la forma de hablar y me insinúa que quiere terminar la conversación cuanto antes.

—¿Y qué vas a hacer?

—Voy a estar calmado, a lo mío. No puedo andar con otras bandas, pero sí puedo estar yo solo, con mi novia, a mis cosas.

De la Mara Salvatrucha en Barcelona se puede salir. Los mareros que se asustan, los que se emparejan y consiguen trabajo, los que se cansan de correr, lo dejan y ya. Se avisa al grupo, no se le da la espalda, pero nadie te cobra esa carísima membresía que en Los Ángeles o El Salvador la mayoría de *homeboys* paga durante la vida entera o con su equivalente, la muerte.

No todas las pandillas en España tienen una puerta de salida tan ancha. Ha habido casos de pandilleros muertos por querer alejarse de los Black Panthers, y de palizas a presuntos traidores, pero normalmente están vinculadas a cambios de grupo, a flirteos con el enemigo. En noviembre de 2012 Los Trinitarios marcaron a cuchillo una enorme equis en la espalda a un antiguo miembro suyo. En los pasillos carcelarios de Cataluña se dice que fue porque se había brincado a la Mara Salvatrucha.

Las pandillas, las bandas, los grupos criminales, coinciden en una lógica invariable: levantan más complejos códigos de lealtad, ejercen más violencia hacia sus filas y más control de salida, en la medida en que tienen más y más oscuros secretos que guardar. En las paredes del Raval, de Pubilla Cases, de Can Vidalet, de Vilapiscinas y de otros barrios en los que tiene presencia, la Mara Salvatrucha no ha grafiteado todavía la ley del ver, oír y callar. La Mara, en Barcelona, no guarda secretos lo suficientemente oscuros.

***

La incesante musiquita de la máquina tragamonedas hace que este bar de Hospitalet parezca más alegre de lo que es. Control, el hermano del Guerrero, ha pedido un jugo de naranja y me mira desconfiado, altivo, como si fuera el cancerbero de una puerta que lleva al mundo secreto de la pandilla. Su hermano no quería que entrara a la Mara, pero en los últimos tres años no ha estado ahí para impedirlo y ahora Control tiene todas las ganas que a él le faltan de crecer en el grupo.

Vive con su padre, que es, dice, *paleta* —albañil—. A él le pide, cuando no ha podido hacer algún pequeño hurto, los dos euros semanales que todo miembro de la *clica* debe aportar para un fondo común. Dice que con eso compran drogas y armas, aunque no es probable que 40 euros semanales les alcancen para demasiado. Decido provocarle:

—Otros grupos dicen que la Mara no tiene la calle, que sois pequeños.

—Ya... —es evidente que se ha incomodado. El gesto se le ha arrugado—. A nosotros nos vale verga. Ellos no saben nada de nosotros y nosotros no queremos saber nada de ellos, ni lo que opinan ni nada... Ellos no saben lo que vamos a hacer.

—¿Y cuál es vuestro objetivo como pandilla?

—Ser una sola banda en Barcelona, que quedemos solo nosotros. Aunque haya otros hijos de puta por ahí sueltos, como pandilla que estemos solos.

—Eso parece imposible.

—La gente solita está *dando piso*, y se exponen a que les demos verga. Les vamos a dar duro siempre. Que corra sangre...

—¿Qué significa que corra sangre?

—Que los partamos. En una *misión*, por ejemplo.

—¿Ya has pensado alguna vez en en matar a alguien?

—Sí... pero a mí me gusta hacer las cosas cuando estoy jalado, fumado.

Control se siente rudo. Es evidente que tiene cierta escuela centroamericana: llama "chavalas" a sus enemigos, cualquiera que sea su pandilla, y "diecihoyo" a la dieciocho, como hacen muchos mareros en El Salvador o Guatemala. Tiene un tatuaje grande en el brazo izquierdo. Un enorme dibujo de un animal que camufla un 1 y un 3 que se hizo hace un par de años. También tiene tatuados los tres puntos que simbolizan, explica, la vida loca. Control se siente fuerte. Asegura que si el Crazy estuviera en la calle en vez de en la cárcel, él sería ahora su mano derecha.

Es tarde. Le espera su padre en casa para cenar. Después de despedirse, sonríe y me hace un último comentario con el tono de quien regala una primicia: "Mañana hemos quedado para ajustar cuentas a un *chavala*".

Cuando se ha marchado, el educador del centro de menores que me lo ha presentado, que ha permanecido en silencio durante la charla, me dice: "Conmigo no se hace tanto el duro". En realidad, pienso, Control no ha logrado representar del todo el papel de maldito, de pandillero dispuesto a todo. Hace unos minutos, después de hablar del futuro de la Mara Salvatrucha, le pregunté cuál es su objetivo en la vida, cómo se imagina a sí mismo dentro cinco años

—Seguiré con la Mara.

—Pero ¿qué quieres haber logrado en cinco años?

Y aquí el pandillero que acababa de hablar de sus planes para asesinar y aniquilar a sus enemigos pensó unos segundos y lanzó un deseo:

—Traerme a mi abuela. Está en Guayaquil, en Ecuador.

La rebelión por la que sangra Zacatecoluca

Carlos Martínez
Noviembre 2014

A inicios de 2014 el ala Revolucionaria del Barrio 18 decidió matar a uno de los suyos. El sentenciado, al saberlo, lejos de huir declaró la guerra a su propia pandilla. Desde entonces, en Zacatecoluca y en las laderas del volcán Chichontepec todo el mundo duerme con un ojo abierto y con la mano en el gatillo: pandilleros, agentes del CAM, policías, ganaderos… En una zona dada a las batallas y en la que cada uno ha decidido imponer a tiros su ley, los vecinos solo se preguntan qué pasará cuando ya todo haya prendido fuego.

A un lado de la carretera antigua que va de Zacatecoluca a Olocuilta, un hombre ensangrentado intenta ponerse de pie. Viste jeans azules y una camisa de botones blanca, empapada y rota. Gatea malamente sobre la hierba que crece al lado del asfalto.

Un kilómetro atrás acabamos de parar el carro, sorprendidos por la gran cantidad de zopilotes sobre un árbol que acechaban el manjar de algún animal atropellado. Fred, el fotoperiodista, creyó que aquello podía servir como foto curiosa para llenar algún espacio del periódico y saltó del vehículo con su cámara para ver qué cazaba. Pero lo hizo tan rápido que cuando estuvo cerca ya no quedaba ningún pajarote en las ramas y volvió repitiendo "la cagué, ¿veá?", mientras revisaba las fotos desenfocadas de los bichos volando.

De eso estamos hablando todavía, de los zopilotes en el árbol, cuando vemos a este hombre al lado de la calle, intentando moverse, dejando la vida sobre la hierba.

Freno y retrocedo. Tiene la cabeza viscosa, llena de la sangre espesa y negra que le brota del cráneo. Se sostiene en sus rodillas y en sus palmas hasta que se derrumba de costado. Se aprieta el vientre con una mano y alcanza a decirnos que lleva balas dentro.

Pasa un pick-up y saltamos para que se detenga. El hombre que lo conduce disminuye un poco y al ver la escena acelera. Se larga. "No aguanto", susurra, y la sangre le baña la mano, se cuela por los dedos. Pasa otro pick-up que hace lo mismo que el primero. "Subime al carro, no aguanto." Me doy cuenta de que no quiero tocarlo porque no quiero llenarme de su sangre.

Voy por el carro, pero él no puede ponerse de pie y lo tenemos que cargar hasta el asiento trasero. Grita cuando lo alzamos del piso y sus rodillas no tienen fuerza para sostenerlo. Dentro del vehículo se desploma sobre el asiento y gime mientras se sostiene la panza. Sobre la camisa blanca se va expandiendo la mancha oscura.

***

Zacatecoluca no es hermosa y el título de ciudad le cuelga pretencioso desde 1844. Entre sus honores figura haber sido parte del Distrito Federal de Centro América, que le duró solo dos años, entre 1836 y 1838; es la cabecera departamental del departamento de La Paz, sede de la única cárcel de máxima seguridad de El Salvador, conocida como Zacatraz, y poco más. Hace calor día y noche, más de día, pero hace mucho calor por el día y por la noche. Probablemente sus personajes más insignes sean el prócer de la independencia José Simeón Cañas, cuyo rostro aparecía en los ya extintos billetes de un colón y un indio que aunque no es oriundo del lugar fue mandado decapitar por una corte local a mediados del siglo XIX, aunque tampoco se le cortó la cabeza aquí. Se llamaba Anastasio Mártir Aquino, y para siempre se le dibujará ceñudo, cargando algo que parece un arcabuz y un machete.

El 17 de julio de 2013 representantes de la Mara Salvatrucha-13 y de la facción Revolucionarios del Barrio 18 se subieron al quiosco del parque Nicolás Peña, en el centro de la ciudad, y anunciaron que Zacatecoluca se convertiría en el undécimo Municipio Libre de Violencia, en el marco de la tregua entre pandillas que inició el 8 de marzo de 2012 y que tiene fecha de fallecimiento incierta.

Los voceros de las pandillas pronunciarion discursos en los que empeñaban palabra por la recuperación de la "paz total" y en apoyo del "pacto social". Los Revolucionarios del Barrio 18 aprovecharon la ocasión para desmentir al ministro de Seguridad Púbica, Ricardo Perdomo, que los acusaba de ser los responsables del incremento de homicidios que en aquel momento, después de un año de caída, comenzaba ya a adivinarse sutil pero con paso firme.

***

Acorralar a una fiera —me explicó alguien que no quiere ser mencionado en este artículo— es una temeridad que normalmente se paga caro. Por eso siempre hay que dejar al menos una vía de escape —siguió explicándome—, aunque sea para dejar la ilusión de que hay salida, de que se puede vivir. Luego ya se verá si se la mata cuando esté usando esa vía de escape. Pero acorralar a una fiera, a un hombre, por ejemplo, dejarlo sin salidas, sin opciones, suele terminar mal. Y eso fue lo que pasó en Zacatecoluca.

Hasta el 22 de octubre de 2013 en Zacatecoluca habían ocurrido 26 asesinatos y a la misma fecha de 2014 había ya 81. Más del triple. Para la mitad de este año ya había casi tantos muertos como el año más violento de todo el quinquenio presidencial anterior. En todo 2010 se asesinaron a 58 personas. Hasta junio de este año iban 52 asesinatos.

El Barrio 18 solía ser en El Salvador una sola pandilla, como lo es en Los Ángeles desde mitad del siglo pasado, como lo es en Guatemala y en Honduras. Pero en El Salvador se partió en dos pedazos en 2005; y los pedazos quedaron enemistados a muerte. Las razones son profundas e intrincadas, pero si toca hacer un resumen aparecerán las dos razones previsibles: poder y negocios, si es que ambas no son, en realidad, una sola.

Zacatecoluca y sus cantones más céntricos tenían la fortuna de estar gobernados por uno solo de esos pedazos: la facción Revolucionarios del Barrio 18. Los territorios claros tienen varias ventajas:

hay menos balaceras por el control de lugares, todo el mundo sabe quién manda, se paga una sola extorsión a un solo extorsionista y, sobre todo, los ciudadanos no se ven obligados a saberse al dedillo la compleja geografía pandilleril, que impide —so pena de muerte— transitar de una colonia o un pasaje a otro que esté controlado por la pandilla rival, aun si el transeunte no es parte de esa guerra.

Así estaban los viroleños, con las cosas claras, hasta que en febrero de este año la pandilla se volvió a partir, por las mismas dos razones previsibles. Es decir, que en Zacatecoluca al pedazo de la 18 que se hace llamar Revolucionarios se le partió también un pedazo, y aquí es donde cobra sentido la analogía de la fiera encerrada. La fiera, en este caso, se llama Óscar Oliva, aunque todos lo conocen como Chipilín.

Chipilín salió del penal de Izalco luego de cumplir una pena de 16 años, con la encomienda de pilotear la tribu de Zacatecoluca, de gobernar, pues, a los dieciocheros Revolucionarios del lugar. Pero desde luego, él —de 38 años y originario del municipio— no era absoluto, no era el fin de la cadena de mando. Ni siquiera de la cadena de mando local.

Tres pandilleros convertidos en colaboradores de las autoridades describen la cadena de mando así: en la calle la voz más fuerte era la de Chipilín, pero él tenía que reportarse con tres personas en el penal de Izalco: Chucho Ronco, Perro Bravo y el Paradise; que a su vez le rinden cuentas a los máximos líderes de la pandilla, que según los informantes son el Cawina, el Niño Cracy y el Muerto, a quien también apodan el Cementerio.

A Chipilín le pareció que el porcentaje que demandaban esos líderes en la prisión era una tajada excesiva del botín que con tanto esfuerzo y riesgos recolectaban sus *homeboys*, extorsionando, amedrentando y educando en esa lógica a los viroleños. Un pandillero que fue subordinado de Chipilín asegura también que a su exjefe le molestaba, como una telaraña en la cara, la gran cantidad de normas nuevas que supuso la tregua y que obligaban a caminar de puntillas, como evitando líneas de tiza en el piso. "Por cualquier acción te daban verga o te querían matar", dice, como haciendo un puchero de niño. Chipilín también fue exitoso en convencer a varios de sus subordinados de que en su rebeldía había algo del espíritu de Robin Hood: "Otra onda que no le llegaba a él es que hasta a la señora de los aguacates le quitaran renta", nos cuenta el muchacho. Posiblemente existió, en los laberintos cotidianos de la pandilla, una pobre señora con aguacates que sufría extorsión, porque pudiendo citar cualquier otro ejemplo —la señora de las pupusas, la de las tortillas...— todos los que se refieren al caso, curas, policías, pandilleros, periodistas..., citan ese mismo ejemplo. O eso, o en Zacatecoluca vender aguacates es sinónimo de mucha pobreza.

Pero la pandilla no es una asamblea de gustos y las habladurías de Chipilín llegaron rápido a los oídos de sus jefes, quienes decidieron, en algún día de principios de 2014, cortar por lo sano: o sea, matarlo.

Hasta aquí esta historia es el cuento conocido: la pandilla hablaría a tiros, probablemente uno de los amigos de Chipilín le volaría la cabeza entre cerveza y cerveza o un *homeboy* de otra *cancha* se movería en el anonimato para asesinarlo. Pero pasó lo que se supone que en estos casos no debe ocurrir: que el sentenciado se enteró de la sentencia, que supo que *cargaba encendida la luz*, que su propia pandilla le respiraba en la nuca. Y se convirtió en fiera.

Y en lugar de huir en desbandada, Chipilín decidió plantar bandera y devolver el gesto arisco, declararse república independiente, y los Revolucionarios tuvieron que decidir entre su líder y la pandilla. En cuestión de días el escenario había cambiado y la insurrección de Chipilín fue exitosa: para finales de febrero los cantones y caseríos El Espino Arriba y El Espino Abajo, Buena Vista Arriba y Buena Vista Abajo, El Copinol, El Jobo, Pineda, La Española y 10 de Mayo eran territorio del insurrecto. Nada mal para un independiente que a simple vista parecía reclutar adeptos ofreciendo colisionar una carreta contra un tren.

Para marzo la guerra entre los que siguieron a Chipilín y quienes se mantuvieron leales a los Revolucionarios era ya sensible en los indicadores de homicidios de Zacatecoluca: de cuatro asesinatos en febrero se pasó a 12 en marzo y a 20 en abril. En mayo, los insurrectos atacaron un autobús de la ruta 302 en la carretera a Comalapa y masacraron a seis personas, con el propósito de disputarles a los Revolucionarios la extorsión que pagan los transportistas... Zacatecoluca era territorio en guerra entre los cantones rurales en rebeldía y el casco urbano.

El personaje cuyo nombre no puedo escribir en esta historia conoce bien las interioridades de la guerra viroleña y me explica más cosas: la malcriadeza de Chipilín hubiera podido ser aplastada relativamente rápido de no ser porque ocurrieron dos cosas: aunque lo niega, el otro pedazo del Barrio 18, los Sureños, vieron con simpatía la gesta del caudillo y lo respaldaron, en secreto, con armas y refugio para el líder, lo que les dio fuelle a los rebeldes para resistir la embestida de los Revolucionarios. Actualmente los policías locales dan por hecho que la guerra que inició Chipilín es entre Revolucionarios y Sureños.

El otro hecho fue el paso en falso de un pandillero Revolucionario, que tuvo la mala idea de asesinar a una mujer mayor, que resultó ser la mamá de un subinspector de la Policía.

***

La sangre es viscosa y se seca rápido. Se me pegan las manos en el timón del carro en el que zumbamos hacia el hospital de Zacatecoluca. Nunca una calle me pareció tan desierta, tan limpia de vehículos, de gente, de policías y tampoco nunca había visto cómo unos pocos kilómetros son capaces de estirarse tanto. Atrás Fred lucha para mantener sentado al tipo en el asiento y lo abofetea para que no se duerma. Los dos están cubiertos de sangre.

—¡¿Cómo te llamás?!

—Felipe.

—¿Qué te pasó?

—Me fueron a tirar.

—¿Quiénes?

—...

—¿Quiénes?

Y se derrumba de lado, como lo hizo en la calle. Parece que se ha desmayado. Fred lo toma por la camisa y lo despierta a fuerza de gritos y meneos, porque nuestro conocimiento de estas situaciones —básicamente adquirido de series policiales en la televi-sión—, nos dice que si el tipo se duerme se nos muere en el asiento de atrás del carro.

—¡Felipe! ¡Puta, Felipe! ¿Cuántos años tenés? —grita Fred.

—Treinta y cuatro —susurra una voz dolorosa.

—¿Tenés hijos?

—Sí. Cuatro —y nos recita los nombres de sus hijos.

El hombre se acomoda en el asiento y grita como un animal. Grita de dolor mientras se aprieta el vientre con toda la vida que le queda. Por el retrovisor alcanzo a ver que su cara ha perdido color y que apenas puede mantener abiertos los ojos. Para mis adentros me digo que si un hombre puede gritar así, seguramente es capaz de aguantar 30 kilómetros más hasta el hospital. Voy todo lo rápido que puedo y cuando se enciende el indicador de gasolina lo tapo con una estampita de monseñor Romero que llevo siempre en el tablero para emergencias como esta. La calle serpentea por colinas infinitas y atrás Fred intenta mantener a Felipe consciente.

—¿A qué te dedicás, Felipe?

—Chef.

—¿Y qué es lo que mejor te sale?

—La lasaña.

—Eeeh…. ¿Lasaña de qué?

—De todo.

—¡Nos vas a cocinar lasaña, cabrón!

—Sí.

Nos damos cuenta de que podemos invertir los momentos de lucidez de Felipe en algo menos trivial y conseguimos que nos dic-te un número de teléfono. Fred llama y contesta una niña que dice ser su hermana. No cree una palabra de lo que se le cuenta y cuelga el teléfono como si le hubiera llamado un vendedor de seguros. Felipe vuelve a desmayarse.

—¡Felipe, puta, puta! ¡Felipe! —bofetadas y sacudidas—. ¡Ne-cesito que estés despierto, cabrón, ayudanos! ¿Querés ver a tus hijos?

—Sí.

—¡Entonces mantené las pepas abiertas! ¿Querés ver a tu ma-dre de nuevo?

—No.

En este momento no lo sabemos, pero la madre de Felipe murió de un ataque fulminante mientras visitaba a un primo en el penal de Tonacatepeque cuando Felipe tenía ocho años.

***

Como suele pasar en estos casos, la pandilla asegura, a través de sus voceros, que el asesinato de la madre del oficial de la Policía fue una cagada que se mandó uno que ni siquiera era parte de la pandilla, sino un simpatizante que actuó a título propio, incluso contra la voluntad del barrio. Pero parece que esta versión no convenció a nadie: según los mismos representantes de los Revolucionarios, luego de aquel hecho, ocurrido en una fecha incierta de enero, la Policía entró al juego de morir o matar, como un jugador más del que había que cuidarse. De manera que cuando estalló la insurrección de Chipilín el odio de los policías se le pegó al pedazo de la pandilla que conservó la marca.

El 11 de enero tres pandilleros fueron asesinados en un caserío, y tres días después otros cuatro fueron asesinados en distintos caseríos adyacentes a Zacatecoluca. En abril ya sumaban ocho emboscadas de la pandilla contra la Policía en la zona; el 21 de ese mes pandilleros rociaron de balas con una mini Uzi a un pick-up de la Policía en el cantón Penitente Abajo y dos días después se liaron a tiros con unos policías que detectaron un plan para asesinar a uno de los lugartenientes de Chipilín, cuando este salía de un juzgado. El 30 de abril la Policía mató a cinco pandilleros dentro de una casa de bloques sin pintar en la Hacienda Escuintla. La pandilla dice que se trató de ejecuciones sumarias; la Policía asegura que solo se defendió, respondiendo el fuego de los pandilleros. Las primeras fotografías de ese hecho, tomadas por la Policía, muestran los cadáveres de los cinco jóvenes dentro de la casa: cuatro sobre el piso y el quinto sobre una hamaca. Todos los pandilleros asesinados eran Revolucionarios.

Los pandilleros afirman que dentro de la Policía se han creado grupos de exterminio particularmente voraces contra los Revolucionarios. Los oficiales policiales, desde sus oficinas, niegan con aplomo que esto sea así. Los agentes de rangos inferiores, desde la calle, no niegan nada.

Un policía que era investigador de homicidios a inicios de este año lo explica sin muchas ceremonias: "En Zacatecoluca los compañeros vieron en el asesinato de esa madre una oportunidad para hacer algo". A ese algo él no le llama asesinatos sumarios. Prefiere el institucional "ajusticiamientos".

***

La verdad es una cosa escurridiza. A veces la verdad es la verdad, a secas, como que dos y dos son cuatro, por citar una verdad famosa. Con esas verdades no hay problema. Otras verdades, más intrincadas, como si la pandilla ordenó o no un "toque de queda" en marzo en Zacatecoluca, dan más guerra y pasado un tiempo se convierten en varias verdades.

Según la edición del 13 de marzo de *El Diario de Hoy*, desconocidos hicieron circular un manuscrito en el centro del municipio, en el que se amenazaba a todo el que circulara después de las seis de la tarde. El manuscrito estaba firmado "mara 18". El papelillo tiene algunos problemas de credibilidad, como el hecho de que ningún miembro de la pandilla Barrio 18 que no desee ser vapuleado o asesinado asociaría la palabra "mara" a su organización, así como un ferviente musulmán no andaría por la vida vendiendo caricaturas del profeta Mahoma.

Pero ¿qué es la verdad? Una cosa es si ese papel lo escribió la pandilla o es apócrifo, otra cosa es si ese día hubo o no toque de queda.

El padre Celestino Palacios, párroco de la catedral Nuestra Señora de los Pobres, notó aquel día menos almas en las misas vespertinas. Muchas menos. Menos de la mitad de lo usual. Y saliendo del templo, ninguno anduvo con socializaciones, solo se esfumaron. "En el parque no había ni un alma", recuerda. Y al parecer no había ni una: un equipo de canal 12 fue a filmar el atardecer y las primeras horas de la noche en Zacatecoluca y aquello parecía un pueblo fantasma de puertas cerradas. El único que se animó a hablar con los periodistas fue un miembro del Cuerpo de Agentes Metropolitanos, bajo condición de que le filmaran las botas en lugar del rostro: "Pues sí, dicen que al que pase como que le van a dar...". Por si las moscas, el agente no andaba pasando, sino que se parapetaba en la fachada de la alcaldía. Ese mismo día, pobladores del cantón El Copinol —territorio de Chipilín— le contaron al corresponsal de *La Prensa Gráfica* que pandilleros con fusiles tuvieron la amabilidad de visitar casa por casa, advirtiendo a los pobladores de no salir después de las seis. Las rutas 92, 3LP, 4LP, y 5LP, o sea, todas las que entran al centro del municipio, dejaron de circular después de la una de la tarde.

El jefe de la policía de Zacatecoluca, inspector Omar Joachín, declaró un día después al diario *El Mundo* que descartaba un toque de queda y atribuía aquel barullo a un rumor originado en el cantón El Copinol, del que dijo "tiene baja incidencia" de asesinatos. Como prueba, refirió aquel jueves que el último asesinato había sido el martes.

Dos días después el ministro de Justicia y Seguridad, Ricardo Perdomo, dijo a *La Prensa Gráfica* no tener evidencias de un toque de queda y agregó que "no se vale" esparcir rumores. El 26 de abril el mismo ministro dijo a *Diario Co Latino* tener información de una pugna entre Sureños y Revolucionarios del Barrio 18 y aseguró que la Policía tenía el control de la situación. Ese mismo día admitió haber doblado su equipo de seguridad personal.

Abril fue el mes más voraz de este año. Cobró la vida de 20 personas. Aprovechando el impulso inicial, Chipilín y su gente intentaban expulsar a sus excompañeros Revolucionarios del centro urbano, rico en comercios y por lo tanto rico en extorsiones. Los Revolucionarios intentaban barrer a los insurrectos del mapa con un manotazo fugaz. Ninguno consiguió su cometido.

Unos decían que el toque de queda iba a durar solo un día y que ese día era el 13 de abril, otros decían que comenzó el 12 y que iba a durar una semana. El padre Celestino Palacios recuerda otras alarmas en mayo y junio.

Zacatecoluca fue recuperando su vida normal sin que nadie lo decretara. Sus pobladores fueron asomando, por valentía o por hambre, y a estas alturas quién sabe cuál es la verdad de lo sucedido aquellos días.

***

Felipe pierde el conocimiento justo antes de llegar al hospital Santa Teresa, en Zacatecoluca. Ya en la ciudad hemos encontrado a una patrulla policial que nos ha guiado por el laberinto de calles urbanas y escolta nuestra entrada al hospital.

Ayudo a bajarlo y a colocarlo en la camilla, como un harapo, y un enjambre de enfermeras lo arrastra hacia pasillos oscuros. La policía nos interroga; encuentro los dos zapatos deportivos de Felipe en el piso de mi carro; nos lavamos las manos; esperamos…

Lo único que conseguimos saber luego de una hora de espera es que Felipe llevaba tres plomos dentro del abdomen y múltiples golpes en todo el cuerpo. Eso, y que sigue vivo.

***

En la primera foto son tres: el primer tipo lleva uniforme militar completo, con camuflaje verde olivo, y sostiene un M-16 con pose entrenada: con el dedo índice fuera del gatillo, la culata retráctil hacia arriba y el cañón apuntando al piso. El siguiente lleva uniforme policial oscuro, chaleco antibalas y, sobre el chaleco, arneses en los que porta dos cargadores extra para el fusil M-16 que sostiene apuntando hacia el cielo. Sobre su manga derecha luce el emblema de la Policía Nacional Civil. El tercero es el que luce más joven. También lleva uniforme policial oscuro. Con una mano sostiene una carabina de cañón largo y con la otra hace la seña del Barrio 18. Los tres son pandilleros.

En la segunda foto son siete: tres supuestos policías y cuatro presuntos soldados. Salvo uno de ellos, el resto se cubre el rostro con gorros navarone, similares a los usados por las autoridades en los operativos antipandillas. Esta vez posan con cinco M-16, una carabina y lo que parece ser una escopeta. En esta imagen la mayoría de ellos está *tirando* 18 con las manos, gesticulando como pandilleros apoyados en una camioneta negra.

Aunque parecen los retratos de una patrulla conjunta cualquiera, en un vistazo más minucioso es posible identificar algunas fallas en los disfraces: las botas son distintas, algunos llevan tenis, otros llevan enormes hebillas plateadas bajo el cinturón militar y... bueno... casi todos hacen gestos pandilleros, lo que da al traste con la interpretación. Al menos en la foto.

Las imágenes me las muestra un detective policial que asegura que las obtuvo del celular de un pandillero al que él mismo detuvo. Explica que los leales a Chipilín se están entrenando en tácticas de guerra; que en el reparto de territorios se quedaron con la ladera del volcán Chichontepec y que le sacan el jugo montando campos de tiro y de entrenamiento militar. Que ha escuchado incluso que contratan soldados y exguerrilleros para adiestrarlos.

Conversamos en un cantón del departamento de La Paz, al que el detective me ha pedido que lo siga para no ser visto hablando con un periodista. Nos sentamos sobre el suelo de tierra, al lado de una cancha de fútbol. Otros dos policías mantienen un ojo en la conversación y otro en el perímetro, por precaución. Dentro del carro policial hay un muchacho encapuchado y esposado, al que me quieren presentar.

"¿Verdad que están entrenando?", le pregunta al muchacho que lleva con él, un pandillero que se ha convertido en soplón contra su pandilla. "Sí", responde el muchacho. Vuelve el policía: "¿Soldados y guerrilleros los entrenan, verdad?" "No, de guerrilleros no sé yo", dice, deleitándose con un cigarro. "Pero sí sé de soldados." "¿Fuiste a algún entrenamiento vos?", pregunto yo. Se quita el gorro que le cubre el rostro y se lo arremanga en la cabeza. "No, a mí nunca me tocó", dice, y disfruta del aire en el rostro y del sabor del tabaco, mientras presume: "Por lo que yo he hecho, merezco morir tres veces". Rehúye dar más detalles sobre lo que pasa en el cerro, porque no quiere, o porque no tiene nada más que decir.

Según los policías uno de los mayores problemas del lugar es la inmensa disponibilidad de armas, y cuando se trata de buscar responsabilidades señalan al cuartel del municipio: el Destacamento Militar Número 9.

Los investigadores policiales están convencidos de que la gente de Chipilín consiguió infiltrar a varios de sus miembros —10 en concreto— como soldados al cuartel de Zacatecoluca, el DM-9, para que recibieran instrucción militar. Como parte del plan, dicen, los 10 desertaron el 7 de mayo, aprovechando la celebración del Día del Soldado, con sus armas y todos sus pertrechos. Ahí el origen de las armas de guerra y de los uniformes militares.

La idea de la infiltración corrió tanto que en julio el Ministerio de la Defensa publicó un comunicado desmintiendo el rumor. El comunicado asegura que esas versiones son "ataques políticos" contra la institución castrense.

¿Y los uniformes de policías? Esos, dicen, los obtienen los pandilleros cuando asaltan a un agente de civil y le roban la mochila. O cuando asaltan su vivienda y saquean el ropero.

Sentado en su escritorio, el coronel Élmer Martínez, jefe del DM-9, asegura que no figura ninguna deserción en los expedientes del cuartel y que todas sus armas y pertrechos están intactos. "El problema es que no hay limitación para la venta del tipo de tela que usamos para nuestros uniformes", dice, argumentando que los uniformes que usan los pandilleros son piratas. "Y el armamento es antiguo, del que quedó de la guerra, en las fotos se les nota el deterioro."

El único caso que aparece en sus registros es el de un cabo al que la Policía detuvo con un uniforme militar y otro policial en su vehículo y que al ser descubierto se dio a la fuga. Pero ese no desertó, matiza, sino que fue expulsado.

Otro caso es el de un soldado que pidió la baja debido a que los pandilleros de su cantón lo detectaron y amenazaron con matarlo a él y a su familia. El ejército de El Salvador le concedió la baja y le ayudó a sacar las cosas de su casa para que pudiera huir seguro.

***

Chipilín fue arrestado el 21 de julio mientras se conducía en una camioneta negra. No hubo persecuciones policiales espectaculares, ni balaceras: cayó casualmente en San Vicente, en un retén de rutina que no lo esperaba. La Policía se sacó la lotería y lo celebró públicamente anunciando el hecho. Desde entonces está confinado en unas bartolinas policiales. Pero la guerra en Zacatecoluca sigue abierta y los pobladores han tenido que aprender las normas del conflicto para sobrevivir.

Uno de los sacerdotes del municipio nos invita a su pick-up y sube la ladera del Chichontepec por una calle imposible, hasta un terreno en el que la vista se pierde en el verdor del volcán. "Todo eso eran milpas y pipianeras —nos explica—; ahora la gente ya no puede sembrar ahí, y está la tierra de balde", dice, mirando a las tierras de arriba desde el último solar relativamente seguro.

Al romperse la pandilla también se rompió el volcán y los campesinos de un cantón se deben entender ahora en guerra con los pandilleros del otro. La mayor parte de agricultores vive en el centro, dominado por los Revolucionarios, y gran parte de las tierras que alquilaban para sembrar está en el volcán, propiedad de los insurrectos. Donde yo veo una ladera hermosa ellos ven un terreno minado. Y a la tierra le crece un monte salvaje e inútil.

Los campesinos ahora se pelean las tierras de siembra más céntricas, cuyo alquiler ha subido de precio. Viendo aquel desperdicio de volcán, un hombre que solía trabajar esas tierras suspira: "No se le ve arreglo a este volado".

**

Un hombre se atraviesa a mitad del camino y el otro, parado tras una alambrada, desenfunda una pistola. Nos ordenan detenernos y, desde luego, nos detenemos. De todos modos estamos en un angosto camino de tierra por el que no podemos correr.

— ¿A quién buscaban? —pregunta el hombre con toda la amabilidad de la que es capaz el que sabe que no te detuviste por tu voluntad.

—Somos periodistas —contestamos, con tono lo más casual posible.

—¿Tienen identificación? —le entregamos los carnés de prensa y el tipo los revisa con detenimiento. El otro sigue, pistola en mano, de pie junto al cerco y ahora habla por teléfono.

—Vinimos al parqueadero de furgones a ver cómo siguió todo después del problemita que hubo.

—Eso ya pasó, ya no hay nada que hablar. O sea, eso ya se terminó.

Y yo no le creo.

Estamos a la entrada del caserío Río Blanco, uno de los posibles accesos al volcán Chichontepec. Es septiembre e intentamos dar seguimiento a una historia que inició en julio: unos días antes del arresto de Chipilín, miembros de su banda intentaron asaltar un predio que sirve para parquear los furgones que posee una familia local. Pero calcularon mal: iban armados con un fusil M-16, pistolas 9 mm y una subametralladora Uzi y no esperaban resistencia. Error.

Había un solo guardia en el predio, que se dio abasto para repartirles plomo con una escopeta calibre 12 y hacerlos huir en desbandada. Según la Policía, un perdigón pudo haber alcanzado a alguno de los asaltantes, pues encontraron rastros de sangre en el camino. Frustrados, los pandilleros asesinaron a dos primos de 17 y 19 años que trabajaban en una construcción cercana. Los mataron por no haberles advertido. Y desaparecieron en el volcán.

El parqueadero de furgones, y los furgones, son un bien familiar: un patriarca compró el primer cabezal, que conducía él mismo y, con el tiempo, sus hijos. Luego se endeudaron para comprar otro y otro más y luego se endeudaron más para comprar el terreno donde los parquean. Ahora los hijos y los nietos de aquel hombre se encargan del negocio: ellos dan mantenimiento a los cabezales, consiguen contratos de transporte por Centroamérica y se turnan para cuidar el predio.

"Y yo para dónde putas me voy a ir", me decía en julio el jefe de la familia, satisfecho de que la balacera solo le hubiera dejado una llanta desinflada y no un motor roto. "¿Usted cree que el banco me va a perdonar las cuotas? ¿Usted cree que alguien me va a querer comprar ahora el terreno?" No se lo dije, pero en aquel momento creí que su problema no tenía solución, que le acechaba una sentencia de muerte.

Volvimos un mes después, en agosto, y en esa ocasión nos recibió uno de los sobrinos de aquel hombre: era una versión viroleña de Rambo, que en lugar de abdominales tenía el vientre de un gorila macho y que, al vernos aparecer, se parapetó en una caseta, se terció una canana llena de cartuchos de escopeta en el pecho y chasqueó el arma.

Cuando conseguimos convencerlo de que éramos inofensivos nos explicó la decisión que habían tomado:

—Mire, esto nos ha costado. Nosotros no tenemos problemas con ellos, pero si vienen lo único que se van a llevar es esto —y se tocaba los cartuchos—. Dicen que la otra vez uno llevaba un perdigón atravesado en la panza. Bueno, si quieren el resto, aquí se los tengo.

—¿Y la Policía?

—Ay Dios... les tienen miedo.

—¿Y si la Policía les pide las armas a ustedes?

—¡No! Mire, nosotros tampoco tenemos problema con ellos, pero las armas no las vamos a dar.

—¿Y no le da miedo estar solo?

—¿Y quién es el que nació para no morir? Además, no estoy solo. Parece que estoy solo, pero todas esas casas que ve ahí —me señaló todas las casas del caserío— somos familia. Aquí desde que usted entra lo están viendo y toda esa gente está llena de armas. Así que aquí ya tomamos la decisión: si no se meten con nosotros no pasa nada, pero si se meten, no nos vamos a dejar.

Esta vez hemos venido a buscar a la gente del parqueadero de furgones para que alguien de la familia nos aclarara si la decisión de crear una especie de autodefensas era un exabrupto momentáneo o el inicio de una organización vecinal más permanente. Al no encontrar a nadie en el terreno nos decidíamos a salir del caserío para volver otro día. Sin embargo, creo que este señor que nos ha dado el alto y que revisa nuestros documentos, y su amigo el de la pistola, nos acaban de resolver la duda.

***

Nos dicen que Felipe murió, que en Zacatecoluca no le supieron sacar tanta bala y que murió cuando una ambulancia lo trasladaba al Hospital Rosales, en San Salvador. Sabemos que tenía un historial de varias páginas en la Policía y varias detenciones por agrupaciones ilícitas. Que tenía cuatro hijos, que le quedaban bien las lasañas de casi todo, que no se quería morir y que el último día de su vida llevaba jeans azules y una camisa blanca rota cuando unos extraños lo encontraron gateando, muerto en vida, a la orilla de una calle.

***

Eran dos famosos maestros del corvo, o dicho de otro modo: eran dos temidos matones con machete. Se habían mandado a hacer machetes a la medida: con barras protectoras de puño, como espadas —lo que aclara que ninguno andaba con aquel fierro como herramienta agrícola—. Eran enemigos entre sí y habían jurado matarse.

Un día se encontraron en una calle de polvo y todo mundo se apartó con respeto, pero también todo mundo se quedó a ver el desenlace de aquel juramento mortal. Eran las 9:30 de la mañana cuando les sacaron chispas a los corvos por primera vez y siguieron blandiendo filos bajo el sol hasta el mediodía, cuando ninguno podía ya levantar el brazo para tirar un zarpazo más. Tan fiera había sido la pelea que las barras protectoras de ambos se les habían cerrado alrededor de los puños y ninguno pudo soltar su machete. Más cansados que heridos se retiraron para reponerse hasta el próximo encuentro.

Tomás me ha contado este cuento para explicarme cómo es la gente aquí y cómo ha sido la gente aquí desde siempre.

Tomás, que como todos los protagonistas de esta historia nos pide no usar su nombre real, me jura que aquel duelo ocurrió en los tiempos de antaño, en tiempos de su padre, y que de todas formas, aunque no hubiera pasado, aquí todo mundo cuenta esa anécdota a los hijos como si ellos mismos la hubieran visto.

He venido hasta él porque el sacerdote de una parroquia de Zacatecoluca me recomendó, si quería averiguar más cosas sobre movimientos de autodefensa, buscar a los ganaderos del cantón San Francisco de los Reyes.

La familia de Tomás posee más de 200 manzanas de tierra y muchas cabezas de ganado. Sus 10 hermanos son buenos jinetes y es más fácil, dice él, que salgan a la calle sin sus zapatos que sin su pistola, un hábito que aprendieron de su padre y de sus tíos.

Él sabe llamar a cada vaca por su nombre: la carebuey, la maraca, la gringa, la catrina… y cuando él llama, la vaca nombrada, solo esa, deja de comer y lo mira a los ojos.

Su padre fue jornalero en finca ajena y un día su madre vendió una marrana para comprar una ternera peluda que no prometía gran cosa. Esa ternera es la matriarca del imperio ganadero de la familia de Tomás en San Francisco de los Reyes.

Mientras caminamos por las tierras de su familia, de una belleza rabiosa y salvaje, nos cuenta lo duro que han trabajado los suyos para "ser alguien" y lo poco dispuestos que están a perder eso. Por el camino nos encontramos a su hermano, que nos posa gustoso con su revólver.

En San Francisco de los Reyes la pandilla no ha conseguido echar raíces, pero todos los cantones aledaños viven bajo el puño de los Revolucionarios del Barrio 18. Están rodeados y Tomás sabe que es cuestión de tiempo que les alcance la guerra.

"La Policía nos vino a dar un consejo: si alguien entra en su propiedad, mátelo y vaya a botarlo, pero mátelo con un arma sin registro. Hemos llegado al tiempo antiguo donde cada quien defendía a su pueblo", sentencia, con el rostro endurecido.

Él cree que no hay más alternativa que organizarse para "hacer lo que haya que hacer" y está dispuesto a liderar el movimiento. No le preocupa tener que matar. Solo le preocupa una cosa: "¿Qué vamos a hacer después, cuando ya esté prendido el fuego?"

***

Al policía José Alfaro lo mataron en su casa el 4 de octubre. Pandilleros con disfraces de policías y de fiscales entraron a su vivienda y lo ejecutaron frente a su esposa y sus hijos. Ahora está dentro de un ataúd cubierto con la bandera de El Salvador y dos mujeres policías montan la guardia de honor.

El policía que coordina la seguridad en la funeraria me explica el sentimiento que le invade al ver a su amigo muerto: mucho miedo. "Yo les digo a los jefes que me trasladen a mi cantón y me dicen que no, porque ahí los pandilleros ya me conocen y me van a matar. Pero yo todos los días tomo el bus para venir a Zacatecoluca. Yo prefiero que me maten en mi casa y no en un bus", me explica, como si no hubiera remedio.

Cuando Fred, el fotoperiodista, apunta su cámara para retratar el féretro, la guardia de honor huye. Por miedo, las agentes que rinden honores a su colega se apartan y, solo, en medio de una funeraria semivacía, queda un ataúd cubierto con la bandera de El Salvador.

***

En una cafetería de San Salvador nos tomamos un café con el padre de Felipe. Su hija menor le contó que un hombre enloquecido había llamado para decir que Felipe estaba malherido en Zacatecoluca. Cuando se enteró de que su hijo había muerto, quiso saber quiénes eran esos que habían escuchado a su hijo mayor por última vez. El señor se llama Dolores.

Dolores no conoce el prontuario de su hijo, y hasta este momento pensaba que solo era abuelo de un nieto. Felipe, dice, se llevaba bien con los "muchachos", pero cree que no era pandillero. Crio a su hijo en Apopa, en una colonia controlada por los Revolucionarios del Barrio 18. No tiene idea de por qué Felipe apareció baleado en Zacatecoluca y así piensa quedarse. Nos asegura que esta es la última vez que hablará del tema y que jamás lo hará frente a un policía o un fiscal.

Nosotros buscábamos rearmar el rompecabezas de la violencia en un municipio en el que demasiados toros han entrado al ruedo y Zacatecoluca no se guarda nada: enseguida aparecieron pandilleros, policías, militares y rancheros furibundos. Mientras escribo esta historia la Policía acusa a los agentes metropolitanos de luchar codo a codo con los Revolucionarios en contra de lo que queda de la banda de Chipilín, que se rehúsa a morir, y en la casa de uno de ellos encontraron más fusiles M-16, más pistolas, más balas… Zacatecoluca no se guarda nada: mientras hablábamos de zopilotes, nos mostró cómo se muere un hombre y luego cómo su muerte es un callejón sin salida más.

—Mire, ¿y Felipe le dijo algo de mí? ¿No le dijo unas palabras para mí? —pregunta Dolores.

—No —le contesto, y aún estoy arrepentido por no haber sabido mentirle.

Los bichos gobiernan el Centro

Óscar Martínez
Mayo 2015

En esas 250 cuadras a las que llamamos Centro de San Salvador, quienes deciden dónde venderá un vendedor, cuánto pagará y cuándo deberá irse, son las pandillas. Cinco clicas de la Mara Salvatrucha y una tribu del ala Revolucionaria del Barrio 18 son el gobierno del centro. Incluso el exalcalde Norman Quijano acepta que para entrar a ciertas zonas tenía que pedir permiso a los pandilleros dueños del lugar. Se disputan cuadra por cuadra y, con diferentes modalidades, cobran a los más de 40 000 vendedores que cada día se mueven en el corazón de la capital.

La primera persona a la que busqué para esta investigación llegó engañada al lugar de la reunión.

De no haber sido por el engaño, no habría llegado. La breve reunión en un restaurante de comida rápida del centro de San Salvador terminó con su frase: "No tuvimos que habernos reunido. Mucho menos aquí. De haber sabido, no habría venido. Solo estar aquí puede ser un problema con los bichos".

Nos conocemos desde hace más de 10 años. Es un líder de vendedores informales del centro. Él y otros como él forman la directiva de su asociación. Son líderes que le dicen qué hacer a cientos de esos hombres y mujeres que saturan estas 250 cuadras a las que consideramos el centro de la ciudad. Esos líderes le dicen a esa gente dónde venderán y cuánto pagarán por tener ese lugar para vender. Le dicen a esa gente cuándo reunirse. A veces incluso le dicen por quién votar. En muchos casos le dicen las urnas de qué partido político cuidarán. Y esos líderes también protegen a esa gente. La protegen de que los vendedores de otros líderes no le quiten su pedazo de acera. La protegen, sobre todo, de que la alcaldía o el gobierno no hagan cumplir las leyes y los saquen de su pedazo de acera. Durante años, más de 15 años, esas asociaciones y esos líderes han dicho quién vende dónde en el centro. Y han cobrado por decir eso.

La reunión no la pacté yo. Le pedí a otro líder de esa misma asociación que llamara al líder con el que yo quería hablar. El líder al que yo le pedí el favor le mintió al otro líder. Le dijo que yo quería hablar de cosas generales de los vendedores. Yo supe eso minutos antes de que entrara el líder engañado, cuando el líder que mintió me dijo por teléfono: "Soltásela al suave, que no sabe de lo que querés hablar. Si le contaba, no llegaba".

Yo, sentado a una mesa de restaurante en medio del centro, cuando no entendía nada del eficaz control de los bichos, guardé mi libreta, guardé mi lapicero. Supe que no sería una de esas citas donde uno anota en el momento. Afuera, el mediodía. Afuera, los carretones bloqueando los carros parqueados al lado del restaurante. Afuera, el engaño: la ilusión de que ese montón de mujeres con delantal y ese montón de hombres sudados y niños y niñas y canastos y dulces y basura y olores y gritos y carros y pitos es un caos. El centro no es un caos. Lo parece nada más.

Hablamos un poco de otras cosas y luego al punto. La conversación que yo buscaba no fue una conversación. Yo dije cosas. El líder de vendedores me miró y miró hacia atrás. Miró a la gente que entraba. Serio. Y ya no dijo nada sino hasta casi el final. Le pedí que me ayudara a hablar con vendedores de su asociación que vivieran bajo el yugo de las pandillas y que pagaran extorsión. Le pedí que me ayudara a entender cuánto se pagaba y cada cuánto se pagaba.

El líder respondió. "Nadie te va a hablar."

Seguí hablando. Dije que cuando entre 2003 y 2006 cubrí como reportero de otro periódico el centro, las pandillas no eran poderosas por acá. Le recordé que ellos, los líderes, mandaban. Le recordé una frase de uno de los líderes que publiqué como titular de una entrevista. "Si entra un pandillero al centro, no sale." Le pregunté si las cosas seguían así.

Me miró. Me dijo que no fuera tonto, que no me metiera en eso. Y luego dijo aquello de que de haber sabido no habría venido. En el centro todo está medido. Las palabras también.

***

Tres líderes de vendedores —todos extorsionados—. Siete vendedores informales —todos extorsionados—. Cuatro vendedores formales —todos extorsionados—. Un miembro de la pandilla Barrio 18, de su tribu Raza Parque Libertad —que extorsiona en el centro—. Un miembro de la Mara Salvatrucha, de una *clica* que acordé no mencionar —que sabe cómo se extorsiona en el centro—. Norman Quijano, ahora exalcalde de San Salvador —alcalde cuando lo entrevisté—, que reconoce haber cancelado proyectos, haber cancelado visitas cuando los pandilleros han querido. El jefe del Distrito Uno, Mario Serrato. Tres mandos militares que dirigen las operaciones en el centro. Un policía en una escena de homicidio en el centro. Un jefe policial encargado del centro. Después de hablar con todos ellos entiendo que el centro no es un caos. Su orden es estricto.

A veces nos da por llamar caos a aquello que no es administrado por las reglas de lo que "debería ser". Se supone que un gobierno y una alcaldía cobran sus tasas municipales y sus impuestos. Se supone que a cambio mantienen las aceras libres y el tráfico ordenado. Se supone que si alguien, por ejemplo, asesina a otro, un policía asiste formal, sin miedo, a cumplir su deber de custodiar el cadáver y averiguar qué pasó. Se supone que si esas cosas no pasan, lo que ocurre es un caos.

Se supone que esta marejada de gente que grita de cinco a siete es un caos.

Pero el caos es confusión, desorden, comportamiento errático e impredecible. Entonces, el centro no es un caos.

Esto es un orden.

Esto es un orden criminal. Un orden que cambia dependiendo de la zona y su administrador. Y aquí, los que administran ese orden solo son dos: el Barrio 18 y la Mara Salvatrucha 13. Las reglas no están escritas en ningún papel, pero son asumidas como si estuvieran talladas en piedra.

Regla número uno: ver, oír, callar.

Los vendedores que han aceptado hablar para esta crónica son violadores de la regla. Infractores del orden. A cambio, piden algo: anonimato.

Conozco muchas calles, muchos lugares precisos, muchas fechas, muchos apodos y nombres y delitos que no podré revelar con precisión, porque haría muy fácil la tarea de identificar a los vendedores anónimos. Habrá que sacrificar detalles para poder contar el panorama. Así es esto.

Reglas del centro. Reglas del país.

***

Pollo Campero. 4a. Avenida Sur y Calle Delgado. Centro Histórico de San Salvador. Primeros días de febrero de 2015.

El centro tiene su propia música. Esa música es un sonido sobre otro sonido sobre otro sonido. Esos sonidos que estaban destinados a no encontrarse lo hicieron aquí. Ricky Martín y el grito de una vendedora que más que grito es como un pito. Reguetón contra Armando Manzanero sobre una escena donde varios minions amarillos y chillones dicen cosas. Y los carros, con todos los ruidos que pueden hacer: pitar, rumbar, trastabillar…

Frente a mí, un vendedor de cedés. Hablamos en voz baja adentro del restaurante. El vidrio del restaurante no puede contener todas esas voces. Tenemos a una familia en la mesa de atrás. La mesera nos ofrece café una y otra vez. Susurramos. No queremos que nos escuchen. No queremos asustarlos.

El vendedor de cedés habla conmigo porque un colega que lo conoce desde hace años le pidió que lo hiciera. El vendedor de cedés habla conmigo porque es valiente. Porque muchos amigos míos conocen a gente que vende en el centro y les preguntaron si podían hablar sobre pandillas con un reportero amigo y las respuestas fueron negativas. A un amigo mío que intentó hacerme ese favor, una vendedora le dijo que era "un cerote" y que la metería en un problema.

El vendedor de cedés los vende en la zona de la Plaza Libertad. Su gobierno es la tribu de los Raza Parque Libertad, una de las primeras del Barrio 18 en surgir en El Salvador. El vendedor de cedés vende en una de las áreas que antes dominaba a totalidad la Asociación de Vendedores Predio Exbiblioteca, dirigida por un hombre célebre en estas calles: Pedro Julio Hernández. Si alguien teclea su nombre en Google, aparece él. Lo último que trascendió a nivel nacional es que a Pedro Julio intentaron asesinarlo dos sicarios que se bajaron de una moto en Apopa, donde él vivía, y le asestaron seis disparos a principios de mayo de 2014. Uno de esos disparos le rozó el cráneo, pero no lo mató. Pedro Julio sigue ahí. Y, por supuesto, no acepta hablar de temas como estos.

Apopa es un municipio del área metropolitana de San Salvador y es bastión de una de las facciones del Barrio 18: los Revolucionarios. Todas las cuadras donde Pedro Julio ordena y dispone a los vendedores de su asociación son controladas también por los Revolucionarios, por la tribu de los Raza Parque Libertad. Y una tribu, como una *clica* para la MS, es un subgrupo dentro del grupo criminal.

En esta zona, entre esta pandilla, bajo el signo de esta asociación, vende cedés el vendedor de cedés.

Hay obviedades que no vale la pena decir. La diré solo una vez: cedés piratas.

"Aquí estamos organizados cuadra por cuadra. La primera vez que sentimos el zocón fue cuando los de la directiva, en diciembre del año pasado, nos dijeron: 'Vamos a colaborar para una fiesta a la que no vamos a ir y vamos a comprar unas luces que no vamos a poner. El que no entienda va a tener que hablar con los bichos directamente'. Todos entendimos. Tuvimos que colaborar. Yo puse dos dólares. Se tenían que reunir 500 [en su cuadra]. Aunque antes, los bichos se habían reunido con la directiva [de la asociación] y habían llegado a un acuerdo de que a los vendedores no los iban a tocar, que no iban a llegar ellos a pedir el dinero, como lo hacen allá arriba, en La Peatonal."

***

La palabra *zocón* es puro caló salvadoreño. Un zocón es el efecto ocasionado cuando, de súbito, se aprieta un cuerpo. Zocón significa zocar algo, pero con brutalidad, haciéndole daño.

Ninguna de las personas con las que hablé sitúa el zocón de las pandillas en el centro antes de 2011. La mayoría sitúa ese zocón luego de 2012. La mayoría coincide, y la mayoría incluye a un alcalde y a un vendedor de cedés.

***

"Ese que acaba de pasar es bicho de aquí abajo. Así andan, con la bolsita de dulces."

Lo que el vendedor de cedés me acaba de decir mientras comemos un desayuno en el Pollo Campero es que el muchacho huesudo, de no más de 25 años, que pasó caminando al otro lado del vidrio es un miembro de los Revolucionarios. Pasó rápido. Llevaba colgando de su antebrazo dos tiras de paletitas de dulce.

En jerga pandilleril, ese huesudo era una antena de la pandilla. Un poste es alguien que vigila quieto a la entrada de una colonia, en un puesto fingiendo ser vendedor. Una antena camina, busca.

El vendedor de cedés, justo unos minutos después de decir que colaboró para aquella fiesta que no existió, dice que él es un privilegiado. "Porque aquí han llegado a un acuerdo los de la directiva del predio con los macizos de la pandilla. Aquí no es como allá arriba."

Allá arriba es la zona emeese. Allá arriba es después del Teatro Nacional, un bello edificio de estilo renacentista francés afuera del que puedes comprar por 0.75 dólares yuca frita con curtido o mango verde con alguashte. Allá arriba, lo que parece lejano, otro país, es lo que ocurre a tres cuadras de este Pollo. A tres minutos caminando.

El centro es un laberinto. Es varios laberintos. Andás unos pasos y las reglas son otras.

Los vendedores de esta zona, los que han levantado con lámina y madera sus puestos en la calle, aún pagan un dólar diario a la asociación. Lo pagan en concepto de vigilancia y directiva. Los vigilantes son hombres con garrote. Particulares con garrote. Mímica pura. Aquí quien gobierna, asalta o decide dejar de asaltar son los Raza Parque Libertad.

En fin, aquí se paga algo a la pandilla en Semana Santa, en Navidad, en vacaciones. Una especie de bono vacacional para los bichos. Y eso se paga en concepto de gratitud por no ser tan malos como podrían ser. O más bien, se paga como gratitud por tener el control y no usarlo de forma más despótica. O, si quieren, se paga como agradecimiento por proteger la zona de los que son peores que ellos.

—Aquí de algún modo pagás, pero si un pandillero llega a mi puesto a pedir algo, estás en el derecho de llegar a decirle al *palabrero* que te pidieron dinero. Llegan donde el bicho ese y le dan verga. Estamos un poco más tranquilos.

El *palabrero* no es un hombre escondido en un sótano. El *palabrero* es el Narizazo —lo saben todos los vendedores de la zona con los que hablé—. Si yo salgo del Pollo Campero y camino una cuadra hasta el Parque Libertad, y cruzo a la izquierda una cuadra más por los portales de la 2a. Calle Oriente, y una vez en la esquina vuelvo a cruzar a la izquierda y camino una cuadra y me paro en esa esquina, solo tendría que girar mi cabeza hasta encontrar el puesto más grande de cedés. Un puesto que son dos puestos juntos. El hombre narizón que está adentro de ese puesto con la música a todo volumen es el Narizazo. El *palabrero*. El gobernante de este pedazo de capital.

"Allá arriba —continúa el vendedor de cedés— pagás 10 dólares semanales. Allá arriba un mayorista paga 100 dólares semanales, y les regalás lo que te pidan. Allá los bichos emeese llegan de otras partes, salieron como de la nada. Aquí, en cambio, son hijos de vendedores muchos de ellos. Bichos que crecieron aquí y hoy se creen la divina verga."

Los vendedores informales —los que tienen un puestecito, no los mayoristas— son gente que viaja en bus cada día desde los municipios periféricos, que vive en casas del Fondo Social para la Vivienda que cuestan 100 dólares mensuales. Son gente que vive en zonas de pandillas. Son gente que, cuando ocurre algo especial como un cumpleaños o una Navidad o un fin de año, se dan el lujo de pedir una pizza o pollo o hamburguesas. Son gente a la que no le sobran 10 dólares semanales.

La cuestión es que el dominio de los pandilleros no es algo que solo afecte a los vendedores porque les arranca dinero del bolsillo, sino también porque impide que algunas monedas lleguen a esos bolsillos.

"La gente de aquí no puede subir allá arriba. Yo, cuando paso, solo paso rápido, no me quedo platicando, porque ya sería para que me interroguen. Si sos de acá abajo y te ven hablando con un vendedor de allá arriba, ya tenés problemas. Por ejemplo, las cocineras del Predio Exbiblioteca (la plaza que da el nombre a la asociación de este lugar) ya no pueden ofrecer comida arriba del Teatro Nacional. Y a cualquier bicho raro que pase, lo agarran, lo meten al predio, le pegan y luego..."

***

El centro es un laberinto. El centro es varios laberintos.

Un vendedor joven, digamos de menos de 30 años, que venda por ejemplo en zona de los Revolucionarios, tendrá que aprenderse las calles por las que puede caminar. Tendrá que entender que para salir a una de las grandes vías, la Alameda Juan Pablo II o el Bulevar Venezuela, no deberá caminar en línea recta, sino calle por calle, bajo el dominio de los bichos que lo gobiernan. Y, sin embargo, cada día 1 200 000 personas caminan estas cuadras para ir y volver de sus trabajos.

Aquí hay fronteras, como entre los países. Si cruzás una de las que no tenías que cruzar, muy probablemente alguien te pida tus documentos o, en el peor de los casos, te meta un tiro en la cabeza.

***

Zona Real. Fuera del centro de San Salvador. 6 de febrero de 2015.
Frente a mí, un pandillero de la Raza Parque Libertad.

164

"Aquí cada quien se mueve en su propio laberinto."

Él lo sabe. Él custodia sus fronteras. Él tiene más de cinco años de moverse con su tribu en la zona de la Plaza Libertad. Es miembro de la tribu Raza Parque Libertad.

Para él no solo el centro es un laberinto. El país lo es. El centro es solo un laberinto más intrincado. De hecho, estamos en la Zona Real porque es controlada por sus colegas pandilleros. La Zona Real es una cuadra de bares deportivos que está a un costado del hotel Camino Real, un cinco estrellas, célebre porque albergó a los más reconocidos reporteros internacionales que vinieron a El Salvador a atestiguar cómo nos exterminábamos durante la guerra civil.

El pandillero aceptó hablar porque, en primer lugar, es una mentira que los pandilleros no quieran hablar. La mayoría quiere, como todo el mundo que cree que tiene algo fascinante que contar. Aceptó hablar también porque un amigo en común facilitó las cosas. Por supuesto, él no develará todos sus secretos en la primera conversación.

"En el centro hay zonas donde la división son pasajes o aceras."

Hace unos pocos días me enteré de la cercanía de la vecindad. Si desde el Predio Exbiblioteca uno camina dos cuadras y media hacia catedral, a su izquierda tendrá el Teatro Nacional. El teatro es la frontera. Es más, la mitad del teatro es la frontera. De la mitad para abajo se asolean los vendedores que están bajo el gobierno de los Raza Parque Libertad. De la mitad del teatro para arriba lo hacen los que están bajo el yugo de la *clica* de los Centrales Locos Salvatrucha, de la MS. Que eso es una frontera no es relativo. Hace solo 25 días los pandilleros de la MS atacaron y persiguieron a balazos a los vendedores que estaban rozando la frontera invisible, la mitad de la cuadra, de la puerta del teatro para abajo. Lo que los bichos dicen.

En el país hay varias comunidades donde ocurre que una calle divide a unos de otros, pero en el centro eso ocurre cada tres cuadras, cada dos medias cuadras. Esto es como El Salvador en miniatura, y El Salvador ya es una miniatura.

El pandillero se referirá a los miembros de la MS como "los mierda".

"Nosotros solo en diciembre pedimos aguinaldo. No cobramos más. Los mierda piden semanal. Nosotros podemos pedir [a un bar] dos cajas de cervezas al día, pero hasta ahí. Sacamos más dinero de la droga. Cinco dólares el toque [de cocaína]. Se vende de mañana, tarde y noche y todo el desvergue se maneja en los chupaderos."

Ni siquiera la administración del Distrito 1, la oficina administrativa municipal que se encarga del centro, tiene idea de cuántos chupaderos hay en el centro. Algunos de esos bares populares se registran como negocios de cualquier otro tipo. Algunos son en realidad burdeles. Por un dólar podés tomarte casi un litro de cerveza con algo de picar, y por cinco, seis o 10 dólares podés tener sexo. Incluso por tres, dependiendo de la edad y del estado físico de la mujer y de la capacidad negociadora del cliente. Sin medida de tiempo. En el centro se paga por "el rato", una unidad de tiempo que se dirimirá durante el sexo. Los clientes de los chupaderos no son bebedores cosmopolita que salen, como dicta la regla del mundo acomodado, por las noches a los bares. Son gente humilde, que normalmente debe irse antes de las nueve de la noche, antes de que pase el último bus. Algunos se emborrachan de mañana, entre una cosa y otra del trabajo. Otros empiezan su juerga a las dos de la tarde. La cocaína se mueve desde temprano, igual que los chupaderos y las prostitutas.

Los vendedores de la calle son una cosa. Los comerciantes formales, con negocio de concreto y rótulo, son otra. Sin decir exactamente que les cobran, el pandillero del Barrio 18 reconocerá lo que luego me contarán varios comerciantes: que les cobran.

"¿De qué te sirve que tengás dos vigilantes privados si te vamos a caer 15 de nosotros en varios carros?"

Yo, periodista, tengo 32 años, pelo al ras. Soy moreno y mido 1.73. Si uso camisa manga larga nadie tiene por qué ver mis tatuajes. Cuando voy al centro no utilizo zapatos deportivos Nike ni Adidas ni nada. Llevo unas botas cafés, desgastadas y uso lentes. Voy con la camisa por dentro y el último botón apretándome el cuello. Soy, creo yo, un normal hombre salvadoreño de 32 años. O al menos no uno excepcional. Un salvadoreño.

Le pregunto al pandillero:

—Qué pasaría si yo camino desde la Alameda, me interno por la 4a. Avenida Sur, cruzo la Calle Delgado, sigo hasta la Plaza Libertad y entro en el bar de la esquina, Los Amigos, y pido una cerveza y me apoyo en la barra a tomarla.

—Te llevan a los baños y te interrogan.

(Fui. No caminé desde la Alameda, sino desde el otro lado, y llegué a Los Amigos con un conocido que es comerciante en la zona. Pasó lo que el pandillero advirtió. No había terminado mi primera cerveza cuando cuatro pandilleros entraron por la puerta y se dirigieron directamente hacia nosotros. Antes de que preguntaran, mi amigo me presentó como un amigo de infancia. No dijeron nada. Me vieron. Se fueron. No me llevaron a los baños. No llegaron a pedirme mi identificación. Dijeron algo y se fueron. En la nota de voz que grabé en mi teléfono en cuanto salí de ahí, escucho: "Dijeron que irían a hacer fresco al predio y luego a seguir con su ronda. Ninguno tenía más de 23 años. Algunos venían de Planes de Renderos". Le pregunté al pandillero qué significa hacer fresco. Dijo que eso significa que interrogarían a alguien en el Predio Exbiblioteca.)

—Para antenear —continúa el pandillero en la Zona Real— los vigilantes privados y el comercio están con nosotros. Nos llaman y, si tu DUI la caga, nos seguís a un comercio y desaparecés. Es una puta red de corrupción. Mandamos chavos a vender chocolates donde los mierda. Morrillos. Y ellos hacen lo mismo. No calentamos la zona. Te damos verga, llamamos un taxi de topada y te vas, a Los Planes de Renderos normalmente o a Panchimalco. O mandamos un carro adelante o una moto o a veces vemos Waze. Al llegar al lugar, almohada en la cabeza. Pum, pum. Barranco.

Almohada en la cabeza. Pum, pum. Barranco.

***

Una vendedora que vende adentro del Predio Exbiblioteca me dijo en abril: "No sé cómo lo hacen. Uno ve que entran con unos bichos bien vergueados, pidiendo que los suelten, pero uno voltea la mirada. Lo raro es que luego desaparecen, no sabemos más de ellos. No los volvemos a ver. No sé cómo le hacen."

***

Nota de *La Prensa Gráfica*. Sábado 8 de febrero de 2015: "Encuentran dos fallecidos en el interior de un vehículo". La nota dice que uno de los hombres había sido tiroteado en los alrededores del Parque Centenario (MS), entre la 11a. Calle Oriente y la 10a. Avenida Norte. "Tenía tatuajes alusivos a pandillas."

***

Israel Ticas es el único investigador forense que trabaja con la Fiscalía. Desentierra cadáveres para casos de homicidio. El 28 de enero de 2015 publicó en su muro de Facebook una foto satelital del centro y arriba escribió esto: "A todos los padres de familia que tengan hijos de 14 a 25 años y que vivan fuera de San Salvador, les daré este consejo, no los manden solos ni los dejen venir solos al centro… Se exponen a ser privados de libertad, asesinados y enterrados. Que sus vestimentas sean normales, sin cachuchas rectas ni pantalones flojos ni tenis Nike ni Adidas Domba. Que no caminen solos por el área de Catedral, por el mercado Sagrado Corazón, el mercado Central, el Zurita, el parque Bolívar, la Avenida, la Tiendona y por la terminal de Oriente… Se me han acercado muchas personas buscando a sus hijos desaparecidos en el centro y he desenterrado cadáveres que fueron traídos desde el centro y enterrados en predios baldíos en los alrededores de la ciudad…"

O sea, que los jóvenes no parezcan jóvenes. Que no se vistan como jóvenes. Mejor, que ni aparezcan por aquí, no vaya a ser que los asesinen por parecer jóvenes.

***

Resumen de noticias de periódicos.

"Dos mareros eliminados y un hombre herido en diferentes tiroteos cerca del mercado Central." Versión PNC: mataron a un dieciocho cerca del mercado Central y en respuesta mataron a un emeese cerca del mercado Sagrado Corazón. Ambos menores de 20 años. 6 de marzo de 2015.

"Capturan a dos hombres que intentaban secuestrar y asesinar a una persona." Versión policial: eran pandilleros. 4a. Calle Poniente y 1a. Avenida Sur. 10 de marzo de 2015.

"Mareros lesionan a mujer en ataque a gimnasio." Versión policial: dos hombres en moto. Disparan. Reclaman el pago de la renta del negocio. Avenida España. 11 de marzo de 2015.

"Violencia sigue sin control en el centro de San Salvador." Veintena de hechos violentos en dos meses. La nota pone uno de esos ejemplos de coincidencias empalagosas. El día del amor, mientras la Policía levantaba la escena de un homicidio cerca del mercado Excuartel, un policía fue baleado a 100 metros de la escena por presuntos pandilleros. 29 de marzo de 2015.

"Eliminan a dos pandilleros menores de edad mientras cobraban renta cerca de la Alcaldía de San Salvador." Los tirotearon desde un carro en la 8a. Avenida Norte. 22 de abril.

***

Torre Futura. Zona pudiente fuera del centro de San Salvador. 27 de enero de 2015.

Frente a mí, un comerciante formal, un señor formal. Camisa de botones, zapatos de vestir. Hasta aquí puedo llegar con la descripción de acuerdo con el trato que hicimos. Él es un comerciante formal que tiene un negocio formal, de cemento y rótulo, en la zona Exsimán. O sea, alrededor de donde antes hubo un gran almacén que se llamó Simán, cerca de la calle Rubén Darío, que parte el centro de punta a punta (aunque por tramos se llame de otra forma). Este comerciante comercia bajo el gobierno de la MS, de su *clica* Centrales Locos Salvatrucha.

—Tienen bastante gente informante. Recogen plata y la dejan en ciertos puntos. Tienen una red. Sabemos dónde se reúnen, dónde dejan la plata. Siempre anda uno de la seguridad privada cerca de ellos, porque es de ellos esa seguridad. Le cobran a todo mundo: carretillas, taxis, informales, formales. A todo el mundo.

En esto coinciden todas mis fuentes. Uno de los grandes aciertos de las dos pandillas es que son parte del entramado viejo del centro, del de los vendedores. Salieron de ahí muchos de ellos. Son hijos, hermanos, padres, primos, cuñados de vendedores. Crecieron ahí, cerca de un canasto, y luego fueron llegando más de otros lugares, atraídos por sus cómplices. Es muy difícil, por ejemplo, saber si cuando una vendedora de verduras esconde un revólver a un pandillero que acaba de dispararlo lo hace porque gana algo al colaborar o porque es su hijo y no lo quiere preso o porque está amenazada.

La pandilla no son los otros, es lo que está en medio. En el centro.

—¿Cuánto le cobran a usted?

—30 dólares semanales.

—¿Cómo se comunicaron con usted?

—Directo. Llegaron cuatro bichos. No mostraban tatuajes, pero parecían pandilleros. Abordaron a las empleadas. Dijeron que querían platicar con el dueño. Al día siguiente yo estaba. Le vamos a dar seguridad, dijeron. Y desde entonces, cada cierto día de la semana alguien entra y sale de mi negocio.

Dar seguridad es una forma de decir "te puedo dar toda la inseguridad del mundo".

—¿Por qué les paga?

—Por temor. Estás desprotegido. Si no pagás, te hacen daño. No hay autoridad. Traté de ir dos veces a la Policía, a antiextorsiones, y relativamente fueron indiferentes. Entonces nos reunimos varios del sector formal, y salió la sabiduría de los viejos. Uno que tiene varios almacenes me dijo: "Mire, no nos compliquemos, paguemos. Esos policías quizá están involucrados". Cuando escuché al hombre viejo, pues… ¿Qué tanto vale la vida de uno y de los empleados?

—Su plan es seguir pagando.

—Todavía tenemos en mente cerrar e irnos a otro lugar. No es tanto el dinero, sino la fragilidad de nuestra integridad. Tu ego te lo bajan a los pies. ¡Puta! ¿Por qué una gente de esta va a estar decidiendo por ti? Si hemos trabajado bajo terremotos, guerra, bajo todo... tu cuestión interna es diferente. Es la moral. No se siente bien uno.

La cuestión moral, el cómo te sentís. Es un factor determinante en esto de la extorsión, pero también un signo de los privilegiados. Para muchos, aunque dura, la decisión es posible: me largo a otro lado con el negocio. Para otros, la mayoría de los informales, la cuestión es más tajante: si me voy, no como. Si me voy, no comen mis hijos. Si me voy, me meto en problemas con la pandilla, y yo vivo en territorio de la pandilla. Si me voy... no me puedo ir.

También las víctimas tienen clase social en El Salvador.

La MS, cuenta el comerciante, imitó la organización de las asociaciones de vendedores. Desplazó a los líderes que las asociaciones tenían en cada cuadra y puso a su propio líder. Un pandillero en cada cuadra encargado de vigilar quién pasa, quién vende y de cobrar la extorsión a todos los de esa cuadra. Formales e informales.

—Fueron debilitando al sector informal, metiendo gente de ellos. Los rumores empezaron hace unos tres años, de que estaban tocando a los taxistas. Después a los informales. El sector formal fue el último, hace unos cuatro meses.

La pandilla aprendió a devorar desde abajo. Primero, a los solitarios. Después, a los organizados. Y, por último, cuando ya estaban rodeados, en su territorio, a los formales, capaces de levantar el teléfono y llamar a algún comisionado policial. Un funcionario gubernamental me reveló que al principio de la gestión del actual gobierno algunos comerciantes agremiados del centro le expusieron en persona su situación al mismo ministro de Seguridad y Justicia, Benito Lara. Un comerciante lo confirmó.

—¿En su calle manda la pandilla?

—Sí.

—Si usted quisiera, ¿podría señalar a la Policía ahora mismo a algunos miembros de la pandilla en su cuadra?

—Claro, claro, sí, sí, sí. Podría. Pero no se puede.

Una de las mayores victorias de las pandillas es derrotar la esperanza. La capacidad de persistencia de las pandillas —matan o encarcelan a uno y llega otro y otro y otro— termina por bloquear

CRÓNICAS DESDE LA REGIÓN MÁS VIOLENTA

cualquier estrategia de sus víctimas. "No se puede", piensan muchos. "Denunciar no sirve de nada", se conforman otros. "Hay que pagar", dicen. Las estrategias se utilizan para pedir reducción de renta, para negociar cuotas, como se haría con una oficina gubernamental de impuestos: planes de pago, cuotas mensuales. Con la pandilla se negocia como se negocia con un gobierno.

—En algunas empresas grandes —dice el comerciante— los gerentes no pasan ahí, y a los empleados les toca pagar. Hacen colecta entre los empleados y pagan la cuota. El empleado va a diario. Su única salida es pagar para poder conservar su empleo.

Pagar para poder conservar el empleo.

Regla número dos: no importa quién pague, lo que importa es que alguien pague.

—Le preguntaré por una solución que está de moda en el país: ¿por qué no los matan?

—Escuché eso, pero hace tiempo. Ahora no. Es un control consolidado.

—¿Puede presentarme a otros comerciantes formales que hablen conmigo bajo anonimato?

—Pagan, pero no van a hablar. Tengo amigos que tienen cinco almacenes. No se van a arriesgar. La mayoría paga 50 dólares semanales. No se van a arriesgar.

***

Zona del Parque Libertad. 17 de febrero de 2015.

Frente a mí, un comerciante formal.

Uno más que se arriesgó.

En el caso de esta conversación, el dilema periodístico es tajante. Un error mata. Yo sé quiénes extorsionaron a este comerciante formal. Sé en qué fecha lo hicieron la primera vez. Sé cómo se llaman. Sé a qué unidad policial los denunció. Sé dónde tienen los puestos los pandilleros y sé a qué horas suelen estar en sus puestos.

Si cuento todo eso, el comerciante podría ser asesinado. Él cree que sería asesinado. Tras dos largas conversaciones contaré el relato como convinimos, tratando de evitar que lo asesinen.

Es un comerciante formal que vendía cosas adentro de un local de concreto en los alrededores de la Plaza Libertad. Vendía cosas bajo el gobierno de la tribu Raza Parque Libertad del ala Revolucionaria de la pandilla Barrio 18. Haciendo una cuidadosa labor de edición, sus palabras son estas.

—Querían 2500 dólares, pero yo nunca respondí. Llegaron directamente unos bichos al negocio. La cuadra la controlan ellos. Las cuadras de alrededor, más bien dicho. Siempre hay tres, cuatro, cinco de ellos en la cuadra. Están en diferentes negocios, como si vendieran, y tienen a sus mujeres y hermanas en otros puestos. Ellas trabajan con ellos. Vigilan.

—Pero un miembro de los Raza Parque Libertad me aseguró que ellos no cobran renta —digo.

—Claro, no piden dinero todos los meses, solo cuando se acerca fin de año y en otros momentos. Dicen que es un pago por seguridad. Eso dijeron los bichos. Por haber dado seguridad. Entonces me dijeron: me vas a pagar 5000 dólares, porque la segunda vez le subieron, quizá por mi silencio. No se paga mes a mes, pero si hace cuentas, es como si se pagara mes a mes por esa cantidad.

—¿Por qué no denunció?

—Lo hice. No hicieron absolutamente nada. Denuncié a la Unidad Antiextorsiones. Es una burla. Me asignaron a unos policías que nunca vinieron, solo por teléfono hablé con ellos. Además, tuve sospechas de uno de los policías, porque lo escuché por teléfono decir cosas contrarias a las de una persona que quisiera ayudarme.

—¿Paga mucha gente en su cuadra?

—La mayor parte de los empresarios formales, pero no cuotas mensuales, sino que, por ejemplo, cuando viene Semana Santa, luego agosto, luego diciembre.

—¿Usted pagó?

—No. Cerré mi negocio.

—¿Anda armado?

—Andaba armado. Ya no.

—¿Pensó en matarlos?

—Sí, sí, sí. Sí, sí, sí... se lo digo: sí. Pero, gracias a Dios, pasé toda la noche pensándolo y en la mañana decidí clausurar. De todos modos, ya perdí.

—Yo soy un hombre salvadoreño e intuyo que una cosa así será muy jodida para la moral.

—Me afectó enorme. Usted se siente impotente ante un bicho, ante la autoridad. No puede hacer nada. Impotencia. Si yo los mato, voy preso, porque a mí sí me acusaría un montón de gente. A él, aunque lo vean, nadie dirá nada. No se le ve solución.

Este comerciante se queja de lo mismo que el anterior. Hay policías de vez en cuando. Muy de vez en cuando pasan en bicicleta y los bichos lo saben desde muchas cuadras antes. Pero no hay inteligencia policial. No hay un trabajo, dicen, de gente que se meta, rompa ese tejido de miedo hilvanado desde hace años. Si ese tejido se rompe. Si los policías lo rompieran, la gente hablaría. La gente cuenta detalles incluso a un periodista al que ni conocen. Ponen su vida en manos de alguien con quien solo hablaron unas horas de un día.

A veces se percibe esa sensación de que no hay nada que hacer, de que la extorsión es tan normal a la violencia como los mendigos a la pobreza. A veces da la impresión de que ese conformismo obligado que tienen los que pagan se ha contagiado a las autoridades que asumen que la gente debe pagar.

—Aquí mandan ellos, no la autoridad —dice.

***

Ese conformismo, sin embargo, no fue algo súbito. Fue criado por el hábito de ver a otro lado, incluso en un laberinto tan apretujado como este. Fue criado por la lógica de "lo que no me pase a mí no es mi problema". Los vendedores informales con los que hablé recuerdan que los bichos se movían por aquí desde finales de los noventa. "Aquí andaban, aquí trabajaban, eran cargabultos, llevaban almuerzos de los comedores, trabajitos así. Y se agarraban a pedradas o a navajazos con los otros bichos, pero no se metían con la gente vendedora", me dijo una vendedora informal que vende

bajo el gobierno de la MS. A nosotros no nos joden. Esa era la lógica. Luego, dice el vendedor de cedés que vende bajo el gobierno
de los Revolucionarios, empezaron a asaltar a los clientes, y "vos te
quejabas cuando asaltaban a uno de los tuyos. Si no te había comprado. Si ya te había comprado, no podías hacer nada, pues, mejor
no meterte". A mí no me joden. Esa era la lógica. Después, me dijo
el mismo vendedor de cedés y también un vendedor de una zona
que actualmente es MS, empezaron a "llegar a tu negocio y decirte:
ey, qué chiva esa camisa. Se la medían y se la llevaban". Ya están
empezando a joderme. Esa era la lógica. Entonces, desde 2007, más
o menos, empezó a haber pleitos entre los vigilantes privados contratados por las asociaciones y los pandilleros, pero los pandilleros
ya estaban en medio, y ya no lograron sacarlos. Poco a poco, año
con año, se hicieron ellos del control de la vigilancia y empezaron
a joder a todos los informales. Después, a las asociaciones. Ya me
jodieron. Esa fue la lógica. Hasta ese momento, los comerciantes
formales, que veían cómo los pandilleros extorsionaban a taxistas y
vendedores de la calle, no hicieron nada. Para ellos —al menos para
aquellos con los que hablé— el problema comenzó hace cuatro meses, 10 meses, a finales de 2013 como mucho. Eso quiere decir que
su problema empezó entonces. A mí no me joden. Esa era su lógica
antes. Ya están empezando a joderme. Esa fue su lógica después. Ya
me jodieron. Esa es su lógica ahora. Así seguirá avanzando.

La pandilla no son los otros, es lo que está en medio. En el
centro.

★★★

Alcaldía de San Salvador. 23 de marzo de 2015.

Frente a mí, el alcalde de la capital, Norman Quijano.

—¿El centro tiene diferencias respecto de otras zonas de la
capital en cuanto a control de las pandillas?

—Sin ninguna duda. Ahí hay hacinamiento, comercio informal, zonas peatonales, gran tráfico de estupefacientes. Eso lo vuelve una zona proclive a que haya altos índices de extorsión.

—Ayer, una asociación de vendedores se reunió con el *palabrero* de su zona para pedirle que redujera los asaltos. ¿Cómo se reordena aquello sobre lo que no se tiene control?

—No me sorprende ese control. Hay muchas comunidades donde para entrar debo tener autorización del *palabrero*. Hay comunidades donde he suspendido inauguraciones porque me dicen: "No están de acuerdo con que usted llegue, doctor". Si eso sucede en las comunidades...

—Un vendedor de zona 18 no puede ir a zona MS ni viceversa. ¿Cómo se reordena aquello sobre lo que no se tiene control?

—Lo entiendo. Lo he vivido. Voy a dar algunos ejemplos. Cuando yo hablé con algunos vendedores y les dije que ya estábamos en proceso de construir el mercado San Vicente de Paúl, cercano al Mercado Central, ellos dijeron que no podían aceptar ese ofrecimiento. Me dijeron: "No, porque la pandilla que domina esa zona no es la que domina allá". Había amenazas. En otra ocasión, para el comercio de temporada de Navidad, fui rechazado cuando ofrecí la Plaza Libertad. Me dijeron: "Ahí no nos podemos ir, es de la otra pandilla". Hay un control territorial de las pandillas. Ningún gobierno en los últimos años le ha podido dar una respuesta satisfactoria.

Al final de la conversación, el alcalde me cuenta que de dos lugares en el Centro —de los que se reserva el nombre— le han pedido que los desaloje. "Más de 70% de las personas que vendían en esos lugares estaba de acuerdo con que los desalojara. Me lo pidieron. Me mandaron recados para que montara un operativo y los sacara. Era la única manera de poder irse."

A eso hemos llegado. Un grupo de ciudadanos tiene una sola petición para su gobierno municipal: por favor, coordine con la Policía y desalójenos, sáquenos.

Libérenos.

***

El comerciante de la zona Exsimán me hizo una recomendación: "Ya se comieron el centro. Cuando se lo acaben subirán hacia Metrocentro. Recorra el Bulevar Venezuela o la Alameda Juan Pablo II y vea cuántos negocios están abiertos. Es un cementerio de negocios. Solo quedan las grandes cadenas. Les piden hasta 250 dólares a la semana".

Voy en carro. Salgo por la 6a. Avenida Norte hacia la Alameda. Son unas cinco cuadras largas hasta el Parque Infantil. Ya después, al menos sobre la Alameda, es el Centro de Gobierno, y por ahí no se mueven los pandilleros. En esas cinco cuadras busco locales cerrados, abandonados. Digo nueve veces la palabra "vacío". No cuento los derruidos.

***

Jueves 9 de abril de 2015.

El alcalde Quijano publicó este mensaje en su cuenta oficial de Facebook: "Esta noche hemos recibido informes de que las pandillas han decretado 'toque de queda' en el Centro Histórico. Normalmente no hemos prestado mayor atención a estas advertencias; sin embargo, ciertos indicios hacen más creíbles las amenazas en esta ocasión. Por lo tanto, queremos pedir disculpas a los vecinos del Centro Histórico porque hemos suspendido el turno de recolección nocturno en esa zona de la capital. Son aproximadamente 60 toneladas de desechos que no serán retiradas durante la noche, porque no expondremos la vida del personal de la institución. Entendemos que las autoridades ya están tomando cartas en el asunto, por lo que esperamos retomar, lo más pronto posible, la prestación de los servicios con normalidad".

***

Jueves 19 de febrero de 2015.

Me llama el vendedor de cedés para contarme una anécdota que acaba de recordar. Ocurrió en agosto de 2014. Dice así: había dos señoras vendedoras de la calle con sus puestos a la par. Dos champas a la par. Una de ellas, abusiva, barría y echaba la basura al puesto de su vecina. Cada día. La otra, paciente, aguantaba. Hasta que un día no aguantó más. Entonces llamó a su hijo y le contó el problema

177

de abuso que sufría. Su hijo, desde el penal de Izalco, le contestó que él se encargaría. En el penal de Izalco estaban recluidos —hasta los traslados de abril— los pandilleros revolucionarios del Barrio 18, incluidos los líderes nacionales. Al día siguiente cuatro pandilleros llegaron hasta el puesto de la señora abusiva. Le dijeron que ya no llegara al día siguiente. Le dijeron que no se le ocurriera llevarse láminas ni instalación eléctrica. Le dijeron que si llegaba, ya sabía. El puesto ahora es de la mamá del Narizazo, también conocido como Scare, uno de los líderes del sector de la Plaza Libertad. Él suele estar todos los días en la esquina de la 6a. Avenida Sur y Calle Delgado. Tiene dos puestos de cedés a la par uno de otro. Es fácil de reconocer. Es narizón, pelo rizado, cara agrietada por un acné del pasado, unos 25 años. Cuatro de los vendedores con los que hablé lo reconocen.

***

Oficinas del Distrito 1. 8 de marzo de 2015.

Frente a mí, Mario Serrato, director del distrito, el área administrativa municipal que cubre el centro. El funcionario que lidia con el centro directamente. Cada día.

Dice que todo esto, el zocón, empezó a partir de 2013. Dice que no quiere usar la palabra complicidad, pero sí dirá que "en parte fue cerrar los ojos de parte de las autoridades gubernamentales". Asumir que en el centro todo esto podía ocurrir y no era grave. Recuerda como uno de los mensajes más claros el asesinato de dos líderes vendedores en la zona Exsimán a principios de 2013. Recuerda que ese fue un mensaje a las asociaciones: "Si no te alineás, vas a seguir vos". Dice que muchos vendedores llegan a pedirle que los reubique al sector de, por ejemplo, la MS, porque viven en zona MS. Quieren vivir bajo un solo gobierno. "El 100% de los vigilantes que andan con garrote pertenece a las pandillas." Dice que el sistema de vigilancia es buenísimo, que ocupan prostitutas y carretilleros. Antenas y postes que saben a qué hora sale ese comerciante y a qué hora vuelve y en qué carro y con cuántos familiares.

Y luego le pone números al asunto. "Aquí circulan cada día 1 200 000 personas entre 5:30 a.m. y 7 p.m. Tengo entendido que son 22 000 vendedores en los mercados. Y censados, con nombre, apellido y DUI, tengo 8 650 vendedores en el comercio del espacio público —en la calle, pues—. Hablo solo de estacionarios, que tienen estructura. Calculamos que habrá unos 10 000 carretoneros y buhoneros (que andan con la venta en la mano). Y no tenemos censado al comercio formal. Compadre, hay cuarenta y tantas mil almas para cobrarles la renta, y es más chiche, porque las tienen encerradas."

Y eso es solo parte de las ganancias. Hace dos años, por ejemplo, desalojaron la plaza Hula Hula, bastión MS, y los reacomodaron en un viejo cine, el Cine Central. Serrato recuerda que uno de los líderes pandilleros sacó de sus bodegas en la plaza tres camiones llenos de cervezas y licor. "Compran legalmente la bebida, pero advierten a los comerciantes de su zona que solo pueden comprarles cerveza y licor a ellos."

Dice que nunca, jamás en sus tres años como funcionario, ha recibido a un vendedor o comerciante del centro que no pague renta. "Nunca, ni una persona."

***

Metrocentro. 4 de febrero de 2015.

Frente a mí, un hombre que tiene familiares con puesto en La Peatonal.

La Peatonal es una de esas zonas de las que todos hablan allá abajo, en la zona de la Plaza Libertad. La gente la utiliza como una especie de consuelo: "Al menos no estamos como en La Peatonal". La Peatonal es eso mismo, una calle peatonal, cerrada por ventas y más ventas. Son tres cuadras de ventas a un lado y ventas al otro. Mercado sobre la acera, mercado sobre la calle durante tres cuadras. En una de esas cuadras no puede pasar ni un carro. En dos, apenas queda el espacio para que circule, a paso de peatón, uno pequeño. La Peatonal va desde la Avenida España hasta la 3a. Avenida Sur.

Lo otro curioso de La Peatonal es que es controlada por una *clica* de la Mara Salvatrucha que solo tiene sentido en esas tres cuadras y en algunas otras pocas del centro. Es la *clica* de los Peatonales

Locos Salvatrucha. Una especie de *clica* laboral. Llegan por las mañanas al centro a trabajar de pandilleros. No tienen puesto la mayoría de ellos. Vigilan caminando, fingiendo vender dulces o cedés, sentándose un rato en un puesto y otro y recogiendo la extorsión cada semana. Vigilando su territorio. Cuando los vendedores se van, ya no tiene sentido seguir ahí.

La calle importa mientras alguien la trabaje.

—Ahí en La Peatonal tenemos encargado de cuadra y postero en cada esquina. Son niños algunos de ellos, bichos, algunos son menores de 15 años, aunque la mayoría tiene entre 20 y 25. Ahí cada puesto paga 10 dólares los meses que tienen 30 o menos días y 12 dólares si el mes es de 31. En 2014 no pidieron aguinaldo, pero en 2013 fueron cinco dólares por vendedor, no por puesto, sino por vendedor. Además, si a ellos les gusta una camisa o un cedé o lo que sea, solo se lo llevan. Cada semana piden algo.

Algunos expedientes judiciales dicen que la *clica* Peatonales fue fundada en Olocuilta, en el departamento de La Paz. Otro de 2007 dice que es formada por gente "originaria de la calle Peatonal", que formalmente no existe. Lo cierto es que tiene relación con diferentes *clicas* del centro. A diferencia del Barrio 18, que en el centro solo tiene una tribu, la MS tiene a varias *clicas*: Villa Mariona Locos Salvatrucha, Centrales Locos Salvatrucha, Peatonales Locos Salvatrucha, Hábitat Locos Salvatrucha y Demonios Infernales Locos Salvatrucha.

El 9 de abril de 2015 me reuní en un restaurante en el Paseo General Escalón con un pandillero de la MS de Soyapango que tiene más de 10 años de pertenecer a la pandilla. Él, como muchos otros pandilleros, suele ir al centro a pasar el día porque conoce a algún miembro de las *clicas* de ahí. Este pandillero me dijo: "La Centrales es la *clica* de San Salvador. Tienen buen arsenal, un vergo de gente, tienen silenciadores, armas de guerra, buenos carros, doble cabina, ahí te desaparecen si quieren. Hacen un vergo de dinero. Imagínate, un dólar por puesto". Se refería, supongo, a que la *clica* de Centrales tiene el control de gran parte del mercado Central, y cobran un dólar diario a cada uno de los más de 10 000 puestos que hay adentro del mercado.

De vuelta en Metrocentro. Frente a mí, el hombre con familiares que venden en La Peatonal.

—La asociación de ahí, que es AVEP (Asociación de Vendedores Estacionarios en Pequeño), ya no controla, solo se encargan de ordenar la onda. Vaya, la cosa es así: los pandilleros no andan cobrando la renta en La Peatonal. Ellos se entienden con la directiva, y la directiva asigna un puesto cada mes, y todos van a dejar el pisto a ese puesto cada mes. Una señora cayó presa hace como un año. Ella solo llevaba el pago, y está cumpliendo condena por extorsión.

La pandilla no son los otros, es lo que está en medio. En el centro.

—Ellos pueden meter a quien quieran a cualquier puesto para interrogarlo, y nadie dirá nada. Yo puedo reconocer, solo en la cuadra de mis familiares, a al menos 10 pandilleros que están todo el tiempo en las esquinas, en medio de la cuadra. Y cuando atacan a alguien pueden llamar a más. Te siguen, uno le avisa a otro por radio o chiflan y al rato te caen unos tres, te rodean y te puyan con cuchillos. Te dejan muerto. De hecho, yo ya no camino del teatro para abajo, no quiero que me vean bajar y ya no pueda llegar.

—¿Cuántos puestos calculás que hay en las tres cuadras de La Peatonal? —pregunto.

—Mínimo, unos 150.

Eso equivale a 1 800 dólares los meses de 31 días; a 1 500 dólares los meses de menos días. Sin contar a los comercios formales.

Regla número tres: cobrarás lo que la gente pueda pagar. No querés que se vayan, querés que te paguen.

✳✳✳

Plaza San Vicente de Paúl. 3a. Avenida Sur, abajo del Mercado Central. 6 de abril de 2015.

Hace una hora leí en uno de esos *tweets* de los periódicos: "Asesinan a Luis Umaña, presunto pandillero de 15 años cerca del mercado Central". Ahora estoy enfrente del cadáver de Luis Umaña en esta placita abajo del Mercado Central, en zona controlada por los Revolucionarios.

Casi nadie lo conocía como Luis. Al niño le decían Rata Chele, según la Policía. La Policía se equivoca. Le decían Sicario, según me confirmó el pandillero de la zona de la Plaza Libertad. La Policía cree que fue purga interna. La Policía se equivoca. Llegaron dos emeese vestidos de cristianos y por la espalda le metieron como 10 balas. Se nota que le dispararon desde cerca, porque una de las balas no tomó velocidad suficiente para entrar y salir y aún le asoma por un ojo. La Policía se equivoca porque conjetura. Nadie les dice nada. Todos en esta placita de chupaderos y comedores hacen vida normal. Dos viejas ven televisión de espaldas al muerto. Una vieja lava platos en una pila. Tres niños vuelven de la escuela. Desde la segunda planta del Mercado Central, un puñado de curiosos que viven bajo el gobierno de la MS observa el cadáver que se pudre bajo el gobierno de los Revolucionarios. A solo 100 metros.

Un policía está en una punta de la plaza. Otro, a la entrada. Una patrulla ronda afuera de la plaza, entre ventas y canastos.

Converso con el policía que está a la entrada. Está asignado a seguridad pública del centro.

—Qué jodida la zona donde lo han asignado, poli —le digo.

—¡Ja! Aquí nos tienen bien controladitos —dice, y voltea a ver a la segunda planta del Mercado Central.

—¿Y cuál es la fórmula para seguir vivo en medio de estos territorios?

—No enterarse de nada, saber lo menos posible.

—Pero algunos de ustedes no piensan así. Me cuentan de un policía negro que anda en bicicleta y se dedica a detener a los pandilleros, quitarles la camisa, darles verga, robarles lo que lleven y dejarlos en zona de la pandilla contraria. ¿Le suena?

—¿Negro y que verguee mareros? Me costaría identificar solo a uno. Son un vergo los que hacen eso.

—Usted sabe, por ejemplo, que en esa esquina, ahí nomás, en la esquina de la 12a. Calle Poniente, debajo de ese árbol, en esos puestecitos la pandilla distribuye droga todo el día.

—Claro que sé. Si hay compañeros que… yo no meto las manos al fuego. Hay compañeros vinculados… algunos compañeros tienen su negocio… si yo le contara.

***

Una casa en Mejicanos. 11 de abril de 2015.

"Todo esto es un pedo de pisto", dice una vendedora joven que vende en los alrededores del mercado Central. "Yo vendía en cancha mierda", dice, en referencia a los emeese, aunque no es pandillera.

La pandilla no son los otros, es lo que está en medio. En el centro.

"Allá pagaba 20 dólares mensuales." Ahora vende en zona de La Revolución. Dice que no paga, pero que cada dos días vuelve a zona MS a los sótanos del Mercado Central a invertir unos 50 dólares en cachada. "Cuando voy me tiembla hasta el pelo", dice. Cada mañana, los sótanos del mercado se llenan de cachada. Los mayoristas, gracias al contrabando, al descarte de algunos supermercados, a pequeños errores de fábrica, a las importaciones de los comerciantes chinos del Centro, se aperan de miles de objetos iguales: papel, pasta de dientes, galletas, jugos, lejía. Los venden al por mayor a precios bajísimos: 10 jabones por un dólar. Los vendedores piden prestado a los agiotistas en la mañana, compran cachada y pagan con interés del 10% en la tarde o en la noche.

"La cachada es de ellos, de los mierda. Imaginate, si solo yo voy a invertir unos 200 dólares semanales", dice.

***

Una casa en Mejicanos. 11 de abril de 2015.

La reunión con esta vendedora es el mismo día y en el mismo lugar que con la anterior. Es solo que la primera, al saber que la segunda vende en zona MS, pidió no hablar frente a ella.

"Yo pagaba ocho dólares quincenales, pero en diciembre nos subieron, y ahora pagamos 15 dólares", dice la vendedora del mercado Sagrado Corazón. Tiene 10 años de vender en el centro. Ahora vende bajo el gobierno de la MS. En su zona, ella puede identificar a unos 15 mareros si quisiera, si no tuviera tanto miedo.

Le pregunto cuántos intentos de asesinato vio en 2014 cerca de su puesto.

Piensa medio minuto. "Me acabo de acordar de unos 30 ahorita."

Le pregunto por este año.

"Unos 10, solo en el pedacito donde estoy."

En su área hay 47 puestos. Todos pagan 15 a la quincena; 705 dólares quincenales para la MS en esa esquinita del centro.

"De la nada matan a cualquiera que parezca joven o ande así como deportivo. De entre los chicles sacan las navajas", dice. Y dice que ya casi no vende, que la gente no entra en su esquinita, que ella carga un canasto y sale a vender, pero que solo puede moverse en unas 10 cuadras. Que más arriba están los "otros bichos".

***

Restaurante Los Cebollines. Bulevar de los Héroes. 10 de mayo de 2015. Día de la madre.

Frente a mí, una familia que por más de 15 años ha vivido de vender en el centro. Frente a mí, la historia más poderosa de todas las que escuché en estos tres meses de investigación. Son seis páginas en mi libreta. Dos horas de grabación en mi teléfono. Es una historia que no voy a contar. Si la cuento, los mato.

Durante media hora buscamos juntos, la familia y yo, una manera de contarla, una forma de nombrarlos sin que su gobierno pandillero los identificara a ellos, a sus parientes que aún venden en el centro.

Tras escuchar la historia de la señora, el señor y la muchacha solo puedo decir que a ellos no les queda de otra, que lo que han decidido hacer es lo correcto. Para ellos, la pandilla está en todas partes. Gobiernan en su casa. Gobiernan en su trabajo.

Mañana se irán del país a otro país al que intentarán entrar indocumentados.

Mareros en Milán

Roberto Valencia
Abril 2016

*Las maras salvadoreñas han echado raíces en Milán, una de las ur-
bes más importantes de Europa y que acoge la mayor concentración de
connacionales fuera del continente americano. No se trata de una presencia anecdótica o de la llegada de dos que tres pandilleros, como ya se
ha reportado en otras latitudes. No. En la capital industrial italiana,
la Mara Salvatrucha y el Barrio 18 tienen estructuras estables que han
provocado ya varios muertos, y que se han convertido en un serio problema de seguridad pública para la Polizia di Stato. Incluso se ha replicado
la ruptura entre Revolucionarios y Sureños. El fenómeno es algo nuevo
y genera situaciones surrealistas, como que mientras en El Salvador el
Estado está guerreando contra los mareros, a quienes considera terroristas, el consulado en Milán vela por sus derechos humanos y procesales.*

Miles de milaneses maldijeron a Zinedine Zidane. Aquel cabezazo
incrustado en el pecho de Marco Materazzi lo repitieron en las
pantallas de la Piazza del Duomo una y otra y otra vez, con furia
creciente entre los miles de *tifosi* milaneses, furia hecha propia por
un pequeño grupo de pandilleros de la Mara Salvatrucha y el Barrio 18 que participó en el súbito acto de repulsa colectiva.

Zinedine Zidane puso fin a su carrera con una roja directa
maldecida y vitoreada por un país, Italia, que media hora después
gozó como solo un pueblo de esencias futboleras sabe gozar cuando
deviene campeón del mundo. Los salvadoreños, fascinados con la
posibilidad de sentir como propias alegrías futbolísticas ajenas, se
habían dejado contagiar por el delirio de aquella final. La vivieron
una cerveza tras otra y desde privilegiada ubicación, a los pies de la

más gigante de las pantallas, cortesía de galletas Ringo. Todos eran mareros de larga data: Loco 13, Salado, Sleepy, Mecha…

Algunos generarían sonoros titulares en la prensa italiana en los años sucesivos, protagonistas del fenómeno de "le gang latine", pero la noche mágica del cabezazo eterno solo fueron unos hinchas más de la Azzurra. Jóvenes con tatuajes irreconciliables que gozaron contra natura, ajenos por voluntad propia al odio a muerte entre sus pandillas. La noche del 9 de julio de 2006, en la prehistoria de la implantación de las maras en Milán, emeeses y dieciocheros maldijeron a Zinedine Zidane en insólita hermandad.

Aunque no tardaría en desbocarse todo… en regresar a la normalidad.

**

Para hallar huellas de las maras en Milán no es necesario perderse en los suburbios. Tiger, un pandillero salvadoreño con el que entré en contacto dos años atrás, me ha citado hoy en plaza Cadorna, tan céntrica que 15 minutos a pie bastan para llegar a Piazza del Duomo, el mero corazón de la ciudad.

"Tenemos que ir a Centrale", dice nomás verme, y trata de aparentar que no está preocupado.

Tiger aterrizó en Italia la década pasada, con veintipocos. Dieciochero desde finales de los noventa, había conocido dos cárceles como menor y otra como adulto. Como la mayoría de los de su generación que pasaron años entre rejas, su cuerpo es un lienzo, con tatuajes visibles incluso vestido como viste ahora: jeans, chumpa hasta la barbilla y gorro de lana. Esta madrugada de inicios de diciembre el termómetro bajó a -1 °C en Milán. Tiger habla perfecto italiano y… y hasta aquí. No contar más fue la condición para que me compartiera las intimidades de su pandilla. Tiger, de hecho, no es el verdadero *aka* del Tiger.

En El Salvador desempeñó un papel intermedio en una *clica* del interior del país. En Italia, sin pretenderlo, fue de los que más contribuyó a parar el Barrio 18. Hoy Tiger es un *peseta*, un traidor, alguien que en los códigos de las maras merece la peor de las muertes. Su vida es y será una escapada eterna. Pero, superada esa desconfianza respecto del extraño tan propia entre los pandilleros que han tenido la inteligencia suficiente para llegar a treintañeros, la sentencia a muerte lo convierte en una fuente prodigiosa. Los que siguen *activos* raramente cuentan interioridades relevantes de su barrio.

"Ya no le tengo amor a la pandilla —me dijo anoche, mientras cenábamos en un pueblito en las afueras—; lo que quiero, y te lo digo así de claro, es que la pandilla se vaya a la mierda, ¿va? ¡Que desaparezcan esos hijos de puta!"

En plaza Cadorna bajamos al metro, a la línea verde, y en menos de 10 minutos estamos bajo la imponente estación Milano Centrale.

***

La Mara Salvatrucha (MS-13) y el Barrio 18 (como Eighteen Street Gang) nacieron en las calles de Los Ángeles, California. También su odio a muerte. En Centroamérica, los primeros *homies* deportados se vieron muy a finales de los ochenta. Y hubo que esperar hasta bien avanzados los noventa, después de que Washington hiciera de las deportaciones un pilar de su política de seguridad, para que las pandillas angelinas se popularizaran en El Salvador.

Las *gangas* se importaron, pero son parte de la sociedad salvadoreña desde hace un cuarto de siglo. El fenómeno ha evolucionado en función de condiciones sociales, económicas y políticas muy propias. La Mara Salvatrucha de El Salvador ya muy poco tiene que ver con la Mara Salvatrucha de Los Ángeles, y es muy diferente a la Mara Salvatrucha de Honduras, a la de Guatemala o a la del sur de México.

La aparente paradoja es importante para este relato, porque las pandillas que han hecho metástasis en Milán son las de El Salvador, las más violentas, donde en torno a 2010 dejaron de ser un problema de seguridad pública para convertirse en uno de seguridad nacional. En Italia se comete un asesinato por cada 100 000 habitantes en un año; en El Salvador, más de 100, y la cuota mayor de víctimas y victimarios la ponen las maras. Cifras oficiales hablan de no menos de 60 000 pandilleros *activos* y otras 400 000 personas dependientes o simpatizantes o familiares, su colchón social, en un país de apenas 6.5 millones de habitantes.

Más allá de los números, siempre fríos, el principal distintivo de las maras en El Salvador es el de las fronteras invisibles en buena parte del territorio nacional, fronteras que separan colonias y cantones controlados por una u otra pandilla, fronteras erigidas sobre la sangre de miles.

La mitad de la población, que calza casi con la mitad más empobrecida, sobrevive bajo la ley del "Ver, oír y callar" de los mareros, un sistema de control social que afecta la cotidianidad de formas insospechadas, mucho más allá de los muertos. Un ejemplo: en 2011, dos de cada tres equipos de fútbol ya habían desechado por miedo los dorsales 13 y 18. Otro: cuando fallece un ser querido, la vela está prohibida para los familiares que residen en áreas controladas por pandillas rivales.

Pero... ¿por qué Milán, a 10 000 kilómetros de distancia? ¿Por qué no Madrid, Barcelona o Roma? Porque en Milán hay salvadoreños. Miles. Decenas de miles. Según el Ministerio de Relaciones Exteriores, no existe fuera del continente americano una comunidad tan numerosa como la radicada en Italia. La migración, además, se concentra en lo que se conoce como "il Grande Milano", que con cinco millones es la principal concentración humana del país y una de las más importantes de Europa.

El Consulado General de El Salvador en Milán atiende Lombardía, la región de la que Milán es capital. La cifra de censados ronda los 18 000, pero por tratarse de una migración con un alto componente de ilegalidad, fuentes del consulado y de oenegés surgidas de la propia comunidad no bajan de 40 000 la estimación de salvadoreños en Milán y alrededores.

"Estamos un poco habituados a los salvadoreños, porque la migración empezó en los setenta", dice Massimo Conte, investigador social. "Al principio prácticamente eran solo mujeres, señoras que vinieron a atender las casas de la burguesía italiana, con una intensa vida católica por lo general, por lo que su presencia dio una imagen muy positiva de El Salvador entre los italianos", agrega.

Hay salvadoreñas que van camino de cumplir medio siglo en Milán. Hay cientos de salvadoreños ya —miles quizá— de segunda y hasta de tercera generación. El flujo desde los setenta ha sido continuo y constante, con alzas durante la guerra civil y sobre todo en el último lustro, con la violencia generada por las pandillas como detonante.

A Italia migran salvadoreños en busca de la oportunidad que su país les niega y son recibidos por la madre, el hermano, la esposa. Migran también víctimas de las pandillas y de otros grupos violentos: huérfanos, viudas, extorsionados, amenazados de muerte. Y migran también mareros: algunos huyen de su propia pandilla, algunos otros la llevan tatuada en el corazón.

"En 2005 o 2006 encontré a los primeros de la MS-13", dice el investigador Conte, todo un referente en Italia si se quiere hablar de pandillas de origen latinoamericano, por sus estudios sobre el fenómeno durante ocho años.

Mareros dispersos en Milán hay desde que arrancó el siglo. Los hay que rehicieron su vida. Los hay que comenzaron a añorar lo pasado y a juntarse con similares, al inicio sin importar que *rifaran* la pandilla rival. Para julio de 2006, cuando el cabezazo de Zinedine Zidane a Marco Materazzi, emeeses y dieciocheros aún se divertían contra natura. Pocos meses después, una pelea en una discoteca separó para siempre los caminos de la 18 y la MS-13 en Milán.

Desde afuera resulta difícil comprender el imán del barrio cuando se ha logrado lo más difícil: huir de El Salvador. El Cholo, pandillero cuarentón que migró para romper con su pandilla, trata de explicarlo: "El pandillero que quiere seguir, siempre busca reunirse. La iglesia, el fútbol, cualquier excusa es buena cuando se echa de menos el vacile. ¿Cómo se organizan? Si llegás a un lugar donde se come pescado, te acostumbrás a comer pescado. El que quiere seguir en lo mismo ve cómo son las leyes, las costumbres… uno se adapta. Luego entrás a cometer delitos, pero sabés que de Italia te pueden deportar. Entonces, conviene ganarse a los *homeboys* en El Salvador, decirles que aquí están haciéndola de campeones, parando el barrio, para que allá los reciban bien si acaso los deportan".

***

La estación Milano Centrale es imponente por su belleza pero sobre todo por su monumentalidad: 200 metros de fachada. Justo enfrente, el Pirellone, el rascacielos más alto del país durante 35 años. Y entre Centrale y el Pirellone, la plaza Duca d'Aosta, un espacio abierto con vistosos jardines, farolas ciclópeas, turistas, bancas, ciclistas… Parece el lugar menos indicado para hallar huellas.

—'È qui' cerca —dice Tiger; a quien con demasiada frecuencia se le cuela el italiano.

La calle al costado norte de Centrale se llama vía Sammartini; discurre paralela a los rieles, separada por un viejo muro. Caminamos 200 metros desde la fachada, y ya parece otra ciudad. Otros 200, y la calle se abre para albergar un parque estrecho con una cancha de basquetbol y pequeñas zonas verdes. Los edificios ahora son bloques desiguales de seis-ocho-diez alturas, maltratados por el tiempo, en los que conviven italianos empobrecidos y migrantes. Este *parchetto* fue por años punto de encuentro del Barrio 18. Quizá aún lo sea.

En la entrada de un condominio hay un "18" pintado con plumón verde; "Pocos pero locos", dice debajo. Luce reciente. A unos 10 pasos, debajo de la pintura blanca con la que quisieron cubrirlo, se adivina un *placazo* como los que se ven en El Salvador: metro y medio de altura, aerosol… Había un gran "18" azul, y a los costados, en negro, "SPLS" y "TLS", por la *clica* Shatto Park Locos y la *jengla* Tiny Locos. "De los *locos* de Milano casi todos son Shatto Park", me dirá otro día *Tiger*.

Su teléfono vuelve a sonar.

—¿¡Y quién va a haber, mamá!? Un martes, de mañana… ¿quién va a estar?

—…

—Casi todo lo han quitado, mamá. No se ve nada. Estese tranquila.

En el *placazo* aparecían los nombres de cinco pandilleros: el Venado —muerto por una golpiza brutal que un grupo de emeeses

190

le propinó muy cerca de aquí—, el Shagy, el Caballo, el Perro y, en el lugar más destacado, el Gato.

Gato es el *aka* de Denis Josué Hernández Cabrera, dieciochero hasta el tuétano, nacido en 1984, encarcelado en El Salvador entre 2004 y 2013, inquilino del Sector 1 de la cárcel de Izalco, alineado con los Sureños tras la partición de la 18, tan enfermo por su barrio que, cuando tras cumplir condena su madre lo trajo a Italia, ni siquiera se planteó como posibilidad redirigir su vida.

"Quizá sea el único que vino cabal-cabal a parar el barrio", dice Tiger.

En septiembre de 2015 se consumó el golpe policial más contundente que el Barrio 18 ha recibido en Italia. Tras meses de seguimientos, grabaciones y teléfonos intervenidos, la Polizia di Stato detuvo al Gato junto a otros 14 *homies*, salvadoreños casi todos. Lo presentaron como "il capo", el *palabrero*. En verdad lo era. Pero su presencia significa más, algo que ni la Policía italiana alcanza a dimensionar: el Gato representa un punto de inflexión en el modelo de implantación de las maras en Milán.

"Vamos a Carbonari —me apura Tiger—, quizá queden más *placazos*."

Trata de disimularlo, pero está preocupado y mira receloso a cada figura que surge. Hace cuatro años que no se acercaba a los dominios de la que era su pandilla. En su vida de *peseta*, rarísima vez baja a Milán.

***

Cuando Deidamia Morán migró de Tonacatepeque a Milán, la Mara Salvatrucha no existía, y la 18 era poco más que algunas docenas de jóvenes latinos reunidos en esquinas y parques de Los Ángeles. Deidamia migró en 1974.

La poderosa burguesía milanesa quería mano de obra bien referenciada y barata para cuidar a sus hijos, limpiar sus casas, y la Iglesia católica canalizó esa necesidad. Empleada en la Cooperativa de la Fuerza Armada y enfermera en el Hospital de Niños Benjamín Bloom, Deidamia tenía credenciales más que suficientes, y se animó a seguir los pasos de dos amigas que se le habían adelantado. Como ellas, cientos cruzaron el océano Atlántico en busca de una oportunidad en una ciudad en la que sobraban las ofertas de trabajo poco cualificados.

Cuatro décadas después, Deidamia es un referente entre los salvadoreños de Milán. Desde mediados de los ochenta se involucró en fomentar la idea de comunidad diferenciada, para mantener las esencias de la salvadoreñidad. Al cobijo de la Iglesia católica se creó la que hoy se conoce como Comunidad Monseñor Romero, con sede en el jesuítico Centro Schuster; Deidamia fue cofundadora y su primera presidenta. Por su rol híbrido entre promotora cultural, sindicalista y política, ha sido testigo en primera fila de la implantación de las maras.

—¿Cuándo empezaron a ser un problema en Milán? —pregunto.

—Se escuchaban cosas, pero quizá como autodefensa uno se resiste a creer. El escándalo empezó… quizá cuando le sacaron el ojo al muchacho.

El domingo 13 de julio de 2008 un partido de fútbol entre salvadoreños en una de las canchas de Forza e Coraggio devino batalla campal entre emeeses y dieciocheros. Hubo golpes, ultrajes, carreras desesperadas. Lo peor se lo llevó Ricardo, un joven perseguido por una turba liderada por Necio y Pirata, la vanguardia de la incipiente Mara Salvatrucha milanesa. Lo alcanzaron tras un kilómetro de agónica carrera, y en plena calle lo golpearon-patearon-arrastraron-lincharon, le machetearon la cara, lo desfiguraron. La brutalidad del ataque, el ojo perdido, el cómo, fue un *shock* para la sociedad italiana; en la prensa se empezó a hablar de la MS-13 como la peor de las plagas importadas.

"La Policía nos ha dicho que los nuestros son más asesinos que los sicilianos."

Los nuestros, dice Deidamia con pena, lastimada por un fenómeno que puede derribar en un chasquido el buen nombre de una comunidad que costó décadas construir. Entre las actividades que organizan desaparecieron el fútbol y similares, por miedo. Deidamia incluso supo que su nombre apareció en una lista que la Polizia di Stato confiscó a unos pandilleros, como persona a la que había que extorsionar.

Los nuestros, dice Deidamia, en un arrebato de sinceridad casi imposible de escuchar en El Salvador.

Los nuestros, dice Deidamia, con el alma doliente.

***

Rara vez baja a Milán el Tiger desde que se *peseteó*, pero acá estamos, caminando de Sammartini a plaza Carbonari, 10 minutos de travesía por barrios de clase media, media-baja. Justo ahora embocamos una calle llamada vía Stressa.

—¿En Milán está dividida la 18? —pregunto.

—Sí, pero de hace poco.

En El Salvador, la ruptura del Barrio 18 en dos mitades, Sureños y Revolucionarios, fue un proceso lento y sangriento que se cocinó entre 2005 y 2009.

—Acá no había división hasta que llegó el Gato. Él vino con otra *clecha* y quiso corregir a los que habían *cagado el palo*, porque en Milano casi todos éramos arbolitos de Navidad, con la *luz verde* prendida; pocos se salvaban. Algunos locos no quisieron pagar a la pandilla y, como el Gato es *full* Sureño, y algo habían oído del *desvergue* allá, se hicieron de la Revolución.

—¿Pagar a la pandilla?

—*Aguantar verga*, por las cagadas que uno comete. Varios locos no quisieron que los *zapatearan* o tenían grandes *clavos* en El Salvador y, "a la final", dividieron la pandilla.

A escala minúscula, la historia no difiere tanto de la ruptura en El Salvador: un sector de la pandilla que rechaza las maneras como el líder ejerce su liderazgo. Las nuevas reglas del Gato, alguien forjado en la disciplina de las cárceles salvadoreñas y recién llegado, no fueron del agrado de todos. Algo parecido a lo que representó el Viejo Lyn.

—Vaya, estamos en Carbonari —me dice Tiger.

***

Dentro del enredo de cuerpos policiales —civiles y militares— del Estado italiano, las labores de seguridad pública recaen en primera instancia sobre la Polizia di Stato. Y dentro del organigrama de esta institución, la Squadra mobile de Milán —el equivalente a la delegación policial en El Salvador— es una de las más nutridas y especializadas.

En 2005 se conformó una Sección de Criminalidad Extranjera, al poco de detectarse las primeras "gang latine"; hoy son una veintena de profesionales que monitorean, estudian, analizan y contrarrestan las pandillas mediante operativos. Paolo Lisi es el responsable de la sección: "Pronto nos dimos cuenta de que la violencia entre pandilleros latinos no eran episodios esporádicos".

En Milán, por su condición de capital industrial —*ergo* polo migratorio—, surgieron filiales de las pandillas trasnacionales Latin Kings, Ñetas, Bloods y Trinitarios, y también grupos autóctonos como Comandos, Trébol o Latin Forever. Mara Salvatrucha y Barrio 18 tardaron en entrar en el radar de pandillas problemáticas de la Polizia di Stato, hasta 2008, pero hoy son la indiscutida mayor preocupación.

—La mentalidad del pandillero salvadoreño es diferente a otras nacionalidades, peor aún con los que vienen brincados de El Salvador —dice Marco Campari, uno de los agentes más experimentados del grupo.

Lisi y Campari manejan con sorprendente tino los conceptos *brincarse, clica, ranflero, palabrero, Sureños, Revolucionarios...* palabras que incluso el salvadoreño promedio tiene problemas para definir con precisión.

—La mentalidad es más violenta —apunta Lisi—. Matar a un rival es algo absolutamente normal.

—¿Creen que pueden insertarse en la sociedad? —pregunto.

—Yo no lo creo —dice Campari—. Con las otras pandillas se podría intentar algo, pero no con la Salvatrucha o la 18.

—Son diferentes a las demás —retoma la palabra Lisi—; los Latin Kings o los Trinitarios, por ejemplo, son bandas criminales, pero tienen un discurso de orgullo nacional, de solidaridad interna… Las pandillas salvadoreñas no; según mi experiencia, su mentalidad es absolutamente mafiosa.

Los operativos más mediáticos de la Polizia di Stato durante 2015 fueron contra las maras: en septiembre, el desmantelamiento de la *clica* del Gato; y en junio, la detención de un grupo de emeeses tras una pelea con empleados de Trenord, la empresa ferroviaria regional.

El jueves 11 de junio de 2015, en la estación Milano-Villapizzone, una petición de boletos a unos jóvenes que se habían colado derivó en una discusión con varios trabajadores de Trenord. De las palabras a los insultos; de los insultos a los empujones; y de los empujones a una pelea tumultuaria que terminó con un machete incrustado en el brazo de un conductor de tren, a punto de la amputación. La víctima en esta ocasión no fue un migrante pandillero más, sino un italiano, y el caso sacudió la opinión pública como ningún otro. Los agresores huyeron, pero la Polizia di Stato los capturó en días sucesivos, en poco más de medio año los juzgaron, y a tres mareros los condenaron a penas de hasta 16 años de cárcel. El italiano es un Estado firme.

Lisi y Campari están convencidos de que la Polizia di Stato ha desarrollado destrezas suficientes para contener a las pandillas en general, y al Barrio 18 y la Mara Salvatrucha en particular. Pero intuyen que el pulso recién comienza.

"Cuando apagas un fuego, quedan las brasas, ¿no? —dice Campari—. En septiembre desmantelamos la 18, pero sentimos que todavía hay brasas y que con poco se encenderán de nuevo."

Dentro de dos días, Cholo, el pandillero cuarentón, recurrirá a una metáfora similar, pero más amenazante: "La pandilla es un cáncer. Y con un cáncer a veces pasa que te lo extirpan, y uno piensa que ya está sano, pero al poco resurge… y más agresivo. Así es esto. Los italianos deberían preocuparse".

***

Me dice Tiger que Carbonari ofrecía ventajas precisas para lo que la 18 quería construir en Milán.

"Aquí se hacían los *meeting*."

Le dicen plaza Carbonari, pero es un redondel boscoso y extraño, más de 200 metros de diámetro, diseñado para que los carros puedan circular por la autopista que pasa encima. Es un espacio abierto y cerrado a la vez, que está en medio y apartado de todo. Ahora, cerca de las 11, estamos solo un indigente y nosotros dos, además de bancas, árboles, senderos adoquinados…

"Es un parque escondido y con vista a todos lados. De acá —Tiger señala a un lado— nadie puede llegar; de allá, tampoco. Si aparece una patrulla, podés escapar fácil, porque las entradas directas son en sentido contrario. Por eso aquí se hacían los *meeting*."

El *meeting*, de asistencia obligatoria, es el principal órgano de decisión de una *clica*. Cuando la 18 se quiso parar en serio en Milán, el *meeting* semanal dejó de ser changoneta y devino prioridad. En Carbonari *brincaron* y *corrigieron* como en El Salvador, con *zapateadas* de 18 segundos. Luego se aprobó el fondo común para el barrio, que obligaba a entregar cinco euros semanales al inicio, luego 10; con ese dinero se empezó a invertir en droga para revender y obtener más dinero. Luego se juntó lo suficiente para comprar alguna pistola en el mercado popular de San Donato Milanese. Y así.

El crecimiento del Barrio 18 es consecuencia de las deliberaciones de Carbonari. En el cuadrante noreste del redondel, el elegido como base, aún queda un "18" pintado con aerosol negro sobre una farola gigantesca. Han tratado de cubrirlo con pintura blanca pero con poco tino, como si la hubieran echado con un vaso. Tiger mira el *placazo* con un dejo de nostalgia.

"Deben de haber sido los contrarios, porque así nomás le han botado 'proprio' la pintura."

Maciachini, un sector con significativa presencia de la Mara Salvatrucha, está a poco más de un kilómetro.

"Vamos mejor a ver qué ondas en el Trotter."

***

Mientras en El Salvador el gobierno del presidente Salvador Sánchez Cerén ha desatado contra las pandillas una represión que linda con el terrorismo de Estado, en Italia vela por los mareros encarcelados.

"Yo llego a las cárceles, hablo con ellos, veo si les cumplen sus derechos, contacto a familiares, al abogado... Mi labor es que se cumplan sus derechos procesales."

Habla Vanessa Hasbún, la máxima autoridad del Consulado de El Salvador en Milán desde marzo de 2010 hasta junio de 2013; y desde octubre de 2015, la encargada del servicio de protección consular. Su trabajo es ayudar a los salvadoreños encarcelados, procurarles asistencia legal, contactar a la familia, garantizar que el Estado italiano respete sus derechos humanos.

La mayoría de las personas a las que Vanessa Hasbún visita son pandilleros. Conoce al Wicked, al Loco 13... estima que se habrá reunido con no menos de 20, una fracción del total.

"Adentro son bien disciplinados —dice—, pero educadoras con las que hablo me comentan que por más que trabajan con ellos, no logran montar un proyecto de rehabilitación efectivo, porque no entienden cómo funciona la pandilla."

Vanessa Hasbún busca entre sus recuerdos y rescata el caso de un joven pandillero al que, por buena evolución y conducta, lo transfirieron a Bollate, un centro de reclusión que hace honor a la palabra reeducación y que otorga amplias libertades, incluida la de salir a trabajar. Cree que él sí quiere romper con su pandilla.

"Pero los demás van a seguir; esa es mi sensación."

***

El Trotter todavía es parte de la vieja Milán, un parque centenario y entrañable. Está algo lejos de plaza Carbonari, por eso toca caminar dos que tres cuadras hasta viale Sondrio y tomar un bus anaranjado y articulado de la ruta 90, rumbo a Loreto. La 90 es la ruta más conflictiva para un pandillero porque atraviesa áreas con presencia de Latin Kings, Comandos, Mara Salvatrucha, Barrio 18... Tiger está inquieto.

—¿Cuál es la principal diferencia entre ser pandillero en El Salvador y en Italia? —pregunto.

—La *misión* —me responde, después de pensarlo unos segundos. Desde que a mediados de la década pasada las maras se radicalizaron en El Salvador, ocurrieron cambios significativos. Ya no brincan a mujeres, por ejemplo. Y para garantizar lealtad y entrega, al aspirante varón se le comenzó a exigir que primero cumpliera una *misión*: por lo general, un asesinato. En Italia no. En Italia el rito de iniciación siguió siendo la *zapateada* de 13 segundos en la MS-13, y de 18 en la 18.

—Es lo que les falta a los brincados acá: la *misión*. El único que se podría decir que la hizo es el Wicked.

Wicked es el *aka* de Eduardo Segura Fuentes, dieciochero hasta el tuétano también, aunque con una historia de vida en las antípodas de la del Gato. Wicked nació en El Salvador en 1991 y lo llevaron niño a Italia, limpio. No conoció cárceles ni creció en medio de la violencia extrema, pero eso no impidió que se apasionara tanto por el barrio que incluso logró que le dieran el pase para parar su propia *clica*: una sucursal de la Hoover Locos, de la 18.

El domingo 7 de junio de 2009, en las afueras de la discoteca Thiny, Wicked fue pieza clave en la planificación y ejecución del asesinato de David Stenio Betancourt (a) King Boricua, máximo líder de los Latin Kings-New York. En la prensa italiana el homicidio se manejó como un ajuste de cuentas entre las dos facciones de los Latin Kings (New York y Chicago), pero en el bajomundo todo se supo, y la *pegada* del Wicked supuso algo así como el ingreso de la 18 en las grandes ligas de las pandillas latinas milanesas.

—Nosotros *escueliamos* al Wicked —dice Tiger—. Que si vos sos un gran hijoeputa, que simón, que si póngase con todo, ¿va? Se lo tomó tan en serio que quizá sea el único que de verdad respetaba todas las reglas. Y por ganar más palabra se metió en lo de matar al King Boricua.

—Algo desequilibrado, ¿no?

—Noooo. Wicked no toma, no fuma... es un cuadro. ¡Lee! ¡Lee un vergo! Es un hijoeputa que estudia, una persona correcta, solo que con mente *full* pandillero. Una mente basura, alguien malo en toda la palabra, pero con vos habla como una persona tranquila, bien portado.

El Wicked simboliza la segunda hornada de pandilleros, los brincados en Italia, dependientes de internet para mantenerse conectados con las casas matrices. Un dieciochero salvadoreño pero *made-in-Italy*, el eslabón imprescindible para el arraigo del fenómeno.

Aún vamos en el bus anaranjado y articulado de la ruta 90, parados. Su teléfono vuelve a sonar.

Después de lo del Wicked, me he quedado intrigado por la fijación hacia las pandillas salvadoreñas que tienen estos jóvenes que llegaron niños a Italia.

—¿Por qué la dependencia? ¿Desde Milán se envía plata a El Salvador o algo? —pregunto.

—No, no, no... cada uno lo suyo —responde, casi ofendido—. Lo han insinuado, pero pollos pendejos tampoco somos.

—Entonces, ¿de qué le sirve a la 18 en El Salvador tener una *clica* acá?

—Que se expanda el barrio, que la 18 sea la más grande, darse el lujo. Y a los de aquí, para seguir haciendo sus pendejadas. Nunca vas a entenderlo si no has estado en esto, pero "a la final" es así la onda, ¿Cuántos locos vinimos a levantar esto? Tres, cuatro. De tres o cuatro subimos a 10, 20, 40... y hoy están el vergo de locos presos y el vergo fuera.

Con un movimiento de cuello, Tiger me hace ver que hemos llegado a *piazzale* Loreto.

***

Cuando el salvadoreño migra, el país entero migra. En el punto del globo en el que se asienta una comunidad fuerte de salvadoreños, como en Milán, se asientan las pupusas, la laboriosidad, el Torito Pinto, la Mara Salvatrucha, el azul-y-blanco, el "Los primeros en sacar el cuchillo", las cachiporristas, el Mágico González, el 15 de Septiembre, la hospitalidad infinita, la 18, el Pollo Campero, los tamales y las iglesias evangélicas *made-in-Elsalvador*, por supuesto.

La Misión Cristiana Elim, una de las congregaciones con mayor arraigo en El Salvador, tiene presencia creciente en Italia. Desde hace más de una década Mauricio Hernández es el pastor responsable de las filiales de Milán y alrededores.

"Mi función es ayudar a mis hermanos en sus problemas más íntimos", dice. Y entre esos problemas, la violencia de las pandillas ocupa un lugar sobresaliente. "Lo raro en Milano hoy es encontrar a un salvadoreño que no tiene a un familiar que pague *renta* allá", dice. Por eso, cuando se congregan oran por la paz en El Salvador, oran para que cambie la mentalidad de los pandilleros, oran a Dios y le piden que interceda por los familiares extorsionados, oran para que se frene la metástasis de las maras en Milán.

∗∗∗

Desde *piazzale* Loreto al parque Trotter por *via* Padova, un kilómetro eterno por una calle larga y estrecha que parece ser uno de los epicentros de la migración. A ambos lados se suceden bares y negocios con letreros en chino, español, urdu, árabe… Se alternan con casas de cambio, locutorios, salones de juego y locales que compran oro. No debe ser esta una zona por la que acostumbre a pasear el milanés clasemediero o de más arriba.

"No hay barrio más mierda que este —dice Tiger—; bueno, quizá Sammartini, que es zona de culeros, prostitutas y transas."

Su teléfono vuelve a sonar. No sé si esta vez es la madre o la pareja. La tranquiliza. Regresa a la plática algo cariacontecido. Justo pasamos frente a un "bar latinoamericano" llamado El Dorado, con los colores de la bandera ecuatoriana como reclamo. Es casi mediodía pero está cerrado. Unos años atrás se llamaba El Manabá.

"Este era nuestro *libadero*, 'proprio' nuestra zona. Vergazal de veces he salido yo de aquí arando. Veníamos bien enmachetados y hubo un montón de broncas acá, pero balazos nunca. Creo que porque nadie ha tenido el valor de decir: vaya, voy a comerme 30 años en la cárcel. Porque en Italia uno sabe que es clavo hecho, clavo pagado; no es como en El Salvador. Aquí cometés una cagada, la pagás y luego te deportan. Ese es el problema."

Ese es el problema, dice.

"Mirá, esta es la entrada del Trotter."

∗∗∗

La metástasis de las maras en Italia preocupa a la Polizia di Stato, y hay razones inapelables para la preocupación; sin embargo, las posibilidades de que el fenómeno termine pareciéndose al cáncer que carcome los estratos inferiores de la sociedad salvadoreña son... nulas.

El italiano es un Estado firme. La Policía hace su trabajo. Los fiscales, los jueces, los trabajadores sociales, los carceleros... la institucionalidad funciona. Hay leyes diseñadas para atajar la criminalidad organizada. La italiana es una sociedad desarmada, y sus ciudadanos en buena medida han aprendido a renunciar a la violencia para dirimir sus disputas; las maras no seducen a la juventud. Italia es miembro del G-8, el grupo de países con las economías más industrializadas del planeta. El salario promedio de un italiano es de casi 2 900 dólares. Existen, además, otros grupos del crimen organizado —lo que genéricamente se conoce como la Mafia— que, si bien hacen un uso limitado de la violencia si la referencia es el terror que generan las maras, reaccionarían contra cualquier nueva estructura que amenazara sus intereses.

"Acá en Italia los pandilleros joden solo a los salvadoreños, porque saben que con los otros países no se pueden meter, mucho menos con los italianos", dice Tiger.

Maras como las de Centroamérica —violencia como la de Centroamérica— son inviables en Italia, por la misma razón que el Barrio 18 y la Mara Salvatrucha no tienen en el país que las vio nacer, Estados Unidos, ni siquiera una fracción de la incidencia que ganaron en El Salvador, Honduras y, en menor medida, en Guatemala.

Para que las maras devengan problema de seguridad nacional, se necesita una sociedad como la salvadoreña.

***

El *parco* Trotter es un parque difícil de explicar. Hace un siglo era un hipódromo, y el circuito interno de calles y senderos conserva como eje rector el óvalo perfecto sobre el que galoparon caballos. Cien mil metros cuadrados verdes salpicados por abetos-arces-cedros y un puñado de edificios. Desde finales de la década de los veinte acoge una escuela municipal, la Casa del Sol, pensada para niños tuberculosos. Justo en medio hay un foso profundo y rectangular que algún día se usó como piscina. A pesar de su inmensidad, el parque está vallado, con horarios de apertura y cierre. Es público, pero las mañanas se reservan para los escolares. La entrada al Trotter de *via* Padova está a 40 metros del bar El Dorado.

Un señor mayor nos explica en el portón que solo en la tarde se puede ingresar, que ahora no. En un par de días yo regresaré sin Tiger para comprobar que el costado poniente de la expiscina todavía está salpicado de *placazos* de la 18, los más vistosos que veré en Milán.

Es mediodía ya, y Tiger ha quedado con su familia para celebrar el cumpleaños a la mamá. Tenemos que regresar a Loreto, salir del centro de la ciudad en la línea roja del metro, y luego él tomará un bus a Cinisello-Balsamo, en el periferia del área metropolitana. Ahí hay un centro comercial en el que opera uno de los tres restaurantes que Pollo Campero ha abierto en Milán como reclamo nostálgico para la comunidad salvadoreña.

—¿Vos sos Inter o Milán? —pregunto a Tiger, dentro del metro ya—. ¿Vas seguido a San Siro?

—¡No, ni pendejo! Se llena de salvadoreños.

Vida de *peseta*. Vive en una de las capitales mundiales del fútbol y no puede ir al estadio.

Su teléfono vuelve a sonar. Esta vez es el novio de su hermana. Le dice que está encaminado, que en un cuarto de hora. La conversación es corta.

—Era mi cuñado. Él es bien buena onda, nunca ha estado en nada de pandillas.

Tiger calla por unos segundos.

—Una vez conocí a su mamá, y no le caí bien por estas ondas, ¿va? —me señala los tatuajes más visibles—. La señora me miraba... me miraba... ¡malísimo!... n'ombre... malísimo... con cara de asco... de odio. A saber, quizá se vinieron de El Salvador huyendo de las pandillas... pero me miraba con una cara... Yo hasta mal me sentí.

202

—¿No le dijiste nada?

—¿Y qué le voy a decir? Si… "a la final"… ella tiene razón.

***

Deidamia habla con el alma doliente.

"Estuve en junio en El Salvador, en un pueblo llamado San José Guayabal, y en esos días mataron a varios en los alrededores. Matan a personas como moscas. Y el gobierno ni se hace cargo. Dicen que es alarmismo de los medios. Pero yo te digo: oíme bien… y mirame…"

Deidamia me clava la mirada, se incorpora, su alma doliente le resquebraja la voz hasta ahora firme.

"… Amo mi patria… amo mis raíces… Primera vez en mi vida que fui y me sentí prisionera… ¡Prisionera! Jamás de los jamases me dejaron ir sola a ninguna parte… jamás de los jamases. Y no es que yo quisiera protección… Si ahora me preguntás si quiero regresar a El Salvador, la respuesta es no, porque está horrible… ¡Horrible! En Italia vivo libre, y en mi patria soy prisionera."

Deidamia teme que las maras seguirán generando sonoros titulares en Milán. Más que temer, lo sabe. "He escuchado que somos 45 000 salvadoreños en Lombardía, pero somos más", dice. El flujo en los últimos años ha sido constante, cancerígeno, indetenible.

—¿Cómo evitar que esto siga creciendo, Deidamia?

—Ya es tarde —dice—. Lo que uno quisiera, y lo digo con el corazón en la mano, es que nuestra gente ya no emigre para acá.

La revolución de las ovejas

CARLOS MARTÍNEZ
Abril 2017

La facción Revolucionarios del Barrio 18 se ha partido. Pero esta vez, la división del Barrio 18 no se escribe en clave pandillera, no se trata de conflictos por poder o por dinero: la pandilla no se ha dividido apelando a la fuerza de las armas, sino a la fe evangélica. Esta es la historia de una iglesia, La Final Trompeta, y de su líder, Carlos Montano, que desafiaron todo lo que se cree saber sobre esta pregunta crucial: ¿es posible que un pandillero cambie? Y otra, incluso con potencial mortal: ¿es posible decirle adiós a una pandilla y sobrevivir?

> Ahora mismo en los cielos se libra una gran batalla entre ángeles y demonios.
>
> Pastor Nelson Moz

Al pastor Carlos Montano el alcohol todavía le circula en la sangre. Se hace de noche y sabe que no tiene sentido postergar más el castigo al que la pandilla lo ha condenado. Va como un hijo favorito caído en desgracia, sin ninguna esperanza de recibir perdón por su pecado.

Lleva puesta la bufanda con la que disimula los tatuajes pandilleros y un miedo sólido en el cuerpo, porque en el cielo hay un Dios, al que juró servir sin miramientos, y en la tierra está el Barrio 18, al que siendo un chico de 13 años le hizo una promesa similar.

No hay mucha ocasión para el trámite, así que el pastor Carlos Montano se presenta frente a la que fue su *clica* sin ceremonia alguna y todo mundo entiende que ha llegado la hora de cobrarle el agravio de jugar con los dos poderes a los que entregó su vida. Las promesas que se hacen a Dios y —en esta comunidad— las que se hacen a la pandilla, persiguen a los hombres para siempre.

Es conducido a una cancha de fútbol y va imaginándose como oveja entre lobos. El pastor Carlos Montano espera resignado a que su suerte sea echada. La pandilla nombra a los verdugos y pronuncia la sentencia previsible. Cuando todo está listo, el pastor Carlos Montano se pone de rodillas para abandonar su destino en manos de la furia de "el mundo".

QUITARLE LA PRESA AL LEÓN

En la cárcel de San Francisco Gotera la pandilla se ha partido.

En abril de 2015 esa prisión fue destinada exclusivamente a miembros de la facción Revolucionarios, del Barrio 18. Cerca de 1 100 internos ocupan ahora las celdas de ese penal. Entre ellos, poderosos líderes de la organización criminal. En octubre de 2016 casi la mitad de los pandilleros recluidos en esa cárcel tomó una decisión sin precedentes: acordaron salirse de la pandilla, así, sin más, no formar otra pandilla, no convertirse en colaboradores del gobierno, sino salirse, dejar de ser pandilleros, dejar de llamarse con apodos pandilleros, dejar de obedecer a sus líderes pandilleros de *clica* y de *tribu*, a sus *ranflas*, a las normas internas de los Revolucionarios. No uno ni dos ni 100, sino más de 400 soldados diciendo un impensable adiós.

Para que su decisión quedara formalmente asentada, convencieron al director del penal de que les permitiera vivir separados de los pandilleros activos. Tomaron sus colchonetas y sus hamacas y se largaron, hartos de vivir revueltos con el pecado que se respira en el mundo, y se apartaron a sus propios recintos: de los seis sectores en los que se divide la cárcel de Gotera, el 4, el 5 y el 6 están destinados solo para las ovejas.

Aquel rebaño era conducido por un joven pastor evangélico, que se alzó como cabeza de la iglesia de pandilleros cuando apenas tenía 20 años y que a sus 24 era piedra angular del movimiento de pandilleros cristianos de la cárcel de Gotera. Su nombre es Carlos Montano.

Pero la promesa que se le hace a la pandilla es de por vida y no bastan unos versículos bíblicos y un portazo para decir adiós. Los líderes de los Revolucionarios no se tragaron la idea de que aquellos a los que conocían desde niños como rudos *homeboys* de la pandilla 18, de pronto resultaran en mansos cristianos y que la única explicación posible para semejante indisciplina fuera el misterioso llamado de Dios. Porque los Revolucionarios llevan en su ADN la memoria de la conspiración: ellos mismos fueron un grupo de descontentos que libraron hace más de una década una revuelta contra los líderes del Barrio 18 y terminaron partiendo la pandilla en dos facciones peleadas a muerte; así que encontraron que esta división se parecía sospechosamente a ellos mismos.

Y los rumores se echaron a correr, sueltos y peligrosos, por aquellas mazmorras vengativas, saturadas de hombres acostumbrados a resolver los problemas a plomo y machete. El ambiente en la cárcel se volvió tenso y lo odios acumulados por el desprecio apuntaron hacia el pastor de aquel rebaño díscolo. Le llamaron cobarde, para insultarlo, pero también traidor, para condenarlo a la muerte.

Un mes después de la separación de los cristianos, con la herida fresca y las dudas afiladas, el pastor Carlos Montano propuso a los líderes de la iglesia llevar a cabo una misión que atajara los rumores: deberían salir del resguardo seguro de los sectores cristianos de la cárcel para hacer una visita a los pandilleros activos en sus celdas y predicarles la palabra de Dios.

"No se dijo con palabras —recuerda uno de los líderes de la iglesia—, pero nuestros ojos declaraban que teníamos miedo. Pero luego pensé que si antes estaba dispuesto a morirme por nada, ¿por qué no iba a estar dispuesto a morirme por las cosas de Dios?" Así que se preparó la misión: 35 ovejas visitarían los sectores de pandilleros activos esperando volver enteros; o volver, a secas. Le propusieron la locura al director de la cárcel, Óscar Benavides, esperando que la autorizara. Y la autorizó.

"Yo tomé esa decisión —explica el director— porque yo conozco los principios cristianos y les dije: 'No les voy a permitir que vayan a jugar una situación de hipocresía hacia Dios'. No soy cristiano pero conozco eso y les dije que tenían que hablar la verdad, sin andar con tanto miedo, porque si confiaban en Dios no les iba a pasar nada."

Benavides es un hombre campechano al que es imposible diferenciar de cualquier custodio: suele llevar botas militares y alguna camiseta manchada por labores cotidianas de mantenimiento. Está convencido de que el movimiento de ovejas es genuino y habla de la Iglesia de la Final Trompeta con el orgullo con el que se elogia al propio hijo.

"Era una situación complicada —recuerda— y me pareció bien que fueran a hablar claro [con los activos]. Temblaban un poco, y con razón. Yo les dije: 'Van a agarrar al diablo por los cuernos y no van a andar con tanta paja porque si son cristianos y los matan, ahí ya saben para dónde van: van al cielo y eso ya es ganancia'."

Los custodios abrieron las puertas del sector escogido y los misioneros entraron a aquel lugar sobrepoblado, lleno de rostros descreídos y ariscos. Y las puertas se cerraron a sus espaldas para quedar al amparo de sus propias creencias y a merced del poder terrenal de la pandilla. Los 35 se arrojaron de inmediato a cantar alabanzas y aplaudir la gloria del crucificado y gritar a voz en cuello las bondades de Dios y de su proverbial misericordia, cuyos alcances estaban por verse.

Terminado el culto, el pastor Carlos Montano, como si no hubiera ya suficiente dinamita en el ambiente, preguntó cuántos de ellos quisieran abrazar el camino de Dios y regresar con ellos a los sectores de ovejas. Y poco a poco se fueron levantando manos: primero, dos. Luego tres. Diez, 20 y 30 y 40 pandilleros dijeron haber sentido el llamado místico del Señor y que por eso o por quién sabe qué otras razones estaban dispuestos a largarse junto a los misioneros. El pastor Carlos Montano supo que no había tiempo que perder y les ordenó recoger los lujos que tuvieran a mano: una colchoneta, unos platos —si los tenían—, unos harapos, y que pusieran pies en polvorosa antes de que aquello terminara mal. Poco a poco comenzó un goteo de insultos, que terminó siendo una lluvia contra los nuevos conversos: era la pandilla perdiendo miembros de nuevo y maldiciendo el momento en que aceptaron que aquellos locos religiosos llegaran a alborotar el redil.

Los misioneros salieron de ahí haciendo un pasillo para los nuevos miembros del rebaño, mientras el coro de improperios se volvía cada vez más rabioso y amenazador. "El Señor no permitió que la boca de los leones se cerrara y pudimos quitarles la presa", recuerda un misionero.

La misión regresó triunfante a los sectores de ovejas: no solo habían vuelto intactos, sino que además le habían robado a la pandilla nuevas almas con sus respectivos cuerpos para la gloria de Dios. Y suspiraron aliviados y agradecidos de que aquellas fauces, cuyos horrores bien conocían, no les hubieran apretado los cráneos y los cuellos.

Pero algo en el pastor Carlos Montano le pedía más. Era quizá el espíritu hambriento que le quemaba por dentro; o la necesidad de dejar las cosas en blanco y negro con la pandilla. Tal vez era solo adicción a la adrenalina o llana locura, pero el pastor Carlos Montano no había concluido aquella misión. Así que le anunció al rebaño la próxima jornada: volverían al día siguiente, pero esta vez no cantarían alabanzas ni realizarían ningún culto, sino que se encararían con los líderes de la pandilla.

LA FINAL TROMPETA

Carlos Montano no es el fundador de la Iglesia de la Final Trompeta y es imposible escuchar una explicación terrenal de por qué una iglesia de expandilleros terminó llamándose con el nombre de un instrumento musical tan dramático. La única historia que se repite entre las ovejas, como un hecho incontrovertible, es que fue el propio Dios el que acudió a los sueños de una mujer para susurrarle el destino de su marido.

En el año 2009 aquella mujer fue a visitar a su esposo, encerrado en la cárcel de Izalco con una larga condena, y le dijo que el Señor le enviaba un mensaje: él sería pastor y fundaría una iglesia a la que bautizaría según el versículo que reza: "… en un momento, en un abrir y cerrar de ojos, a la final trompeta; porque se tocará la trompeta, los muertos serán resucitados incorruptibles, y nosotros seremos transformados". Y aquel hombre, llamado Nilson y conocido como el Kilo de Quezalte, así lo hizo: fundó una iglesia con ese nombre, de la que era el pastor y esperó que otros pandilleros lo siguieran. Seis lo hicieron.

La Iglesia de la Final Trompeta no ha sido el único emprendimiento religioso fundado en una cárcel, ni el único dirigido y conformado exclusivamente por pandilleros. Existe una larga historia de iglesias —particularmente evangélicas— que surgen en el sistema penitenciario. Las pandillas, todas, han tolerado y convivido con religiosos que entran a sus cárceles y con sus propios miembros que abrazan —o que dicen abrazar— la fe.

La facción Revolucionarios del Barrio 18 tenía en 2009 al menos dos iglesias prosperando en las cárceles destinadas a sus miembros: La Final Trompeta, conducida por Kilo y creada en el penal de Izalco, y Ariel, León de Judá, fundada por William Galindo —el Showy de Las Palmas—, en la cárcel de Quezaltepeque.

Ser cristiano —oveja— en una cárcel es una declaración de intenciones: por lo general, las ovejas le hacen saber a la pandilla que en la medida de lo posible prefieren verse lejos de los asuntos criminales. Y normalmente la pandilla les prodiga la aceptación burlona que se les otorga a los cobardes, sometiéndolos a una rigurosa observación y midiendo su conducta milimétricamente: si te fumaste un cigarrillo, si hacés bromas o si decís una palabrota, sos candidato a un castigo por haber intentado engañar a la pandilla y hacerte pasar por converso, por jugar con Dios y con el Diablo.

A Raúl, por ejemplo, su vida pandillera le dejó un enorme 18 tatuado en la cara y siete balazos en el cuerpo; uno de ellos le partió la pierna en medio de un tiroteo espectacular contra pandilleros de la MS-13, cuando cumplía con una "misión". Aquella vieja herida todavía lo hace cojear. Estuvo preso en cinco cárceles distintas y en una de ellas conoció a pandilleros cristianos, cuando la Iglesia de la Final Trompeta apenas estaba en sus primeros días.

"Cuando me hice cristiano no fue tan agradable, hubo una gran persecución verbal, me insultaban y me ponían apodos como comegallinas o aleluya. Pero yo me di cuenta: he perdido toda mi vida en la calle, toda mi vida, toda mi vida…", cuenta Raúl, ahora, con la entonación de un niño que sufre y con sus tatuajes a medio borrar.

Raúl tiene cinco años de estar libre y de mantenerse en la senda cristiana. Consiguió que la pandilla tolerara que se inscribiera en un programa de borrado de tatuajes: cada 15 días, Raúl asiste a una especie de clínica donde se somete a un doloroso y lento procedimiento en el que le queman la piel con láser y poco a poco los números que definen su rostro van cediendo espacio a una piel morena. "Nunca supe qué era vivir con papá y mamá —sigue—… perdí toda mi juventud con la pandilla, desde niño anduve en la calle… pero ahora tenía una mujer. Acepté ser cristiano y empezaron las persecuciones; me decían: '¿Por qué no te hiciste cristiano allá afuera?', y todos queriéndome quebrar mentalmente."

Raúl explica que un cristiano pierde en la cárcel todos sus derechos con la pandilla: "¡Pero son derechos insignificantes, puras tonteras!, por ejemplo: hay que hacer unas grandes colas para agarrar la comida y uno tiene que andar peleando su lugar porque si uno se duerme se mete otro y hay que andar peleando por la comida… si uno es oveja, uno no tiene derecho a pelear ni a murmurar, uno solo tiene derecho a callar: '¡Oveja, váyase para allá!' Se pierde el derecho a hablar fuerte y esas cosas, tonteras".

Raúl se casó con su novia dentro del penal. Justo un día después de casados, una pandilla rival le disparó a su nueva esposa en la frente mientras atendía su puesto de venta. Su matrimonio duró 24 horas y la pandilla lo volvió a probar ofreciéndole vengar su muerte: "Ellos me dijeron que me ponían carros, armas, gente fuera del penal y que nosotros no íbamos a perder. Y yo quería que así fuera, pero no pude decir que sí y eso cambió todo: se expresaban diferente de mí. Ya no me llamaban Shadow, sino Raúl, y a los nuevos que se asustan al entrar a la cárcel y se hacen cristianos les gritaban: 'Ustedes no son cristianos, en cambio a Raúl sí lo hemos visto resistir'. La pandilla, o sea Satanás, reconoce a los hijos de Dios", dice, lleno de orgullo.

En ese ambiente de fronteras ambiguas nació la Iglesia de la Final Trompeta, dirigida por el Kilo de Quezalte, creciendo a la sombra de la pandilla y tolerándose mutuamente. Aunque las prédicas de Kilo exhortaban a no cometer ilícitos, eligió no chocar de frente con la pandilla y hacer la vista gorda con su congregación, que al cabo de dos años —en 2011— sumaba ya casi 70 miembros.

Fue entonces cuando Carlos Montano llegó al penal de Izalco, siendo un muchacho de 19 años, sin ninguna experiencia en la vida carcelaria, condenado a cinco años por uno de esos delitos que no te llenan de prestigio, ni te crean un aura de rudeza en la pandilla: extorsión en grado de tentativa; en otras palabras, fue condenado por haber intentado extorsionar. Un miembro de la iglesia lo recuerda bien: "Era un bicho tímido, callado, fresón, un don nadie".

Pero su dedicación y su elocuencia lo hicieron destacar muy pronto por sobre pandilleros mucho más curtidos que él, con más años, con más tatuajes y con más jerarquía, y cuando hubo que nombrar a un pastor adjunto, resultó obvio que aquella "silla de honra" debería ser para el devoto muchachito que recién comenzaba a entender la vida en la prisión.

Mantenerse caminando en línea recta ante los ojos de toda una cárcel no es tarea fácil, ni siquiera para los pastores elegidos por el mismísimo Dios: en 2011 Kilo cometió un error —un pecado, dirían algunos— que le hizo perder el respeto de la Iglesia de la Final Trompeta y, en consecuencia, su cargo de pastor general. Nadie se atreve a mencionar aquel error y quienes más se aventuran a hablar aseguran que el pastor Kilo volvió a actuar como un pandillero activo y que ello produjo consecuencias fatales. Los detalles se guardan con celoso secreto. Actualmente Kilo es miembro de la Iglesia de la Final Trompeta desde la llanura. Es solo uno más.

El caso es que hubo que buscar un nuevo pastor general y por derecho de sucesión el puesto le correspondió al copastor de la iglesia, Carlos Montano. El chico que hacía apenas un año era un tímido don nadie, terminó al frente de la Iglesia de la Final Trompeta y desde el principio dejó claro que había llegado a incendiarlo todo.

La primera regla del pastor Carlos Montano fue que nadie que recibiera un centavo proveniente de la extorsión podía ser parte de la Iglesia de La Final Trompeta y el rebaño se alborotó incómodo, acostumbrado a la flexibilidad del expastor Kilo con esos temas.

A ello se le sumó una regla más: nadie podía aceptar dinero de alguien que recibiera extorsión. Una de las ovejas relata lo que tuvo que hacer: "Yo le dije al Barrio que ya no quería ninguna renta, que lo que yo tenía se lo dejaba a tal y a tal y que yo ya no quería tener nada que ver con eso". Y la iglesia —lo que quedó de ella— comenzó a andar harapienta y pobre. Pero la decisión le generó al nuevo pastor un aura de credibilidad y el número de fieles creció.

Carlos Montano dio otro paso: decretó que estaba prohibida toda fornicación y que las ovejas sólo podrían tener acceso carnal a sus legítimas esposas y a nadie más. Luego, piensan algunos, comenzó a írsele la mano: decretaba días de ayuno. Es decir, días en los que se probaba el temple de la iglesia rechazando todos los alimentos. "¡¿Te imaginás la reacción de la iglesia?! La comida es algo sagrado en la cárcel y le dijeron: '¿No hay comida y vos querés ayunar?' ", cuenta una de las ovejas. Pero la Iglesia de la Final Trompeta resistió y siguió creciendo.

Así llegó el año 2015 en el que las autoridades castigaron a las pandillas restringiendo en las cárceles las visitas conyugales y los reos se las ingeniaron para construir champas: cuartuchos hechos de tela que las parejas utilizaban para tener sexo durante los días de visita regular y que el pastor Carlos Montano consideró pecaminosas por no honrar la decencia del matrimonio. Así que prohibió que los miembros de la iglesia usaran las champas para tener sexo con sus esposas; lo que en la práctica se traducía en simplemente no tener sexo. Considerando que la masturbación estaba prohibida hacía ya varios años, es fácil imaginar el terremoto que la decisión del pastor causó en aquellos hombres. Una cosa es andar escaso de dinero y muerto de hambre, y una muy distinta es morirse de ese otro tipo de hambre corrosiva, y además tener que explicárselo en buen cristiano a la legítima esposa. Para muchos de los reos, aquel encuentro furtivo era el único símbolo de que su matrimonio aún existía, y renunciar a él implicaba renunciar a todo lo que le vinculaba con el mundo libre.

Wilfredo Gómez es miembro de la Iglesia de la Final Trompeta casi desde su fundación y recuerda aquella terrible prueba: "Aunque estuvieras casado era ilícito meterte a las champas, porque el matrimonio debe ser con decoro, sin mancilla, no ir a zampar a tu esposa a una champa donde hay una cortina de por medio con la otra pareja y donde hay papeles sucios, sangre, incluso excremento. Yo pasé ese proceso: Dios buscaba solidez en el liderazgo. ¿Tu mujer o la obra de Dios? Muchos renunciaron a la obra de Dios, pensando: 'Si a mi esposa no le doy yo, otro le va a dar', y decidieron meterse a la champa, caer en pecado. Mientras que otros elegimos a Dios y le dijimos que no a la carne y debido a eso Dios nos honró". Wilfredo Gómez se convirtió en uno de los líderes de La Final Trompeta y su esposa apareció un día en la cárcel para notificarle que ella no estaba dispuesta a continuar con aquel matrimonio sin poder ejercerlo y que lo abandonaba.

Así, el pastor Carlos Montano terminó llevando a buena parte de los miembros de La Final Trompeta a una de las condiciones más temibles dentro de la cárcel: la de ser un "ruso", un desgraciado al que no llega a ver ni su mujer, ni anda en la bolsa un centavo prieto con el que comprarse una golosina. Un preso al que no le queda nada. Pero la iglesia volvió a crecer.

En abril de 2015 el gobierno de El Salvador decidió transferir a todos los miembros del Barrio 18 Revolucionarios que habitaban el penal de Izalco hacia la prisión de San Francisco Gotera. Junto con la pandilla viajó también la Iglesia de la Final Trompeta y sus más de 300 miembros.

En la nueva prisión, el pastor Carlos Montano consideró que había que acelerar la separación entre las ovejas y la pandilla y pidió al director que su iglesia fuera separada físicamente del resto de internos para hacer una declaración formal: nosotros, las ovejas, renunciamos a la pandilla y nos negamos a vivir bajo el poder de su estructura. Eran ya más de 400.

LA AMENAZA DEL SILENCIO

¿Volver a los sectores de pandilleros activos un día después de haberles robado más de 40 soldados? Para ello se necesita una dosis de locura, o de fe, o un buen cálculo. El pastor Carlos Montano había juntado un poco de todo antes de tomar aquella decisión aparentemente suicida. De su locura o de su fe ya se ha dicho bastante, y de su cálculo diremos que no se basa en el conocimiento de la Biblia, sino en el de su pandilla.

Carlos Montano no fue nunca uno de los grandes nombres dentro del Barrio 18. Comenzó a *caminar* con la pandilla cuando tenía 12 años y se *brincó* al Barrio 18 a los 13, en los alrededores de la Plaza Libertad. Asegura que llegó a conducir la *clica* de una comunidad de San Salvador. Hizo una carrera breve en la estructura y por eso asesinarlo no era un asunto que requiriera muchos trámites; pero la cosa se iba complicando: la Iglesia de la Final Trompeta no solo había seducido a soldados de bajo rango dentro de la pandilla, sino también a *homeboys* de muy alta jerarquía, de mucho mayor poder que el pastor Carlos Montano y de estatura similar a la de los líderes a los que se enfrentarían. Matarlos a ellos sí requería pensarlo dos veces y por ello el pastor Carlos Montano se hizo rodear de estas influyentes ovejas en aquellas misiones temerarias.

Por otro lado, un cálculo es solo un cálculo y en estas condiciones si el cálculo es atinado, vivís, pero si se te olvidó algún ingrediente, morís a machetazos y navajazos.

De nuevo el director del penal aprobó la visita, de nuevo la celda se cerró a las espaldas de los misioneros y los líderes pandilleros salieron a su encuentro. La adrenalina era un caballo desbocado y los caballos desbocados no son aconsejables en medio de una cirugía de corazón abierto.

"Estábamos parados y empezamos a hablar sobre lo que había sucedido. Nos acusaban de haber soplado y de haber partido la pandilla. Y Montano les dijo: 'No hemos venido a pedirles permiso ni a negociar con ustedes, hemos venido a decirles lo que vamos a hacer'", recuerda Wilfredo Gómez, uno de los personajes en cuya influencia el pastor Carlos Montano había basado sus cálculos.

La celda se llenó de rumores y de acusaciones. De amenazas. El pastor Carlos Montano les anunció que las ovejas de La Final Trompeta se declaraban fuera de la pandilla y que habían decidido vivir según sus propias reglas. Y los rumores crecieron y aparecieron los primeros metales asomando su mal agüero. El pastor siguió con las decisiones ya tomadas: en cuanto se presente la oportunidad —les dijo— también nos vamos a borrar los tatuajes y, si hay ocasión, vamos a juntarnos con los hermanos cristianos de la Mara Salvatrucha. Entonces aquella celda se descompuso, infartada, al escuchar esa cuidada selección de agravios. En el lenguaje callejero de las pandillas, borrarse los tatuajes equivale a cambiarse el apellido, a abjurar de tu familia... y llamar "hermanos" a miembros o exmiembros —da igual— de la Mara Salvatrucha es olvidar la sangre que ha corrido. Una y otra cosa suelen definir un destino: la tumba.

El pastor Carlos Montano había escogido las palabras perfectas para invocar un linchamiento: "Se alteró el ambiente y Montano les dijo que si querían cobrar que ahí estábamos, que comenzaran con nosotros. Mucha adrenalina: vimos corvos, punzones, fue una cosa tremenda". Al contarlo, Wilfredo Gómez aún se encoge, como esperando el primer golpe.

Algunos quisieron cortar aquello por lo sano, o sea, matarlos en ese mismo momento: "Aprovechemos, es de darles ya", se escuchaba, y otras voces secundaban. "Pero mirá cómo es Dios de poderoso —agradece Wilfredo Gómez, señalando al cielo—, otros decían que no, que no nos mataran y declaraban que no había que meterse con las cosas de Dios... y aquí estamos."

Ninguno se atrevió aquel día a dar el primer machetazo o a enterrar el primer punzón. Lo que había que decir estaba dicho y lo que iba a pasar había pasado. Se hizo el silencio y los misioneros salieron de la celda taladrados por los ojos de la pandilla.

"Ya no hubo más palabras —cuenta Wilfredo Gómez—, luego se hizo el silencio."

De ese silencio oscuro fueron naciendo rumores que treparon las paredes de la cárcel y se esparcieron por la calle. El silencio de la pandilla puede significar, a partes iguales, un indulto o una condena de muerte.

El pastor Carlos Montano cumplió su condena el 26 de octubre de 2016, unas semanas después de haber declarado la independencia de La Final Trompeta ante los líderes pandilleros. El director del penal recuerda que Montano solicitó autorización para permanecer unos meses más dentro de la cárcel para poder consolidar su obra, pero que fue imposible concederle ese tiempo. La Iglesia lo despidió como al ungido de Dios para expandir la obra en las calles y el pastor salió con la idea de que al hacer pública la conversión de un rebaño tan grande, muchas iglesias, oenegés o, con suerte, la sociedad salvadoreña, correrían a abrazar el proyecto. Pero eso no ocurrió.

EBEN EZER

Unas 50 personas se congregan en la nave central de la iglesia Eben Ezer; la mayoría son jóvenes que cantan coros religiosos con los ojos cerrados mientras otros murmuran oraciones ininteligibles y profundas. El coro de la iglesia —equipado con una batería, bajo y guitarra eléctrica— canta alabanzas que dan cuenta de que Dios es bueno, comprensivo con la torpeza del hombre y piadoso para perdonar las ofensas.

Dos chicas que son casi unas niñas realizan danzas improvisadas, enfundadas en vestidos de colores brillantes, con faldas que llegan hasta el suelo y cuyas mangas cubren incluso las muñecas. Ellas —me explica el diácono— no bailan, sino que "danzan para la gloria de Dios", con los ojos cerrados y el rostro al borde del llanto. De pronto la música cambia y la alabanza que llega tiene un ritmo contagioso: la iglesia se llena de aplausos y los chicos más jóvenes saltan al fondo de la galera y dan vueltas con los brazos en alto, gritando la letra de la alabanza llenos —dicen— de gozo.

Esto ocurre en el corazón de la colonia Dina, a la que el expresidente Francisco Flores convirtió en el icono de las colonias controladas por pandillas cuando en el año 2003 anunció que se había inventado un plan para terminar de una vez por todas con las "maras": se paró frente a un enorme grafiti que honraba la memoria de uno de los patriarcas del Barrio 18 en el que se leía en letras góticas "RIP, Tío Barba" y anunció el Plan Mano Dura. La colonia fue tomada desde temprano por soldados y policías que revisaban, por las buenas o por las malas, casa por casa y registraban a sus anchas cada gaveta y cada ropero, mientras varios helicópteros militares sobrevolaban el perímetro para garantizar que ningún pandillero fuera a ensuciar la puesta en escena del gobierno.

Hoy, 14 años después, las pandillas se han multiplicado con febril locura y controlan cada colonia de clase obrera a lo largo y ancho del país. El expresidente Flores murió antes de que terminara su juicio por corrupción y en lugar del grafiti que conmemoraba el asesinato del Tío Barba, hay un artístico mural de un gallo colorido. Desde luego, la colonia Dina sigue viviendo bajo el puño del Barrio 18.

Entre los muchachos que atienden el culto, hay siete que llevan en el cuerpo la tinta del Barrio 18: tatuajes en el cráneo, en el cuello, en los brazos y en el pecho. Pero esta noche visten todos muy formales, como vendedores de seguros con zapatos lustrados. Todos fueron miembros de la pandilla, todos cometieron crímenes que les hicieron pasar largas temporadas en prisión y todos se han convertido al cristianismo.

La Iglesia de la Final Trompeta no abrió un agujero para salir de la pandilla: simplemente —simplemente— ensanchó ese agujero y lo hizo masivo. Desde hace décadas las iglesias evangélicas han albergado a pandilleros y se han convertido en aval de su conversión. Según un estudio publicado en marzo de 2017, realizado por la Universidad de la Florida por encargo de la embajada de Estados Unidos, el evangelismo es la principal puerta de salida de las pandillas. En la calle ha habido desde hace décadas expandilleros convertidos al evangelio, luchando en soledad por dejar de ser lo que fueron. Hay quienes en la calle se han animado a borrar sus tatuajes, jugando a la ruleta rusa con la tolerancia de la pandilla, o los tapan con bufandas o con las mangas de la camisa para poder conseguir algún trabajo. Aquellos que tuvieron mayor rango en la pandilla interceden por los nuevos conversos e intentan pasar inadvertidos. Otros testifican en público la forma en que Dios los cambió. Algunos consiguen mantenerse en la senda, y consiguen trabajos ocasionales para alimentar a su familia. Otros no.

Porque si bien convertirse en oveja permite desde hace años abrir un agujerito a la pandilla por donde escaparse, es imposible perforar el muro sólido e impermeable del Estado: no existe ningún programa público diseñado para recibir o proteger o aupar a los pandilleros que decidan abandonar sus estructuras. A los tatuados, no importa si pistola o Biblia en mano, la Policía los considerará enemigos y los perseguirá. Una y otra vez las autoridades han repetido que solo los tontos creen que existe tal cosa como un pandillero arrepentido.

Este día, dentro del grupo de expandilleros en la iglesia hay dos que recuperaron su libertad hace dos semanas: Jorge y Arnoldo, que han decidido no responder más a sus nombres pandilleros: Quinta y Blacky. Ambos pagaron una condena de 10 años por homicidio. Jorge es un hombre parco, silencioso y tímido, delgado como una rama de guayabo. En la calle, Jorge se había labrado un nombre y cuando entró a la cárcel era el responsable de su *clica*. Arnoldo, en cambio, llegó a la cárcel con una corrosiva adicción al crack y con las ganas de vivir al mínimo. Ellos son hoy el plato fuerte del culto. Ambos darán testimonio.

El pastor Nelson Moz, líder de la iglesia Eben Ezer, los anuncia llamándoles indistintamente por sus nombres y por sus apodos y ambos saltan de sus asientos para contar cómo sus vidas salieron de la oscuridad. El primero es Arnoldo, moreno y bajito. Muerto de ganas por tomar el micrófono y contarles a todos lo que fue y lo que es. Arnoldo ha aprendido a predicar y está lleno de recursos:

—¿Quién vive, iglesia? —grita a modo de entrada.

—¡Cristo! —responden todos en coro.

—¿Y a su nombre?

—¡Gloriaaaaaa…!

Y aquel muchacho surgió, iluminado, para contar una infancia atroz y una juventud llena de odio, la sensación del crack corriendo a galope por la sangre, como si fuera a hacer estallar las venas; del olor a pólvora, del vacío. "Desperdicié mi tiempo en la pandilla", dice, con un micrófono conectado a un altoparlante, en medio de la colonia Dina, donde la pandilla es la ley. Pide incesantemente que "Dios reprenda al Diablo" y se despide diciendo que Dios es real, que le ha hablado y que él ha creído lo que le ha dicho.

En seguida toma el micrófono Jorge: desde su inmensa timidez y su escaso arsenal de palabras, Jorge intenta hablar de una maravilla que es más grande que su boca y pide disculpas por no saber hablar bien y dice que él solo tiene su historia para dar y que ha venido a darla: "El enemigo me hurtó mi infancia y mi juventud —dice—, así como yo le había mentido en mi vida a los jóvenes para que se metieran a la pandilla." Cuenta su vida como puede y en voz baja va zurciendo a saltos al pandillero que fue y su encuentro inexplicable con Dios.

La iglesia los aplaude y les da la bienvenida.

El pastor general, Nelson Moz, nunca fue pandillero. Es un hombre entrado en sus cincuenta, con un bigote poblado y muy lejano a las estridencias con las que se suele relacionar a un pastor evangélico. No suele gritar en sus prédicas y es muy sopesado al hablar, elige sus palabras con calma y, aunque esta comparación seguramente le resulte odiosa, tiene más bien el aplomo de un cómodo sacerdote católico. Pero Nelson Moz está en las antípodas de ser un pastor acomodado: no son pocas las veces que la Policía le ha dejado claro que lo considera un hombre sospechoso por abrir las puertas de su iglesia a la pandilla. Tampoco son pocas las veces que la Policía ha irrumpido a mitad de la noche en su templo, sin ninguna orden judicial, a buscar hombres tatuados, a los que invariablemente ha encontrado.

En 2012 el pastor Nelson Moz conoció a un pandillero que recién salía de la cárcel y que decía ser cristiano y estar desamparado. Moz le creyó y le permitió quedarse a dormir en su oficina durante tres días que terminaron haciéndose cinco años en los que su templo se convirtió en un refugio improvisado para los *homeboys*, convertidos en ovejas en las cárceles, que al cumplir su pena elegían no volver al abrigo de la pandilla. Esa decisión le costó buena parte de su feligresía y de sus respectivos diezmos. Pero Moz está convencido de que esa es la misión que Dios le ha puesto delante.

Una vez que Jorge y Arnoldo terminan de dar su testimonio, Nelson Moz toma el micrófono y explica, una vez más, la historia de Eben Ezer: "La iglesia estaba en la comunidad pero no era de la comunidad. Pasó un tramo de la historia como en una burbuja y los muchachos echando fuego en la calle. Que un pandillero se sentara en la iglesia no estaba bien visto. La iglesia solo mantenía la parte ritual. ¡No es posible que nos vayamos a esconder a los templos", dice, haciendo una ligera inclinación en su voz calmada.

"Antes pensábamos que las misiones cristianas debían estar dirigidas a África, en busca de los no contactados por la palabra de Dios, ¡pero los no contactados están en la esquina, son los pandilleros del Barrio 18 y es nuestro deber llevarles a ellos la palabra de Dios!", ruge en un país donde nadie pronuncia en voz alta el nombre de las pandillas y en una comunidad donde ellas son la línea que divide la vida y la muerte. "Las pandillas fueron misioneros antes que nosotros, llegaron a todas las comunidades, pero no puede seguir así, nosotros tenemos que ir a esos lugares y ganar los territorios para Cristo", y los muchachos que le escuchan —chicos devotos que crecieron entre pandillas— gritan en coro "¡amén!"

Antes de terminar el culto, el pastor Nelson Moz pide a los fieles rezar por el pastor Carlos Montano, para que vuelva a encontrar la senda del Señor. Porque hay un secreto a voces que se murmura entre las ovejas: Carlos Montano, piedra angular del rebaño de La Final Trompeta, pastor de más de 400 *exhomeboys* que creyeron en su prédica y decidieron retar el poder del Barrio 18, ha vuelto a internarse en la oscuridad.

TE AMAMOS, PAPITO

Hace unas semanas ya que el pastor Carlos Montano dejó la cárcel de San Francisco Gotera, y Wilfredo Gómez, como uno de los pastores de la Iglesia de la Final Trompeta, es uno de los sostenes del rebaño después de que el pastor general saliera de prisión. Dentro de la cárcel, Wilfredo Gómez ha tenido a su cargo la conducción de más de 200 ovejas. Su mujer lo abandonó en 2015, luego de que Wilfredo Gómez decidiera cumplir las rigurosas normas sobre conducta sexual impuestas por la Iglesia de la Final Trompeta. Hace un año que no sabe nada de su mujer: las medidas extraordinarias que el gobierno ha impuesto sobre los penales destinados a pandilleros prohíben las visitas y él no ha tenido manera de saber si su esposa ha hecho una nueva vida. Hasta hoy. Mientras se cumple el papeleo que le permitirá salir como un hombre libre, Wilfredo Gómez la ve tras los barrotes de la cárcel y abre los ojos grandes como platos y la mira como a una luna llena, sin alcanzar a decir más palabras que "mi amor".

Cuando un interno sale de la cárcel, sale en ropa interior, pero el director ha tenido la deferencia de permitirle salir con su uniforme de prisionero: una calzoneta blanca, una camiseta del mismo color y unas sandalias de hule. Le retiran las esposas y unos soldados lo meten a un cuarto para fotografiarle el rostro. Le hacen quitarse la camisa y le fotografían el pecho, lleno de tatuajes pandilleros. Luego lo dejan ir.

Se sube presuroso al pick-up donde lo esperamos, y nos pide que nos larguemos lo antes posible. San Francisco Gotera es propiedad de la Mara Salvatrucha-13 y no es recomendable perder el tiempo. Dentro del penal se escuchan aplausos y gritos: La Final Trompeta tiene una sesión de bautismos.

En el carro, Wilfredo Gómez ríe como un niño romántico mirando a su esposa y a su libertad y ninguna de las dos le cabe en los ojos ni en la risa. Ha pasado una década en prisión, condenado por asalto a mano armada. No conoce El Salvador. Fue deportado de Estados Unidos en 2007 y tres meses después de llegar al país cayó preso.

"Todo está tenso, hermano —dice, mientras avanzamos—, la pandilla nos entiende como enemigos, si nos agarran, nos matan, nos han declarado pesetas y nos hacen llegar amenazas a los miembros de la Iglesia." En el mundo pandillero, llevar a cuestas el mote de *peseta* es una de las cargas más pesadas: es vivir como un traidor, que es lo mismo que vivir como un condenado a muerte.

A mitad de camino, Wilfredo Gómez hace la pregunta que se le aprieta en la garganta: "Bueno, ¿y qué fue lo que pasó con Montano?" Se hace el silencio. Ricardo, miembro de la iglesia Eben Ezer, intenta desviar el tema. Dentro de la cárcel se ha corrido la voz de que el pastor Montano ha vuelto al pecado de el mundo y la noticia ha sido una bomba que al principio solo llegó a los oídos de los líderes religiosos, pero que luego se esparció como el humo. Intentan llamarle, pero no contesta el teléfono y Wilfredo Gómez le graba una nota de voz: "Saludos, pastor Montano, te llamo pastor porque te lo has ganado, pero sos un cobarde".

Llegamos a mediodía a la Iglesia Eben Ezer, en la colonia Dina, y ya están esperándolo un puñado de ovejas que lo abrazan y lo bendicen. Ríen y se vuelven a abrazar, y Wilfredo Gómez desaparece en el traspatio para darse una ducha larga y cambiarse la ropa de prisión. Se improvisa un almuerzo al que acude el pastor Nelson Moz, y Wilfredo se maravilla con el plato humilde de un comedor de la zona. Ese trozo de pollo se le hace un manjar en la boca, y comentan con el resto lo difícil que es acostumbrarse de nuevo a los zapatos y a hablar por teléfono sin mirar por el hombro. Ríen. Y el tema vuelve a salir: ¿Qué pasó con Carlos Montano?

A sus 25 años, el pastor Montano cedió a las tentaciones con que el mundo le coqueteó: siendo un muchacho joven se dejó tentar, se dice que se emborracha y se droga con sus excompañeros de *clica*. Alguno cree que ha vuelto a activarse en la pandilla y todos saben que se ha apartado de la Iglesia, que no se deja ver desde hace varias semanas, que no contesta las llamadas, que abandonó la misión.

Ricardo vuelve a marcarle sin ninguna esperanza, para probar a Wilfredo Gómez que sus temores son ciertos, que no hay manera de que el pastor Montano conteste. El teléfono suena una vez y otra y… "Aló, ¿pastor Montano? Qué gusto saludarle, le llamábamos porque Wilfredo acaba de salir y… ¿en una hora? Sí, claro, claro, aquí vamos a estar." Vuelve a hacerse el silencio.

La Iglesia se convierte en un hervidero y los teléfonos echan humo propagando la noticia de que el pastor desaparecido ha sido encontrado y aparece un hermano más y luego otro y otro.

Carlos Montano entra al lugar con el desconcierto en la cara, sin saber qué decir ante la fiesta que se ha organizado en su honor: no le alcanzan los brazos para abrazar ni los saludos ni la sonrisa. Wilfredo Gómez lo aprieta fuerte y le dice al oído palabras que nadie escucha. Carlos Montano no sabe qué decir e intenta mantener la sonrisa mientras recibe una bienvenida que nunca acaba. Es difícil notarlo, pero el pastor Montano todavía está ebrio.

El momento inicial acaba y llega el turno de dar cuentas. Sus hermanos le hacen subir a la segunda planta. Hay mucha gente en una habitación pequeña y los rostros jubilosos del inicio se han puesto serios y severos. De pronto Carlos Montano se encuentra en el centro de un círculo nutrido y alcanza a preguntar con timidez: "¿Qué están inventando?" Roberto da un paso al frente, con su cuello ancho, lleno de tatuajes, con sus nudillos hechos de tintas indescifrables y lo señala con gravedad en medio del silencio: "Mire, lo que le queremos decir es que lo amamos, papito".

Carlos Montano intenta mantener el tipo mientras Roberto sigue: "Cualquier cosa que haya pasado tiene arreglo, Dios tiene grandes planes para usted..." Y luego Wilfredo: "No es a nosotros a los que nos debe explicaciones"; y luego, Arnoldo, bajito y humilde: "Cuando yo estaba en la cárcel usted me dio fuerzas para perseverar y ahora yo he venido a darle fuerzas a usted"; y el pastor Nelson Moz: "Yo a usted lo quiero como a un hijo"; y de nuevo Roberto: "¿Volvió a activarse con la pandilla? Díganos, de verdad que todo tiene arreglo, podemos hablar con quien haya que hablar para arreglar las cosas". Y Carlos Montano, abrumado, explica que no, que se lo habían ofrecido, pero que dijo que no. Y todos en el círculo respiran aliviados.

Carlos Montano se pone de rodillas entre sus hermanos y todos oran a gritos por él, para que recupere el camino, para que vuelva a ser la piedra angular que fue y a Wilfredo Gómez el espíritu le arrebata la calma y lo lanza a hablar en lenguas que no son comprensibles para los hombres. Al final, cuando las voces terminan, se encuentra de rodillas, emocionado y vencido, rodeado de hombres rudos con lágrimas en los ojos. El pastor se ha reconciliado con su Iglesia.

Pero haber flaqueado no solo es un agravio ante Dios, sino también ante el Barrio 18, que sabe hacer respetar la norma que dicta que no se puede jugar ni con Dios ni con la pandilla. Los devaneos del pastor Carlos Montano parecerían solo una cana al aire o la consecuencia natural de una misión tan pesada sobre hombros tan jóvenes, de no ser porque en medio está la vida y la muerte: para la pandilla es inadmisible que quien se aleja argumentando devoción cristiana, aparezca luego borracho. Es una burla y una ofensa, una prueba de que solo se usó a la religión como excusa para encubrir cobardía y traición. Le añade, sin duda, un agravante el hecho de que quien comete la falta haya apartado a 460 personas del poder del Barrio.

Esta misma noche, Carlos Montano se ha comprometido a "ir a pagar" lo que le debe a la pandilla, y cuando lo comenta nadie intenta disuadirlo, nadie lo toma con alarma. ¿De qué sirve alarmarse por lo inevitable? Mientras abraza a sus hermanos y mientras los escucha hablar de perdón y de amor, Carlos Montano tiene en la cabeza la inexorable venganza del Barrio 18.

La gran batalla

La norma pandillera para aplicar correctivos es una golpiza de 18 segundos. Cuando la falta es muy grave entonces se aplica el castigo que antecede al asesinato: 36 segundos de tortura. Carlos Montano sobrevivió la golpiza. La pandilla no descargó sobre él la guillotina y le permitió respirar. Al pastor le salvó la vida el hecho de que los Revolucionarios del Barrio 18 atraviesan un momento disperso: no hay quien asuma la autoridad nacional con la potestad —o con el valor— de absolver o condenar a los líderes de La Final Trompeta y a sus ovejas rebeldes.

El pastor Carlos Montano levantó lo que quedó de él luego de la golpiza y caminó solo fuera de aquella cancha de fútbol; recorrió la comunidad en la que fue pandillero, arrastrando su cuerpo deforme por aquellos rincones, dolorido, humillado. Consiguió llegar hasta su casa y se echó en cama. En los siguientes días, el cuerpo le cambiaría de colores y se inflamaría hasta tener una joroba morada que le recordaba, pese a todo, que estaba vivo.

En el país se hizo pública la existencia de 460 presos en la cárcel de Gotera que habían decidido renunciar a la pandilla. El director de Centros Penales le restó credibilidad a la conversión de tanto pandillero junto. Un mes después, la oficina que dirige aseguró que esos mismos pandilleros de dudosa credibilidad habían cambiado sus vidas gracias al programa penitenciario "Yo

Cambio", y el gabinete de seguridad atribuyó la transformación de aquellos mismos reos al efecto atemorizante de las medidas extraordinarias que pesan sobre las pandillas. Ninguno mencionó al pastor Carlos Montano, ninguno sabía el nombre de La Final Trompeta y, si lo sabían, no llegaron jamás a pronunciarlo durante los eventos y conferencias de prensa en las que presentaron a aquellas ovejas como su éxito.

En las calles se rumora que, ante la falta de una decisión nacional de la pandilla, algunas células están tomando sus propias decisiones: algunas ovejas han escuchado que las *tribus* de Zacatecoluca y Quezaltepeque han prohibido a sus miembros convertirse al cristianismo y han prometido asesinar a los líderes de la revolución de las ovejas. Otros han escuchado eso mismo de las *tribus* de Apopa y Lourdes. Otros, más bien, dicen saber que desde el penal de máxima seguridad de Zacatecoluca, los líderes nacionales de la pandilla han ordenado que se deje en paz a los cristianos y a las iglesias que los acogen. En fin, nadie sabe a ciencia cierta si ahora mismo la Iglesia de la Final Trompeta tiene o no una sentencia de muerte.

El pastor Carlos Montano se ha recuperado de sus heridas y ha elegido mantener un perfil bajo, mientras consigue recuperar la confianza y la credibilidad ante su rebaño. Sigue soñando con crear un albergue grande donde aquellos que salen de la cárcel puedan ser alojados mientras consiguen trabajo. Un santuario donde tengan la opción de no volver al mundo. Sigue soñando con que muchas iglesias y oenegés entenderán la importancia de que su sueño exista. Sigue sin ocurrir.

Mientras tanto, el pastor Nelson Moz y los hermanos de la Iglesia Eben Ezer organizaron un evento masivo en una colonia controlada por la Mara Salvatrucha-13 al que asistieron predicadores y ovejas que pertenecieron al Barrio 18. El pastor Moz suele ser un hombre sobrio en sus maneras, pero aquella tarde, viendo a pandilleros enemigos abrazarse y confesar su arrepentimiento, sonreía sin parar y, en un arrebato visionario, anunció: "Ahora mismo en los cielos se libra una gran batalla entre ángeles y demonios". Quizá sea cierto y lo único que está por verse es cuánto de esa batalla ancestral se derrama en la tierra.

La Mara Salvatrucha derrota a Trump en Long Island

Óscar Martínez
Noviembre 2017

Nueve brutales asesinatos de jóvenes de origen latinoamericano en Long Island, Nueva York, pusieron un montón de pueblitos de migrantes en el radar mundial. Todos culpan a la Mara Salvatrucha. El presidente Donald Trump utilizó esos homicidios para apuntalar su agenda antiinmigrante. Mientras, en esos pueblitos y lejos del escándalo mediático, la MS-13 sigue reclutando a jóvenes desamparados. Se alimenta, no muy lejos de la Estatua de la Libertad, de niños y adolescentes solitarios que no entienden el mundo al que acaban de llegar. La historia de la Mara, que décadas atrás echó raíces en Los Ángeles, se recrea en Long Island.

—¿Por qué viniste a Long Island?

Es 4 de junio de 2017. Estamos en un restaurante Subway, lejos del centro de cualquiera de estos pequeños pueblos habitados en su gran mayoría por migrantes de origen latinoamericano, muchos de ellos indocumentados. A 40 minutos está la capital del mundo, la ciudad de Nueva York, pero aquí es suburbio, extrarradio, periferia. Estamos en el límite entre North Merrick y Uniondale, ciudades dormitorio de obreros, donde las principales atracciones son centros comerciales y ferias itinerantes.

Quien responderá mi pregunta es un muchacho salvadoreño de 18 años, hijo de una tortillera, nacido en un cantón que se llama El Niño, en un caserío que se llama La Ceiba, en las faldas del volcán Chaparrastique, en el ardiente departamento de San Miguel.

—Mi mamá y mi hermana ya estaban aquí. Mi papá falleció cuando yo estaba en El Salvador. Andaba tomando cuando un carro lo atropelló. Yo no vivía con él, sino con una tía. Nos daban pija [palizas] parejo a todo mundo, porque mi tía tenía cuatro hijas más que vivían en el mismo solar. Ahí nos daban pija parejo a todos.

Es un muchacho fibroso. Aún conserva el cuerpo campesino, huesudo, de músculos anudados, forjado en milpas. Lleva una gorra de los New York Yankees y se ha puesto dos implantes dorados en los dientes delanteros superiores.

—¿Cómo fue llegar aquí con 11 años?

—La vida aquí solo es pasar encerrado como perro cuando sos inmigrante que no tenés papeles ni carro ni nadie que te dé cancha y te muestre lugares. Te sentís perdido. Mi mamá ya tiene su esposo, un salvadoreño. Se acompañaron aquí. Rentábamos un *basement* [sótano]. Los tres vivíamos ahí: un solo cuarto con cocina y baño por 900 dólares. En un pedacito yo tenía mi cama y mi ropero. Mi mamá entraba a trabajar a las cuatro de la mañana y salía a las tres. A veces dobleteaba turno y se quedaba hasta las 11 de la noche. Solo a dormir venía, y a darle al otro día a las cuatro de la mañana otra vez.

El niño de cantón rural llegó en 2010 a un lugar que no entendía, a vivir con una señora que durante años fue solo una voz en el teléfono. Ser joven era jodido en Long Island, aun antes de escuchar hablar de la Mara Salvatrucha.

—¿Qué hacías solo en el *basement*?

—Encerrado, solo viendo televisión.

El primo del muchacho lo espera afuera del Subway en una camioneta con el motor encendido. No se siente del todo seguro en esta calle. Algunos pandilleros aún creen tener cuentas pendientes con él.

—¿Cuánto tiempo pasó antes de que conocieras gente de la pandilla?

—Me enteré como al año de estar aquí de que había pandillas, pero no le di mucha importancia. Ya cuando entré a la *high school*, ahí sí. Hay de las dos letras y de los números. Todo comenzó por eso.

—Llegaste hasta chequeo de la Mara Salvatrucha, ¿verdad?

—Hasta ahí.

—¿Qué *clica*?

—Hollywood Locotes Salvatrucha.

***

Pasaron muchas cosas, se derramó mucha sangre joven, pero fueron sobre todo las que ocurrieron en dos meses las que tienen a Long Island en titulares de todo el mundo. Long Island y unas siglas: MS. Mara Salvatrucha.

El recuento de esos dos meses parece el recuento de lo ocurrido en una violenta colonia empobrecida de San Salvador, la capital de los homicidios. Sin embargo, pasó en Nueva York, en diferentes pueblitos de Long Island, no tan lejos de la Estatua de la Libertad.

El primero de esos meses fue septiembre de 2016. El lunes 12, en un pueblo llamado Mineola, mientras caminaba en la calle, fue asesinado a balazos un joven salvadoreño de 15 años, Josué Guzmán, estudiante de décimo grado. El día siguiente, un martes 13, cuando caía la noche en Brentwood, un grupo de jóvenes asesinaron con bates a dos muchachas justo afuera de la escuela Loretta Park, donde estudiaban. Kayla Cuevas era una chica de raíces dominicanas de 16 años. Nisa Mickens, quinceañera, era una de sus mejores amigas. Ambas murieron aporreadas. Sus cadáveres quedaron a metros de distancia en un área residencial afuera de la escuela. El 16, la Policía encontró el cadáver de Óscar Josué Acosta, un salvadoreño de 19 años que tenía tres de haber llegado a Brentwood. Había desaparecido el 19 de abril. Cinco días después, el 21, la policía encontró otro cadáver. Lo encontró en la misma área que el anterior, en los alrededores boscosos de un hospital siquiátrico abandonado que se llamaba Pilgrim. Se trataba del cuerpo de Miguel García, un ecuatoriano de 15 años. Había desaparecido siete meses atrás.

2016. Un mes. Cinco cadáveres.

La policía, sus informantes, los medios, todo mundo dijo: MS. Arrestaron a 25 supuestos miembros de la pandilla en Long Island. Todos, al igual que los muertos, eran adolescentes. Centroamericanos la mayoría. Salvadoreños la mayoría.

En diciembre de 2016, tras solo un mes de haber ganado las elecciones y a días de asumir como el 45° presidente de los Estados Unidos, Donald Trump tomó el micrófono y habló de lo que pasaba en esos pueblitos de Long Island. Lo hizo durante una entrevista con la revista *Time*, que acababa de nombrarlo hombre del año: "Vienen de Centroamérica, son la gente más ruda que hayas conocido. Están matando y violando a todo mundo allá. Son ilegales. Y es su fin".

El nuevo presidente volvía la mirada hacia la comunidad centroamericana y no era para nada bueno.

Los pueblitos de Long Island siguieron en la mira. Decenas de titulares se publicaron. Todos llevaban las siglas MS. Más redadas, más arrestos, más juicios.

El Servicio de Inmigración y Protección de Aduanas (ICE, por sus siglas en inglés), entre el 1° de octubre de 2016 y el 4 de junio de 2017 —ya con su nuevo líder—, deportó a 2 798 supuestos miembros de pandillas, de varias pandillas. Una cantidad inusual en ese periodo, según la misma oficina afirmó.

Todo se revolvió, y se seguía revolviendo alrededor de las mismas siglas: MS. La comunidad indocumentada de Long Island intentaba sobrevivir sacando cabeza lo menos posible. Joven, indocumentado y centroamericano se convirtió rápidamente en presunto emeese. Y por esos días, luego de que en 2014 más de 64 000 menores no acompañados entraran a Estados Unidos sin los documentos necesarios, había muchos jóvenes, indocumentados y centroamericanos en Long Island.

Cuando la tormenta empezaba a amainar, llegó el otro mes que lo cambió todo. Un solo día, más bien. El martes 11 de abril de 2017, en el pueblo de Central Islip, cinco muchachos y dos muchachas salieron a pasar el rato a un bosque, cerca del complejo recreativo del pueblo. Al poco tiempo se vieron rodeados por un grupo de muchachos enmascarados y con machetes. Todo lo contó Álex Ruiz, un joven recién llegado de El Salvador que sobrevivió junto a las dos chicas. Los otros cuatro fueron asesinados a filazos. Murió Justin Livicura, 16 años, de familia ecuatoriana, empleado de un restaurante. Murió Jorge Tigre, 18 años, que llegó con 10 años a ese país desde Ecuador. Murió Michael Banegas, hondureño que había huido de la violencia de su país hacía tres años para alcanzar a sus padres. Murió Jefferson Villalobos, primo de Michael, hondureño también, 18 años, que había llegado de visita desde Florida cuatro días antes de ser macheteado.

Un día. Cuatro cadáveres más.

En suma: en dos meses, nueve cadáveres. Para ser precisos: en cinco días, nueve cadáveres. Misma área, mismas edades, misma culpable: MS.

Las causas de los asesinatos que trascendieron en diferentes medios de comunicación eran dos. La primera, que algunos de los asesinados eran cercanos a otras pandillas y habían ofendido a miembros de la emeese. Ofensas que no pasaban de ser retos en el patio de una escuela, desafío de adolescentes. La segunda, que no habían querido incorporarse a la pandilla.

Más que antes, esos pueblos repletos de obreros e indocumentados latinoamericanos volvieron al centro del debate estadounidense, que hace eco en todo el mundo.

Esta vez Trump no solo habló. Habló varias veces. Viajó a Brentwood para hablar. "El cartel MS-13 es particularmente violento. No les gusta disparar a las personas porque es muy rápido. Leí que uno de esos animales explicaba que le gustaba cortarlos y dejarlos morir lentamente porque era más doloroso y les gustaba verlos morir… Son animales", dijo el hombre más poderoso del mundo el 28 de julio de 2017, ante oficiales de policía de los dos condados donde ocurrieron los homicidios.

La MS-13 en Long Island fue el caballito de batalla de Trump toda esa semana. Hablaba de "esos animales" y luego de la necesidad de eliminar las ciudades santuario para indocumentados. Explicaba cómo los emeese "cortan con un cuchillo" y prometía más deportaciones de hispanos. La MS encajó tan bien en los planes de deportación de Trump como en la sociedad salvadoreña de la posguerra.

Long Island sigue en el centro del debate sobre la presencia de la pandilla más sanguinaria del mundo en Estados Unidos. La MS mata de formas crueles y rebuscadas. Desmiembran, machetean, degüellan, ahorcan, violan, matan. Pero en este debate amnésico sobre cómo fue posible que se derramara tanta sangre en tan pocos días, el gobierno de Estados Unidos olvida lo que ya pasó, y magnifica —"el cártel MS13", dijo Trump— a su enemigo mientras se sube al ring contra un enclenque. La MS de El Salvador no es la MS de Long Island. Brentwood no es Soyapango. La MS de Long Island es una organización callejera de poca monta, violenta como un adolescente iracundo con un bate, y no como un cártel mexicano. Lo que hace que estos jóvenes maten en Long Island ya hizo que décadas atrás mataran en Los Ángeles. Hay que visitar Long Island para ver con claridad todo eso.

**

—Éramos como seis amigos hispanos. No éramos de ninguna pandilla. Ya en la *high school*, con 15 años. Íbamos a jugar pelota a la cancha, ahí conocimos a más amigos. Ninguno era pandillero. Pero nos buscaban para darnos duro los de las dos letras [MS], los números [Barrio 18] y las pandillas de aquí, como los Bloods... a veces estaba en clases, y pasaban los mollos [negros] hablando: "We are waiting, come on outside".

El problema del muchacho que nació allá por el volcán Chaparrastique y que ahora habla en el Subway de Uniondale no era ser pandillero. Su problema era ser joven y centroamericano. Su problema era que podía ser pandillero. Era una amenaza, pues.

Vale recordar que en Estados Unidos el universo pandilleril se extiende y el catálogo viene ordenado por razas y nacionalidades, como no ocurre en El Salvador, donde son solo iguales contra iguales. Bloods y Crips son pandillas negras. Vatos Locos, por ejemplo, es una pandilla esencialmente mexicana. Mara Salvatrucha remite a Centroamérica. En las escuelas públicas de Long Island, un salvadoreño recién llegado que use un pantalón flojo será visto con recelo por los bloods, por los crips...

La mujer india que atiende en la caja del Subway no está nada cómoda desde que el muchacho salvadoreño entró. Voy al mostrador por uno de los panes. Le pregunto si hay muchas pandillas por aquí. "La semana pasada nos asaltó uno con un enorme cuchillo", responde desganada.

Los suburbios de Estados Unidos dislocan toda la escenografía de las pandillas y la violencia que ha trascendido desde Centroamérica: barrios obreros de casitas que parecen cajas de cemento, una tras otra, solo divididas por un pasillo minúsculo y también de cemento. Aquí en los pueblos de Long Island la imagen es la de la prosperidad, lo opuesto al hacinamiento centroamericano, al menos en apariencia. Frente al Subway hay una casa con un enorme jardín frontal perfectamente cuidado. Sobre el jardín, un poni de madera con adornos azules y un cartel anunciando la llegada de un nuevo miembro: "It's a boy".

La Long Island de las pandillas no se parece ni en estética a El Salvador de las pandillas.

—¿Cómo ocurría ese acoso? —pregunto al muchacho de los dientes dorados.

—Digamos que íbamos a jugar pelota y pasaban los que eran Bloods, y nos empezaban a tirar señas y a decirnos que a la verga los hispanos y cosas así, a chingarnos. Había también unos nueve cipotillos de mi misma edad [15 años] de la [pandilla] 18. Llegaban después de la escuela, nos esperaban en los carros y nos empezaban a hacer señas con las manos y nos decían cosas. Una vez, a un amigo mío que no era nada lo mandaron al hospital. Le reventaron el codo con fierros. Los de aquí [los Bloods de Uniondale] nos querían dar verga. No nos querían ver aquí. Íbamos a cualquier calle y nos querían dar pija. Íbamos allá [Hempstead, que tiene otro gran centro comercial con cine], y lo mismo. Nos íbamos para Garden City, al *mall*, a buscar vaciles sanos y nos encontramos como a 15 dieciochos. Solo andábamos cuatro y dos morras. Un maje entra y le pega una patada a un amigo. Le empezó a decir ondas: que era pandillero, que a la mierda la MS, que lo iba a matar. Vamos afuera, vamos a darnos pija, nos decían, pero nosotros solo éramos cuatro cipotes, ellos eran 15. ¿Qué íbamos a hacer?

La historia de este muchacho es la verdadera historia de lo que pasa entre Long Island y la MS. Lejos de la idea de una gran mafia organizada controlando a sus miembros, es la historia de muchachos que llegaron a integrarse en familias a las que no conocían más que por teléfono. Muchachos que tuvieron que ir a clases especiales en sus escuelas, mezclados entre recién llegados de distintas edades, para aprender a decir *good morning*. Y en esas clases, peceras de recién llegados desde países controlados por las pandillas, los pandilleritos de la escuela veían potenciales víctimas, *hommies*, enemigos. Todos contra ellos: el idioma, los pandilleritos de sus países, los negros de las otras pandillas, el horario laboral de sus madres... y ahora, la policía, las noticias, el mismo presidente Trump.

Hacerse pandillero no parecía por momentos una decisión, sino una imposición. Sos, y no importa lo que digás.

Los pueblitos de Long Island, hay que decirlo, no son lugar para jóvenes indocumentados.

*
** *

Uniondale es un suburbio de película. Grandes casas, calles anchas, verdes jardines, enormes carros. Afuera de muchas de esas casas hay no uno ni dos, sino cuatro o seis carros parqueados. Es porque en esas casas, no solo de este pueblo, sino de los de alrededor, no vive una familia, viven cuatro o seis. Varias familias indocumentadas se apiñan en los diferentes cuartos de esas casonas que, siguiendo el cliché, invitan a hacer una parrillada sobre la verde grama. Esas casas son un cascarón de bienestar. Por dentro, muchas están a punto de estallar.

En una de las calles principales de Uniondale hay un restaurante que recién abrió este mayo. Venden tacos y pupusas, sopa de gallina y hamburguesas. Es un restaurante para migrantes. Adentro se habla español y se toma Coronas en un pequeño sótano iluminado por un foco pelón donde, por las noches, llegan mujeres gordas en diminutas calzonetas a intentar seducir a los hombres que juegan billar. Luego, les cobran. Por la compañía. Por el sexo, si es que llegan al acuerdo de irse a otro lugar o salir al callejón de al lado.

El restaurante es una estampa del Long Island migrante de estos días. El dueño tiene una década aquí. Es del departamento oriental

234

de San Miguel, en El Salvador. Actualmente tiene un problema. Alberga en casa a un nuevo inquilino: su hermano menor. El muchacho tuvo en El Salvador "problemas con las pandillas". Esa es una construcción que escucharemos muchas veces en este pedazo de Nueva York. Los padres lo enviaron a reunirse con su hermano mayor, un perfecto desconocido para el muchacho que tenía ocho años cuando su hermano migró. El muchacho recién llegado ahora tiene 16. Vino a mediados de 2015. Fue, en toda regla, uno de los menores no acompañados que entró a este país.

Empezó en la escuela de Uniondale. Se hizo miembro de la Mara Salvatrucha.

"Tuve que sacarlo de la escuela, al menos alejarlo, porque yo no tengo tiempo de andarlo siguiendo", dice el dueño del restaurante mientras destapa dos Coronas.

Ahora mismo, esta tarde de 1º de junio de 2017 el hermano mayor no sabe dónde está su pariente. "Andará en algún parque con quién sabe quién", dice. Nadie tiene tiempo de guiar en este nuevo mundo al adolescente de 16 años. O mejor dicho, sí, hay un grupo que tiene tiempo: la MS. El hermano mayor asegura que si el menor no se compone, lo echará de la casa. "A la calle, a que vea qué putas hace."

Y así se construye un pandillero en Estados Unidos.

En Long Island muchas veces parece que el problema es la pandilla, una máquina eficiente de reclutamiento, pero más bien la pandilla es la consecuencia. La causa se parece más al abandono.

Quien sí sabe dónde están sus hijos es la cocinera del restaurante. Doña Vilma tiene 44 años y es de Tacachico, La Libertad, El Salvador. Voltea la carne para los tacos de res y también las pupusas de queso mientras cuenta que vino en 2016, junto a sus hijos de 18 y 14. "Problemas con las pandillas", dice, sin dejar de ver la plancha. Le pregunto qué problemas. "Nos amenazaron por vender cogollos", agrega, y ya no explicará más. Quizá cruzaron fronteras, quizá no pagaron renta… Quizá. Doña Vilma, a diferencia del dueño del restaurante, sí sabe dónde están sus hijos. Están aquí, a la par de ella. Uno hace sus tareas de la escuela en la mesita para picar. Va del restaurante a la escuela, de la escuela al restaurante y del restaurante a la casa. El otro, el de 18, sale a algún trabajo y luego vuelve al lado de su madre a esperar que ella termine, para irse juntos al cuarto que rentan. La estrategia de doña Vilma para repeler a las pandillas en Long Island es la cercanía. No la cercanía metafórica, sino la más literal. Gran parte del día tiene a sus hijos a dos metros. En eso sí se parece Long Island a El Salvador: a falta de estados eficientes, una madre siempre ha sido el mejor antídoto ante la mara.

Los tacos los comeré yo. Las pupusas las espera para llevar un salvadoreño cuarentón que vino en 2012 a Long Island. Hizo un dinero y volvió a El Salvador. Allá tuvo "problemas con las pandillas" y regresó en 2014. Ahora piensa traer a su hija de 16, pero duda. "Dicen que aquí está jodido eso de las pandillas", apunta el hombre que tiene más de cinco años de vivir aquí. Le pregunto si alguna vez algún pandillero le ha hecho algo en Long Island. "No, pero lea los periódicos. Andan en todas partes", responde.

El restaurante tiene una nueva mesera. Es una muchacha delgada, de 18 años, de cuerpo fino y blanco, pelo teñido de rojo, que viste un cortísimo, ajustado y escotado vestido. "Es para atraer clientes", dice el dueño del local. "Ella se vino de otro pueblo de aquí, donde anduvo con los mareros. Pregúntele", sugiere el hombre.

La muchacha me lleva una cerveza. Le pregunto de dónde es. "De El Salvador", responde con el pronunciado acento boricua que ha cultivado en sus cuatro años en Long Island. Le pregunto dónde vivía. "Ahí por el monumento al Salvador del Mundo vivía", dice, en referencia a una zona de San Salvador. Le explico que soy periodista. Le cuento que quiero entender por qué los jóvenes entran en pandillas en Long Island. Digo que sé que ella estuvo cuando menos cerca de la Mara Salvatrucha. "Salí a *hanguear* [divertirme] mucho con la pandilla", dice, y se va al mostrador.

En menos de dos minutos, la muchacha pelirroja vuelve con servilletas. "Cuando vine, estaba sola —dice con el ceño fruncido—. Ellos son los primeros que te tienden la mano. Te buscan para tenderte la mano." Luego, la muchacha que llegó a este país con 14 años, se va de nuevo al mostrador y se sumerge en su celular.

236

***

La cobertura mediática habla de una MS fuerte en Long Island. La principal voz difundida en los medios, la de Trump, habla de una batalla entre el Estado y una poderosa mafia "transnacional". Sin embargo, varias otras voces de funcionarios que conocen de primera mano la situación aportan otra perspectiva: no es una batalla de nadie contra nadie, sino inutilidad pura de un Estado que no ha sabido lidiar con unos adolescentes recién llegados de países violentos. Desinterés puro.

Howard Koening, el superintendente de las escuelas de Central Islip, donde fueron macheteados hasta la muerte los cuatro muchachos en abril de 2017, dijo en declaraciones públicas que el recorte de 9 200 millones de dólares en gastos educativos para el presupuesto de este año "se convierte en una herramienta que alimenta las actividades de reclutamiento de la pandilla".

El comisionado de policía del condado de Suffolk, al que pertenece Brentwood, donde asesinaron a las dos muchachas a batazos en 2016, aseguró que entre 2014 y marzo de 2017 su condado había recibido a 4 624 menores no acompañados. Más de 90%, según datos del ICE, provienen de países centroamericanos. Menos presupuesto, más muchachos. Menos presupuesto, más muchachos que necesitan particular atención.

Incluso los datos de la Patrulla Fronteriza refuerzan la idea de que la pelea se pierde dentro de Estados Unidos. El 21 de junio de 2017, Carla Provost, jefa interina de esa institución, dijo en el Senado que desde 2012 han detenido a 250 000 menores no acompañados en la frontera con México. Solo 56 estaban bajo sospecha de tener relaciones con la MS. No se trata, insinúan los datos de los temidos patrulleros, de un problema que entra sin papeles por la frontera. Se trata de una batalla que se pierde dentro del gran país. La MS gana aquí adentro. O, visto de otra forma, el Estado estadounidense pierde aquí adentro. No todos los problemas estadounidenses vienen de afuera. No todos los males ocurren del otro lado del muro.

En mayo de 2017 un agente de la Oficina Federal de Investigaciones (FBI, por sus siglas en inglés) que ha seguido a la MS en Centroamérica y Estados Unidos, me aseguró que hay un intento de la pandilla de consolidar el programa Costa Este. Un programa es una reunión de *clicas* de la pandilla, lideradas por una sola cúpula. De consolidarse el programa Costa Este, *clicas* de Boston, Houston, Washington y Nueva York empezarían a seguir pautas similares. Sin embargo, dijo el agente, de momento la consolidación no se ha logrado. Los miembros nuevos son muy jóvenes e impulsivos. "Quieren más la vida loca", explicó. Dice que esto no es nuevo, que la alerta de un tsunami MS se enciende cada cierto tiempo en Estados Unidos. La MS en la Costa Este engorda en su base más primaria: jovencitos solos. "Perdidos", dijo el agente. "Se vienen deportaciones masivas", dijo el agente. "Volveremos a tener esta conversación en 10 años. Será igual", auguró el agente.

Tras una larga jornada donde se escucharon voces de funcionarios de Long Island, en junio de este año, un senador lo dijo más claro. "El fracaso total del gobierno en establecer un proceso eficiente y una supervisión significativa de la colocación de estos niños ha llevado a la actual crisis de la MS", dijo el senador Charles Grassley, de Iowa. Es un político del Partido Republicano, el partido de Trump.

***

"Uno de mis amigos le dijo a uno de esos vatos [de la pandilla 18] de Hempstead que cuál era su furia, que se cayera tal día aquí [a Uniondale], y que nos diéramos pija uno a uno, sin ondas de pandillas. Cayó uno al que le dicen Farruquito de Hempstead, y mi amigo le dio pija en esta misma calle, en una cancha a la que le decimos La Bombonera. Mi amigo es de Honduras", dice el muchacho salvadoreño de dientes dorados.

Aún no era emeese. No lo era él y no lo era tampoco el amigo suyo que le dio "pija" a Farruquito. Eran solo muchachos recién llegados que intentaban sacar cabeza en un lugar extraño, pero eran aplastados cada vez por otros muchachos. Hasta que se hartaron, se supieron solos, y empezaron a pelear.

"Pero a los días volvieron —continúa—. Esa vez sí nos sacaron carrera a mi amigo que había peleado y a mí. Andaban en una troca y en un Hondita. Se bajaron tres, con cadenas y bates, y nosotros sin nada. Por esos días conocimos a las dos letras. Algunos ya tenían 17, 16 años. Nos buscaban dar duro adentro de la *high school*. Les decíamos que no éramos pandilleros, que los de Hempstead nos querían dar duro, que los Blood también nos querían reventar. Los majes [de la MS] no nos creían. Pero un día, uno de ellos me dio un número de él, y dijo que cualquier problema le habláramos, que él estaba de toque."

El muchacho de las faldas del Chaparrastique aguantó casi un año el acoso de todas las pandillas. En la escuela, en el centro comercial, en el cine, en la calle, frente a las chicas. Ser joven migrante era jodido en Long Island, aún sin ser pandillero.

***

"Son el diablo, y tenemos que temerle —dice Sergio Argueta, una de las personas que más entiende lo que está ocurriendo con la MS—. Ese es el mensaje que el gobierno estadounidense quiere dar. Hay bastante exageración." Argueta es fundador de la organización STRONG y también trabajador social de una escuela pública. STRONG es una organización que trabaja, desde hace más de 15 años, con jóvenes en riesgo en Long Island. Algunos jóvenes fueron pandilleros, otros casi lo fueron, otros fueron víctimas de las pandillas y otros fueron víctimas del cliché de las pandillas. Muchos son jóvenes, indocumentados y centroamericanos: el diablo en Long Island.

"Las pandillas son un síntoma de un Estado que ha fracasado. Las escuelas donde está nuestra gente son las que tienen peores notas. En la escuela de Uniondale, donde trabajo, tenemos 2 313 estudiantes. Hay dos trabajadores sociales. Solo uno habla español. Yo soy trabajador social, pero encargado de asistencia. A mí me toca andar buscando a los que no vienen a la escuela. Cada día hay 300, 400 que no llegan. Tengo jóvenes que no se han reportado en 60, 70 u 80 días. ¡¿Cómo madres, si ando apagando un montón de fuegos, voy a asistir a esas familias?! Cuando un sistema no puede ayudar a estos jóvenes, ¿quién más? Los únicos, piensan ellos [los jóvenes], son esas pandillas, porque lo que la pandilla le ofrece… bueno, no ofrece nada, pero a esa edad parece que es mejor."

Argueta sabe. Argueta fue pandillero. Nació aquí en Long Island. Su madre, salvadoreña de un cantón de Ahuachapán, que estudió hasta sexto grado, vino en 1974, antes de que se desatara la guerra. Entre los 13 y 19 años fue miembro de la pandilla Redondel Pride en Hempstead. Hubo muertos, armas y condenas en prisiones federales para muchos de sus colegas, hispanos en su gran mayoría. Argueta sabe de lo que habla porque lo ha vivido y lo ha visto ocurrir desde hace más de dos décadas.

Lo que ocurre no es nuevo. Las voces que claman deportaciones tampoco lo son.

Argueta explica que lo que dio nivel a su pandilla, fundada por amigos del barrio, fue una serie de noticias que hablaban de la llegada de la pandilla Latin Kings a Long Island. En algunas de esas noticias, un jefe policial explicaba que esa enorme pandilla había llegado y entrado en contacto con la pequeña Redondel Pride. "*Oh, shit*, ya éramos famosos", recuerda Argueta su reacción ante aquellos sucesos. La fama les permitió crecer. Lo que ocurrió en aquellos años, principios de los noventa, se repite ahora según este miembro de STRONG.

"Lo que ha hecho este gobierno, el tipo ese, Tim Sinny [jefe de la policía en el Condado de Suffolk], es que le dieron más fama a la MS. Han servido como los reclutadores de alto nivel de la mara. Si usted es marero y quiere pertenecer a la mara más vergona, la más fuerte, que controla todo, ¿qué mejor que ser miembro de la MS?"

Argueta no niega que en Long Island se han visto cosas sangrientas como nunca antes, como que dos niñas fueran destripadas a batazos en plena calle. Sin embargo, cree que la principal razón de esto no es que una gran pandilla organizada y transnacional esté haciendo bien su trabajo, sino que ante la oleada de nuevos niños migrantes centroamericanos, las autoridades no han sabido responder: "Hacerse pandillero es un síntoma", repite Argueta varias veces.

"Algunos vienen y solo han estudiado allá tercero o cuarto grado. Otros vienen preparados, y los ponemos a todos juntos en el mismo salón de ESL (siglas que en español significan Inglés como Segunda Lengua). Sí, se unen también por protección, para tener amistades y novias, pero el mayor problema es que los hemos puesto en un solo cuarto a todos estos jóvenes con tanto trauma, y los hemos puesto en un solo cuarto donde toda la frustración que cargan se la desquitan entre ellos. Se van a hundir juntos", dice Argueta.

Y aun así, a pesar de que el sistema olvida a estos jóvenes hasta que les toca su cita en corte migratoria; a pesar de la violencia con la que aplastaron a esas niñas, a pesar de los titulares y de Trump y de Sinny, Argueta está convencido de que la MS de Long Island y la de El Salvador no tienen nada que ver.

"Aquí no se dan mucho color, y las autoridades no han perdido el control. Pueden estar 10, 15 pandilleros que se creen bien vergones, y llega la policía y salen como cucarachas. La describen como una organización terrorista internacional bien organizada, y sí hay individuos que se mantienen en contacto [con otros en Centroamérica], pero tiene que ver con las deportaciones. O Facebook. ¿Un crimen organizado donde están llegando miles de dólares? No, estos monos son pobres. Aquí trabajan cortando grama o en *car washes*. Los veteranos no quieren ya tener nada que ver con la pandilla, porque les van a dar 30, 40 años. Hubo grandes redadas en 2004 y 2007 en todo el país y esta es una de las regiones donde más capturaron miembros de la MS. Y siguen ahí. Porque las pandillas son un síntoma... La MS no es tan diferente con el joven que venía sin papá y mamá, no sabía leer ni escribir, y llegó a Nueva York en 1800, pero era irlandés", dice Argueta en referencia a las pandillas de principios del siglo XIX que se disputaban áreas de Nueva York.

Las pandillas son un síntoma, repite. El abandono se parece más a una causa, la marginación. Y una idea recalcada más: "Los mafiosos" de los que habla Trump cortan grama y lavan carros.

"Tengo una joven que cuando estaba allá [El Salvador] la violaron. Viene aquí y está la misma pandilla. Entonces ella se mete a la pandilla rival para protegerse e ir contra esa pandilla. Fuma, usa drogas y alcohol para procesar el trauma", ejemplifica Argueta.

Antes de que la entrevista termine, Argueta pide agregar un detalle. El detalle incluye a la mayoría de los jóvenes que llegan indocumentados. La enorme excepción que los políticos trumpistas olvidan hacer, a pesar de que sus propias cifras lo indiquen.

"Recordá que la mayoría de los que vienen no entran a la pandilla. Pero hay algunos que vienen y ya no tienen nada que perder."

***

"Un día salimos de la escuela y estaban tres carritos Hondita, de unos bajitos que andan ellos [los dieciochos de Hempstead]. Nos tiraron la pandilla de ellos. Yo ya me sentía cansado, siempre nosotros teniendo que correr y viviendo aquí, sin joder a nadie. Pues agarré una piedra y se la dejé ir a un hijueputa", dice el muchacho de los dientes dorados. Y repite luego como lema:

"Yo también soy macho
Yo también sé darme pija
Yo no me ahuevo".

El muchacho estaba listo. Carne de cañón para una pandilla de adolescentes en Nueva York. Perdió Estados Unidos. Perdió Trump. Ganó la Mara Salvatrucha.

***

No sería este un texto justo sobre jóvenes en Long Island si solo habla de jóvenes pandilleros. De la minoría.

"Somos del departamento de La Unión [El Salvador], del municipio de El Carmen. Somos agricultores. Sembramos maíz, frijoles", dice el mayor de los hermanos, de 21 años.

A su lado, en el restaurante de postres en el pueblo de Westbury, está su hermano menor, de 20. El mayor estudió hasta sexto grado. El menor, nada. Sembraron desde niños.

Dejaron su país un 24 de agosto de 2016. Su hermana, que vive en Long Island desde hace 20 años, pagó a un coyote 7 000 dólares por cada uno. Ellos estaban resignados a vivir y morir como pobres. Su opción era trabajar seis días a la semana, de 6 a 11 de la mañana, en tierra ajena, por 36 dólares, y solo durante la estación lluviosa. Seis dólares al día. Pero la Mara Salvatrucha no les permitió continuar con su precaria vida de campesinos.

"Querían que sembráramos marihuana, para ellos venderla. Nosotros les íbamos a sembrar y cuidarla, así como hacíamos con el maíz: cuidarlo. Querían que sembráramos droga en medio de las milpas. Nosotros somos cristianos evangélicos. Nosotros no podemos hacer eso", explica el mayor.

Muchos de sus días arrancaban con una golpiza a las 5:30 de la mañana, cuando caminaban hacia las milpas ajenas que hacían crecer. Un 10 de agosto de 2016 los amenazaron con pistolas. El 15, los hermanos fueron a denunciar a la subdelegación policial de El Carmen.

"Ellos [los policías] dijeron que fuéramos a enseñarles quiénes eran. Nos subieron a la patrulla, pero nos llevaron a un callejón algo solo, se llama El Cacho. Eran dos policías. Nos arrodillaron y nos preguntamos por qué no habíamos aceptado la propuesta. Porque vamos a la iglesia. Comenzaron a pegarnos patadas. Nos amenazaron diciendo que nos iban a obligar a cooperar. Nos dejaron ahí. No hallábamos a quién pedir ayuda", dice el mayor.

Los hermanos se encerraron en casa. Pero el 20 tuvieron que trabajar. Con un salario de seis dólares al día, las reservas duran poco.

"Estábamos esperando que abrieran una tienda como a las 5:30. Era una camioneta gris, los mismos policías, pero vestidos de civil. Varios vieron cuando ellos nos tiraron al suelo y ahí mismo nos esposaron. Nos subieron al carro, nos encapucharon. Nos llevaron a una casa sola. Cuando nos bajaron, estaban los pandilleros. Comenzaron a preguntarnos otra vez lo mismo. Respondimos que no, que creemos en Dios. Se enojaron con tanta furia que ahí sí nos golpearon fuerte. Puñetazos, patadas, en el suelo nos tiraron. Eran cuatro pandilleros y esos dos señores policías. Nos descargaron varios tiros cerca. Dijeron que la próxima vez sí nos iban a matar si no cooperábamos", dice el mayor.

Así se ve la Mara Salvatrucha en El Salvador. Es más una especie de gobierno paralelo, con mucho más control sobre la gente, en tantas ocasiones, que el mismísimo gobierno. Allá sí es una mafia. De pobres, pero mafia.

Un amigo los llevó a la clínica del municipio. Estuvieron dos días en observación, para determinar si no tenían sangrado interno. Eso fue el 20. El 22 empezaron los arreglos con el coyote. El 24, a las cinco de la mañana, su travesía de un mes inició. Cruzaron el río Bravo un día de septiembre a las ocho de la noche. Caminaron tres días por el desierto. Eran 14. Llegaron solo 11. Tres señoras de Honduras no pudieron más. Se quedaron sentadas esperando que alguien las encontrara. "Eran gorditas, bien gorditas", dice el menor de los hermanos.

El grupo fue descubierto, según el mayor de los hermanos, por culpa de un migrante mexicano que se durmió en uno de los breves descansos. El grupo caminaba todas las noches y parte de los días hacia una antena. La antena, recuerda el salvadoreño, "como que iba caminando para atrás". El cansancio era mucho. El mexicano, al despertarse y verse rezagado, corrió, gritó que lo esperaran. Siete carros de la Patrulla Fronteriza aparecieron de la nada. Y a la una de la mañana, tras tres días caminando, su intento terminó.

Entonces les pasó lo que les pasa a miles cada mes. Primero, a las hieleras, cuartos desalentadores donde viven su primera detención los migrantes. Cemento frío como castigo por migrar. Después fueron trasladados a un centro de detención a esperar su deportación. Pero los hermanos contaron lo que aquí se ha contado y, a los 15 días, un juez les dio una fianza. Si querían esperar en libertad la respuesta a su proceso de asilo, los campesinos que ganaban 36 dólares semanales tenían que pagar 12 000 dólares.

—¿Quién pagó? —pregunto.

Los dos hermanos hacen el mismo gesto. Se inclinan, remangan sus pantalones y dejan ver el aparato tamaño cargador de celular que llevan enganchado a sus tobillos.

—Esto es por parte de una empresa. Ellos me andan controlando donde sea que esté. Pueden verme —dice el hermano mayor.

Esto no tiene que ver nada con la Mara Salvatrucha. Hay cosas, sin embargo, que un periodista no debe evitar contar una vez que las sabe.

Los hermanos, desde que huyeron, asumieron una deuda con su hermana de 7 000 dólares cada uno. Catorce mil dólares debían los hermanos antes de empezar a cortar grama en Long Island. La vida no estaba como para pagar una fianza de 12 000 dólares por cabeza a los Estados Unidos. Entonces entran las compañías de fianzas. En la historia de estos hermanos entró Libre by Nexus. Por más enredo y melodrama con que lo expliquen en sus páginas de internet, estas empresas no son sino usureros de la migración. Las fianzas de 24 000 dólares por los dos hermanos las pagó Libre by Nexus. Eso quiere decir que cada hermano no solo debe 7 000 dólares a su hermana, sino también 12 000 dólares a Libre by Nexus. O sea, cada hermano, antes de poder siquiera podar un jardín, debe 19 000 dólares. Aun falta, porque Libre by Nexus tiene que ganar un poco también en el país de la libertad. Por eso, la empresa cargará 20% más de la fianza a cada hermano: 2 400 dólares más por cabeza. Cada hermano, antes de siquiera empuñar una cuma en Estados Unidos, debe 21 400 dólares. Pero la cosa no termina ahí. ¿Cómo va a estar segura Libre by Nexus de que unos pobres hermanos campesinos de La Unión pagarán su parte, sus 28 800 dólares? Entonces, Libre by Nexus le traba un GPS en el tobillo a cada hermano. Pero en esta tierra nada es gratis. Libre by Nexus no regala gepeeses, los alquila. Cada hermano tiene que pagar 420 mensuales a Libre by Nexus por el alquiler de sus negros gepeeses. Si el juicio de los hermanos tarda, digamos, un año en ocurrir, ellos deben pagar 5 040 dólares a Libre by Nexus por el GPS. Si lo rompen, son 3 800 dólares. Cada hermano, antes de siquiera oler la grama estadounidense, debe a Libre by Nexus y a su hermana 26 440 dólares, si se trata de un año; 31 480 dólares, si se trata de dos… Y así, hasta pagar, conectándose todas las noches dos horas a la electricidad, para que el GPS de Libre by Nexus no se descargue y la empresa pueda saber dónde está su dinero, dónde están sus campesinos salvadoreños.

Libre by Nexus, con oficinas en 22 ciudades, se presenta como parte de una "organización religiosa". No les basta hacer lo que hacen, sino que en su página web se describen casi que como monjitas de la caridad: "Existen muchas historias de horror sobre familias que pasan dificultades para pagar la garantía para fianzas de inmigración. Hemos conocido familias que se han visto obligadas a vender todo lo que tienen para pagar la garantía para un familiar. Hemos visto familias forzadas a ir a sus comunidades a rogar a la gente para que usen su propiedad como garantía. Y, desafortunadamente, hemos visto innumerables detenidos deportados porque no pudieron pagar su fianza y salir de la custodia. Libre by Nexus representa la esperanza que esto nunca tenga que pasar de nuevo. Innovamos constantemente nuestros servicios para ayudar a más detenidos en crisis. Estamos aquí para ayudarle. ¡Contáctenos hoy!"

Libre by Nexus hizo que la hermana de ellos firmara como respaldo. Si ellos no responden, ella responderá.

—Gracias a Dios, estamos trabajando en grama, yarda se llama aquí —dice el menor de los hermanos.

Arreglan jardines como empleados de una compañía. Ganan 100 dólares diarios de siete de la mañana a 5:30 de la tarde.

—Ustedes huyen de la MS, pero dicen que aquí está la MS. ¿Han visto a alguno? —pregunto.

—No —dice el menor.

—¿Hay algún lugar al que les dé miedo salir?

—No —dice el menor.

—¿Cuál es la diferencia entre aquí y El Salvador?

—Que aquí podemos salir. Allá, no —dice el mayor.

Los mismos datos de la Patrulla Fronteriza lo dicen. Jóvenes como estos son la mayoría de los que vienen. Jóvenes que destripan muchachitas con bates son la ínfima minoría. Sin embargo, así funcionan las cosas, no es noticia que un joven honesto corte grama para pagar miles de dólares a una empresa y vivir. Sí es noticia que jóvenes destripen a unas muchachitas. De una cosa no habla un presidente; de la otra, sí.

**

El escritor francés Georges Perec escribió en su libro póstumo *Lo infraordinario*: "Me parece que lo que más nos atrae siempre es el suceso, lo insólito, lo extraordinario: escrito a ocho columnas y con grandes titulares. Los trenes sólo comienzan a existir cuando descarrilan... Es necesario que detrás de los acontecimientos haya un escándalo, una fisura, un peligro, como si la vida sólo pudiera revelarse a través de lo espectacular, como si lo convincente, lo significativo, fuera siempre anormal".

***

—Cuando le cayó la pedrada, salió el maje para abajo con el carro, a esperarnos. Ya habíamos llamado a los de la MS. Nosotros andábamos cuatro amigos, y de la MS llegaron tres. Ellos [los dieciocho de Hempstead] andaban como unos siete. Ellos andaban cosas. Nosotros no andábamos nada. Los de la MS sí andaban cadenas y bates. Esos locos no amagaron: del primer vergazo creo que mandaron a uno al hospital, porque le agarraron con la cadena la cabeza. Esos majes [los dieciocho] llamaron a la policía. Tres de mis amigos cayeron presos —continúa su relato el muchacho de los dientes dorados.

Su primo sigue afuera del Subway con el carro encendido.

—Uno de los que cayó preso era Jeustin, ¿verdad? —pregunto.

—Sí. En ese entonces lo acusaban de haberle pegado con una piedra en el estómago a uno de los dieciocho. Lo soltaron en ese entonces, pero ya después...

Todo ese acoso ocurrió entre 2015 y 2016, en la *high school* de Uniondale. Los gritos de los muchachos negros que se decían crips y bloods: te esperamos, ven afuera. Las patadas en los centros comerciales frente a las chicas a las que cortejaban. El acoso desde los Honditas afuera de la escuela. Todo eso fue mucho y terminó en esa pedrada, pero sobre todo en ese telefonazo. Cuando el muchacho de los dientes dorados y su amigo de ascendencia hondureña Jeustin, de 16 años en ese momento, pensaron en pedir ayuda, solo pensaron en dos letras: MS. Los únicos que habían ofrecido responder. Los únicos que habían dicho: llamame, yo llego en tu ayuda. Los únicos: la MS de Uniondale. Los Uniondale Locos Salvatrucha y los Hollywood Locos Salvatrucha del mismo pueblito.

Dos años de *high school* tuvo el Estado para hacer la misma oferta al muchacho y a Jeustin: llamame, yo llego en tu ayuda. Pero no pasó. Ni a víctimas ni a victimarios. La madre de Kayla, una de las muchachas asesinadas a batazos en Brentwood en 2016, dijo a la agencia France Press: "Mi hija sufrió *bullying* por dos años [por parte de un pandillero] y la escuela no hizo nada, absolutamente nada".

"Son niños matando a niños", dijo la misma mujer a *El Diario de Nueva York*.

No mafias ni cárteles: niños.

El muchacho de las faldas del Chaparrastique dice que su relación con la policía estadounidense, desde que es adolescente, es la de un sospechoso con su perseguidor. "Joven, salvadoreño, en camiseta y con gorra de los Yankees, para ellos es marero, aunque no tengan nada contra vos. Te paran a cada rato, y no creás que te van a decir: '¿Sos un cipote estudioso?' Te pueden ver bien vestidito y lo primero que te van a decir es: '¿Sos de la mara?' Aquí todos son de la mara", explica. Las autoridades en Long Island pensaron que persiguiendo a todos encontrarían a algunos. Nunca pensaron que persiguiendo a todos, todos les temerían.

Aquel día, el muchacho de dientes dorados y Jeustin fueron apoyados por la MS. Sintieron en Long Island lo que significaba ganar por primera vez. Ser cazador y no presa. Tener 15 años y ser por primera vez el temido. Tiene que ser una sensación total. Desde entonces, anduvieron con la MS. Eso no significa que se juntaron en sótanos con una mafia a planificar robos de alto nivel. Significa que empezaron a andar con jóvenes de sus mismas edades que abiertamente se decían emeeses. Fumaban marihuana en parques. Juntaban 20 dólares semanales para comprar bates y cadenas. El *palabrero* de la Hollywood Locotes, el Demon, era un muchacho de 18 años, y ya está deportado a El Salvador. Sí hay pandilleros veteranos en Long Island, y *clicas* fundadas hace más de una década. Sin embargo, la mayoría de los jóvenes, de los recién llegados, de esos de los que Trump habló, los que salieron de la *high school* hartos del acoso, no conocen a esos veteranos.

Durante meses, y aún ahora, esos emeeses fueron los amigos del muchacho del Chaparrastique. Fumaron juntos, tomaron juntos en los parques, jugaron billar, pelearon contra "las chavalas" (dieciochos), "los sangritas" (bloods), "las cangrejas" (crips) y "las vacas locas" (vatos locos). Fueron fuertes juntos, y temidos. Cuando iban al cine, nadie los molestaba. Ahora, quienes molestaban eran ellos.

El muchacho de los dientes dorados se alejó, no de la pandilla en primer lugar, sino de la *high school*. Demasiada tensión, demasiados problemas, y su madre de 55 años preocupada día con día. Empezó a trabajar en techos y empaquetado de productos, y le pareció que había posibilidades de ganar dinero, y que esa vida podía ser mejor que la vida de bates y cadenas. Siempre frecuenta a sus amigos, pero alejarse de la escuela le cambió la vida.

Jeustin, aquel muchacho que también fue defendido por los mareros contra los dieciocho de Hempstead, tuvo un destino distinto.

En la foto del 18 de enero de 2017, que apareció en varios medios, está con los brazos atrás, el gesto serio, la mirada perdida. Cada uno de sus brazos está sostenido por un oficial de la policía, hombres grandes y blancos que sostienen a un muchacho moreno y delgado de 17 años a punto de entrar a la corte y ser acusado de tres cargos relacionados con el asesinato de otro joven. La policía asegura que el 13 de diciembre de 2016, alrededor de las 11:30 de la noche, Jeustin y otro muchacho llegaron en bicicletas, rodearon a un grupo y dispararon tres veces con una pistola semiautomática 9 mm. El otro muchacho disparó contra un grupo en la avenida Fenimore, de Uniondale. Jeustin, aseguran, gritaba: ¡La Mara, La Mara! Una de las balas alcanzó la cabeza de Alexon Moya, otro muchacho de 16 años. Murió tres días después en un hospital.

Un muchacho víctima de las pandillas que se hace de una pandilla para protegerse de otras pandillas y que luego perseguirá a otros muchachos que serán sus víctimas y buscarán a otra pandilla para protegerse de esa pandilla.

Podría ser Los Ángeles en 1980, con las mismas siglas, MS, pero ahora le toca a Long Island, tres décadas de incomprensión después.

Dice el muchacho de los dientes dorados que la semana pasada, junto con su madre de 55 años, su sobrina de nueve y su novia, fueron a unas ruedas en el pueblo de Levittown. Compraron pases especiales de 50 dólares, que les daban derecho a todas las ruedas.

Querían subirse a cada una, y él lo había pagado con lo ganado tras una ardua semana de arreglar techos. Se subieron a tres. La tercera era una chicago común. Dejaron las ruedas más extravagantes para el final. Irían poco a poco. Desde las alturas de la chicago, el muchacho de los dientes dorados vio abajo cómo se reunían uno, dos, tres, cuatro, cinco muchachos… latinos como él. Con sus miradas, lo seguían. Lo veían dar la vuelta entera. Las vueltas terminaron. Cuando bajó, eran ocho. "No andaba nada. Me zampé las llaves del carro entre los puños. Lo que toque, dije. Eran las vacas locas, los Vatos Locos que les dicen, de Hempstead. Chapines y hondureños eran esos pendejos", recuerda el muchacho de los dientes dorados. Su mamá preguntó: "¿Verdad que vas a tener problemas?" Los vatos locos rifaban su barrio con las manos. "Mejor vámonos a comer a otro lado, mamá", dijo el muchacho de los dientes dorados. Los pases de lujo quedaron desperdiciados. Al muchacho del Chaparrastique le ha quedado un odio adentro. Le arruinaron un domingo perfecto.

Dice que ya no quiere saber nada de pandillas, pero que, si lo siguen buscando, como aquella tarde en el parque de diversiones, ya sabe a quién va a llamar.

"Ya sé quiénes van a poner el pecho por mí", dice.

AUSENCIA DE ESTADO

Un Western llamado Honduras

Daniel Valencia Caravantes
Mayo 2013

Solo en el país más violento del mundo la ciudad es demasiado peque-
ña para que en ella quepan dos policías con mucho poder, con muchos
recursos, con mucha rabia. Un exdirector de la Policía acusa al director
de turno de haberle matado a su hijo. Al final, uno de los dos tiene que
huir, y Honduras, con sus muertos de cada día, sigue siendo el mismo
país de siempre que rueda al despeñadero.

Me sorprende que las puertas estén abiertas de par en par, y entro, nervioso, mientras un grupo de comensales disfruta su comida.
Mastican, me observan, y por un instante ya nunca me despegan
la vista. Lo mismo hacen tres mujeres que doman una plancha de
metal, ubicada en la cocina. Ellas solo desvían la mirada cuando
unas chuletas de cerdo, que salpican aceite, avisan que ya están listas. Atravieso el pasillo que separa a las cocineras del grupo de comensales y me dirijo al fondo del salón. Una cámara de seguridad,
colgada en la pared, graba mis movimientos. Llego a un pequeño
cubículo resguardado detrás de una gruesa reja metálica. La reja es
un muro hecho con barrotes igual de gruesos e imponentes como
los que hay en las cárceles. Al cabo de unos minutos, desde detrás
del muro de barrotes aparece uno de los ocho empleados que lo escuchó todo. El Testigo está nervioso, pero que haya salido me hace
sospechar que es una persona curiosa. Sin duda el Testigo es una
persona curiosa. No todos los días, a este lugar, llega un desconocido para preguntarle qué escuchó la noche en la que asesinaron al
hijo del exdirector de la Policía Nacional de Honduras.

Una chica más joven se acerca al Testigo, le quita de la mano mi credencial y, sonriente, bromea: "No le crea —dice al Testigo—, para mí que este señor es investigador de la Policía". El Testigo toma uno de los barrotes y me parece que lo aprieta, mientras se deshace en preguntas que le den alguna certeza de que, de verdad, yo no soy Policía, y que, de verdad, las intenciones que me han traído aquí, a esta cumbre ubicada en las afueras de la ciudad de Tegucigalpa, dos meses después del crimen, no son malas.

Luego de deshacerme en explicaciones, el Testigo accede a contarme lo que escuchó y lo que vio cuando habían cesado los disparos, la noche del domingo 17 de febrero. Por un instante pienso que el Testigo y sus compañeros de trabajo son gente valiente. Mientras subía por la carretera, dejando atrás el bullicio de la ciudad y los desfiladeros de estas cumbres, imaginé que el comedor estaría cerrado, amén de que después de un incidente como el que ocurrió aquí, quizá la gente convierta a estos lugares en sitios apestados, proscritos, de mala suerte o mala muerte. Uno se imagina que el repudio hacia un establecimiento apestado, marcado, responde a que si pasó algo horrible una vez, quién quita que vuelvan a caer los muertos una vez más. Pero platico con el Testigo y me doy cuenta de que esto no tiene nada de valentías, sino de sobrevivencias. Y así como ocurre en las cantinas que evocan las películas sobre el viejo oeste estadounidense (en donde siempre se abrirán las puertas al siguiente día, por más que se alcen las pistolas, truenen las balas y caigan los muertos), lo mismo pasa en Honduras. Aquí los homicidios son tan naturales como el día y la noche: después de uno siempre viene el otro, y lo que toca es cerrar las puertas, limpiar la sangre, abrir de nuevo las puertas y después sobrevivir.

El domingo 17 de febrero fue asesinado, adentro de este comedor, Óscar Ramírez, de 17 años, hijo del penúltimo director de la Policía hondureña, el general Ricardo Ramírez del Cid. Hasta que finalizaron los dos días de investigaciones, en los que la Policía barrió la escena del crimen, el Testigo y sus compañeros pudieron lavar los charcos de sangre, pintar las paredes, proteger el mostrador y el resto del salón con una gruesa reja de barrotes de hierro, parecida a las rejas que hay en las cárceles.

Una semana después del incidente, que conmocionó al país, que enfrentó al padre de la víctima con el director actual de la Policía, Juan Carlos "el Tigre" Bonilla, el Testigo y el resto de empleados continuaron con su rutina natural. Mientras, afuera en la calle, en *Tegucigalpa Town*, dos altos oficiales de Policía se declaraban la guerra. A la vieja usanza de los vaqueros, retándose. Desde fuera, sin contexto, uno se haría la idea de que en esta historia hay un *sheriff* bueno y un *sheriff* malo. Pero el problema con la Policía hondureña es que, en los últimos tres años, ha demostrado que es capaz de poseer muchas zonas grises, y de dar muchas sorpresas.

El exdirector Ricardo Ramírez del Cid, un hombre de *ojos claros*, pelo cano, de buenas maneras y voz campechana, denunció que el actual director le diezmó, poco a poco, su escolta de seguridad; y que eso invariablemente lo llevaba a una conclusión: está involucrado en el asesinato de su hijo. El actual director, Juan Carlos "el Tigre" Bonilla, un hombre recio y moreno —ojos negros, con un rostro rudo, como esculpido en roca, que recuerda a las mexicanas cabezas olmecas—, respondió que nada era cierto, pero se sabe que reforzó su propia escolta de seguridad en medio del escándalo. Pasó de tener un escolta, su chofer, un hombre de su entera confianza, a ser perseguido por dos pick-up atiborrados de agentes Cobra, la élite antidisturbios de la Policía. Quizá a los oídos del Tigre llegó el rumor de que Ramírez del Cid buscaba venganza. En la primera noche de la vela de Óscar Ramírez, en la funeraria San Miguel Arcángel —una funeraria exclusiva para militares y policías—, el exdirector de la Policía estuvo a punto de ordenarle a su gente que le amarraran al Tigre, cuando el Tigre llegó a ofrecer sus condolencias. "Él estaba en el área ese día. Y todavía cuando llegó a la vela mis amigos no lo iban a dejar entrar y si yo ahí pido que me lo amarren, ahí mismo me lo amarran", declaró Ramírez del Cid cinco días después del crimen.

Ajeno a estos duelos, el Testigo y el resto de empleados del comedor, tres días después del crimen, siguieron vendiendo unas grasientas chuletas de cerdo a la plancha. Le pregunto qué estaban haciendo el muchacho y sus escoltas antes de que los mataran.

—Las chuletas son la especialidad aquí. Habían pedido el plato especial de chuletas (para tres personas).

Las víctimas estaban sentadas frente a las puertas del negocio. Una táctica de seguridad de los Cobras: nunca dar la espalda a la calle. Cuando los atacantes irrumpieron en el negocio —por la puerta, abierta de par en par— Óscar Ramírez comía en medio de sus guardaespaldas. Por un instante, la víctima cruzó miradas con sus asesinos.

***

Óscar Ramírez era un joven querido por su familia y por sus compañeros. Quienes le conocieron dicen que se manejaba en la vida con el mismo porte, la misma amabilidad y la misma educación que su padre, Ricardo, el exdirector de la Policía, un general con un perfil de investigador sin par, entrenado para saber moverse como saben moverse los hombres formados para que dirijan las oficinas de inteligencia de los gobiernos. Un espía. En Honduras, quienes creen conocerle la vida profesional a Ramírez del Cid, ocupan el mismo epíteto: "Él es un espía. Quizá el mejor espía que tiene el país", me dijo un alto comisionado, ahora alejado de los entuertos de la corporación policial.

Un año antes del crimen, el 13 de enero de 2012, Ricardo Ramírez del Cid vestía de gala. Cargaba un uniforme azul impecable, un sombrero con el escudo de la policía bordado en el frente y unos brillantes zapatos negros. Estábamos reunidos en la cancha de fútbol del cuartel general de los Cobras, la unidad élite antidisturbios de la Policía. Ramírez del Cid celebraba la conmemoración del 130° aniversario de la corporación. Él y sus invitados se protegían del sol en unas gradas techadas. Al otro extremo del campo, francotiradores hacían posta en un muro de escalada en el que se entrenan los agentes. Más al fondo, en la punta de un cerro, sobresalía una barriada de pobres.

Tras la celebración, me acerqué a Ramírez del Cid para preguntarle qué opinaba sobre lo que decían de él. Para ese enero arrancaba su tercer mes al frente de la institución. Entre los pasillos del Congreso hondureño, de la Casa Presidencial y del gabinete de Seguridad corría otra presentación que se antojaba como un reto inmenso: él era la carta de presentación con la cual el entonces secretario de Seguridad, Pompeyo Bonilla, intentaba lavarle la cara a una Policía sacudida por escándalos de corrupción, y por tener entre sus filas a ladrones, extorsionistas, policías coludidos con el narcotráfico y policías convertidos en asesinos.

—Perdone que lo moleste tanto…

—¿Verdad que me estás molestando? ¡Deja de molestarme, ja, ja, ja!

—Dicen que usted es un hombre de inteligencia, que sabe cómo se mueven las cosas en la Policía, que por eso lo llamaron a dirigir la corporación, porque sabe quién anda en malos pasos.

—Ese tipo de comentarios, lejos de abonar, comprometen. Yo lo que hago es aplicar la ley, y como oficiales profesionales que somos, me nutro de un grupo de asesores, con conocimientos necesarios, para aplicar la ley en el marco de la depuración que estamos haciendo.

Óscar Ramírez, el hijo del exdirector de la Policía, era líder de un grupo evangélico y le gustaba jugar fútbol. Se reunía con sus amigos en el club deportivo anexo al instituto privado en el que estudiaba: Del Campo International School, una escuela a la que tienen acceso solo los hijos de la élite hondureña. El club deportivo anexo a la escuela destaca porque entre sus filas ha tenido a jóvenes que han formado las filas de las selecciones nacionales Sub 17 y Sub 20. Pero destaca, principalmente, porque la cancha de fútbol, con medidas oficiales, está hecha de grama sintética. Ahí ya se ha visto entrenar a la selección mayor de Honduras, cuando acampa en Tegucigalpa.

El domingo 17 de febrero de 2013 Óscar venía del club deportivo, cuando en el camino pidió a sus escoltas que se desviaran de la ruta hacia su casa para comprar comida. A Óscar lo acompañaban Abraham Gúnera y Carlos Lira Turcios, dos Cobras. Dos pistoleros con placa, entrenados para defender y para atacar. Ellos siempre le seguían los pasos, y la relación entre protegido y protectores era tan amena que cuando salían de paseo, aunque los agentes siempre recomendaban pedir para llevar, Óscar les insistía en que comieran con él, en los restaurantes, juntos. Quizá nunca imaginó que alguien sería capaz de atentar en contra del hijo de un exdirector de la Policía. Eso es algo que tampoco su padre imaginaba. Eso es algo que, a Honduras, una vez más le ha dejado un mensaje muy claro: la violencia que hunde a este país —el más violento del planeta, con una tasa de 85 homicidios por cada 100 000 habitantes— ya no afecta solo a la base de la pirámide social. Y cuando la denuncia, una vez más, apunta a la institución que se presume debe protegerlos a todos, pareciera entonces que de verdad Honduras está con el agua hasta el cuello. "Yo estaba rodeado en la misma Policía de un montón de gente adversa. Yo creía que nunca me iba a hacer una cosa de esas y como le digo: ¡cuando tengo la duda de dónde viene, me duele más, pue!", dijo Ricardo Ramírez del Cid al programa *Hable como Habla*, una semana después del crimen.

Valdría la pena pensar, entonces, que aquella noche Óscar quizá se resistía a luchar contra el miedo que pueda acarrear vivir las 24 horas custodiado por unos matones. A lo mejor solo quería sentirse, una vez más, como un joven normal. Por eso de camino a casa prefirió pasar a ese comedor, en donde se degustan unas grasientas chuletas de cerdo, y no a cualquier otro restaurante de mayor prestigio. Chuletas acompañadas de tajadas de plátano. Eso comían cuando fueron asesinados. Habían cancelado, en lempiras, el equivalente a siete dólares; y masticando estaban, cuando las puertas del comedor, abiertas de par en par, fueron atravesadas por un grupo de hombres armados.

—¡Al suelo, hijos de puta! —recuerda el Testigo que gritó uno de ellos. Esas fueron las cinco palabras que desataron una escandalosa balacera. Cinco sujetos, desde la entrada, se batían en duelo con dos guardaespaldas, parapetados detrás de una mesa. Todos disparaban a matar.

***

Ramírez del Cid, por su trabajo profesional, sabe bien quiénes son los líderes del crimen organizado en Honduras. En cada departamento, en cada municipio, en cada ciudad grande.

Ramírez del Cid sabe también quiénes son los jefes de las maras, y cómo operan en cada ciudad.

Ramírez del Cid sabe también quiénes son los policías que están en bandas organizadas, operando con el crimen organizado, o que tienen su propia banda.

Las tres oraciones anteriores en realidad van de corrido, y quien las pronunció lo hizo con la contundencia, con la cadencia, y con la entonación lo suficientemente clara, como para que lo que dijera sonara como un eco, una repetición de la misma idea: Ramírez del Cid es un hombre que maneja mucha información y sería irónico que se quede de brazos cruzados. Alfredo Landaverde, un hombre con voz de abuelito, pronunció esas palabras el 1° de noviembre de 2011, día en el que el general espía fue juramentado como director de la Policía.

Alfredo Landaverde era un asesor de seguridad del gobierno hondureño, un hombre curtido en batallas por la depuración policial, y al que todos buscaban para que repitiera que los problemas que la Policía —y el país entero— sufre en buena parte son por culpa del narcotráfico y el crimen organizado. Landaverde pronunció esas palabras en el programa *Frente a Frente*, uno de los programas de entrevistas de mayor *rating* en Honduras. Aquel 1° de noviembre de 2011, mientras Landaverde esculpía en una roca el perfil de Ramírez del Cid, la producción del programa coló la imagen del rostro con ojos claros del general. En ese primer plano, el director espía cargaba en la cabeza un quepis de color azul oscuro.

Landaverde era quizá el hombre que mejor conocía quién era quién dentro de las filas de la policía hondureña. Lo que él decía casi nunca se cuestionaba. Tenía una hoja de vida demasiado extensa y documentada como para que alguien dudara de lo que él estaba diciendo.

Fundador de la democracia cristiana hondureña, Landaverde, para 2011 con 71 años, integró a finales de los ochenta y principios de los noventa una comisión modernizadora del aparato de seguridad, con poder y respaldo presidencial y del Congreso hondureño. El principal logro de esa comisión fue separar a la Policía del ejército hondureño, que en las últimas dos décadas había convertido a la seguridad pública del país en un aparato de contrainsurgencia y represión. En aquella comisión, Landaverde era uno de los líderes, seguido por un nutrido grupo de políticos y hasta por el cardenal José Rodríguez Maradiaga, hoy coordinador de la reforma de la Curia Romana en el Vaticano.

Tras su paso por esa comisión, Landaverde se convirtió en asesor de la Secretaría de Seguridad, creada a mediados de los noventa. Más tarde, en la primera década del nuevo siglo, se convirtió en mano derecha del llamado zar antidrogas de Honduras, el general Julián Arístides González, jefe de la Dirección de Lucha contra el Narcotráfico. Por ese trabajo, dicen quienes lo conocieron, el 7 de diciembre de 2009 fue asesinado el zar antidrogas. Dos hombres que conducían una motocicleta lo interceptaron en una de las salidas de la ciudad capital y lo acribillaron a balazos. Exactamente dos años más tarde, a Landaverde le ocurriría algo con unas coincidencias descabelladas.

***

Cuando Ricardo Ramírez del Cid juramentó, la Policía hondureña tenía una imagen destrozada. Dos semanas antes, el asesinato a sangre fría de dos jóvenes universitarios, a manos de un grupo de policías de la posta policial de La Granja, de Tegucigalpa, había conmocionado al país. Sobre todo porque Alejandro Vargas era el hijo menor de la rectora de la Universidad Autónoma de Honduras, Julieta Castellanos, una mujer con mucha presencia en la élite política hondureña, exfuncionaria de las Naciones Unidas, una de las piezas clave en la Comisión de la Verdad que denunció las violaciones a los derechos humanos tras el golpe de Estado de 2009.

La Secretaría de Seguridad ya estaba al tanto de que la cúpula policial que precedió a Ramírez del Cid estuvo involucrada en ese crimen. Estos oficiales eran el entonces director de la Policía, José Luis Muñoz Licona (exmilitar, denunciado desde los años ochenta por pertenecer al temido batallón contrainsurgente 3-16); el director de la División Nacional de Investigación Criminal (DNIC), Marco Tulio Palma Rivera (exmilitar, un hombre sin tibiezas para hablar de que la solución para la violencia de Honduras era "acabar con los pandilleros. Prenderles fuego"); y el jefe de la región metropolitana, José Balarraga (denunciado por tener nexos con bandas de narcotraficantes en la zona noroccidental del país. A Balarraga lo denunció el que fuera jefe policial de la frontera norte de Honduras, Juan Carlos "el Tigre" Bonilla, quien más tarde se convertiría en el director de la Policía, en el sucesor —y enemigo— de Ramírez del Cid).

Las pruebas en contra de esos oficiales conducían hacia un mismo camino: permitieron que los autores materiales del asesinato escaparan. Pompeyo Bonilla, el secretario de Seguridad, removió a esa cúpula para no entorpecer las investigaciones, y para limpiar la casa se llevó consigo a un hombre de inteligencia, quizá creyendo que era el perfil que más necesitaban, en ese momento, la Policía y el país. No faltaron quienes criticaron la medida, sobre todo porque Ramírez del Cid, dijeron, también tenía un rosario de cuentas pendientes. En enero de 2012 el entonces jefe de Asuntos Internos de la Policía, comisionado Santos Simeón Flores, declaró al *Miami Herald* que contra Ramírez del Cid tenía cuatro casos —no especificó qué casos— y múltiples quejas de subalternos por abuso de autoridad.

En enero de 2012, cuando Ramírez del Cid organizó la celebración del 130° aniversario de la Policía, le pregunté qué opinaba de los señalamientos en su contra, y en contra del que para esas fechas era su director de tránsito, Randolfo Pagoada, investigado desde hacía un lustro por sus posibles vínculos con el narcotráfico en la zona norte de Honduras.

—Los nombramientos de los jefes de Policía le competen al ministro de Seguridad y no a mi persona. Es una pregunta bastante complicada, no porque yo no puedo dudar de la honorabilidad de los oficiales… Creo que hay otra forma de preguntar las cosas, y si estamos en los puestos es porque algún mérito tenemos.

En vida, Alfredo Landaverde había sugerido que si Ramírez del Cid manejaba tanta información, sería extraño que con él al frente la depuración policial no avanzara. Sin embargo, desde Ramírez del Cid hasta la fecha, la persecución contra oficiales ligados a delitos es un secreto que solo conoce la Dirección de Evaluación de la Carrera Policial, el director de la Policía en funciones y el secretario de Seguridad en funciones. Ellos no revelan nada.

Pero regresemos a noviembre de 2011. Ramírez del Cid apenas llevaba dos semanas al frente de la Policía y tenía un gran crimen a cuestas, junto al incremento de la curva de los homicidios registrados en el país. Tenía, también, el emplazamiento de un hombre respetado en Honduras, y el 17 de diciembre recibiría otro emplazamiento de Landaverde. De nuevo, en *Frente a Frente*, Landaverde cuestionó a Ramírez del Cid.

—En Honduras hay empresarios narcos —dijo Landaverde—. ¿Y qué van a decir: "Que nos dé el nombre Landaverde"? ¿Y me van a decir que no saben el nombre de los 14 empresarios del norte que están lavando activos con el narcotráfico, y tienen sociedad con los narcos? ¿Me va a decir el fiscal, a mí, que no lo sabe? ¿Me va a decir el jefe de la Policía que no lo sabe? ¿Me va a decir el jefe de las Fuerzas Armadas que no lo sabe?

Para muchos, después de que Landaverde pronunció esas palabras, aquellos quienes lo tenían en la mira firmaron su sentencia de muerte. Para otros, Ricardo Ramírez del Cid era uno de los que estaban molestos.

El 7 de diciembre de 2011, exactamente dos años después del asesinato del otrora zar antidrogas, Alfredo Landaverde también fue asesinado. Primera coincidencia descabellada. Dos hombres en una moto le dieron seguimiento al vehículo en el que se conducía la víctima, lo interceptaron en una avenida concurrida de la ciudad, le dispararon y se dieron a la fuga. Segunda coincidencia descabellada. La única diferencia entre ambos crímenes fue que al zar antidrogas nadie lo acompañaba en el vehículo. En cambio, a Landaverde le acompañaba su esposa, Hilda Caldera, una reconocida socióloga en Honduras. A la pareja, varias generaciones de oficiales de la Policía que circularon por la escuela policial adscrita a la Universidad Nacional Autónoma de Honduras, lugar en el que Hilda Caldera y Alfredo Landaverde impartieron clases, los conocían. Hilda Caldera, por suerte, sobrevivió al ataque.

Tras el asesinato de su hijo, a Ricardo Ramírez del Cid un reportero hondureño le preguntó qué opinaba del tercer señalamiento que se le hizo cuando fue director. Él respondió diciendo que siempre hubo, de parte de sectores oscuros, una campaña en su contra.

"Podría ser que esos sectores oscuros que siempre pasaron haciendo delincuencia... porque mataron a Alfredo Landaverde, y Alfredo Landaverde era mi amigo... Lo matan y empiezan a relacionarme a mí, cosa que... ¡cosa que no, pue'! Es bien delicado. Todo mundo que lo conoce a uno sabe que eso no es cierto. Y si se llegara a dar el caso, bueno, que me investiguen."

***

La imagen que el Testigo se creó en la mente, durante los tres minutos que duró la balacera, no se parecía en nada al cuadro al que se enfrentó cuando todo había pasado. Él recuerda que por un momento sintió que se quedaría sordo, y que la bulla de los disparos le hizo recordar a las festividades de fin de año. Como no escuchó ningún grito de dolor, o cree no haberlo escuchado, el Testigo pensó que los pistoleros tuvieron mala puntería, y que al salir de su escondite se encontraría con gente viva. En segundos entendió que estaba equivocado. Del salón del comedor los sobrevivientes comenzaron a emitir gemidos, el Testigo se asomó, y entonces se topó con un joven que tenía baleada la pierna izquierda. Este joven, antes de la balacera, estaba sentado justo detrás de Óscar Ramírez y sus guardaespaldas.

Avanzó. El Testigo encontró a dos de las cocineras que también habían sido alcanzadas, cada una, en una pierna. Otro de los comensales, junto a la tercera cocinera y un mesero, se habían refugiado al otro lado de la plancha en donde todavía se cocían unas chuletas de cerdo.

Al otro lado del pasillo, las mesas estaban desordenadas, y había platos y chuletas y tajadas de plátano regados en el suelo. En las paredes había orificios de balas. Con la espalda en contra de la pared de los comensales, con la cara ladeada, los ojos inertes, el pecho empapado en sangre, yacía uno de los guardaespaldas. Cerca de él, pero acurrucados en el suelo, en el pasillo que separa a las mesas de la cocina, el Testigo identificó dos cadáveres. Uno era el de Óscar y el otro era el de su segundo guardaespaldas.

"Estaban como embrocados, parecía como que el hombre quería proteger con su cuerpo al muchacho", dice el Testigo.

Frente a esos dos cuerpos, había dos cuerpos más. Uno de ellos estaba sin vida. Era de uno de los sicarios. El otro estaba gravemente herido. Tres de los sicarios se habían fugado.

Diez minutos después, una patrulla llegó hasta la escena del crimen. Esa misma patrulla, 20 minutos antes de la balacera, ya había pasado por el sector. De hecho, los agentes que abordaban esa patrulla, 10 minutos antes de que Óscar y sus guardaespaldas llegaran al comedor, comieron chuletas en la misma mesa que 10 minutos más tarde ocuparía Óscar y sus guardaespaldas. Por eso, cuando regresaron a la escena del crimen, varios testigos escucharon cuando uno de los agentes, lamentándose, le dijo a otro algo que sonó más o menos así: "Si hubiéramos estado aquí, quizá esto no hubiera pasado".

Unos 20 minutos después de que llegaran esos agentes, también llegó a la escena del crimen el Tigre Bonilla, el director de la Policía. Atravesó las puertas con un plante serio, o con esa mirada oscura tan seria que tiene. Luego salió de la escena del crimen y en la acera, luego de contestar no menos de cinco llamadas, se encogió de hombros. El Testigo recuerda haberle escuchado pronunciar algo así: "Lo que sucedió es algo grave".

***

Un día después del crimen, el Tigre Bonilla estaba en aprietos. No es lo mismo que en Honduras maten a un joven X a que maten al hijo del exdirector de la Policía. Quizá el Tigre razonaba que ahora tenía otro reto enfrente al que no podía rajársele. Cuando asumió la dirección de la Policía, en mayo de 2012, él se comprometió a resolver tres de los casos más importantes en Honduras: el asesinato del hijo de la rectora —y su amigo, David Pineda—; el asesinato de Alfredo Landaverde; y el asesinato del periodista de la cadena HRN Alfredo Villatoro, un hombre con contactos en el gobierno del presidente Porfirio "Pepe" Lobo, amén de que ambos eran amigos. Y ahora se le venía encima el crimen del hijo de Ramírez del Cid. Tres de esos cuatro casos, invariablemente, pasaban por Ramírez del Cid. El de Landaverde por los señalamientos que se le hicieron; el de Villatoro, por lo mismo; el de Óscar, porque era el padre de la víctima.

La debacle de Ramírez del Cid significó el ascenso para Bonilla. De nuevo, los dedos señaladores apuntaron en contra del general espía, que a juicio de sus jefes no se mostraba diligente en las investigaciones del caso Villatoro, secuestrado el 9 de mayo de 2012, y ejecutado seis días después, en una comunidad pobre de las afueras de la ciudad capital. Sus captores lo disfrazaron con un uniforme camuflado, como el de los militares, le dispararon dos veces en la cabeza, le envolvieron la cara con un paño rojo, y "lo dejaron haciendo el saludo militar", declaró Ramírez del Cid en esa época. Se especula que el objetivo de ese crimen era el de lanzar un mensaje al presidente Porfirio Lobo, un hombre que tiene enemigos en todos lados, y al que incluso la empresa privada hondureña le ha enviado mensajes menos sangrientos, pero igual de poderosos. En más de una ocasión, le ha dicho que él también puede ser derrocado como fue derrocado Manuel Zelaya: con militares, de madrugada, en un avión exprés que lo expulse de Honduras.

Tras el crimen de Villatoro resurgió la figura del Tigre. El secretario Pompeyo Bonilla ahora buscó un perfil completamente diferente al de Ramírez del Cid. Quizá creyó que ahora la Policía necesitaba un líder de choque, un guerrero, un tigre. Un tipo que de entrada se comprometiera a ir de cacería en contra de los malos, a resolver los crímenes más difíciles. El Tigre volvía del ostracismo al que la misma Policía lo había lanzado. Pero antes de eso, el Tigre fue un hombre que les temía a sus colegas policías. Tras su último cargo importante, el Tigre se refugió en su casa, e incluso buscó el apoyo del comisionado de Derechos Humanos, Ramón Custodio. "Es un hombre valiente", declaró Custodio, luego de que el Tigre lo visitara en su oficina para narrarle sus peripecias, y para dejarle una copia de las denuncias que tenía en contra de altos oficiales, presuntamente ligados al narcotráfico.

Pero en realidad, para octubre de 2011, el Tigre era un hombre que temía por su vida. Sobre todo porque antes de que el crimen del hijo de la rectora Castellanos destapara la podredumbre en la policía Hondureña, esa cúpula se había encargado de lanzar, fuera del país, al que entonces era el secretario de Seguridad, Óscar Álvarez. Antes de irse, huyendo, Álvarez había declarado que denunciaría a los altos oficiales que estaban ligados al narcotráfico. Pero el que se fue, hacia Estados Unidos, fue él. Su salida explicó y perfiló a dos grupos en la Policía que, obligatoriamente, se hicieron saber que ya no cabían en el mismo pueblo. Uno era liderado por Álvarez, con soldados como el Tigre Bonilla; y otro liderado por José Luis Muñoz Licona, para octubre de 2011, director de la Policía.

Hay quienes dicen que Álvarez es como una especie de padrino político del Tigre, pero por la forma en que el Tigre ha retado su autoridad, cuesta creerlo. El Tigre a veces da luces de ser un hombre indomable. La relación entre ambos se remonta hasta la Policía hondureña del año 2002.

Óscar Álvarez es un exmilitar de las fuerzas especiales del ejército. En una entrevista concedida en 1995 al *Baltimore Sun*, para un reportaje en el que se denunciaba que el gobierno estadounidense, a través de la CIA, patrocinó y entrenó a los cuerpos contrainsurgentes del ejército hondureño, Álvarez dijo: "Los argentinos vinieron primero y ellos nos enseñaron cómo desaparecer gente. Los Estados Unidos eficientaron todo". Óscar Álvarez es el sobrino de uno de los fundadores del Batallón 3-16, el general Gustavo Álvarez. Jefe del estado mayor del ejército entre 1981 y 1983, fue asesinado en 1989, acribillado presuntamente por un comando guerrillero. En sus últimas declaraciones a la prensa había dicho que se arrepentía de las violaciones a los derechos humanos en la década de los ochenta, y que él había cumplido órdenes superiores.

En 2002 Óscar Álvarez se convirtió en el hombre fuerte del presidente Ricardo Maduro. Álvarez fue quien lideró la política de mano dura contra las pandillas. En la cadena de mando era el último responsable de una Policía acusada de tener entre sus filas a grupos de exterminio de jóvenes pandilleros, o presuntos delincuentes jóvenes, en las ciudades de San Pedro Sula y La Ceiba.

A ese grupo, la entonces jefa de Asuntos Internos, comisionada María Luisa Borjas, les llamó Los Magníficos. Y el Tigre, según ella, era uno de ellos. Borjas incluso fue más allá: no solo era que el Tigre perteneciera a Los Magníficos, sino que también estaba involucrado en el secuestro y posterior asesinato del exministro de Economía Reginaldo Panting. La relación era sencilla, según le decían las pruebas a Borjas: los secuestradores habían sido contratados por terceros y tenían relación con el grupo antisecuestros que coordinaba el Tigre en San Pedro Sula. Los secuestradores asesinaron al rehén, cobraron el botín del rescate, y luego fueron asesinados por el equipo del Tigre, que intentó hacer pasar el crimen como un "operativo policial".

La entonces inspectora María Luisa Borjas aseguró ante los medios hondureños que durante el interrogatorio de la inspectoría interna, el Tigre pronunció una frase. Borjas, hoy candidata a la alcaldía de Tegucigalpa, es de las más férreas críticas a la gestión del Tigre Bonilla. Y hace 10 años, pese a las pruebas y a sus declaraciones, fue ella y no el Tigre quien terminó separada de su cargo, por órdenes del secretario de Seguridad, Óscar Álvarez.

"Si a mí me quieren mandar a los tribunales como chivo expiatorio esta Policía va a retumbar, porque yo le puedo decir al propio ministro de Seguridad en su cara que yo lo único que hice fue cumplir con sus instrucciones", fue, según Borjas, la frase del Tigre en aquel interrogatorio.

Hace dos años, al preguntarle si, alguna vez, mató fuera de la ley, el Tigre nos respondió:

"Hay cosas que uno se lleva a la tumba. Lo que le puedo decir es que yo amo a mi país y estoy dispuesto a defenderlo a toda costa, y he hecho cosas para defenderlo. Eso es todo lo que diré."

***

El último gran cargo que desempeñó el Tigre, antes de convertirse en director de la Policía, nos lleva hasta el suroccidente de Honduras, hacia tres departamentos que en conjunto se convierten en uno de los puentes que los narcotraficantes utilizan para pasar la droga que se almacena en Honduras hacia Guatemala y El Salvador. Hablamos de Copán, Nueva Ocotepeque y Lempira. Allá encontramos al Tigre, pavoneándose, diciendo que en su zona, nadie "se anda con mierdas", que él entraba donde quería con sus casi 1.90 metros, que él registraba a quien quería, que él capturaba a quien quería, no importaba que fuera un alcalde, sobre todo si ese alcalde portaba un arma de manera ilegal.

Por sus movimientos en esa zona, el Tigre denunció al exdirector regional y exdirector de la Policía Metropolitana, Jorge Balarraga, uno de los tres altos oficiales destituidos tras el crimen del hijo de la rectora Castellanos. En la época en que Balarraga era el jefe del Tigre en la región norte de Honduras, el segundo denunció al primero por haber ordenado que 80 agentes custodiaran la inauguración de la alcaldía de El Paraíso, un edificio que tiene un helipuerto en el techo. "¿Dónde se ha visto que se descuide todo un departamento para cuidar una alcaldía perdida?", se preguntó el Tigre.

El Tigre denunció, en esa ocasión, que cada uno de los 80 agentes recibió, finalizado el evento, 1 000 lempiras por cabeza. La alcaldía de El Paraíso les agradeció a lo grande. En su carta de protesta, anexa al documento, el Tigre se quejó de que esto representaba "una violación y desprestigio de la imagen", porque evidenciaba que "nuestra Policía está al servicio de individuos dedicados a la actividad del narco".

De nuevo: para esas fechas, el Tigre hablaba con fuerza, y obligatoriamente uno tiene que revisar su entorno para entenderle. En ese momento, Óscar Álvarez, el hombre que muchos dicen que es su padrino, era, de nuevo, el secretario de Seguridad. Fue el primer secretario de Seguridad en el gobierno de Porfirio Lobo. Cuando Óscar Álvarez se fue del país, ahuyentado por la cúpula policial liderada por José Luis Muñoz Licona, el Tigre bajó su perfil.

***

Un día después del asesinato de Óscar Ramírez, el Tigre estaba en nuevos aprietos. En una de las muchas reuniones que tuvo ese 18 de febrero, quizá lo que realmente le preocupaba era que él, precisamente él, el Tigre, sería acusado nuevamente por un asesinato: el asesinato del hijo de Ricardo Ramírez del Cid. De alguna forma sabía que eso iba a pasar, porque quizá se enteró de que eso era lo que andaba pensando, rabioso, el exdirector espía. Por eso, en una de las muchas reuniones que sostuvo ese lunes 18, el Tigre dio explicaciones, sin que nadie se las pidiera, sobre sus movimientos en la noche del asesinato de Óscar Ramírez.

El Tigre dijo que esa tarde, junto a su escolta personal, había estado visitando la localidad de Valle de Ángeles, un pueblo pintoresco lleno de bares y cafés en una montaña ubicada a 40 minutos de Tegucigalpa. El Tigre dijo que bajó de Valle de Ángeles a eso de las siete de la noche, y que tuvo en mente visitar a Hilda Caldera, la viuda de Alfredo Landaverde. Dicen quienes les conocen, que por haber sido alumno de ambos, el Tigre —como muchos otros oficiales— le guardaba un gran respeto a la pareja.

A última hora, dijo el Tigre, desistió de ir a visitar a la viuda de Landaverde, y le pidió a su escolta que lo llevara a casa. La casa del Tigre está ubicada muy cerca del lugar del crimen, en una colonia clase media baja. Es tan cercana su casa que, en otros tiempos, cuando el Tigre no tenía el poder que tiene ahora, era frecuente verlo comer ahí, en ese comedor, con el cuerpo apuntando hacia la calle. Desde que se convirtió en director de la Policía, el Tigre pedía a su escolta que le fuera a comprar la comida, para comerla en casa.

Aquella noche, luego de su paseo en las montañas, el Tigre sintió hambre, y le pidió a su chofer que fuera a comprar la cena. *Un pollo frito.* En su casa, el Tigre vivía solo. Ahora vive custodiado por un séquito de guardaespaldas.

Se estima que la balacera en la que falleció Óscar Ramírez ocurrió a las 8:10 de la noche. Y el Tigre aseguró, en una de sus muchas reuniones, que unos 10 minutos después una conocida le avisó que algo había pasado muy cerca del barrio. Pensó el Tigre en lanzarse a la cacería, pero luego desistió de hacerlo porque todavía no había regresado su escolta.

Para cuando el Tigre llegó a la escena del crimen, ya estaban ahí los agentes que habían comido chuletas en ese comedor, los mismos que patrullaban la zona, los que se arrepintieron de no haber estado ahí. En una de las reuniones en las que el Tigre contó cómo movió sus pasos, dijo que una patrulla anduvo cerca del sector; y que de haber actuado profesionalmente, hubieran capturado, esa misma noche, a los tres hombres que se fugaron.

**

Solo entendiendo que Ricardo Ramírez del Cid sabe cómo obtener información, uno se explica que la versión que él maneja sobre los movimientos del Tigre Bonilla en la noche en que fue asesinado Óscar Ramírez sea una versión completamente diferente.

Según declaró Ramírez del Cid, el Tigre Bonilla fue visto por varios testigos cerca del comedor en el que fue asesinado su hijo. En concreto, que el Tigre fue visto en una gasolinera muy cercana al negocio, en los momentos previos a la balacera. En su versión, Ramírez del Cid asegura que el mismo Tigre le confesó, en la noche de la vela de su hijo, la noche en la que él pensó decirle a sus amigos que se lo amarraran, que en efecto él estuvo en esa gasolinera, y que en efecto estuvo a punto de detenerse en ese comedor, para comprar su cena, pero que desistió de hacerlo porque había muchos comensales.

Las investigaciones que Ramírez del Cid hizo con su gente, en paralelo a la investigación que hicieron los subalternos del Tigre, lo condujeron hasta el hospital en donde se recuperaba el sicario que quedó vivo después del tiroteo. Esa investigación y el "primer" testimonio de ese sicario le confirmaron que detrás del asesinato de su hijo incluso estuvieron involucrados no solo policías, sino también oficiales del ejército. Los pistoleros que irrumpieron en el comedor, mientras Óscar Ramírez cenaba, habían sido contratados, presumiblemente, para secuestrar a su hijo.

Días después del asesinato la Policía hondureña capturó a otros tres hombres y los vinculó al caso. Uno de ellos era uno de los meseros del comedor, un joven que se dedicaba a servir chuletas y lavar trastos. Un joven que para el Testigo no tiene nada que ver con el crimen.

"Uno se deja llevar por el tiempo en el que conoce a la gente, y ese muchacho llevaba trabajando aquí muchos años. Es un muchacho humilde, una buena persona —dice el Testigo."

Luego de las capturas, Ramírez del Cid denunció que el crimen se estaba encubriendo, pidió que se separara al Tigre de su cargo, que se le investigara, denunció que el sicario herido en el hospital, el que en un primer interrogatorio había dicho que policías y militares les habían contratado, les habían dados las armas, corría peligro. Denunció que a ese testigo le hicieron cambiar su primera versión, denunció que ahora se dijera que lo que esos pistoleros querían era asaltar el comedor, que fueran pandilleros del Barrio 18 que recibieron órdenes desde la cárcel; se quejó de que ahora se dijera que en un acto desesperado de protección, los Cobras que cuidaban a su hijo fueran los responsables de provocar la balacera, sacando sus armas, propiciando que los pistoleros también dispararan las suyas.

El Testigo ha leído esa versión en los periódicos.

"Pero lo que yo no me explico es que, si eso fue así, ¿por qué nunca fueron a la caja registradora del negocio, para robar el dinero, si es a eso a lo que venían? ¿Por qué después de la balacera, los que quedaron vivos, simplemente salieron huyendo?", dice el Testigo.

Una de las últimas quejas de Ramírez del Cid tenía que ver con los seguimientos, que, según él, le estaba haciendo un policía con nombre y apellido: Daniel López Flores, un oficial investigado por el extravío de armas en la Policía. La corporación negó que se estuviera persiguiendo a Ramírez del Cid.

***

El Tigre Bonilla, hoy más que nunca, es un hombre con mucho poder. Los adversarios y críticos de su gestión, y sus simpatizantes, lo comprobaron a finales de marzo, cuando el Tigre compareció ante el Congreso hondureño.

Un mes después del asesinato de Óscar Ramírez, el Congreso celebró una semana por la justicia, en la que el aparato de Seguridad pública se comprometió a rendir cuentas a los legisladores, y a la nación. Fue aquella una especie de expiación de culpas. Un *show* en el que, turno por turno, los responsables de la seguridad del país expusieron aquellos que consideraron como logros, y los diputados, con muy pocas ganas, cuestionaron aquellos que no les cuadraba. Para muchos, el ambiente era propicio para que aquello se convirtiera en un juicio público en el que el Tigre se sentara en un banquillo a explicar y a defenderse de las acusaciones que le había hecho Ricardo Ramírez del Cid. Sin embargo, el Tigre Bonilla llegó a ese evento bastante calmado, y salió de su comparecencia completamente victorioso.

A diferencia del fiscal General de Honduras, del jefe de la Dirección de Investigación y Evaluación de la Carrera Policial (DIECP), y del mismo secretario de Seguridad, Pompeyo Bonilla, el Tigre salió ileso. A los anteriores, en orden de gravedad, los diputados les dieron de palos. Al primero porque el fiscal, muy honesto, declaró que su institución solo era capaz de procesar 20% de todos los delitos que se cometen en el país. Para abril, el Congreso le montó una comisión interventora que será, al final de cuentas, la que defina su futuro político.

El segundo, el hombre que vigila a los policías fue duramente cuestionado, por lo que los legisladores consideraron como un lento avance en el proceso de depuración policial, arrancado hace más de un año, luego del asesinato del hijo de la rectora Castellanos. Por más que Eduardo Villanueva intentó explicar que si su trabajo era lento no era porque "proteja" policías, sino porque las herramientas legales a su alcance le obligan a cumplir procesos, subordinarse al director de la Policía, y "recomendar" depuraciones... El Congreso, el mensaje que lanzó el Congreso, fue que si la Policía seguía sin sanearse, el responsable era él y nadie más. A partir de esas comparecencias, el puesto de Villanueva pende de un hilo, y la prensa hondureña ya lo da como un funcionario que está a punto de ser despedido por el presidente Lobo. En tercer lugar, el ministro Pompeyo Bonilla, aunque no recibió las críticas con la contundencia de sus predecesores, no pudo desligar de su gestión los datos que hablan mal de ella: en casi dos años, los indicadores seguían colocando a Honduras como el país más violento del mundo.

Al menos tres de los invitados a esas comparecencias recuerdan que cuando fue el turno del Tigre Bonilla, el ambiente estaba demasiado tenso y ellos, así lo dicen, no niegan que se pusieron nerviosos. Ahí se paraba el Tigre, vestido de gala, con su caminar tosco y su ceño fruncido. Entre el público presente había un excomisionado de la Policía que se quejó, en su mente, de la actitud que había tomado el Tigre Bonilla en el evento. Dice que era una actitud displicente y, según él, irrespetuosa en un detalle que, para aquellos que han tratado al Tigre, es un detalle sin mucha importancia, sobre todo porque a él lo último que se le pediría es que sea un hombre gentil, de buenas maneras, protocolario.

"Ni siquiera tuvo la decencia de guardar el protocolo que se nos ha inculcado en la Academia. Imagínese que siempre tuvo puesto el kepi en la cabeza. ¡No puede ser! Uno llega con su quepis o su sombrero, se lo quita durante el acto, y se lo vuelve a poner cuando el acto termina", se queja este excomisionado, testigo de la intervención del Tigre Bonilla en el Congreso.

Quizá en cualquier otro país del mundo, en el que un funcionario es acusado de algo, sus superiores lo separan momentáneamente del cargo, mientras se investiga si tiene o no relación con ese hecho denunciado. Uno esperaría eso, sobre todo si de ese funcionario depende la investigación del hecho denunciado. Cualquiera hubiera esperado en Honduras, y sobre todo lo hubiera esperado Ricardo Ramírez del Cid, que al Tigre en el Congreso de Honduras se le pidieran explicaciones del crimen de Óscar Ramírez. Pero al Tigre nadie le preguntó nada. Él subió al estrado, dio las cifras que quiso dar, dijo que el país era más seguro desde su llegada, se bajó del podio y nadie le preguntó nada.

"¡Nadie le preguntó nada! Era como si los más de 100 congresistas le tuvieran miedo, porque de verdad que aquí no se puede decir que ese hombre hipnotice al público. Él en sí mismo es demasiado grave, hasta para hablar", dice otro exfuncionario de gobierno que asistió al acto.

El Tigre Bonilla, un hombre que pisa los 50 años, 27 de los cuales los ha dedicado a la Policía, es un hombre con mucho poder. Y esa vez, en el Congreso, el Tigre quizá se sentía completamente seguro de sí mismo. Quién sabe. Al menos su futuro sigue siendo prometedor: el anfitrión de la fiesta en el Congreso, Juan Orlando Hernández, el presidente del Congreso, el candidato a la presidencia por el Partido Nacional, el que se presume será el sucesor de Pepe Lobo, tiene como director nacional de campaña al ex secretario Óscar Álvarez, la sombra que siempre ha estado respaldando al Tigre.

Juan Carlos el Tigre Bonilla, hoy día, es un hombre con mucho poder. Le llueve de todo y no le pasa nada. A finales de marzo la agencia de noticias AP publicó una investigación que denunciaba la probable existencia de escuadrones de la muerte, comandados por policías, similares a los que alguna vez se le acusó de comandar al Tigre Bonilla. La investigación trajo a colación el debate de si Bonilla, como alguna vez le acusó la comisionada María Luisa Borjas, perteneció a una estructura de "limpieza social". Desde su llegada a la dirección de la Policía, en mayo de 2012, ese señalamiento, y esas investigaciones del pasado, provocaron que Estados Unidos retuviera 11 millones de dólares del total de la ayuda que el gobierno estadounidense da a la Policía hondureña. Ese millonario recorte afectaba, exclusivamente, a las unidades que dependen directamente de las decisiones del Tigre Bonilla. Según el artículo, Estados Unidos no dará esos fondos hasta que no exista información precisa que confirme la desvinculación de Bonilla en los casos que se le señalan en el pasado.

Al Tigre Bonilla es como si no hubiera quién lo detenga. Ni esos 11 millones ni Estados Unidos. Lo respalda el presidente Lobo, el Congreso, el nuevo secretario de Seguridad, Arturo Corrales, aunque la prensa hondureña ha dicho que entre el nuevo ministro y el actual director hay "roces", el Tigre sigue en su puesto. (Pompeyo Bonilla fue destituido tras los remezones del Congreso, y ahora es secretario privado de Lobo.)

Al Tigre nadie lo detiene. El 28 de marzo de 2013 William Brownfield, secretario adjunto de la Oficina de Asuntos Narcóticos Internacionales y Aplicación de la Ley de Estados Unidos, fue bastante duro contra el Tigre. "No vamos a trabajar con el director general de la Policía Nacional, no tenemos relaciones con él, no ofrecemos ni un dólar ni un centavo y también hemos eliminado el nivel inmediatamente abajo, los 20 oficiales o funcionarios que trabajan directamente con el director general", dijo. Apenas mes y medio más tarde, Brownfield fue más condescendiente: "Respeto el trabajo que está haciendo el Tigre Bonilla, lo admiro y creo que es bueno para Honduras, pero estoy restringido por la ley de Estados Unidos en términos de con quién puedo trabajar".

***

Un mes después del asesinato de Óscar Ramírez, su padre había abandonado la ciudad de Tegucigalpa. En su casa no había señales de vida, y los agentes Cobra que custodiaban la colonia —privada, un *townhouse* con muro perimetral y caseta de vigilancia en la entrada— no se miraban en la zona.

Un contacto cercano a Ramírez del Cid me dice que, por el momento, con el general se puede hablar solo por teléfono... pero el general no contesta las llamadas.

El contacto, dos días más tarde, informa que el general no contesta las llamadas porque le han intervenido el teléfono, que su vida y la de su familia corren peligro.

Una semana más tarde, el contacto avisa que Ricardo Ramírez del Cid abandonará Honduras.

El domingo 24 de mayo Ricardo Ramírez del Cid se despidió de Óscar, en el cementerio San Miguel Arcángel, el cementerio adonde terminan los restos de la élite de la policía, la milicia y de sus familias. Mientras su esposa y sus otros hijos se alejaron del nicho, para ir a comprar flores, Ramírez del Cid se hincó sobre la grama, frente a la tumba, y durante varios minutos se llevó las manos al rostro, mientras cuatro agentes Cobra, armados, lo rodeaban dándole las espaldas, apuntando su vista hacia los cuatro puntos cardinales.

Esa imagen conduce, irremediablemente, a la madrugada del 16 de febrero de 2012, a la caseta de acceso de la cárcel de Comayagua, ubicada en el departamento con el mismo nombre, cerca de Palmerola, la otrora base que el ejército estadounidense utilizó para apoyar a los ejércitos regulares de Centroamérica en su lucha contrainsurgente de los años setenta y ochenta.

Aquella madrugada, el patio y los alrededores de la cárcel parecían la trastienda de un hospital de campaña en una zona de guerra. Por todos lados había residuos médicos, guantes ensangrentados, mascarillas ahumadas, sucias, retazos de tela quemada, sangre, sangre revuelta con una sustancia parecida al carbón, en los guantes y en los trajes plásticos que los médicos forenses habían dejado tirados en el lugar. Del penal emanaba el olor de la carne quemada. Carne humana. El cuarto en el que Ricardo Ramírez del Cid estaba reunido con otros oficiales, fiscales y jefes forenses, era el punto en el que la putrefacción que salía desde adentro era más fuerte. En la peor tragedia penitenciaria de Honduras, 360 reclusos se quemaron vivos, tras un incendio desmesurado, tras una decisión incomprensible de las autoridades: se dio la orden de no dejar salir a nadie.

Ahí estaba Ramírez del Cid, haciendo un recuento de los daños, dándose cuenta de que la tragedia que ahí había ocurrido lo desbordaba. Y se restregaba los pelos de la cabeza, se estiraba la cara con ambas manos, se deshacía en un cansancio que le hacía brotar, debajo de los ojos, dos inmensas ojeras. Cuando acabó el conteo esa madrugada, Ramírez del Cid no quiso decir mucho. "Estamos agotados. Mejor hablemos mañana. Esto es demasiado", dijo.

El general quizá estaba sobrepasado, o quizá en su cabeza daba vueltas una decisión que debía tomar, y que era irremediable: tenía que separar de su cargo al director de las cárceles, Danilo Orellana, otro policía con un rosario de denuncias por violaciones de derechos humanos en las penitenciarías. Un funcionario que se convirtió, en esos primeros meses al frente de la Policía, en uno de sus más cercanos colaboradores, amén de que entre Ramírez del Cid y Orellana existe una profunda amistad. En las horas posteriores a la tragedia se conoció la separación del cargo de Orellana, pero a la fecha no hay certezas si hay proceso abierto en su contra por la negligencia de haber dejado morir, quemadas vivas, a 360 personas.

Afuera de la cárcel, aquella madrugada, acampaba un grupo de hombres y mujeres, familiares todos de las víctimas. Uno de los hombres, primo de uno de los muertos, estaba hincado sobre la tierra, frente a la reja del penal. Ese hombre, borracho, lloraba amargamente a su primo.

Ricardo Ramírez del Cid, un día después de hincarse frente a la tumba de su hijo, abordó un avión en el aeropuerto de la ciudad de San Pedro Sula, ubicado a cinco horas, en vehículo, de Tegucigalpa. "Exdirector de la Policía al exilio junto con su familia", tituló el periódico *La Prensa*.

***

Inicios de mayo. Ramírez del Cid contesta el teléfono. Le pregunto si me deja contar qué hay detrás del crimen de su hijo y me dice que sí, pero que no tiene tiempo para hablar en este momento. Le pregunto si puedo visitarlo, en donde esté, y el general guarda silencio. Le pregunto si está en Estados Unidos, o si acaso ha regresado a Honduras, y el general guarda silencio. Le digo que ya sé que sospecha que le están interviniendo las llamadas, y quedamos de comunicarnos por correo.

Le escribo, le comunico mis intenciones, le digo que le llamaré de nuevo por teléfono.

"Recibido, estaré pendiente."

Una semana más tarde, el general atiende el teléfono de nuevo.

—¿Cómo podemos hacer? ¿Cuándo piensa regresar a Honduras o dónde puedo encontrarlo?

—Solo puedo decirle que ahorita está todo demasiado complicado... demasiado complicado...

Harry, el policía matapandilleros

Daniel Valencia Caravantes*

Junio 2014

Harry dice estar harto, frustrado y convencido de que a El Salvador ya no le quedan opciones. Que el sistema no responde a las necesidades de la gente y que el Estado está o sometido o desbordado. Por eso ha tomado una decisión: "Hacer algo que es estúpido pero que es un mal necesario". Los controles de la Policía Nacional Civil indican que Harry es un agente emocionalmente estable y en pleno uso de sus facultades mentales.

Harry, el policía matapandilleros, me guía esta tarde hacia el borde de una quebrada estrecha, a las orillas de una colonia a la que le han arrancado las últimas casas. Aquí solo hay paredes desnudas, unos marcos sin ventanas, unos arcos sin puerta, unas vigas sin techo. Entre el abismo y las casas abandonadas hay un pasillo de maleza y ripio. Hace algunos minutos, mientras bajábamos una calle empinada adornada en las aceras con vendedores de frutas y verduras, una niña que vendía ropa usada, un viejo que vendía pan dulce, un pastor evangélico armaba alboroto con un micrófono en una mano y una Biblia en la otra. "¡Cuando el hombre ya está fracasado, todo macheteado —gritaba el pastor—, cuando está con las tripas de fuera, ahí es cuando el hombre se viene a acordar de Dios!" Harry, el policía matapandilleros, cree que lo que grita el pastor es algo cierto: "¡Hey! Cuando esos josdeputa la sienten cerquita lloran, se retuercen, intentan quitarse las esposas, se acuerdan de mamita y luego le ruegan a uno y después a Dios".

* Con reportes de Fátima Peña.

Harry me ha traído hasta el hoyo, en los confines de esta colonia, porque aquí hacen *meeting* los pandilleros. No tiene caso decir cuál pandilla domina en este sector porque para efectos prácticos, sean de letras o de números, a mi guía le da lo mismo. Lo que sí es importante recalcar es esto: esta es una de las colonias más grandes de El Salvador dominadas por pandillas. Alguna vez, un ministro de Seguridad dijo que aquí descuartizaban seres humanos. No hace mucho acribillaron en el corazón de la comunidad a un *homeboy* acusado de soplón; y a un técnico de una compañía eléctrica lo lincharon por intentar cortar la electricidad en la casa de un pandillero. Una mañana, a la delegación policial una señora llegó a despedirse, advirtiéndoles que no compraran "¡pero ni chicles!" en las tiendas más cercanas al hoyo, porque se rumoraba que los pandilleros habían orquestado un plan para asesinarlos con veneno.

Es un "territorio liberado", conquistado por ellos, dominado por ellos. Quienes no estaban de acuerdo, han huido. Otros han sido asesinados; otras han sido violadas. Otros más han desaparecido. Aquí Harry —lo sabe bien— es un intruso. Los dueños del territorio son sus enemigos, los *tinteados*, que son muchos. Según sus cálculos más precisos son 20 contra uno. Que sean tantos a él le enchina los pelos y lo anima a pensar en las posibilidades: cuando pueda, intentará exterminarlos a todos. Como lo ha hecho en otras zonas, según cuenta. Es cuestión de dividirlos, de agarrarlos desprevenidos. Él se justifica de dos formas: lo suyo es "un acto estúpido" y también "un mal necesario". Él se ve a sí mismo como un hombre destinado a exterminar a los pandilleros porque sus cábalas le dicen que ya no existe ninguna otra fórmula que la muerte para detener la violencia de las pandillas.

Harry me ha traído hasta aquí porque quiere que sienta lo que él siente cuando se enfrenta a un pandillero. Me conduce, pues, a una cacería.

"¡Hey! ¡Ya va a ver cómo se le enchinan los pelos! ¡Es pura adrenalina!"

***

Harry, el policía matapandilleros, es un investigador de la Policía Nacional Civil de El Salvador (PNC). La PNC fue creada producto de los acuerdos de paz de 1992 para acabar con décadas de seguridad pública bajo dominio militar, y de paso con las violaciones a los derechos humanos de las dictaduras militares salvadoreñas. Con 20 años de vida, en la última década ha sido la institución más denunciada ante la Procuraduría de Derechos Humanos, aunque entre 2011 y 2013 las denuncias fueron a la baja. De 1 710 a 1 571 y luego a 1 207. Cinco salvadoreños denunciando vejaciones, cada día, hace tres años; cuatro, hace dos; tres, hace uno.

Harry sugiere que hay un subregistro. Dice que en 2013 desapareció a cuatro jóvenes. Primero los capturó y por último los aventó en un sector de la pandilla rival. En la guerra entre pandillas, un pandillero que cae en territorio contrario es muy probable que no sobreviva.

"Quizá no salieron con vida, ¿verdad? ¡Hey! Si hubieran salido con vida ya me hubieran denunciado, ¿verdad? Pero no me ha salido nada…"

***

Atado a un poste de luz hay un cabrito que bala cuando descubre las botas negras de Harry, que manda hacer un alto, se hinca y acaricia al cabrito. Luego se lleva la mano derecha hacia la cintura, destraba el botón de la funda y luego saca su pistola. Una 9 mm. La chasquea y la regresa a su sitio. El cabrito sigue balando. "¡Beee, beee!" A unos metros, un perro grande, negro y viejo, está echado bajo la sombra de un árbol. Un par de gallinas, una blanca y otra negra, picotean la tierra húmeda a su alrededor. El perro grande, negro y viejo levanta la cabeza, bosteza y nos mira con desgano. Alguna vez habrá sido un feroz guardián, pero hoy, por suerte, es un rottweiler venido a menos. Al pie de los vestigios de la última casa, elevada a unos cuantos metros sobre un montículo, se asoma alguien. Es un niño armado. Tendrá unos siete años y lleva dos pistolas en la cintura. Una a cada lado. Se para desafiante, la espalda reclinada hacia atrás, el mentón levantado, la cara congelada, los ojos bravos.

—¿Son tuyas esas gallinas? —pregunta Harry. El niño asiente en silencio.

Cuando le damos la espalda, el niño saca una de sus armas y nos apunta con una pistolita color verde y aprieta un gatillo color naranja.

—¡Pen! ¡Pen! ¡Pen!

—¿Qué fin tendrá este niño? —pregunto a Harry, que recién ha entrado a una de las casas abandonadas. Un eco responde desde el fondo:

—Este niño: ¿por qué anda así, con dos pistolitas? ¿Por qué se para así? ¿Por qué nos dispara? ¡Hey! Él lo ha visto. Él ha visto violencia. Aprende de ella. Este niño no tiene futuro porque más adelante se va a topar con alguien como yo.

***

El Salvador enfrenta la violencia con ensayos de prueba y error. En 2003 apareció el primer plan Mano Dura: la PNC rompió puertas, magulló cuerpos y capturó a miles de pandilleros, pero no acabó con las pandillas. Un gobierno después, el plan Súper Mano Dura lo repitió todo, sobresaturó aún más las cárceles, pero lejos de erradicarlas radicalizó a las pandillas. En 2009 el primer gobierno de izquierdas coqueteó con prevención y rehabilitación pero terminó sacando a casi todo el ejército a las calles, las 24 horas, los siete días de la semana, para intentar reducir la violencia. Los militares también se tomaron las cárceles y fueron denunciados porque a las abuelas, madres, esposas, novias y amantes de pandilleros les metían el dedo en el ano y la vagina para buscarles objetos ilícitos. Ellos respondieron: en el último trimestre de 2010 y el primero de 2011 cayeron 11 militares y ocho policías. El ministro de Defensa de la época, David Munguía Payés, declaró guerra a las pandillas y para 2011 El Salvador cerró con cifras de 11.9 homicidios diarios. La Asamblea Legislativa declaró que ser pandillero era un delito con una nueva ley de proscripción de pandillas, que continúa vigente. Las pandillas, sin embargo, parece que hoy tienen más poder que hace 11 años.

***

Harry, el policía matapandilleros, enciende un cigarro en los vestigios de un parque. Nos hemos alejado del hoyo porque ahí no había ningún pandillero. Ahora estamos rodeados de más casas abandonadas, y cada vez más cerca se escuchan las risas de unos niños. Los niños corren descalzos, pero se detienen cerca de Harry para dramatizar una escena. Solo uno de ellos lleva camisa, y se distingue del resto porque es un niño con síndrome de Down.

—¡Agárrenlo, agárrenlo, que ese marero va armado! —grita uno de ellos, el más pequeño, mientras el niño con síndrome de Down se aleja, sigiloso, hacia el centro del parque.

—Dígame, señor, ¿quién es el marero? —pregunta otro, el más alto, impostando una voz ronca. Este niño lleva una pistola de juguete de color rojo.

—¡Allá va! ¡Allá va! —grita el niño más pequeño, señalando al niño con síndrome de Down, que de inmediato corre en círculos, gritando: "¡La Policía! ¡La Policía!"

En segundos, el niño grande y el niño pequeño han sometido al niño con síndrome de Down, que se lleva los brazos a la cabeza y abre las piernas. El niño grande se las abre todavía más, y por momentos pareciera que va a desgoznarlo. El niño pequeño le levanta la camisa al niño con síndrome de Down. "Vamos a ver adónde tiene los tatuajes", le dice a su compañero. Luego hacen como que lo esposan y lo encaminan hacia una mesa de concreto, con las manos sujetas a la espalda. Se acercan a la mesa de concreto y el niño down deja caer su pecho y su cara contra el cemento gris. Luego grita:

—¡Aaay! ¡No me pegue, policía! ¡Aaay, aaay!

Todos los niños ríen y la dramatización termina. Las coincidencias son extrañas. Hace unos minutos Harry utilizó a un niño para explicar a sus enemigos y ahora son otros niños los que lo explican a él. "Se están burlando de usted", le digo. Harry no me responde. Tira la colilla de su cigarro y luego me pide que continuemos con el recorrido.

***

Harry lleva 16 años en la PNC. Su manera de actuar, de conducirse, de desconfiar de todos, dice que lo aprendió "de los antiguos, las generaciones dosmiles, tresmiles". Se refiere a los primeros agentes graduados en la corporación, provenientes de las filas del ejército o de la guerrilla, y en cuyas placas su número de identificación inicia con esas cifras: "Dosmiles, tresmiles", repite.

A Harry lo entrenaron los antiguos y, para entender sus mañas, es importante tener en cuenta dos ideas que son principios en su cabeza: con la PNC nadie se mete; y la segunda: al enemigo se le extermina para que ya no siga jodiendo. Él lo explica mejor con el siguiente episodio: en diciembre de 2002, en el Centro Penal La Esperanza, conocido como Mariona, la cárcel más grande del país, se amotinaron unos reos. Protestaban contra una requisa y unos traslados sorpresivos organizados por la PNC. En el motín, dos agentes fueron asesinados. Al agente Pedro Canizález lo golpearon en la nuca con un fierro, mientras este suplicaba que los soltaran. Al agente German Rodríguez lo vapulearon y luego le sacaron la sangre abriéndole hoyos en el torso con un picahielo. Cuando ya estaban muertos, cuatro reclusos arrastraron sus cuerpos hacia los baños y luego lavaron la sangre regada en el sector intentando borrar las evidencias. Afuera de la cárcel había varias decenas de agentes antimotines sedientos de sangre, pero no entraban porque la entonces procuradora de Derechos Humanos, Beatrice de Carrillo, se los impedía. En teoría, Carrillo quería evitar una masacre. Más tarde, cuando se supo de la muerte de los agentes, fue acusada de obstaculizar su rescate y eso casi le significó la muerte política.

Doce años después Harry cuenta una versión que abona a la causa que alguna vez emprendió Carrillo. Él estuvo en esa escena, o en el final de ese linchamiento, que acabó en la rendición de los reclusos, y más tarde en un juicio con culpables por la muerte de los agentes. Fue enviado junto a otros a limpiar los escombros después de la batalla. En el patio del sector amotinado había una pirámide de escombros tan alta como un poste de luz eléctrica. Sobresalían fierros, armas artesanales, estacas de madera ensangrentadas... Él, que estuvo ahí, al finalizar esa jornada, cree que los otros policías atrapados adentro de la cárcel —cuando inició el motín— dejaron morir a sus compañeros. Eso concluyeron los antimotines que ya no pudieron entrar. Eso concluyó también él.

—Pero si el problema fue que los antimotines ya no pudieron entrar —le digo.

—Pero adentro había más policías, junto con los custodios... Y adentro no estaban las cámaras de televisión, que estaban afuera cubriendo el relajo de la procuradora. Los de adentro, apoyados por los custodios, pudieron haber rescatado a sus compañeros haciendo una sola matazón. ¡No lo hicieron por culeros!

—¿Usted qué hubiera hecho?

—Si yo hubiera estado en ese primer pelotón, aunque sea a unos seis me hubiera bajado antes de que me agarraran.

—Pero lo habrían matado.

—¡Pero yo me hubiera llevado a seis!

***

Harry está tenso. Sospecho que le molesta la ausencia de pandilleros en nuestro recorrido. Harry está tenso, pero eso no lo desconcentra. Se detiene en cada cruce entre pasajes, asoma medio cuerpo por la comisura de las paredes y vigila el movimiento a través de las esquinas de las casas. Se mueve en este barrio, en el que ahorita no pasa nada, como si fuera miembro del equipo SWAT.

***

La primera vez que nos cruzamos, Harry también estaba tenso. Fumaba un cigarro tras otro y me miraba, como hipnotizado, recostado en un carro patrulla. No decía nada, solo fumaba y exhalaba el humo y me miraba mientras sus compañeros hacían guardia en un terreno polvoriento, al borde de un precipicio. Estábamos rodeados por una pequeña comunidad compuesta por unas 80 casas diminutas, ubicadas a la orilla de una quebrada profunda y sinuosa. Al otro lado de la quebrada, otra comunidad se prendía como garrapata a una cumbre, adornada en las faldas por una triste milpa. Al cabo de unos minutos, un agente emergió desde el fondo de la quebrada.

—Sin novedad allá abajo —le dijo a Harry, que le contestó:

—¡Hey! Pensé que te había llevado la correntada.

Harry se asomó a la pendiente y aventó una colilla hacia la nada.

—¡Es que esos josdeputa han de estar bien escondidos! —dijo Harry.

Aquella mañana, Harry y los suyos no iban por ninguna captura ni por una investigación en proceso y muchos menos le hacían el *tour* a un periodista. Estaban haciendo un servicio. Una madre fue hasta la delegación a pedirles protección para velar en paz a su hija recién fallecida. Aquella comunidad también era —y es— territorio de una pandilla. Aquella madre era muy pobre y no tenía para una funeraria. "¡Ni a verga hacés ese show aquí! ¡Ay de usted si nos viene a meter a la jura!", le habían dicho los pandilleros, pero aquella madre se la jugó. Quizá porque ya tenía resuelto abandonar la comunidad o porque el velorio lo miraba ella como una especie de venganza, un grito de desahogo contra quienes le asesinaron a la hija de 18 años. Así que llamó a la delegación de la PNC y pidió seguridad para velarla en casa. "Como ella hubiera querido", me dijo la señora cuando la entrevisté. Harry y su equipo le ayudaron. Harry dice que su misión en la vida es ayudar, "como pueda", a los más jodidos. Aun y cuando él crea que los más jodidos también tienen culpa de sus desgracias, como la chica a la que estaban velando, que se supone la mataron porque se hizo novia de un pandillero rival.

Harry se me acercó, ofreciéndome lo que en ese momento pareció una mala broma: "¡Hey! Si alguna vez tiene un problema con un jodeputa habemos quienes podemos ayudarle. En tiempo libre le hacemos de seguridad privada también. Nosotros ponemos el arma", dijo entre risas.

Luego intentó salir de su duda.

—¡Hey! ¿Y para qué se viene a meter a este hoyo a cubrir esto? ¿Tiene importancia la muerte de una cipota como esta? ¡Hey! ¡Si por maje la mataron! Estas bichas no entienden que no hay que meterse con estos josdeputa.

***

Dice Harry, el policía matapandilleros, que cuando ya nada funciona hay que buscar otras maneras para solucionar el problema de las pandillas. Remedios más efectivos. "Males necesarios." Algo parecido hizo el gobierno en marzo de 2012, cuando negoció con las pandillas la reducción de los homicidios a cambio de beneficios carcelarios para sus líderes. Más adelante a ese proceso se le llamó "la tregua" entre las dos facciones de la pandilla Barrio 18 y la Mara Salvatrucha 13. El general que había prometido guerra a las pandillas luego pactó con ellas la reducción de los asesinatos.

Los pandilleros redujeron los homicidios porque dejaron de matarse entre ellos, y en teoría ocurrió un armisticio entre la fuerza pública y las pandillas. Al menos así lo sugieren ellos, los pandilleros, que ahora acusan a los agentes de la PNC de regresar a sus viejas prácticas. "Los males necesarios" de los que se jacta Harry. Males que evolucionan con el tiempo, las ansias, la desesperación. Males salvadoreños: cuando el otro es visto como una cucaracha que ensucia la casa, la solución es aplastar a la cucaracha. Pero un policía no se levanta un día, sale a la calle, y mata pandilleros porque se le ocurrió de repente. Como en este relato, un policía primero se cansa de las quejas de las víctimas, luego demuestra fuerza en los cateos, luego en las capturas, luego vendrán las desapariciones —"facilitarle la tarea a la pandilla rival"— y, por último, vendrán las ejecuciones.

***

A Harry la tregua lo enfada.

—¡Hey! El primer año uno no podía tocar a esos josdeputa porque los jefes como que los protegían, por órdenes de arriba.

Harry recién ha cateado a un joven que se nos cruzó a toda prisa. Se resignó el joven cuando Harry hurgó en los tobillos, en los muslos, en la entrepierna. Debajo de la camisa no tenía tatuajes, dijo que era electricista. Harry le permitió seguir su camino. "¡Recogé tus babosadas y andá!"

—Explíquese —le digo.

—Así como en un cateo: en el primer año de la tregua bien envalentonados esos josdeputa, queriendo sacar pecho frente a uno, la autoridad, resistiéndose a los registros. Eso nunca se había visto.

—¿Y ahora?

—Ahora esos josdeputa se la están viendo negras, amigo.

***

El poder de las pandillas devora a las comunidades. Se calculan en 60 000 sus miembros, y aunque no todos tendrán pistola, y casi todos serán jóvenes, o incluso niños, su recurso humano casi triplica a los 23 000 agentes que tiene la PNC. Solo el poder de las pandillas, evidenciado en la tregua, logró que para inicios de 2013 el promedio de homicidios se mantuviera en los cinco diarios. Pero en mayo de 2013 la tregua comenzó a tambalear. El general Munguía Payés fue destituido porque la Corte Suprema decretó que un militar no puede dirigir una institución de seguridad pública, destinada a control de civiles. Las nuevas autoridades bloquearon la tregua y el gobierno y los políticos se inventaron un nuevo remedio: reformar el Código Penal haciendo más blandas las auditorías a los operativos policiales. Alguien como Harry, con muchas ganas de hacer justicia con sus propias manos, puede interpretar esas reformas a su favor. Los pandilleros se quejaron de que los policías regresaron a las viejas prácticas de disparar primero y preguntar después. Así que reaccionaron. Los policías han vuelto a morir asesinados, los homicidios subieron de cinco a casi 10 por día y hay síntomas de lo que parece una guerra. A mediados de 2014 se registraron una docena de ataques contra carros patrulla y sedes policiales en todo el país. Ocho agentes asesinados. Las pandillas denuncian que más de 30 *homeboys* han sido asesinados a manos de policías.

***

Una noche de finales de abril, tres líderes pandilleros convocaron a algunos medios de comunicación, entre estos *El Faro*, a una reunión clandestina en una casona del centro de la capital, San Salvador.

Uno de ellos, el más viejo, el que más hablaba, parecía un obrero, un albañil, un tipo sin pinta de pandillero. Otro parecía un universitario, y el tercero era el único flojo, tumbado. Aquella noche, uno de ellos escondía los ojos detrás de unos lentes negros. El primero dijo ser representante de los sureños del Barrio 18. El segundo de los revolucionarios del Barrio 18. El tercero era un MS. En el cuarto, la televisión tronaba. El Noticiero de las ocho de la noche ocupaba el tiempo hablando de una balacera entre policías y pandilleros. Apagamos el televisor.

Habló el sureño, cigarro en la boca:

—Desde que se modifica la ley comienza de nuevo la represión. Hasta ahora van 29, 30, 31 pandilleros asesinados a manos de policías. Eso no se miraba en tiempo de tregua.

Los otros dos asintieron. Luego habló el emeese, brazos cruzados, lentes oscuros:

—Ahora tenemos un gran problema con las autoridades. En las calles, en las canchas de nosotros. Le tienen miedo a la Policía porque agrede al muchacho que llega y que sale de su casa porque lo toman como parte de la mara.

Los otros dos asintieron. Luego habló el revolucionario, que leyó el último comunicado de las pandillas dirigido a la sociedad salvadoreña. El último punto de ese comunicado es un mensaje para la PNC.

—La Policía siempre ha hecho vulnerable este proceso, desde un principio. Aunque nosotros siempre hemos tenido a la gente amarrada de la mano —dijo el revolucionario—. Te matan tres cipotes en cierta colonia, ¿qué les vas a decir vos? ¿¡N'ombre, vayan a resguardarse todos!? Eso va creando resentimiento no solo en nuestra gente, sino en la población civil. Violencia trae más violencia, y se está creando una situación complicada donde ya se compite por quién dispara primero.

***

Estamos por terminar el recorrido cuando frente a Harry aparece la figura esbelta de su enemigo. Es El Pandillero, 21 años. Está parado al final de dos escalinatas. Harry está abajo, a unos cinco metros, con la mano derecha cercana a la funda de la pistola. El Pandillero pudo haber corrido, pero la sorpresa lo ha dejado congelado. Harry pudo haber desenfundado, pero la sorpresa también lo ha dejado pasmado.

—¡Bajá! —le ordena Harry.

El Pandillero no puede ser más pandillero. Tatuajes en el cuello, detrás de una oreja, la barriga, la espalda. Viste un centro blanco, cubierto con una camisa gris de la Mayor League Baseball de Estados Unidos. Short de mezclilla flojo, tumbado, zapatillas Nike Cortez.

—¡Metete ahí! —le ordena. El Pandillero avanza 10 metros y se introduce en otra casa abandonada.

El Pandillero repite un libreto que ya conoce: abre las piernas, pero en lugar de cruzar las manos detrás del cuello las levanta alto, las palmas contra la pared. Harry lo catea, y cuando termina no lo suelta. Se queda detrás, topando su abdomen contra la espalda del Pandillero, haciéndole preguntas a su nuca. Mientras le habla, Harry se asegura de que yo lo vea. Su brazo derecho ha rodeado el estómago del Pandillero, como abrazándolo, y a cada pregunta que da, y a cada respuesta que recibe, el Pandillero siente encima de su pulmón izquierdo golpecitos de la palma derecha de Harry. "¿Así que acabás de salir del *tabo*? ¿Por qué te llevaron? ¿Un *criteriado*? ¿Y ya te lo echaste? ¿Seguro que nel?" Cinco golpecitos en el pulmón izquierdo.

—Una última pregunta.

—¿Qué pasó, *micharlie*?

—¿Y ustedes por qué se corren cuando ven a la Policía?

—No, yo no me les corro. Si solo hoy en la mañana ahí me agarraron otros de sus compañeros.

Harry deja ir al Pandillero. "Agarrá tus mierdas y andate con cuidado, *oyiste*. No quiero oír que andás haciendo desvergues porque ya sabés…", le dice Harry. El Pandillero recoge su cartera, su celular, "nombre, *micharlie*, si yo *alsuave* ahí", y luego baja unas gradas, y luego otras, y Harry no le despega la vista sino hasta que el Pandillero se acerca al grupo de niños que hace un rato cateaban a un pandillero de mentiras. La cacería ha terminado. Harry se da la vuelta, y confiado en que ha logrado su cometido —ponerme cara a cara con un pandillero, humillarlo, hacerme sentir lo que él siente cuando aplasta con su poder—, me suelta una pregunta, como para confirmar que yo también comparto la adrenalina del encuentro:

—¿Se siente rico, veá?

Pero se siente miedo. Miedo a que el Pandillero pierda por completo el miedo, que ya comenzaba a escurrírsele por la mirada brava, encabronada porque Harry, empoderado, lo sometió en su propia casa y frente a un extraño. Se siente miedo. Miedo a la empatía por el pandillero humillado y miedo a la empatía por Harry. Se siente miedo. Miedo a pensar que quizá nunca encontremos otra fórmula más que escuchar al Harry matapandilleros que llevamos dentro para erradicar a las pandillas.

***

La reforma legal aprobada por la Asamblea Legislativa en resumen hace blandos los controles de vigilancia para la PNC. En las delegaciones del país, la Inspectoría General, la oficina que se supone investiga las faltas de los agentes, desplegó un comunicado que resume el espíritu de la reforma. "En cumplimiento al ordenamiento legal vigente esta Inspectoría no iniciará procedimientos disciplinarios sancionatorios en contra de los miembros de la Corporación Policial que en operativos y en cumplimiento de su deber, plenamente justificado y probado, cometa cualquier tipo de faltas sancionadas en la Ley Disciplinaria Policial", escribió el Inspector, Ricardo Martínez, el 28 de abril de 2014.

Martínez es un notario que presumió ser experto en derecho procesal penal en los albores de su proclamación como investigador de policías. Alguna vez también fue representante legal de la Asociación de Empresarios de Autobuses Salvadoreños (AEAS). Los empleados de los empresarios transportistas —buseros, microbuseros, cobradores de ruta— en 2011 lideraron el oficio más peligroso de El Salvador, con más de 110 empleados asesinados por no pagar extorsiones.

—Inspector, ¿le han dado licencia para matar a los policías?

—No. Tal como lo resaltamos en negrito, les estamos diciendo que si existe causa de justificación, no vamos a levantar expediente administrativo. No estamos dando licencia para matar, porque aquel que cometa actos arbitrarios, aquel que maltrate, ya sea a un pandillero u otro tipo de ciudadanos, se le va a hacer el proceso penal y administrativo. Se les va a juzgar normalmente como se les debería juzgar a los pandilleros.

—Las pandillas denuncian torturas, asesinatos, desapariciones…

—Yo no creería a los pandilleros porque a una persona que mata despiadadamente… que ellos vengan a querer acusar a un elemento de la Policía de eso… creerle sería como creerle al diablo.

***

La semana previa a nuestro recorrido le cuento a Harry la historia del último comunicado de las pandillas.

—¿Y no le da miedo reunirse con esos josdeputa? —me pregunta—. Nunca confíe en ellos. Ellos no respetan ni a su mujer. Solo respetan a sus hijos y a sus madres. Yo por eso pienso que una solución podría ser matarles a sus familias, para que ellos sientan el dolor que causan en el resto de la población.

Le llevo una copia del comunicado, se pone unas gafas, le jala al cigarro, lo lee.

—¡Ahora resulta que estos josdeputa quieren hacer una tregua con nosotros! Ja, ja, ja. ¡Que la aguanten!

—¿Nada de lo que denuncian es cierto?

—¡Hey! Le voy a decir una cosa: hay algo que sí es cierto. ¡Hey: eso yo lo he hecho!

***

Harry, el policía matapandilleros, me cuenta por primera vez una de sus técnicas para exterminar pandilleros. Él la llama "facilitarle el trabajo a la pandilla contraria". Fuma recio mientras me lo cuenta, quizá como fumaba la mañana en la que se topó con un "jodeputa" que se estaba escondiendo entre unos matorrales.

Al pandillero lo delató el caminado, pero sobre todo el malogrado escondite. Harry le mandó el alto desde el carropatrulla. El joven, de unos 17 años, salió del matorral. Cabizbajo. Abrió las piernas, cruzó las manos sobre la nuca. Cabizbajo.

Esperó. Esperó. Esperó.

Harry se bajó del carropatrulla. Tiró el cigarro, afianzó el tolete. El cateo.

Harry le descubrió al "jodeputa" 240 dólares y tres celulares.

—¿Así que venís de extorsionar, ¡jodeputa!? —le dijo.

Toletazo a la pierna derecha.

Harry soltó una frase y hoy me la repite en cámara lenta:

—Rogá-a-Dios-que-sal-gás-vi-vo-de-es-ta, ¡jo-de-pu-ta!

Más toletazos a la pierna derecha. El "jodeputa" gimió, o más bien es Harry el que ahora gime. "Se le desmayó la pierna. ¡Ay, ay, ay!", dice Harry. El "jodeputa" fue esposado de las manos, por detrás, y fue aventado de frente a la cama del carropatrulla. "¡Aaaaay!", gime Harry. La cara del "jodeputa" se estrelló en el metal. Harry estrella su cara contra un escritorio. Ahora se pone de pie, y en sus recuerdos la punta de su bota derecha golpea el muslo derecho del "jodeputa". Luego desamarró a su presa y volvió a amarrarla a una barra de hierro en la cama del pick-up, ubicada detrás de la cabina.

El carropatrulla arrancó a toda velocidad. Serpenteó sobre las calles de una colonia inmensa. El "jodeputa" se retorció cuando reconoció hacia dónde lo estaban conduciendo. El pick-up se detuvo cerca de una cancha de basquetbol. La cara del pandillero sudó, los ojos lloraron. Un joven recordó a su mamá, a Dios, maldijo su "jodeputa" vida y luego le rogó al "jodeputa" que lo estaba torturando que no lo dejara ahí, donde lo mataría la pandilla contraria.

—Vea, *micharlie*, no me deje aquí… Aquí me van a matar, *micharlie* —dijo el pandillero.

Harry lo sentenció:

—Mirá, jodeputa, tenés dos opciones: rogale a Dios que no se den cuenta estos jodeputas o corré duro, papá.

Harry se fue. Cruzó, subió y bajó; pero luego se detuvo y regresó por el "jodeputa".

—¿Ya lo habían agarrado? —le pregunto.

—Yo no sé cómo hizo ese jodeputa, pero ya se había alejado bastantito, renqueando a toda prisa.

—¿Se arrepintió? —le pregunto.

—¿Yo? ¡No'mb'e! ¡Hey! Es que ya llevaba dos horas fuera de turno, y si mataban ese jodeputa ahí, a mí me iba a tocar ir a investigar la escena. ¿Hasta las nueve de la noche? ¡Hey! ¡Ni a verga!

***

Hace tres años, Carlos Recinos, un psicólogo forense, dijo que la sociedad salvadoreña está adaptada a lo desadaptado. En el Instituto de Medicina Legal, Recinos trabaja con asesinos, violadores y con pandilleros con perfiles antisociales, psicópatas. En la sociedad salvadoreña hay civiles, policías y pandilleros. En El Salvador solo hay 15 psicólogos —con similar perfil al psicólogo forense Recinos— para atender a 23 000 agentes de la PNC.

Uno de estos psicólogos despacha en una oficinita minúscula de una delegación que no vale la pena mencionar. Es un señor viejo y flaco el Psicólogo. Cuando conoce a alguien siempre pregunta: "¿Y usted adónde vive?" Su oficina queda demasiado lejos de su hogar y al parecer el Psicólogo siempre busca quién pueda sacarlo del infierno por una vía más rápida que la que le ofrece el transporte público. En su oficina apenas y gira el ventilador que lo refresca. Es el único aparato eléctrico con el que cuenta. En una mesa hay un teléfono que no tiene línea y está cubierto con una gruesa capa de polvo. "Le voy a dar el número de acá." Descuelga el teléfono y presiona un botón como para darle tono. "Sus pacientes me han dicho que no sirve esa línea." Cuelga el teléfono. "¡Ah, sí! Tiene razón. Está cortada."

Junto al teléfono hay un libro grueso y también cubierto de polvo que habla sobre el comportamiento de la psique humana. Un maletín negro, grueso y ancho, parecido a una caja, y todavía más polvoriento que el libro y el teléfono, descansa sobre el suelo. En el interior guarda unas encuestas con más de 500 preguntas y unas láminas de plástico transparente para evaluar las respuestas que escriben los policías. En la mesa hay un ejemplo de esas pruebas. Una hoja con muchos círculos blancos dentro de los cuales hay números. En cada línea hay manchas de color rojo en el centro de los círculos.

El Psicólogo tiene 18 años como psicólogo. Ha trabajado en cárceles, ha evaluado cadetes que aspiran a policías, ha trabajado con policías, se le han suicidado policías...

—En una sociedad como la nuestra, ¿en cuánto tiempo se trastorna la mente de un policía?

—Un policía que se ha graduado de la Academia se supone que está preparado para manejar el estrés. La vocación de servicio le da fuerza...

El Psicólogo es institucional. Le cuento el perfil de Harry, el policía matapandilleros. El Psicólogo levanta los hombros, arquea las cejas, abre grandes los ojos. No lo cree. Sus policías no actúan así. Le digo que conozco a uno que sí.

—En un caso hipotético como ese, porque yo no creo que suceda, lo hubiéramos detectado. ¡Eso se detecta! Esa persona necesita venir a hacerse una evaluación porque está manifestando un trauma psicopático con tendencias antisociales.

—¿Cómo las que presentan algunos pandilleros? —pregunto.

—No puedo comparar porque no tengo a la vista los casos, pero mire... ¡trabajar con gente así quiere ganas!

Muy pocos policías buscan al Psicólogo. Un promedio de cinco al mes, según sus registros. Y quienes lo buscan lo hacen con un único propósito: que él les pase la prueba de las 500 preguntas con circulitos de colores para determinar si son aptos de llevarse el arma de equipo a casa. Los policías cuando salen de servicio vagan desarmados. Y los agentes quieren estar armados, porque cuando entran y salen de los territorios de pandillas, cuando vagan como civiles, se sienten presas. El Psicólogo recuerda que esa medida de privarles del arma de equipo se impuso hace nueve años, luego del alza de casos de policías que robaban amenazando con esa arma; que disparaban borrachos con su arma de equipo; que mataban a sus mujeres con su arma de equipo; que se suicidaban con el arma de equipo; que trabajaban como vigilantes privados, en sus días libres, con su arma de equipo; o que, en el mejor de los casos, simplemente la perdían.

Hoy día, para que puedan llevársela, deben pasar por un psicólogo, hacer la prueba de los 500 circulitos y no tener procesos disciplinarios abiertos. O simplemente no tener la mala suerte de caerle mal al jefe inmediato superior, porque aunque el psicólogo los apruebe, él nada puede hacer si el jefe inmediato superior rechaza la moción.

El Psicólogo no lo sabe, pero yo sé que Harry hace algunos años pasó por esta oficina y aprobó sin problemas su prueba de los circulitos. La conclusión del Psicólogo fue que Harry estaba en pleno uso de sus facultades mentales cuando cometió algunos de los crímenes que ahora me cuenta.

***

Harry cree tener las respuestas para su "mal necesario". Me las dijo una tarde, en su delegación, mientras observaba a un compañero recién salido de la Academia Nacional de Seguridad Pública, la institución que forma a los policías salvadoreños. La diferencia entre generaciones es notable. Harry está flaco, descuidado, ya le pesan los años y las ojeras, y su uniforme es viejo y sus botas están raídas y una pequeña barriga cervecera se le asoma detrás de los botones. Su nuevo compañero, en cambio, tiene un uniforme nuevo y bien planchado; el abdomen plano; la placa reluciente; la manga corta, cortísima, apretando unos músculos torneados; gelatina en el pelo, botas bien lustradas, pantalones apretados. El nuevo agente "se siente salsa", según Harry.

Le pregunto si ese muchacho llegará a hacer lo que él ha hecho.

—Se le va la vocación a uno. Al ver todo esto así, tan hecho mierda, se le va la vocación. Lo ven bonito ser policía, y se entra con gran ánimo. Cuando uno recién llega mantiene esa vocación, pero luego o te relajás o siempre mantenés la vocación pero tratás de solucionar las cosas en lo que podás, de otras maneras…

Le pregunto cómo es que justicia se puede convertir en sinónimo de exterminio.

—¿Cómo. es que he llegado a pensar estúpidamente? La palaba es la indignación. Es cuando se llega a sentir el dolor de las personas. "Mire, me voy a desplazar, porque si no me voy me violan a mi niña." ¡Qué josdeputa! ¡Neta! Eso: llegar al punto donde uno dice que la única solución es matar, aun a riesgo de que lo descubran.

—¿Diría que es una práctica común en la PNC?

—No todos pueden hacerlo. Y tampoco es de que le digan "haga esto". Agarrar a un jodeputa de los pies, amarrarlo y zamparlo boca abajo en un pozo... ¡Y hacerlo mierda! A mí la ética, las normas internacionales me dicen que no. Pero lo hago. Una vez se me quedó un jodeputa.

—¿Se le ahogó?

—Lo reviví dándole rodillazos en la boca del estómago.

—¿Por qué lo estaba ahogando?

—Me habían matado a un informante y quería joderlos. Pero para eso necesitaba otro informante.

—¿Cómo es capaz de hacer eso?

—Uno tiene que estar al mismo nivel que ellos: aprender de lo bueno y aprender de lo malo. Ser bueno para la bueno y malo para lo malo. Aquí hay males necesarios en la PNC. Acciones que hacemos algunos policías no para afectar a la gente buena, sino que al delincuente.

—¿De dónde sacó que torturar es un mal necesario?

—Es que mire, por las buenas ya no se puede, ¡es paja! ¿Cuánto tiempo llevamos con las pandillas? ¿Cuántos planes se han inventado? ¿Dígame para qué han servido? ¡Neta! ¿Cuál ha sido el gran resultado de unidades como la Antipandillas? Yo no necesito andar botando puertas para solucionar este problema.

—¿Cree que la gente lo apoyaría?

—Al clamor de la sociedad tenemos algunas opciones. ¡Hey! ¡La gente ya no aguanta! A mí me vale que renteen a la Diana, a la Coca-Cola... Ahí pueden estar renteando pero eso me pela. A la gente que sí me debo es a la que está más jodida. Y lo yuca es que esa gente es la que también dice que la PNC no sirve, que está cayéndose. Y entonces uno dice: "Púchica, si algo pudiera hacer..." Póngale encuentro un pandillero lesionado... uno piensa en exterminarlo. "El jodeputa se va a morir. En el trayecto al hospital se va a morir." ¡Hey! ¿Y si no se muere?

Es normal que los carropatrullas de la PNC tengan conos naranjas para detener el tráfico. Harry se pone de pie y a medida que habla lo imagino entrar a su carropatrulla y tomar uno de esos conos. Él levanta la bota derecha, y luego la suspende en el aire, a centímetros del suelo. Me mira mientras hace de equilibrista:

—¿Y si no se muere este jodeputa? Va a seguir jodiendo. ¿Y entonces? "Ponele la bota. O ponele el cono y presionalo con la bota... y se muere". [¡Paf! Estrella la bota contra el suelo]. Yo he hecho eso.

Harry me confiesa que lo ha hecho una, dos, tres veces. "Yo he hecho eso", me repite, y fuma y baja la mirada y cuando la levanta distingo en sus ojos un dejo que bien podría ser tristeza o arrepentimiento. Quién sabe. Solo él lo sabe.

—¿Y puede vivir con eso?

—Algún momento habrá que parar. Pero al calor de esos momentos ni se piensa. A mí lo que me jode de eso es que haya mucha gente y que te vean y murmuren y digan que uno es así.

—¿Usted se siente un "mal necesario"?

—Sí, hacemos algo estúpido, pero es un mal necesario. ¡Pero no basta eso! ¡Hey! Para solucionar esta situación no basta eso. ¿Cómo se puede ir más allá?

—Dígame usted.

—¡Volver a los viejos métodos! Uno de los viejos métodos que aprendí... bueno, que me contaron: es dividirlos entre ellos. Agarrar un cabrón, soltarlo, y regar la bulla. Decir que habló. Entonces ellos lo matan, agarramos a la *clica* y criteriamos a uno que haya participado del homicidio. Eso es matar dos pájaros de un tiro: se matan entre ellos y los metemos presos.

—Lo tiene bien claro.

—¡Hey! Usted quizá va a pensar que está hablando con el perfil de un asesino, pero es que algo hay que hacer, y tampoco con solo eso basta.

—¿Qué más puede haber aparte de lo que me ha contado? —le pregunto, y entonces Harry me cuenta algo que ha "estado pensando".

—Se mata a familiares de jueces, y se dejan signos de que fueron pandilleros.

—¿Y qué tienen que ver los familiares de los jueces?

—Ellos son un gremio bien unido. ¿Usted cree que si hacemos eso no van a condenar a todos esos josdeputa que lleguen a los juzgados, por lo que sea? ¡Los van a condenar! Me corto las manos si no mandan al bote a todos los josdeputa que lleguen por cualquier cosa.

—¿De verdad esas son las únicas soluciones posibles para acabar las pandillas?

—No, mire, en serio, ¿nunca se ha puesto a pensar, allá en casita, que la única solución es exterminarlos?

***

Un policía matapandilleros puede ser cualquier policía. En 2012 conocí a uno que tuvo que huir de su colonia, abandonar su casa, cuando se descubrió apuntándole en la sien a un pandillero del Barrio 18. Ese agente se había pasado de tragos, y en un arranque de matón justiciero creyó que su familia y las otras familias de su colonia vivirían más felices si eliminaba al hijo de la vecina, que era pandillero. Así es El Salvador: los policías de calle son pobres y los pandilleros también. Muchos conviven puerta con puerta, y la vida marcha normal hasta que alguien estalla. Aquel agente tuvo que huir, dejar su casa, junto con su familia, porque pronto supo que ni él ni su placa ni su pistola podrían contra el pandillero que se dijo ofendido y le juró venganza. Violencia se paga con más violencia.

Un policía matapandilleros puede ser cualquier policía. En la madrugada del 30 de abril de 2014, 12 policías llegaron, sigilosos, a una casa extraviada en un campo de la zona paracentral del país. Horas más tarde las noticias reportaron que cinco jóvenes, supuestos pandilleros, habían muerto en un enfrentamiento con la PNC. La versión oficial dijo que cuando los agentes llamaron a la puerta, los jóvenes les respondieron disparando con pistolas y escopetas. Cuatro de los cinco muertos tenían 17 años. No habían alcanzado la mayoría de edad. En los días previos a ese enfrentamiento, en Zacatecoluca, cabecera del departamento de La Paz, otros supuestos pandilleros atacaron a unos policías que buscaban las pistas de dos vehículos robados. A inicios del año el asesinato de la madre de un policía se presume fue el detonante de las batallas entre policías y pandilleros.

El día que cinco jóvenes cayeron en Zacatecoluca, alguien subió a la página de Facebook Valor Policial El Salvador las fotografías de los muertos. Dos de los jóvenes yacen tirados en el suelo, boca abajo.

Otro está sin camisa, boca arriba. El cuarto quedó recostado de lado, y el quinto terminó con medio cuerpo guindado en una hamaca, la cabeza en el suelo, sobre un espeso charco de sangre. Quien haya tomado la secuencia llegó después del operativo. Quizá fue un policía o quizá un periodista al que dejaron acercarse lo suficiente a la escena para que con un teléfono Blackberry tomara las fotografías. En la última aparece en primer plano un policía de espaldas, oculto en un gorro navarone. Al fondo hay una multitud. Acompañando a la foto, el administrador de Valor Policial El Salvador escribió: "Familiares de los 5 ratas muertos en Zacatecoluca intentaron entrar por la fuerza a reconocer cadáveres".

El post tiene 34 *likes*, 15 compartidos y 10 comentarios.

Hace un mes, en su delegación, le pregunté a Harry sobre este caso. En ese momento ninguno sabía de la existencia de las fotos subidas a Facebook.

—Es muy raro que se haga así. Son actos descabellados los que yo le cuento, acciones de improvisto, al calor del momento. Es muy raro que se monte un operativo porque es bien difícil que con un grupo de compañeros armemos un operativo para ir a bajarnos a unos josdeputa. ¡Hey! Mucho color, amigo.

Semanas más tarde, cuando las fotografías se hicieron públicas, me reuní de nuevo con Harry, esta vez en un bar del centro de San Salvador.

—¿Ya vio las fotos? Fueron a matarlos, ¿verdad? —le pregunto.

Harry hace una mueca sucia, pícara. Le da un trago a su cerveza y le jala al cigarrillo.

—Ya las vi. ¡Lindas esas imágenes!, ¿verdad?

***

David Morales, el procurador de Derechos Humanos, dijo este año que han detectado 10 casos de homicidios en los que el *modus operandi* sugiere la presencia de grupos de exterminio. El procurador ha pedido a la PNC que investigue a fondo si hay policías detrás de estos crímenes contra pandilleros, dado que las denuncias acusan a hombres vestidos con trajes de la PNC. El director de la policía hasta el 1º de junio de 2014, Rigoberto Pleités, negó categóricamente que sus agentes cometieran ejecuciones extrajudiciales.

***

Es mi última visita a la delegación de Harry, el policía matapandilleros, y me encuentro de nuevo con el agente recién graduado de la Academia. Sigue "bien salsa", con su uniforme impecable, las botas muy lustrosas, la gelatina en el cabello y la manga corta mostrando el músculo moreno. Ni siquiera nos esforzamos mucho para llegar a un tema en común: los ataques de pandilleros contra policías.

—¿Se siente en guerra con los pandilleros? —pregunto.

—Así como una guerra no, pero esos malditos no se tocan el corazón para buscar joderlo a uno, a los compañeros. Por eso uno debe párárseles firme, porque ellos cuando se sienten con fuerza... ellos van midiendo el nivel de fuerza, igual que uno. ¿Sabe cuál sería una solución para esto?

—¿Cuál?

—Que los políticos se dejaran de babosadas, y que promulgaran una ley que diga que yo puedo matar a esta gente. ¿Sería como una pena de muerte, veá? Pero así, expedita, sin pasar por un juez. Que diga algo así esa ley: que todo aquel que sea pandillero, o sospechoso de ser pandillero, con tatuajes o sin tatuajes, o que todo aquel relacionado con pandillas...

El país que mata a sus presos

José Luis Sanz
Mayo 2014

El país más violento del mundo parece tener las cárceles más violentas del mundo. O al menos las cárceles en las que se han cometido algunas de las peores masacres en la historia reciente de América Latina. En la última, ocurrida en 2012, murieron calcinadas más de 300 personas; en la penúltima, más de 100; en la anterior, más de 60... Y mientras esos picos altos sacuden a Honduras, el sicariato a cuentagotas, patrocinado, auspiciado o permitido por el Estado, ocurre cada dos días.

Todo el mundo sabe lo que pasó en la cárcel de El Porvenir y todo el mundo, especialmente Honduras, parece haberlo olvidado: cuando a las 9:10 de la mañana del 5 de abril de 2003, 10 minutos después de que estallara el motín, la Policía y el Ejército entraron a los patios con sus armas largas y sus pistolas, en teoría para poner orden, solo habían muerto cinco personas. Dos horas después, en aquel penal de una veintena de celdas se amontonaban 68 cadáveres.

***

La batalla la iniciaron los pandilleros del Barrio 18. Entre ellos y los Paisas —los presos no pandilleros— había un acuerdo de no agresión que se había respetado durante meses. A pesar de ser los eternos protagonistas de las portadas de diario, a pesar de encarnar todos los males y provocar todos los miedos, a pesar de su talento para la violencia, la historia indica que en Honduras, cuando se trata de plantar batalla a otros grupos criminales o a las fuerzas de seguridad, los pandilleros llevan las de perder. En esa certeza descansaba la paz de El Porvenir, en la costera ciudad de La Ceiba. Los paisas cuadruplicaban a los pandilleros en número, aun contando a los recién llegados. Y eran paisas los "rondines", el grupo de presos en los que las autoridades delegaban desde hacía años el orden en los patios, los hombres que a golpe de tolete o de machete imponían ley intramuros.

En plena explosión del plan "Cero Tolerancia" contra las pandillas impulsado por el gobierno del presidente Ricardo Maduro, si en las calles se temía y despreciaba a los pandilleros y la Policía había comenzado a perseguirlos a plomazo limpio con el aplauso de la población, en la cárcel se les vigilaba y trataba como a animales peligrosos. En El Porvenir, las autoridades habían dado a los rondines las llaves de las celdas 2 y 6, ocupadas por el Barrio 18. Los paisas, liderados por su coordinador general, Edgardo Coca, decidían quién entraba y salía, y cuándo. Hacían constantes registros, hasta tres al día. Establecían para los pandilleros castigos colectivos.

Esa paz desigual, sin embargo, comenzó a agrietarse el 7 de marzo, cuando Mario Cerrato, el Boris, aterrizó en El Porvenir con otros 29 dieciocheros. Habían sido trasladados desde la Penitenciaría de Támara, en teoría para evitar roces con otros presos. En teoría para evitar muertes.

Una vez en El Porvenir, el Boris no tardó en comprobar, indignado, que su Barrio bajaba la cabeza ante los abusos de los presos no pandilleros. Casi de inmediato conjuró reglas no escritas en la pandilla y logró desplazar al hasta entonces líder de los dieciocheros en el penal, Edwin Calona, el Danger, en la toma de decisiones. El Boris tenía en mente una guerra. Se sabe que sobornó a un custodio para que le proporcionara un arma y organizó un plan de ataque durante cuatro semanas. El sábado 5 de abril tomó su nueva pistola y se dirigió a la celda en la que estaban reunidos Coca y el resto de líderes de los rondines. Con él iban el Danger y otros ocho pandilleros armados con palos y cuchillos. El primer disparo del Boris mató a José Alberto Almendárez, el subjefe de rondines. Encaramados a la confusión inicial, los pandilleros lograron abatir a balazos o machetear hasta matarlos a otros cuatro paisas. Buena parte de los rondines huyeron y buscaron refugio en los baños de sus celdas. Otros, los más veteranos, corrieron a buscar sus armas, para responder al Boris.

Todos los testigos coinciden en que cuando, 10 minutos después del primer disparo, los policías que custodiaban el penal y los soldados de refuerzo entraron en los patios, lo hicieron a cañón suelto y con la intención clara de proteger a los paisas, matando a todo pandillero que encontraban a su paso. De inmediato, rondines, custodios y militares formaron un solo batallón que hizo retroceder a la mayor parte de dieciocheros hacia sus celdas. La carnicería estaba por comenzar.

Un rondín cerró con candado la celda 6, en la que se habían refugiado 25 personas, incluida una mujer y una niña que habían entrado de visita poco antes de la balacera, colocó cartones y colchones sobre la puerta de reja, los roció con combustible y les prendió fuego. Los policías que le vieron hacerlo no movieron un dedo.

A pocos metros, frente a la celda número 2, policías, soldados y rondines descargaron sus armas hacia los pandilleros que se habían refugiado allí, al tiempo que les gritaban que se rindieran. Por un instante cesó el fuego cruzado: los pandilleros se rindieron y lanzaron sus armas hacia el patio, pero los primeros que se atrevieron a salir con las manos en alto fueron acribillados. Uno murió en el acto. Los que quedaron en el suelo, heridos, retorciéndose, fueron rematados a golpes y cuchilladas por los rondines. Aquellos que en un primer momento se quedaron parapetados en la celda sufrirían una muerte más brutal: cuando el humo y las llamas que de la celda 6 ya pasaban a la 2 les forzaron a salir, fueron tumbados boca abajo en el suelo. En esa posición los ejecutaron. Después de lincharlos y acuchillarlos, todos fueron rematados a tiros. Los mismos tiros que más tarde permitirían reconstruir lo sucedido a Arabeska Sánchez.

En cada rincón del penal, respaldados por las armas de la Policía y los militares, los presos paisa completaron la venganza. Policías remataban a los pandilleros heridos, soldados contemplaban en silencio cómo rondines se ensañaban con cadáveres ya desfigurados.

El comandante a cargo del operativo, el subcomisionado Carlos Esteban Henríquez, detuvo la matanza alrededor de las 11, cuando supo que desde la escalera de un camión de bomberos que acababa de llegar a sofocar el incendio un camarógrafo lo grababa todo. Solo entonces ordenó a sus hombres dejar de disparar y trasladar hacia un hospital a los heridos. En su primera declaración a los periodistas, un vocero del Ministerio de Defensa, el subcomisario Leonel Sauceda, dijo que, de los incidentes carcelarios causados por pandilleros en los últimos meses, este había sido "el más grave".

Veintitrés de las 68 víctimas tenían heridas por arma de fuego. Sesenta de ellas eran pandilleros del Barrio 18. Cinco murieron desangradas. Una recibió 20 machetazos en la cabeza. En la celda número 6 murieron 25 personas asfixiadas o quemadas. El cuerpo de una de ellas quedó calcinado a tal punto que fue imposible identificarla, y ni siquiera se pudo conocer su edad o su sexo. Los cuerpos de los muertos fueron trasladados a San Pedro Sula para que se les realizara la autopsia. Llegaron como podridos a la morgue. No aguantaron las cuatro horas de viaje a bordo de camiones sin refrigeración.

El presidente Ricardo Maduro, su ministro de Seguridad Óscar Álvarez y su viceministro Armando Calidonio llegaron al penal a las cuatro de la tarde, cuando todavía había cadáveres en el suelo. A los minutos, un miembro de la comitiva presidencial ordenó a los bomberos limpiar de inmediato el escenario de la masacre para que los presos sobrevivientes, que también habían sido evacuados tras el alto el fuego, regresaran lo antes posible a sus celdas. No importó —todavía hoy hay quien sugiere que ese era el propósito de la orden— que con el agua se borraran posibles pruebas y se convirtiera en tabula rasa la escena del crimen.

***

La de El Porvenir fue la primera de las tres grandes masacres ocurridas en la última década en cárceles hondureñas. Un año después, en 2004, la quema del sector de la Mara Salvatrucha en el penal de San Pedro Sula causó 107 muertos. En febrero de 2012, como en una escalada macabra, otro incendio consumió casi totalmente la granja penal de Comayagua y murieron 361 hombres y una mujer que había llegado de visita. Medio millar de muertos en tres zarpazos bajo el aplauso de buena parte de la sociedad hondureña, que suele recibir la muerte de presos como una purga sanadora. Pero la huella puntiaguda de estos tres episodios en las gráficas oficiales de muertes violentas en los penales de Honduras no cuenta la verdadera historia. Es en el valle de los muertos casi diarios y en la negativa del Estado a asumir la responsabilidad por ellos donde la brutalidad de la política penitenciaria en Honduras se vuelve transparente.

La hemeroteca y el relato de quienes sobreviven intramuros rebalsa de casos extraordinarios: en marzo de 2008 un grupo de expandilleros fue trasladado desde San Pedro Sula hasta Támara tras un motín en el que hubo nueve muertos. Una vez en la Penitenciaría Nacional fueron metidos en plena noche en sectores de paisas, pese a la certeza de que acabarían muertos. Así fue. Al amanecer había 18 pandilleros acuchillados. A mediados de 2009 dos juezas ordenaron medidas cautelares para proteger a un preso por homicidio cuya vida peligraba si era ubicado en el mismo sector en que cumplía pena el hermano de su víctima. Pese a haber recibido y leído las órdenes judiciales que explícitamente pedían que se le asignara al reo otra área del penal, el director del centro lo envió a la muerte. El director está hoy acusado de homicidio. En 2011 otro director penitenciario mantuvo a un preso epiléptico engrilletado de pies y manos en una pequeña celda de castigo en la base de un torreón de vigilancia, y se negó a que el personal de la clínica le diera su medicación. El preso murió y nadie señaló culpables. Son constantes los enfrentamientos entre internos, con armas de fuego. El 29 de marzo de 2012 un grupo de presos de la cárcel de San Pedro Sula derrocó por las armas a su coordinador general y estableció en el penal un nuevo orden. Tras varias horas de tiroteo se contaron 14 cadáveres.

Los informes de diversos organismos internacionales de derechos humanos, como la Comisión Interamericana o Naciones Unidas, han denunciado regularmente desde hace más de una década la crueldad de las condiciones de las cárceles hondureñas y el constante riesgo para la vida de los presos. Sin que haya habido cambios. Solo en los últimos tres años han muerto de forma violenta en cárceles de Honduras más de 450 presos. En promedio, uno cada dos días y medio. Baleados por los guardias, acribillados por disparos de otros reos, perforados por las esquirlas de una granada, estrangulados, acuchillados, ahorcados, apaleados, empalados, decapitados, quemados vivos.

Resulta imposible acceder a registros sistematizados y completos de muertes violentas en las últimas décadas, pero los datos oficiales de mortalidad en cárceles, que convenientemente mezclan los decesos naturales con homicidios y asesinatos, no logran esconder lo evidente: el promedio entre 2003 y 2012 fue de 106 muertes anuales dentro de prisión, la inmensa mayoría de ellas por hechos violentos. Si Honduras es el país más violento del mundo con una tasa de homicidios de 79 por cada 100 000 habitantes en 2013, y tiene una mortalidad total de 4.78 por cada 1 000 habitantes según datos de 2012, sus cárceles son el lugar más peligroso de Honduras con una tasa de mortalidad promedio que supera los 7.8 por cada 1 000 presos en la última década.

Las autoridades hondureñas suelen sugerir que los incendios en cárceles son excepcionales e imprevisibles, que las muertes de presos en plena fuga son inevitables y justas, y que los motines o las venganzas entre internos son aleatorias. Como si las lógicas salvajes de los presos fueran incomprensibles. No es sino una forma de mentira institucional. En las cárceles, las muertes siempre tienen una explicación. Y las masacres de El Porvenir, San Pedro Sula y Comayagua no son sucesos aislados sino cimas, cumbres, de la normalidad asesina del sistema penitenciario de Honduras. Unas veces el Estado mata directamente a través de sus funcionarios de prisiones; otras, facilita que sean otros los verdugos en un sistema de pena de muerte tácita.

***

Diez años después, sentada en el bar de la zona hotelera de Tegucigalpa, Arabeska Sánchez reflexiona sobre la masacre. Es evidente que le alegra que a alguien le importen aquellos muertos tanto tiempo después y en un país que todavía aplaude sin pudor diversas formas de limpieza social.

Lo que llegó a la mesa de Arabeska Sánchez no parecía una bala. Ese pedazo de metal deforme podía ser cualquier cosa, y aun asumiendo que fuera un proyectil iba a ser imposible rastrear el arma de la que salió. Ella, corpulenta, bajita, arrugó la cara, detrás de sus lentes entrecerró aún más sus pequeños ojos e intentó adivinar alguna pista en esa esquirla de plomo, pero terminó por rendirse. Había visto en televisión las escenas de la masacre de la cárcel de El Porvenir y la carcomía el deseo de ayudar a identificar a los perpetradores. Pero de los centenares de balas y casquillos recogidos por el Ministerio Público después de la matanza, su astilla era la más inútil. Incómoda, la devolvió a la bolsa en la que venía etiquetada como indicio y escribió en su dictamen: "El fragmento ha perdido masa y características de clase e individualizantes. No tiene valor analítico".

Sentada en la parte menos ruidosa de un bar que pretende ser bohemio, en medio de la zona hotelera de Tegucigalpa, Arabeska Sánchez se aferra a un vaso con hielo y 7 Up mientras rememora su intento de descifrar los secretos de aquel pedacito de plomo. No he conseguido que acepte una cerveza o que me acompañe con un trago de ginebra. Dice que mañana tiene que madrugar.

"Nada de alcohol si hay que trabajar."

Es, y lo demuestra en cada frase y cada gesto, una mujer serena. Dura, agresiva en sus opiniones, pero serena. Supongo que solo anclado en esa serenidad puede uno haber visto desfilar ante sus ojos toda la muerte que cabe en Honduras y continuar creyendo que se puede salvar a este país de sí mismo.

Aquel abril de 2003, como si se apiadara de su frustración, el azar quiso que el peritaje fallido le abriera a Arabeska Sánchez una puerta mayor en la investigación de la masacre. Puesto que era la única miembro del laboratorio que no presentaría prueba balística en el juicio, la fiscal del caso le asignó una nueva tarea: reconstruir con la mayor precisión posible, usando los informes de sus compañeros, la masacre de la granja penal de El Porvenir. Sin pedirlo, se convirtió en una pieza clave para probar cómo el Estado hondureño, en complicidad con una banda de matones, asesinó de manera salvaje en dos horas a seis decenas de seres humanos.

Asegura que, más aun que la masacre en sí, y por despiadado que parezca, fue el largo y tenso juicio posterior el que retrató el nivel de desprecio del gobierno de Honduras por la vida de los prisioneros.

—Si quieres saber cómo es, incluso 10 años después, el sistema penitenciario de Honduras, buscá y revisá el expediente del caso de El Porvenir. Fue la primera vez que se desnudaron todas sus debilidades.

Arabeska no lo dice, o lo dice con otras palabras: la de El Porvenir no es una historia del pasado. El país más violento del mundo mantiene aún hoy, como política no oficial, el exterminio sistemático de sus presos.

***

El juicio por la masacre de El Porvenir inició en marzo de 2008 y fue un pulso del Estado hondureño consigo mismo. Mientras el Ministerio Público pujaba por el esclarecimiento de las 68 muertes, el Ejecutivo ponía todo su empeño en el encubrimiento. Quedó probado que la dirección del Sistema Penitenciario había alterado en su libro de incidencias la hora en que comenzó la masacre. Quedó probado que los informes de novedades de la Policía Preventiva se habían falseado para hacer ver que la voz de alarma se dio tarde y el operativo policial había durado una hora menos de lo que realmente duró. Quedó probado que el jefe policial a cargo del operativo mintió en su informe y escribió que sus agentes habían sido recibidos a balazos por los pandilleros y solo habían disparado en defensa propia. La Secretaría de Seguridad pagó los abogados de los custodios, contrató a peritos en balística e incluso reclutó a investigadores del Ministerio Público para que argumentaran en contra de las pruebas de la acusación.

Con la mirada endurecida detrás de sus inseparables lentes, Arabeska Sánchez explica la sensación de desventaja que tuvo el equipo fiscal durante todo el proceso que duró 159 días, algo más de cinco meses.

—Éramos cuatro personas: dos fiscales, un médico forense y yo, y delante teníamos un buró de 60 defensores, una barbaridad de gente. Sentíamos una presión terrible.

—¿Recibieron alguna amenaza?

—Hubo vehículos sospechosos siguiendo el carro de la Fiscalía que usábamos en La Ceiba, así que pedimos un vehículo de refuerzo que nos acompañara cada vez que nos desplazábamos del hotel a la audiencia. Después de cada sesión teníamos que encerrarnos. Balearon a un muchacho en el parqueo de mi hotel, y también hubo disparos frente al hotel en que se estaba quedando la fiscal.

Las salas de audiencia de los tribunales en La Ceiba eran demasiado pequeñas para un proceso de estas dimensiones, así que el juicio se celebró en la sede local del colegio de abogados. Todos los días se desplegaba un cordón policial que rodeaba el edificio en el que se estaba juzgando, principalmente, a policías por el asesinato de presos. Aunque se esgrimían razones de seguridad, para el equipo fiscal era una forma más de intimidación. Durante las audiencias, los jueces pidieron a los acusadores que no se levantaran al baño en los recesos para no exponerse a recibir ataques. A los pocos días de comenzar el juicio, una amenaza de bomba obligó a desalojar todo el edificio y suspender la audiencia durante horas.

Toda La Ceiba se convirtió para Arabeska Sánchez y su gente en territorio hostil. Mientras los acusados y sus familiares celebraban barbacoas por la noche, los cuatro miembros del equipo fiscal comían aislados en su hotel. No había quien quisiera sentarse con ellos ni se podían dar el lujo de caminar tranquilamente por la ciudad costera.

Las pruebas y testimonios eran, en todo caso, aplastantes. Durante el juicio se mostraron imágenes de televisión en las que se veía a agentes golpear a pandilleros moribundos de la mano de presos rondines. Los informes de balística confirmaron que la mayoría de víctimas había muerto por disparos de armas asignadas a policías y soldados. También pusieron en evidencia que algunas de las armas homicidas nunca llegaron a ser entregadas a la Fiscalía por parte de la Policía. Simplemente desaparecieron.

Veintiuno de los 33 acusados fueron declarados culpables y recibieron condenas que oscilaron entre los tres y los 1 035 años de cárcel. El comandante de la Policía al frente del operativo, Carlos Esteban Henríquez, fue declarado culpable de omisión en 19 asesinatos y condenado a 17 años de prisión. El director del penal, Danny Alexander Rodríguez Valladares, no fue en cambio ni siquiera imputado porque el día de la masacre, aunque no tenía permiso, no se presentó a trabajar. En el año siguiente a la masacre fue trasladado varias veces y dirigió los penales de Santa Bárbara y Danlí, y en 2012, como si en Honduras la burla fuera una política de Estado, fue enviado de urgencia a sustituir al director del penal de Comayagua, fulminantemente suspendido tras el incendio en que murieron 361 personas.

Desde junio de 2013 Rodríguez Valladares es el director del penal de San Pedro Sula, el segundo más grande del país. Allí, como una década antes en El Porvenir, comparte el poder con un equipo de rondines armados, presos que, bajo el liderazgo de otro preso, imponen disciplina, operan como la verdadera autoridad de la cárcel y deciden sobre la vida y la muerte del resto de internos. Como si no hubiera huella del pasado y la muerte de 68 reos fuera un apunte marginal, anecdótico, en la doctrina del sistema y la carrera de un funcionario.

***

La noche lo calla todo menos al río, cuyo rugido parece advertir que en este suelo, donde hubo una vez risas y bailes con orquesta, nadie debe volver a construir nada. Por décadas la corrupción hizo de La Mora —el pabellón de los presos ricos en la antigua Penitenciaría Central de Honduras— un lugar feliz para quien pudiera pagar. Mientras los presos comunes, encerrados en la parte alta del recinto, malcomían y asistían a la escuela para aprender a leer, en las celdas de La Mora se instalaron mesas de casino y en su patio se celebraban a menudo veladas de boxeo con púgiles invitados.

El huracán *Mitch* barrió todo eso. El 30 de octubre de 1998 las aguas del río Chiquito, convertidas en el brazo de un gigante desbocado, redujeron La Mora a un predio baldío. Del resto del penal quedaron ruinas de cierta solemnidad, pero de La Mora solo sobrevive un torreón de vigilancia, en extraño equilibrio sobre sus bases mordidas.

Entre los cimientos de ese torreón, a oscuras, Dionisio Sánchez ordena sin prisa sus montículos de cartón, sus redes llenas de latas y sus amasijos de quincalla. El aire en Tegucigalpa está limpio, como entre lluvias. Dionisio es pequeño y tiene una sonrisa burlona. Al hablar despereza dos ojos sorprendidos, como si conversar fuera para él una excentricidad o un placer olvidado y redescubierto.

Se asentó bajo este techo prestado en el año 99, pocos meses después del paso del huracán, y vive de vender basura y cargar bultos en el mercado mayorista. Nunca ha pisado una cárcel, pero sabe perfectamente qué sucedió acá el día que desapareció La Mora:

"Cuentan que se iban y los mataban. Los presos se iban y los mataban."

Aquel jueves, con Tegucigalpa entera en estado de alarma, con el río a punto de desbordarse, entre los presos de la Penitenciaría Central corrió el rumor de que nadie iba a llegar a evacuarlos. En mitad de la emergencia, mientras temblaban los muros que trataban de sostener el río y se filtraba el agua, decenas de reclusos de La Mora treparon uno tras otro por las paredes pensando que era su oportunidad de escapar o de salvar la vida. Los guardias dispararon a matar. Alrededor de 30 presos fueron arrastrados por el río heridos o ya muertos. Sus cuerpos nunca aparecieron.

Años después, en una nota que pretendía resultar entrañable, el diario *El Heraldo* escribió que en las ruinas de la vieja cárcel de Tegucigalpa hay fantasmas de guardias y de presos muertos. Como si la leyenda negra de un país que mata a sus presos fuera un juego de miedos infantiles. Como si los asesinatos en una cárcel hondureña fueran cosa del pasado o de otros mundos.

Esta noche, en mitad del antiguo patio de La Mora, a pocos metros de su torreón, Dionisio Sánchez parece uno de esos fantasmas. Sabe que desde este torreón mataron a gente porque se lo contó un amigo que cumplía sentencia en aquellos días en La Mora y vio con sus propios ojos morir y hundirse en los remolinos de agua a compañeros de encierro. Una rata del tamaño de un gato atraviesa el predio en dirección a Dionisio y se cuela entre sus cartones.

**

El Doctor de la cárcel de Támara fue un fantasma en la vieja Penitenciaría Central en los años noventa y la condena de ver pasar cadáveres de presos le ha acompañado hasta hoy. "Aquí la primera causa de muerte es la herida por arma de fuego", dice, y mantiene una postura fría, los brazos sobre el escritorio, la espalda recta, el gesto ausente, como si hubiera repetido esta frase mil veces y no sirviera para nada.

La Penitenciaría Nacional Marco Aurelio Soto, conocida popularmente como Támara, estuvo una vez llamada a ser la primera piedra de un nuevo sistema penitenciario en Honduras. Cuando *Mitch* derribó los muros de la antigua Penitenciaría Central, en Támara se estaba terminando de construir una cárcel modelo para 1 800 personas, diseñada para facilitar la clasificación de internos por perfil criminológico y tipo de delito, a la medida de un futuro sistema progresivo de reinserción. Apenas albergaba entonces a 300 presos y debía irse llenando paulatinamente, bajo nuevos criterios de administración.

También eso se llevó el huracán. Los presos de la Central fueron finalmente evacuados de urgencia la tarde del 30 de octubre e instalados temporalmente en los bajos de las gradas del Estadio Nacional, a 200 metros de distancia cruzando el río, pero a salvo de las aguas y al cabo de unas semanas se les trasladó a todos, a los 3 500 que se amontonaban en la Central, a la nueva penitenciaría, donde quedaron de nuevo amontonados. No hubo, claro, más criterio que la prisa a la hora de asignarles celda. Ni perfil, ni distinción entre condenados y pendientes de condena, ni clasificación por grado de peligrosidad. Aún hoy los sectores del penal de Támara se llaman Procesados 1 y 2, y Sentenciados 1 y 2. Una falsedad.

En los desagües del Estadio Nacional aparecieron a los pocos días restos humanos. Los presos de la Central habían hecho sangrientos ajustes de cuentas mientras estuvieron en ese albergue temporal y llevaban consigo hasta el nuevo penal la tradición carcelaria de muerte y corrupción de las décadas anteriores.

El Doctor vivió aquel tránsito de la Central a Támara y ha estado en esta cárcel los últimos 15 años. Él ronda los 60. Su pelo peinado hacia atrás, su afeitado riguroso de médico viejo, y su camisa impecable debajo de la bata blanca contrastan con la clínica en ruinas en la que trabaja, sin equipo de rayos X, sin apenas camas, entre telarañas y pasillos a los que les faltan las ventanas. Como el resto de médicos y enfermeros de Támara, trae cada día de casa sus bisturíes, sus tijeras, su estetoscopio, sus guantes.

El penal es una ciudad pobre, sobrepoblada por 4000 personas a las que las autoridades alimentan con una dieta única de frijoles y arroz tres veces al día. Además, el agua de Támara, los días que no falta el suministro, no es potable. El Doctor dice que la tratan para eliminar algunos gérmenes, pero que de ninguna manera es potable. Aun así, se bebe. Hacinados, malnutridos, maltratados, enfermos, en los meses de verano tres cuartas partes de los presos tienen sarna.

—Hubo un tiempo en que sí, como a finales de los ochenta, por el sida, pero desde hace unos 15 o 20 años ya no son las enfermedades las que matan a la gente aquí en las cárceles —aclara el Doctor—. Primero crecieron las muertes por arma blanca, y ahora ya no, ahora son por arma de fuego.

En Támara, la cárcel más grande del país y la más cercana a la capital, conseguir un revólver .38 cuesta alrededor de 25000 Lempiras, 1300 dólares, y que las autoridades dejen pasar una pistola 9 mm cuesta 45000, unos 2300 dólares. Un AK-47 o una granada tienen precios lógicamente mayores, pero igual se pagan. Los agentes policiales que custodian la cárcel se dejan sobornar tanto por paisas como por pandilleros y los surten de armas para que se maten entre ellos, como auténticos vendedores de muerte. En un círculo vicioso que se ha perfeccionado con el paso del tiempo, las mafias de los internos alimentan la corrupción y la corrupción a su vez fortalece a las mafias de los internos.

—Mire, en las cárceles hay un poder fáctico que está por encima del director —dice el Doctor—. Los llaman los Toros. Son los

315

reos poderosos, los que en cada penal manejan el narcotráfico, los negocios ilícitos, el crimen...

El Doctor no ha necesitado hacer preguntas incómodas ni meterse en los asuntos de otros para averiguar lo que sabe. Por su clínica pasan las consecuencias de todos los problemas de la cárcel. Hace algunos años comenzaron a aparecerle heridos con unos extraños cortes circulares en el cuero cabelludo, un mosaico de incisiones regulares y profundas. Le llevó un tiempo deducir de dónde venían. Los coordinadores de los sectores usan un tablero lleno de corcholatas, chapas de botella, clavadas boca arriba, y colocan al reo con la cabeza sobre las chapas, con los pies levantados y apoyados en la pared, sin manos, para que todo el peso del cuerpo descanse sobre la cabeza y los filos dentados de las corcholatas atraviesen lenta pero profundamente la piel.

Es solo una de las muchas formas en las que Támara se autogobierna de muros para adentro con la absoluta complicidad de las autoridades. Al igual que sucedía con los rondines de El Porvenir, y como sucede en casi todos los penales de Honduras, en Támara los internos que regentan los patios disciplinan al resto con torturas sistemáticas. En cada sector tienen celdas reservadas expresamente para el castigo y la tortura. A esas salas las llaman Core, como el Core VII, la posta Metropolitana número 1 de la Policía Nacional en Tegucigalpa, en la que tradicionalmente se ha dicho que las autoridades torturan a su vez a sus detenidos.

Quince años después del huracán, la que pretendía ser una cárcel ejemplar está carcomida por la corrupción y la desidia institucional. Las autoridades tratan a los presos como animales y les permiten gobernar su propia jungla. El resultado es un poder, el de los internos, que nadie logra ni —tal vez— quiere domar. Las autoridades se limitan a fingir que al menos pueden evitar que ese poder salga de su jaula. Por eso, cuando no se trata de un escape planeado y pagado a las redes de corrupción del penal, que inician en los coordinadores de cada sector y terminan en las oficinas administrativas del penal, los custodios disparan a quienes tratan de fugarse.

***

El 19 de mayo de 2009 Alexander Noé Moncada Zúñiga, un joven de 29 años condenado por allanamiento de morada, trató de fugarse de la prisión Marco Aurelio Soto de Honduras, conocida por todos como Támara. Llevaba menos de un mes de reclusión, pero estaba nervioso como un adicto separado de sus dosis. La cárcel, al principio, puede ser un picor insoportable. A las 11 de la mañana de un martes de mayo ese preso delgado y con bigote se lanzó, vestido con ropa deportiva, sobre el primer muro de los dos que forman el perímetro de seguridad del penal. Los vigilantes lo descubrieron en la llamada "zona muerta" entre las dos paredes y le hicieron disparos de aviso. Él dudó unos instantes, midió sus remotas posibilidades de éxito y decidió que lo más seguro era volver a saltar de regreso a su sector. Pese a ver que el preso regresaba al recinto, un custodio le disparó por la espalda y le hirió en el glúteo.

El disparo no lo mató. El escapista frustrado recibió atención primaria y llegó incluso a hablar con los periodistas a su llegada al hospital Escuela de Tegucigalpa, un par de horas después del suceso. Explicó que quiso fugarse por la ansiedad de que su familia no lo llegara a visitar. Sonrió a las cámaras. Antes de que anocheciera estaba muerto. Desangrado, según la versión oficial. Un año después, el custodio fue condenado a 15 años de cárcel.

Es el único caso de este tipo por el que el Ministerio Público de Honduras ha conseguido jamás una condena. A los internos les da miedo denunciar o testificar porque al regresar al penal temen que los custodios, o los coordinadores de sectores, coludidos con las autoridades corruptas, los vayan a asesinar.

***

El Fiscal batalla con cientos de casos como el de Moncada: torturas, abusos, violaciones a los derechos humanos en las cárceles. Como el Doctor, cuenta sus anécdotas desde la protección que da el anonimato, porque ha recibido amenazas directas de muerte y porque en Honduras los asesinatos de fiscales y defensores de derechos humanos en los últimos tres años han hecho del miedo un rasgo de sentido común. Los canallas no quieren que cambie el sistema, y el Fiscal sabe que los canallas, especialmente los que trabajan en despachos oficiales, le conocen y le odian. Por eso aprendió a disparar y anda siempre armado.

—Es típico, ocurre a veces que un interno logra pasar la zona muerta y lo persiguen 10 o 15 policías, y cuando lo tienen casi sometido, y así es más fácil, le disparan en la espalda y muere. O lo capturan, lo ingresan al penal y muere.

—¿Se abren expedientes internos o investigaciones por esos casos?

—Al Ejecutivo no le interesa. Nunca hay sanción para el custodio que dispara. Nunca hay una investigación interna cuando muere un preso. Si la Policía se da cuenta, no investiga. Solo se abre un caso cuando el Ministerio Público toma su propia iniciativa o por denuncia de una oenegé.

Cuenta el Fiscal que una vez llegó a Támara para investigar un caso de abuso de autoridad y se le arremolinó alrededor un grupo de presos ansioso de que viera algo. "Ya le van a conseguir los lisiados", le dijeron. Al poco vio acercarse a una docena de personas cojeando, malcaminando, apoyada en muletas. Una procesión de tullidos y gente rota. Se trataba de presos que habían intentado fugarse y recibido castigo de los guardias por ello. Muchos tenían brazos rígidos y doblados por fracturas que nunca les fueron enyesadas, o pies ladeados.

—Me han hablado de disparos en los pies, como castigo ejemplar —le digo.

—Varios me dijeron: "Mire, yo me escapé, pero cuando ya me tenían detenido me dispararon en la pierna, 'para que no lo volvás a hacer', me dijeron, y pummm". En Támara hay muchos casos. Podés hacer un libro con ellos. Y no es lo peor que ha pasado y sigue pasando.

El 27 de marzo de 2014, a las dos de la tarde, tres internos trataron de fugarse del penal de Támara después de, aparentemente, sobornar al soldado que ocupaba una torreta de vigilancia. Cuando otros centinelas se dieron cuenta de lo que sucedía, los persiguieron y, tras hacer disparos de aviso, terminaron por apuntar al cuerpo. Uno de los presos, Erik David Sevilla Salgado, recibió un tiro en una pierna. Aunque fue trasladado al hospital en Tegucigalpa, murió desangrado. Otro preso herido que, como Moncada en 2009, murió desangrado.

Veinticuatro horas después, las autoridades de Támara no habían hecho llegar a las oficinas centrales del Sistema Penitenciario, que están a menos de un kilómetro de distancia del penal, ningún informe escrito sobre el suceso. El Fiscal sabe que, cuando algo así sucede, no va a encontrar ayuda policial para dar con un culpable.

"Ya te digo que estos asuntos no le interesan a nadie."

***

El preso más conocido —y probablemente uno de los más aplaudidos— de Honduras se llama Moncho Cálix. En los periódicos le han dado el apodo del Exterminador de Mareros por la larga lista de ataques que, ya estando en la cárcel, ha perpetrado —con cuchillo, con pistola, con granada— contra presos pandilleros.

El 24 de julio de 2012 volvió a hacer gala de su sobrenombre. Ese martes, en el módulo de máxima seguridad de Támara, una cárcel aparte construida a un centenar de metros de la Penitenciaría Nacional, Moncho Cálix sacó un revólver .38 por la ventana de su celda y comenzó a disparar contra los pandilleros del Barrio 18 que en ese momento estaban en el patio. Hirió a tres. A uno de ellos, al que Cálix disparó primero, su verdadero objetivo, le acertó en la cabeza. Era Norlin Ardón Varela, Lucifer, uno de los principales líderes de la 18 en Honduras.

Ninguno de los pandilleros murió pero en Támara se dice que las secuelas de Lucifer son graves y le han dejado a merced de cualquier enemigo. Ya no puede valerse y menos defenderse solo. Por eso no regresó a Máxima Seguridad sino al módulo El Escorpión, donde está con sus *homies* y el Barrio 18 puede atenderle y protegerle.

Es obvio que fue un custodio, un policía, quien proporcionó a Cálix el revólver. Al día siguiente del ataque se habló en los perió-

319

dicos de la corrupción del sistema penitenciario y de revisar los videos para ver quién entregó el arma. El Ministerio Público anunció la apertura de una investigación. Pero casi dos años después no ha habido ningún detenido ni tiene sentido pensar, a estas alturas, que algún día lo habrá.

Cuando le pregunto a la Sombra por Moncho Cálix su respuesta es el inicio de una cita enciclopédica: "Moncho Cálix Urtecho... es familiar de los Urtecho, que han sido asesores de seguridad pública..."

De la Sombra diremos solo que por su trabajo atraviesa a su antojo los muros y conoce desde hace años todos los rincones de las cárceles hondureñas. Conoce a los custodios, conoce coordinadores de cada módulo, conoce a los pobres diablos que sufren sus castigos y sabe tanto de las corruptelas administrativas como de los grandes negocios entre la dirección de cada penal y sus presos. Sabe, siempre, qué dicen los patios sobre cada muerte y sobre cada fuga.

Me recibe en su casa, una vivienda sobria en una colonia obrera del extrarradio de Tegucigalpa. Viendo las limitaciones del lugar, uno diría que la Sombra, pese a moverse entre la corrupción del sistema penitenciario de Honduras, tiene las manos limpias.

—Mucha gente me ha hablado de Cálix —le digo—. Lo llaman el asesino de mareros.

—Es de Olancho, pero residía en la Mosquitia. Es un exmiembro de las Fuerzas Armadas con mucha experiencia militar que está ahí dentro por un tema de drogas. Heroína. Cayó con su esposa pero él se hizo responsable y cargó con todo. Y ya una vez en prisión se convirtió en sicario.

—¡¿Se convirtió en sicario ya estando dentro?!

—Pues sí. Él no tenía antecedentes violentos, pero al principio le hicieron atribuirse muertos que no eran suyos, y después ya él puso sus muertos. Es el principal enemigo de la 18. Lleva ya... mínimo... 40 o 50 cadáveres dentro de la prisión, pero en tu artículo ponele que son 20 o 30, para que no digan que ando exagerando.

La Sombra habla de los crímenes de Cálix con cierta naturalidad cínica, como lo haría un enterrador, pero poda los números que no puede probar para que nadie lo tome por un charlatán. En

Honduras la gangrena maloliente de la corrupción carcelaria es tan voraz y ramificada que hay que desbrozarla para que resulte verosímil. ¿Quién demonios va a creer que entre los muros de una cárcel se forjó un asesino en serie de esas dimensiones sin que las autoridades actuaran, sin que el periodismo lo advirtiera y la sociedad se indignara, sin que el esperpento fuera ya una novela o una película?

Yo mismo desconfiaría de la Sombra, de sus números, si no fuera porque el nombre de Moncho Cálix se ha repetido en cada conversación que he tenido las últimas dos semanas acerca de las muertes de presos en Honduras. Cálix es el sicario-símbolo de los penales de Honduras. Entró a la cárcel en 2001 con una condena a 19 años y, a base de cometer asesinatos a plena luz del día en diferentes penales y confesar muchos de ellos, ha sumado condenas hasta tener ahora 340 años de cárcel por cumplir.

Hace unos días una defensora de derechos humanos que sigue su caso, que le teme, que nombra a Cálix en susurros, temiendo que él pueda oírle aunque con certeza sabe que estamos a muchos kilómetros de distancia, me confesó que las sentencias contra Cálix se quedan cortas y ella le atribuye más de 100 asesinatos.

"Analizando sus expedientes le conté 104 muertes en penales, la mayoría por ahorcamiento y casi todos pandilleros, eso entre 2003 y 2006 —me dijo en su pequeño despacho—. Después le perdí la cuenta, dejé de seguir sus casos, hasta que 2012 quiso matar a ese otro... Al pandillero que quedó fregado. Y ahí me vino todo otra vez a la cabeza."

Le pregunto a la Sombra quién ordena todas esas muertes y de repente transita del cinismo y la indignación. Parece que no termina de decidir si le importa, y cuánto, lo que pasa dentro de los muros. O cuánto está dispuesto a permitir que le importe.

—Lo que ocurre es que los organismos de derechos humanos no tienen valor, se acomodan, todos... porque ellos tienen que sobrevivir también.

—¿Quiere usted decir que denuncian solo parte de lo que saben?

—Sí, y no son preventivos, no ponen el dedo donde es, no denuncian a quienes controlan los sectores o las cárceles. Solo se dedican a pedir indemnizaciones.

—Pero ese dinero es para las víctimas.

—¿Y es que con una paga se solucionan las muertes? Mire, al final de todo el problema, la pelea, no es la muerte del recluso... sino lo que reclaman los vivos. Eso es lo que he aprendido. Que los internos controlen de forma absoluta la vida de los sectores no solo implica que establezcan sus propios y brutales sistemas de disciplina. Significa que en complicidad con las autoridades del centro administran todo lo que hay y sucede en la cárcel como un bien privado. Puesto que la opinión de los coordinadores influye en el diagnóstico de peligrosidad del preso, cobran 300 000 lempiras, más de 15 000 dólares, por no enviar a máxima seguridad a un interno que no se pliegue a su jerarquía, o 150 000 por dejarlo en el sector de Diagnóstico, reservado a los recién llegados y en teoría más seguro. Y una vez allí cada cama, cada espacio para dormir, tiene un precio. Se pagan 6 000 lempiras (300 dólares) por el derecho a dormir en el suelo de un pasillo.

Y las vidas, privatizadas, también tienen un precio.

—En 2013 hubo dos muertes de dos millones de lempiras cada una, pagadas por narcotraficantes y ejecutadas con autorización del director del centro: la de Tatum, un narco de la Mosquitia, y la del Chino, que era de los Cachiros.

David Dalbet Golcher Tatum tenía 55 años y lo mataron el 19 de julio, en un tiroteo en el sector Diagnóstico de Támara, durante la jornada de visitas. Estaba condenado a 20 años de cárcel por narcotráfico y lavado de dinero. Había llegado trasladado desde otro penal por haber recibido amenazas de muerte. El Chino, Wilmer Javier Herrera Sierra, fue ejecutado un mes antes, el sábado 15 de junio en la carretera de entrada a Tegucigalpa, junto a otros tres presos y la esposa de uno de ellos. Los tres tenían permiso de semilibertad y pasaban en casa los fines de semana. Dos vehículos en los que iban cuatro hombres encapuchados interceptaron el pick-up en el que viajaban y los ametrallaron. Los tiradores se ensañaron especialmente con el rostro y la cabeza de Herrera. En el lugar quedaron más de 100 casquillos de bala. Oficialmente fueron dos muertes más, de entre las muchas que quedan sin explicación ni culpables en Honduras. La Sombra dice que cada una costó unos 100 000 dólares.

Hacemos una pausa. El hijo de la Sombra se acerca a la mesa y le dice que va a salir, que tomará su coche.

—Vaya, pero ya sabés: bajá el vidrio.

La Sombra ve mi rostro de extrañeza. Esta noche hace frío en Tegucigalpa y el vehículo tiene los vidrios tintados. El sentido común dice que sería más seguro llevar la ventana cerrada. Pero en Honduras conviven varias lógicas:

—No quiero que lo confundan conmigo y le hagan algo.

La Sombra teme porque conoce.

—Usted ya ha escrito sobre Chepe en San Pedro Sula, pero hablemos de Támara: Miguel Flores fue el primer coordinador general de la Penitenciaría Nacional después del traslado desde la PC en 1998. Cuando lo liberaron hace cinco años asumió Jacobo Ramírez, que estaba en Procesados 2. Quedó libre en 2013 y desde hace un año el coordinador es Cosme Flores, que está en Sentenciados 2. Y así seguirá la cadena. Ahorita el coordinador de Procesados 2 es el hermano de Jacobo Ramírez, y ya se dice que es el posible sucesor como coordinador general cuando Cosme Flores se vaya.

—Esos son los verdaderos dueños de la cárcel.

—Y está Wilmer Escoto, el coordinador de Casa Blanca (el módulo Sentenciados 1, aislado del resto), que es un histórico, muy sanguinario. No se equivoque, todos son más sanguinarios que Moncho Cálix. Él es solo un comodín, un sicario al que mantienen con comida y dinero desde los módulos. Pero en Honduras, en prisión, va a encontrar a más de 10 Monchos Cálix.

—¡Pero si él ha matado a decenas!

—Él es mediático, pero otros son los verdaderos sicarios en la prisión.

Pese a las denuncias generalizadas, en la última década no se ha desarticulado o juzgado una sola red de sicariato operada desde prisión. El sistema penitenciario de Honduras no se interpone en el camino de nadie que arroje presos muertos por el desagüe. Aplica un despiadado "dejar hacer y dejar pasar" que sujeta a los presos a los designios de una mano criminal invisible. Y a veces tiene la fortuna de que, gracias a que el Estado mantiene la infraestructura de los penales en permanente riesgo de colapso, el asesino a sueldo se llame fuego.

***

La celda número 19 del penal de San Pedro Sula era un cajón rectangular de concreto de 200 metros cuadrados en el que vivían 183 miembros de la Mara Salvatrucha. Un ataúd gigantesco sin ventanas ni ventilación, sin agua corriente, sin duchas ni lavabos y con una única puerta enrejada de salida, de alrededor de metro y medio de ancho.

A la 1:30 de la madrugada del lunes 17 de mayo de 2004, justo encima de esa puerta se produjo un cortocircuito y comenzó un incendio. Durante una hora los presos de la 19 clamaron por auxilio, pidieron extintores, agua, algo. Desde hacía una semana el agua de los retretes, la única que llegaba al lugar, estaba cortada. Pidieron que les abrieran la puerta, que los dejaran escapar de las llamas y el humo. Los custodios que les escucharon hicieron disparos al suelo para advertirles que no se acercaran a la reja. Algunos los insultaban. "Déjenlos, déjenlos", se decían entre ellos. "Déjenlos morir quemados." Las autoridades del penal tardaron 25 minutos en avisar a los bomberos. A las 2:30 los mismos presos, los que quedaban vivos, lograron forzar el portón y volver a respirar. Dentro quedaron 107 cadáveres. Unos pocos abrasados por las llamas, y más de un centenar muertos por asfixia.

El gobierno de Ricardo Maduro, con la memoria de la masacre en El Porvenir todavía fresca, reaccionó rápido y dispuso una partida especial para indemnizar a las víctimas. Al siguiente día aún quedaban cuerpos por identificar y entregar, pero a las familias ya se les estaban dando 10 000 lempiras (525 dólares de ahora), como ayuda para los gastos del sepelio. El presidente, que estaba de viaje oficial en Europa, suspendió su asistencia a la boda del príncipe de España y regresó a Honduras. Dijo estar consternado. El sentido común hace suponer que debía estar, también, avergonzado: tras la masacre de El Porvenir, Maduro ordenó la inmediata creación de una comisión para la reforma carcelaria y un mes después, el 13 de mayo de 2003, tenía en su mesa un informe de más de 100 páginas reconociendo errores, denunciando ilegalidades y corrupción en el sistema penitenciario, proponiendo reformas. Había pasado un año de aquello y 107 cadáveres desmaquillaban su voluntad política.

Lorena tomó los 10 000 lempiras por la muerte de Wilfredo, su esposo, un pandillero de 24 años que iba a salir libre la semana del incendio, y con ellos le compró un ataúd y una lápida. El mismo día que esperaba recibirlo en casa, lo enterró. Seis días llevaba preso y quizá nunca tuvo que haber caído por segunda vez, pero la suerte a veces te condena, de manera justa o injusta.

A Wilfredo, esa segunda vez, le tocó llegar a la cárcel de manera injusta. Por confiado, por creer que a Honduras le importan sus reos y la rehabilitación. Un año antes había pagado unos meses en la cárcel por vender cocaína en una esquina, y una vez dentro había aceptado en secreto entrar a un plan de rehabilitación que incluía borrarse los tatuajes. De regreso en las calles llevaba una carta de la pastoral penitenciaria que decía que estaba en el buen camino y que se iba a rehabilitar. Por eso no corrió como sus amigos cuando llegó la policía a su colonia, la Rivera Hernández, una de las más violentas de San Pedro Sula. Confió su suerte a la carta que llevaba en el bolsillo y no corrió. Los policías le rompieron la hoja de papel frente a la cara. Y se lo llevaron, por asociación ilícita.

Lorena es una mujer pequeña y redonda que parece sonreír hasta cuando llora. Siempre ha comido de vender. Elotes, yucas… Cuando niña, habitaba en La Satélite, otra de las colonias sampedranas famosas por la presencia de pandillas y por su rutina de homicidios. Su familia salió de allí porque el huracán *Mitch*, que como toda tragedia natural persiguió a los más pobres para ensañarse con ellos allí donde estuvieran, les arrebató la casa.

Tiene cierta coquetería de vendedora ambulante y descaro al hablar. Le caen tres rizos sobre la frente y cierra los ojos cuando asiente o emite una sentencia, como los niños aplicados de la clase.

—Mire, creen que con 10 000 lempiras le callan la boca a uno. Lo dieron rápido, como para que uno se callara y ya no hablara, pero con eso no pagan todos los años que hemos sufrido. ¡Las muertes tienen que servir para mejorar! —dice, y levanta los hombros en un salto, para convencerme de que lo que dice es obvio.

—¿A qué se refiere?

—A que el problema ahora es para los hijos, que quedan con aquel dolor, culpando a la sociedad, culpando a todo mundo. Mi hija tenía seis años cuando lo del incendio y culpa a la Policía y culpa al gobierno.

—¿Porque no abrieron la puerta para que se salvara su papá?

—Claro.

Al lado de la tumba de Wilfredo, en el cementerio Los Laureles de la colonia Rivera Hernández, hay colocadas en línea otras siete lápidas de pandilleros muertos en el incendio del penal de San Pedro Sula. En Honduras hay colonias enteras en las que la cárcel es como una calle más del vecindario, por la que a veces se pasa por destino o por mala suerte, por culpa de otros o por los pies de uno mismo. La Rivera Hernández es una de ellas. Por eso, el día que se quemó una celda en el penal de San Pedro, en la Rivera Hernández lloraron ocho familias y ahora hay en la colonia una niña, Kaylin, que ya tiene 16 años y odia a los policías porque dejaron morir a su padre.

***

Kaylin se volcó a llorar frente a la pantalla del televisor. Ningún canal de televisión hubiera mostrado en primer plano el cadáver sangrante de un viceministro, de una abogada, de un policía asesinado, pero los cuerpos semicalcinados de los presos no pasaron por los filtros éticos que las sociedades suelen aplicar a los muertos propios. Kaylin vio en la pantalla los humeantes pedazos de seres humanos y se echó a llorar aunque no conocía a ninguna de las víctimas.

—¡Mami, viera qué montón de muertos hay en Comayagua! —le dijo a Lorena por teléfono, entre sollozos—. ¡Otra vez! ¡Otra vez!

***

El esposo y el suegro de la mujer que tengo sentada delante rogaron por años que los trasladaran de la cárcel de San Pedro Sula porque tenían miedo a que volviera a incendiarse o estallara el enésimo motín. El padre había sobrevivido a la tragedia de 2004 y sentía que quedarse él y su hijo allí era tentar a la maldita suerte. Se alegraron en 2009 cuando supieron que los movían a la de Comayagua, una pequeña cárcel de pueblo, plácida, una granja penitenciaria de espacios abiertos en la que los presos paseaban sus sombreros por los patios.

Allí murieron tres años después. El 17 de febrero de 2012. En plena noche, un incendio se extendió a velocidad vertiginosa por cinco celdas y calcinó el cuerpo de los presos encerrados en ellas. Como en San Pedro antes, ningún custodio abrió las puertas y no había extintores ni mangueras para matar el fuego. Como en San Pedro, las autoridades no creyeron necesario llamar a los bomberos. Como en San Pedro, la guardia disparó para evitar fugas porque los presos pueden morir pero no escaparse. Se quemaron vivos o asfixiaron 362 de los 852 internos que había en el penal. Más de la mitad no tenía condena. Eran, legalmente, inocentes.

La mujer que tengo delante viste toda de negro. Habló por teléfono con su esposo el día del incendio y escuchó de fondo, por el auricular, los gritos de los que se quemaban. Él había escapado de las llamas por los baños de su celda. Estaba agitado, pero a salvo. La amaba y le iba a llamar al día siguiente, le dijo. Después de colgar descubrió que su padre había quedado dentro y entró de nuevo a esa cueva de humo. Ninguno de los dos salió ya nunca.

La mujer tiene miedo a dar su nombre y a que se conozca el de sus muertos. Ha dejado de estudiar abogacía porque sola, viuda, no hay quien le ayude a mantener a dos hijas de tres y nueve años. Antes vivía del negocio de comidas que él tenía en el penal. La cárcel en Honduras es una ciudad más, un exilio forzoso desde el que se envían remesas. Ella está convencida de que lo de Comayagua no fue fruto del azar y como la mayoría de familiares de víctimas del incendio piensa que fue un ataque más de esa mano negra empeñada en limpiar de presos Honduras, exterminarlos.

"Imagínese. Sobrevivir a la quema de San Pedro Sula para ir a morir de la misma forma en Comayagua. Es como que los eligieran. ¡Este año vamos a quemar este!"

La mujer de negro dice que a ella y al resto de viudas de Comayagua no les va a pasar como a las de San Pedro Sula, que tuvieron que esperar 10 años para que les hicieran caso. Dice que ya están listas para poner, ellas también, una demanda internacional.

***

"El Estado, con lo de Comayagua, lo que hizo fue ponerse una pistola en la cabeza." Sentado en una cafetería de San Pedro Sula, Joaquín Mejía se sonríe como un jugador de ajedrez que ve que su oponente acaba de dejar desamparada la reina. Justo como debió sonreírse él mismo una mañana de febrero de 2012, al revisar su correo electrónico y encontrar uno de la asistente de la procuradora de la República, Ethel Deras.

Joaquín Mejía lleva botas, unos jeans azules, camiseta ajustada, un pequeño collar de cuentas y pulseras de cuero y tela. Viste más como un cantante de rock o un estudiante universitario poco aficionado a las clases que como uno de los abogados más influyentes de Honduras. Pero con su barba perfectamente recortada y su verbo descarado, en los últimos cinco años ha impulsado y ganado desde el ERIC, una oficina jurídica fundada por los Jesuitas, varios casos por atentados contra ambientalistas o contra activistas de los derechos campesinos, entre otros. Tiene 39 años y ya hay quien lo promueve como posible procurador de los Derechos Humanos en el futuro.

Cuando ardió el penal de Comayagua, este *enfant terrible* de la lucha por los derechos humanos en Honduras formaba parte de un equipo creado por Cáritas y Pastoral Penitenciaria, que llevaba ocho años presionando sin suerte al gobierno para que diera una señal de arrepentimiento por la quema del penal de San Pedro Sula en 2004 y asumiera su responsabilidad por lo sucedido. Puesto que en la justicia hondureña se había absuelto al director del penal sin investigar otros posibles culpables, ese equipo había llevado el caso a la Comisión Interamericana de Derechos Humanos y después a la Corte Interamericana. Las únicas respuestas del Estado habían sido la negación unas veces y el silencio administrativo otras.

Pero a los pocos días del nuevo incendio a Joaquín Mejía le llegó un correo electrónico. La procuradora de la República, dependiente del despacho del presidente de la República, quería reunirse con ellos. A esa maniobra desesperada, evidentemente causada por las muertes en Comayagua, llama él "ponerse una pistola en la cabeza".

—¿En qué sentido? —le pregunto.

—El Estado iba a sentarse a negociar un caso previo pero con una tragedia reciente encima de la mesa, totalmente deslegitimado, abierto a aceptar cualquier cosa. De ahí en adelante nosotros nos aprovechamos... así, literalmente, nos aprovechamos, de la inexperiencia de la gente del Estado en litigios en el sistema interamericano.

El gobierno estaba repentinamente desesperado por lograr un acuerdo porque para el 28 de febrero estaba programada una audiencia de la Corte Interamericana en su sede en San José, Costa Rica, para resolver el caso de San Pedro Sula. Urgida por borrar en días la imagen de indolencia ante la muerte de presos que el gobierno se había forjado por años, Ethel Deras se trasladó a San Pedro Sula para tener reuniones con los abogados de las víctimas. Los encuentros, celebrados en la sede del obispado, no bastaron para cerrar un acuerdo pese a la inédita flexibilidad de los negociadores del gobierno, abogados privados contratados para la ocasión. El día 27 el diálogo se trasladó a Costa Rica.

La noche antes de la audiencia se celebró una reunión definitiva en un hotel de San José. Las discusiones fueron muy tensas: Joaquín Mejía cuenta que los abogados de Cáritas y él se habían repartido los papeles de poli bueno y poli malo. Cada vez que había un desencuentro, él se levantaba de la mesa y amenazaba con irse y arrastrar al resto de la delegación. Normalmente, los abogados del Estado terminaban cediendo. Consciente de su superioridad moral en este caso y técnica en litigios internacionales, Joaquín Mejía admite que llegó, incluso, a engañar a sus interlocutores citando sentencias inexistentes de la Corte para sustentar sus puntos, ante la torpeza de las personas en las que el Estado había enviado a negociar, evidentemente legas en materia de legislación internacional en derechos humanos. El acuerdo que se terminó firmando cinco minutos antes de que iniciara la audiencia y en presencia de los magistrados de la Corte, era casi una rendición.

—Por lo que cuenta son ustedes unos cabrones.

—¡El Estado es más cabrón! ¿Sabés por qué los engañé? Porque la procuradora, sabiendo eso de contratar gente privada para algo así es algo, pucha, terrible, se atrevió a decirme a mí, ella, en San José, que estos tres abogados privados venían pagándose sus gastos y lo hacían por amor al país. ¡Piensa que uno es pendejo! Después me di cuenta de que al menos uno de ellos ganó por aquello medio millón de lempiras.

El 28 de febrero de 2012 el Estado hondureño aceptó formalmente su responsabilidad por los 107 muertos en 2004 en la cárcel de San Pedro Sula y se comprometió a indemnizar a los familiares de las víctimas. También se comprometió a emprender una profunda reforma del sistema penitenciario, y por ello en junio de 2013 comenzó a funcionar una comisión de transición llamada a sanear las cárceles del país. Sus primeros pasos han sido tímidos. El Ejecutivo le ha dado autoridad pero no presupuesto para nuevas cárceles, ni para formar a nuevos custodios, ni para investigar casos, ni para reforzar la seguridad…

Con la memoria puesta en la inutilidad de las promesas de reforma que Ricardo Maduro hizo tras la masacre de El Porvenir, Joaquín Mejía es pesimista respecto al proceso de reforma actual. Pero se consuela pensando que la sentencia de la Corte ayuda a hacer pública una verdad dolorosa:

"El Porvenir fue la confirmación de que la política de mano dura, de limpieza y exterminio social en las calles, se estaba trasladando a los centros penales —dice—. Y luego ves lo de San Pedro Sula y lo de Comayagua… No queda otra explicación lógica: hay una política de Estado, porque una política no sólo es hacer algo; la política de Estado puede ser no hacer nada."

La serenidad de Arabeska Sánchez contrasta con el ímpetu de Joaquín Mejía pero a ambos los une una tenaz filosofía de maratonista en su batalla contra esa política de Estado. Mientras termina su 7 Up, Arabeska Sánchez cuenta que su último trabajo para el Ministerio Público fue sistematizar en una base de datos toda la información forense de las víctimas del incendio de Comayagua. Cadáveres y más cadáveres. Después de eso renunció. Ahora trabaja en el Observatorio de violencia de la Universidad Autónoma de Honduras, la UNAH. Dice que aunque los testimonios hablan de custodios disparando a los presos para que no intentaran fugarse, ella no encontró en ningún informe de autopsia rastros de bala.

"Mi conclusión es que en Comayagua, a diferencia de lo que pasó en El Porvenir, aprendieron a matar sin dejar pistas."

**

En domingo de visita y con el día soleado, hasta un lugar tan sórdido como la cárcel de Támara ofrece una estampa de parque familiar. Parejas abrazadas, niños que corren por las canchas deportivas, bolsas de comida que van y vienen. Solo la mirada inquisitiva de los custodios, los límites que imponen a quien quiera moverse por el recinto, recuerdan que no todo lo controlan todavía los presos. Me impiden llegar hasta la celda de aislamiento en la que está Moncho Cálix; va a ser imposible entrar a los edificios de Sentenciados 1 y 2 en busca de los Core, o llegar hasta El Escorpión, el sector que ocupan los presos del Barrio 18, para recoger su versión sobre la matanza más reciente.

El 3 de agosto de 2013, a las siete de la mañana, pandilleros de la Mara Salvatrucha abrieron un boquete en uno de los muros que separa el sector del Barrio 18 del resto del penal y atacaron a sus enemigos con fusiles AK-47 y hasta 11 granadas. Murieron tres dieciocheros. La nueva comisión de transición para la reforma del sistema penitenciario llevaba apenas dos meses en sus cargos. Toda una bienvenida.

Desde que supe del ataque, dos detalles me llamaron especialmente la atención: por un lado, para llegar desde sus celdas hasta las de sus enemigos, los miembros de la MS-13 tuvieron que atravesar todo el penal, tres sectores, controlados totalmente por paisas. Es obvio que hubo una alianza entre pandilleros y no pandilleros para atacar al Barrio 18. Por otro, la reacción de las autoridades fue esencialmente aumentar la seguridad perimetral de la cárcel, pero no hubo grandes novedades o acciones hacia el interior. De hecho, en los registros de celdas que se hicieron a los pocos días, la Policía y el Ejército no fueron capaces de encontrar ni una sola arma larga de las utilizadas en el atentado.

Pero estando aquí, en Támara, paseando por sus patios y hablando con algunos internos, aparece una nueva sorpresa: justo sobre el lugar en el que la Mara perforó el muro tras al menos una hora de martillar, hay una torreta de vigilancia ocupada las 24 horas del día por un centinela. Las autoridades del penal, me resulta evidente, toleraron de alguna forma el ataque.

Sentado en una banqueta de madera dentro de una de las pequeñas tienditas ilegales que hay por todo el penal, comento con el Guitarrista mis conclusiones. Se limita a sonreír.

El Guitarrista es un hombre joven, que no tiene mucho más de 30 años pero lleva más de una década en cárcel por homicidio y sabe que de muros para adentro es mejor no cruzar acusaciones con otros presos. Por eso calla y solo sonríe. Estaba en El Porvenir el día de la masacre, hace 11 años. Era uno de los rondines bajo las órdenes de Coca. Asegura que él no participó en la muerte de ningún pandillero.

—A mí, cuando el forense pidió ayuda, me tocó embolsar los cuerpos de la mujer y la niña que estaban visitando a los pandilleros…. Mire, yo no justifico lo que allí ocurrió, pero sí le digo que la intención de esos mareros era matarnos a todos los que estábamos allí. De haberles dejado nos mataban a todos.

No le creo una palabra. No me lo imagino de brazos cruzados o debajo de su cama durante aquella guerra de las dos horas. Parece un hombre tranquilo pero en la cárcel la mayoría de los que destriparían al vecino con la pata de una silla si se sintieran en peligro son, en el día a día, hombres tranquilos.

Mientras juguetea con unos acordes al azar, el Guitarrista asegura que lo de El Porvenir fue solo un caso más. Que en realidad cada preso muerto es un éxito en los planes de las autoridades.

—Se hacen la vista gorda porque piensan que si en una cárcel hay un motín no es pérdida, sino ganancia. Es una depuración, y cada preso que muere es un ahorro de gasto para el gobierno. Aunque sean inocentes.

—Es una idea cruel aunque sean culpables.

—Pues sí, pero así reducen. Se lavan las manos. ¡Un delincuente menos! Se supone que así reducen el índice de criminalidad, pero los criminales son ellos.

A su lado, el Ronco asiente. Tiene bigote y cuerpo de boxeador. Uno diría que el torso se lo ha comido el cuello y que todavía, aunque tiene más de 50 años, entrena todos los días. Me cuenta que se crio en Estados Unidos y fue a la universidad allí. No me dice dónde. Si yo me pregunto qué le haría cometer el error de regresar a Honduras, seguro que él se lo pregunta también. Habla de la cárcel con la concisión del viejo que lo ha visto todo y recibe mis preguntas y mis dudas con un dejo de desánimo: le fastidia mi ignorancia.

—Detrás de muchas de las masacres está el gobierno, él es —dice con su voz grave.

—Esa es una acusación grave. ¿Tiene pruebas?

—¿Cómo va a ser de otra forma? El gobierno es aquí un simple mediador entre grupos. Nos echa leña, nos da las armas para que nos matemos, y si él es la Policía, al que tiene más dinero a ese apoya. Inclina la balanza para un lado o para el otro cada vez.

Támara debió ser una cárcel modelo y es actualmente un enjambre de negocios ilegales, odio y armas deseando purgar esos odios. Sentado en el corazón de este penal resulta difícil creer en soluciones. Cuando le pregunto al Ronco si es posible que todo esto ocurra sin conocimiento del director del penal y también de sus superiores, él ríe.

—Como en cualquier empresa, nada pasa sin que el jefe reciba su parte del dinero. Créame. Yo he hecho negocios con ellos, con la administración del penal. Negocios ilícitos, pues.

333

—¿Así de simple?

—Así. Pero el gobierno es ciego y tonto, porque si esto sigue igual, si todo sigue podrido y sigue la matazón, ¿qué va a pasar con los hijos de ellos? ¿No los van a matar como a los hijos de usted o como a los míos?

Tres relatos breves de cómo cayeron tres capos guatemaltecos

Octubre 2014

Las capturas de Walter Montejo, Elio Lorenzana y Walther Overdick, tres de los capos pedidos por Estados Unidos a Guatemala, permiten entender la dosis de desconfianza, corrupción y sinsentido que tiene la lucha contra en narcotráfico en Centroamérica.

—¿Que a mí por qué no me han matado? —responde con una pregunta el oficial de la Policía de Guatemala.

Aquí viene el mismo dilema de siempre. Este señor, un señor que habla con la velocidad de un rapero y que viste formal como un administrador de empresas, es un oficial de la Policía importantísimo para la historia reciente del combate contra el crimen organizado de Guatemala. Uno de los más importantísimos, diría yo. Él ha participado, junto con un grupo especial de policías entrenados y financiados por la Administración contra las Drogas de Estados Unidos (DEA), en la investigación y captura de al menos cinco de los capos guatemaltecos más importantes en lo que va del siglo. Él, este señor que parece incapaz de hacer un chiste, aceptó sentarse en un par de ocasiones y contar cómo fue que capturaron a esos capos. Las pocas fuentes en las que confío en este país que lo conocen —dos funcionarios y un colega— me han dicho de él un adjetivo que pocas veces alcanza consenso cuando se habla de un policía de Guatemala: honesto. Él puso una sola regla antes de conversar, la de siempre: anonimato. Yo la acepté. Él será, de ahora en adelante, el Oficial. A su lado está un exfiscal que también ha participado

335

en muchos de los mismos casos y que también pide la misma regla. Él será el Exfiscal.

—Eso mismo, ¿por qué a usted no lo han matado? —continúo la plática en la mesita de un McDonald's de la ciudad de Guatemala.

—Porque no tuve ni tengo compromiso con nadie de ellos. La mayoría de funcionarios, los que son policías o del Ministerio Público, tienen compromiso con ellos. Piensan así: "Yo le voy a recibir 100 000 dólares y le aviso si hay algo contra usted". Los capos dicen: "Sí, tomá, yo te lo regalo". El problema es que después nosotros podemos caerle a ese capo, y él le dirá a esa persona: "Hijo de puta, no me avisaste. Ahí es cuando te matan".

En dos almuerzos, uno de puras papas fritas y cocacolas y otro de tacos, sopas y cervezas, el Oficial, respaldado por el Exfiscal, contarán tres cuentos verdaderos. En medio de esos cuentos, como en todos los cuentos, hay lecciones que van más allá del mero cuento.

WALTER ARELIO MONTEJO MÉRIDA: "QUE LOS PROTEJA SU MADRE".

"Ahí sí había escucha telefónica —empieza el Oficial su relato—. Y yo estaba decidido a no irme de ahí sin llevarme a ese hijodeputa. Llevaba 14 días zampado en el departamento de Huehuetenango, un departamento muy conflictivo, muy conflictivo…"

Walter Arelio Montejo Mérida es conocido como el Zope. Estados Unidos pidió a Guatemala su extradición desde 2010, para ser juzgado en una corte del Distrito de Columbia bajo los cargos de conspiración para manufacturar y distribuir drogas ilegales. El 10 de junio de 2012 fue capturado en la zona 3 de Huehuetenango y el 7 de marzo de 2013 fue enviado a Estados Unidos. El Zope había heredado su poder y muchas de sus mañas de Otto Herrera, el capo guatemalteco que corrompía diputados en El Salvador, el hombre de la gran expectativa para tan poco show: Herrera fue capturado en México en 2004, escapó de la cárcel en 2005, fue recapturado en Colombia en 2007, fue extraditado a Estados Unidos en 2008, fue condenado en 2009 y fue liberado en 2013. Y hoy anda libre.

Ese fue el padrino del Zope. Y Huehuetenango es el departamento de Guatemala que, junto con Petén, es reconocido como un departamento del crimen organizado por excelencia en la frontera con México, donde palabras como mansiones, caballos, millones, masacres, tumbes o corruptos pueden asociarse fácilmente en el buscador de internet Google.

En el McDonald's, la mesa en la que hablamos parece la isla más alejada de un archipiélago. Al parecer, cuando uno habla de estas cosas pone cierto gesto en la cara y cuchichea de tal forma que se crea cierta repelencia. Sin darnos cuenta, los comensales se han retirado de nuestro alrededor y se han largado a otras mesas.

"La cuestión es que una de las mujeres de él —continúa el Oficial— acababa de parir un varón. Entonces, él habla por teléfono con otra mujer y le dice: 'Yo ahorita quisiera que se viniera a dormir conmigo, pero no puedo, porque voy a ir a ver a mi mujer, que ha tenido un hijo'. Y entonces se oye que le habla a alguien más y le dice: 'Alístame el pick-up negro blindado porque vamos a salir mañana temprano para Huehue [cabecera departamental]'. Él estaba en Agua Zarca."

Hablando de palabras clave, Agua Zarca es la aldea de Huehuetenango donde ocurrió aquella masacre compartida, cuando Zetas y guatemaltecos de la banda de Aler Samayoa, alias el Chicharra, un hombre libre, se tiraron bala a lo largo de 15 kilómetros y durante al menos cinco horas en diciembre de 2008, y dejaron 17 cadáveres desparramados. La teoría oficial es que el operativo era para asesinar al Zope, que era el que controlaba el trasiego por esa aldea, propietario de fincas de un lado y de otro, propietario de un pedazo de frontera, pues. Desde entonces, asegura el Oficial, el grupo del Zope creció, y contaba con unos 100 hombres armados y alertas a sus órdenes, aunque se movía con solo unos pocos.

"La cosa es que estábamos desde las cinco de la mañana montándole vigilancia —continúa el Oficial—. Apareció a eso de las 10 de la mañana. Lo interceptamos sin más. Él preguntó por la ventana: '¿Saben que este carro es blindado y no le entran las balas?' 'Pero tampoco salen', le dije. Y él dijo: 'Yo jamás me voy a meter con un policía por hacer su trabajo: caído, caído. Pero si se meten a robarme, se meten con alguien peor que el diablo'. Íbamos solo dos vehículos, policías y fiscales. Él de entrada dijo: 'Yo no voy a ser mula, yo me voy, me voy a ir [extraditado]. Pero eso sí, voy a poner a cagar ralo a varios hijosdeputa grandes de aquí. A varios poli'. Imagino que eran políticos…"

En ese momento, interrumpe el Exfiscal:

"A mí me llama la atención que la DEA nunca viene a traer a esos hijosdeputa. A los que mandan en el negocio. Estos solo operativizan. Estos no serían nadie si no tuvieran un andamiaje. Se los llevan y no vienen por nadie más de su red, toda la parte que los protege. Solo saltan a otro departamento y escogen a otro que llevarse. A esos otros ni mierda, no los tocan."

Esas conexiones no son solo una idea en la cabeza de este hombre que come papas fritas en esta mesita. El mismo ministro de Gobernación de Guatemala, Mauricio López Bonilla, aceptó mientras desayunamos en un hotel capitalino en junio de este año que esto del narco, del crimen organizado, no termina en un hombre de bigote y amantes como el Zope. "Los capos van a cooptar o intimidar a la autoridad local, pero en segundo lugar están las autoridades que están en la administración de la justicia. El blanco son fiscales, policías. Lo que creo es que ha habido algunas incursiones de gente que inclusive ha llegado con respaldo al Congreso. Hemos tenido, de hecho, diputados que estuvieron vinculados al tema del narcotráfico", dijo el ministro en aquel desayuno.

Sin embargo, en la lógica de Bonilla, ese rascar solo la epidermis del problema no es algo guatemalteco, ni centroamericano únicamente. "¿Cuándo ha caído un gran capo [en Estados Unidos]?", se preguntó. "Voy a poner un caso, el del banco Wachovia. Lo encontraron culpable de situaciones de lavado. Si hubiera sido un banco guatemalteco lo quiebran por completo", se quejó. El banco Wachovia, uno de los mayores de Estados Unidos, fue encontrado responsable de permitir desde 2004 depósitos de casas de cambio mexicanas que provenían, en al menos 100 millones de dólares, de actividades ilícitas de los cárteles mexicanos. La acusación, por la que finalmente se impuso una multa millonaria al banco, fue por no haber aplicado las medidas obligatorias de control. Había depósitos realizados por cuatro personas en solo dos días a una empresa en quiebra que vendía aviones. Uno de los aviones que esas personas compraron fue encontrado en México con dos toneladas de cocaína. A ese banco se refería el ministro Bonilla.

De vuelta en el McDonald's, el Oficial termina el relato de la captura del Zope.

"Antes de que lo dejáramos, él nos dijo: 'Así como esos hijosdeputa no me protegieron a mí, que los proteja su madre. Yo los voy a pisar'."

El Zope fue subido a un helicóptero, y a las 11:46 de la mañana del 10 de junio de 2012, Walter Arelio Montejo Mérida aterrizó esposado en la Fuerza Aérea de la capital y fue conducido a la Torre de Tribunales para que empezara su proceso de extradición. Ahora guarda prisión en Estados Unidos y, de momento, al menos si se refería a políticos cuando dijo que iba a "poner a cagar a varios grandes de aquí", no le ha causado ni un inconveniente público a ninguno de ellos.

ELIO LORENZANA CORDÓN: "BAJEN EL HELICÓPTERO, QUE AQUÍ NOS LO VAN A LIBERAR".

"La cosa es que se acercó un informante a la Zona 10 de la capital. A la embajada gringa, pues —dice el Oficial en la hamburguesería—. La cuestión es así: ese informante dice que él vive en el rancho donde vive Elio. Y es que el problema nunca fue la ubicación de él, sino llegar al lugar. La Reforma está como en el kilómetro 150. Pues ellos tienen banderas desde el kilómetro 60. Y se comunican: 'Jefe, van tres patrullas juntas; jefe, va un camión de la Policía'. Desde que le avisan, él tiene todavía una hora para bañarse e irse a las montañas…"

Elio Lorenzana —que en realidad se llama Eliu— es uno de los dos hijos pequeños de la famosa y perseguida internacionalmente familia Lorenzana, los lugartenientes del Cártel de Sinaloa en Centroamérica. El padre es Waldemar, conocido como el Patriarca, el capo de capos de Guatemala. Un hombre preso en Estados Unidos.

339

El Patriarca es un hombre de 76 años que el 19 de marzo de 2014 fue extraditado para ser juzgado en una corte de Nueva York. Ese señor ya se declaró culpable de narcotráfico y todos auguran una condena pequeña en su contra por más de una década de tráfico de drogas. De sus hijos, cinco son requeridos por Estados Unidos por el mismo delito. Dos de ellos están detenidos en Guatemala y esperan extradición, entre ellos Elio, que fue capturado un 8 de noviembre de 2011 en un operativo en el que participó el Oficial. Tres más, dos hombres y una mujer, están libres. Todos son requeridos por Estados Unidos. La extradición de Elio ya ha sido aprobada. Su hermano, también llamado Waldemar, ya pidió que se agilicen los trámites para que lo envíen a Nueva York, junto a su padre. Los estadounidenses los quieren y, por alguna razón, ellos también prefieren irse. Y La Reforma es una aldea del municipio de Huité, en el departamento de Zacapa, en la frontera de Guatemala con Honduras, en el bastión del clan de los Lorenzana, donde tenían una finca con una enorme casa amarilla en medio.

Nuestra mesa en el restaurante de comida chatarra sigue siendo una isla. El caso es que a estas alturas del relato de el Oficial, ya tenían lo que más necesitaban, un infiltrado.

"La cuestión —continúa— es que nosotros llevábamos una orden de allanamiento para una finca en concreto. Si se pasaba a otra, ya no podíamos entrar. Necesitábamos ser muy efectivos. 'Necesitamos tener comunicación con vos', le dijimos al hombre. '¿Y cómo piensan llegar hasta allá sin que los vean?', nos preguntó. Le dijimos que de eso nos encargábamos nosotros, que él estuviera atento..."

En aquel desayuno con el ministro Bonilla él expuso una teoría según la cual la extradición de gente como los Lorenzana terminaba por generar más grupos criminales. "Atomización", le llamó el ministro a eso. Según él, al llevarse Estados Unidos a "las cabezas", los segundos al mando no querían seguir de segundos, sino mandar, y entonces se atomizaban mediante procesos nada pacíficos.

Los siguientes días a la captura de Elio, muchos periódicos y, sobre todo muchos noticiarios de televisión, transmitieron imágenes de habitantes de La Reforma que se lamentaban de la captura del capo. "Es que él es el que nos daba trabajo a todos aquí en la aldea y en otras aldeas de por aquí", dijo una señora canosa en un noticiario.

El perfil del narco terrible y a la vez benefactor no desapareció con el colombiano Pablo Escobar o con el mexicano Miguel Ángel Félix Gallardo. Hay narcos que entienden que la violencia es algo reservado para sus enemigos dentro del negocio. Entienden que las balas es mejor tenerlas guardadas en el cargador del arma el mayor tiempo posible, y dedicarlas si puede ser solo a tumbadores, delatores o autoridades corruptas. Hay narcos que entienden que el mejor vecino es el vecino contento y que el mejor pueblo es el que está habitado por sus empleados. Eso no solo lo sabe el Oficial.

"En algunos lugares [los capos] generan productividad y producción agrícola, emplean a la gente. No meten a toda la gente en temas de narcotráfico. Trabajan en cosas lícitas para cubrir cosas ilícitas", me dijo el ministro Bonilla durante nuestro desayuno.

El Oficial lo dice de otra forma más gráfica. "El 90% de los grandes capos chapines te dicen: '¿Cuánto debés de la luz? Dame tu recibo. Vaya, aquí tenés, te dejé anticipado para que ya no pagués tres meses'. O te preguntan: '¿Qué necesitás? ¿Un carro? Vamos a buscarlo'. Luego te pedirán tu nombre para registrar empresas o comprar casas o llegarán un día y te dirán que tu hijita, que está bien bonita, se va a ir a pasear con el señor el fin de semana y que te la devuelven el lunes."

Los "buenos capos" se convierten en un gobierno paralelo en los lugares donde el gobierno no llega. Otorgan y exigen. Llenan un vacío. Son lo que las autoridades no alcanzan a ser.

Si alguien sabe bien cómo generar ese perfil de "buenos capos" es la familia Lorenzana. El Patriarca, por ejemplo, fue capturado cuando salía de su melonera de pagar a sus empleados.

Esa es la queja generalizada que en Guatemala se atreven a pronunciar ministros e incluso, de manera más solapada, el presidente Otto Pérez Molina: los estadounidenses reclaman a los cabecillas, a los "buenos capos", porque son los que tienen más experiencia y los que son más hábiles para trasladar la droga hasta los más de 20 millones de consumidores estadounidenses. Extraditados esos, los que proliferan son "los animales", como llamó el ministro Bonilla a Guayo Cano, un narco empoderado en los últimos siete años que en 2013 masacró a ocho policías y descuartizó a otro en el municipio agrícola de Salcajá, porque pensó que le habían robado 740 000 dólares.

De vuelta en el McDonald's, el Oficial termina el relato. "Alquilamos un camión para ganado. Lo buscamos en la prensa. Atrás le metimos policías y le pusimos una lona. Iba gente de confianza entre ellos, verificando que ninguno hiciera una llamada con algún aparato escondido. Antes de entrar a la aldea le llamamos al contacto y nos dijo: 'No hay sospecha de nada, el tipo está durmiendo'. Elio se levantó al baño, a echar una miada, y regresó a su cuarto. Él se la llevaba de cristiano, y entonces se puso a orar. Teníamos rodeado, y entramos cinco policías y tres de nosotros (del equipo especial que colabora con la DEA). En ese momento, Elio le dice a la mujer: 'Esperame, mi amor', y llama a un tal Pascual. Le pregunta que de quién es ese camión, el que llevábamos nosotros. Pascual le dice: 'baje, jefe', porque ya lo teníamos afianzado. Cuando baja y abre la puerta, para adentro. 'Cambiate, que ahorita te vas con nosotros', le dijimos. Él respondió: 'Yo le pedí a Dios que no me agarraran, pero ustedes le pidieron agarrarme, y él los escuchó primero a ustedes'. Lo llevamos, pero presentíamos algo. Cuando íbamos por una gran venta de material, rumbo a Tecolután, le dijimos a la gente de apoyo que bajaran el helicóptero. Les dijimos: 'Bajen el helicóptero como sea, hijos de puta, que aquí nos lo van a liberar'. Así se hizo. Supongo que cuando vieron que el helicóptero se lo llevó pensaron que para qué putas nos iban a seguir."

Tres fuentes del sector justicia de Guatemala aseguran haber escuchado un audio donde la menor de los Lorenzana, Marta Julia, ofrece un millón de dólares a quien le lleve vivo a la gente que lideró el operativo de captura de su hermano Elio.

HORST WALTHER OVERDICK MEJÍA: "ME VOY TRANQUILO".

"Nos tardamos como entre 25 y 30 días de vigilancia. Seguíamos a una novia de él que desde Cobán venía a la capital y le llevaba información a él. Teníamos un informante", dice el Oficial.

Es otro día. Es otra hora y es otro restaurante. Estamos en una taquería de la Zona 10 de la capital.

Overdick es conocido como el Tigre. Su área de operaciones fue el departamento de Alta Verapaz, un departamento del norte de Guatemala que linda con Petén. El Tigre operaba principalmente en el municipio de Cobán. En 2011, cuando los militares declararon estado de sitio en Cobán, por la incursión de Los Zetas, fui a la zona. Un indígena quekchí, indignado por la brutalidad de esa banda mexicana, despotricó contra ellos cuando conversamos. Cuando le dije que de todas formas ellos vivían bajo el dominio de otro gran capo, de Overdick, su respuesta iracunda fue: "¡No! Don Overdick no actuaba así. Yo no sé en qué andaban metidos, pero ellos son gente respetuosa que quieren a las personas de aquí y las ayudan". Overdick, de cerca de 50 años, era reconocido como un hombre despiadado con sus enemigos. La exfiscal general de Guatemala, Claudia Paz y Paz, recordaba una historia de Overdick, cuando cerca de 2009 detuvieron a su hijo y a su esposa en Cobán. Overdick se tomó la radio del pueblo y aseguró que si no soltaban a sus familiares, mataría al juez del municipio. Su hijo y su mujer fueron liberados en aquella ocasión. Overdick fue enemigo de Los Zetas en un principio. Luego, fue su principal aliado. En 2012 se difundió un vídeo en el que aparecía Overdick en una fiesta a orillas del lago Petén Itzá que se celebró en marzo de 2012. Ahí aparecen abrazados Overdick y el Comandante W, un hombre identificado como cabecilla de la banda Zeta 200, el grupo de Los Zetas encargado de Guatemala. Overdick fue capturado en abril de 2012, en San Lucas, Sacatepéquez, el departamento que linda con la capital por el occidente y al que pertenece el municipio turístico de Antigua Guatemala. El Tigre fue extraditado a Nueva York el 10 de diciembre de 2012 para ser juzgado por el trasiego de 1 200 kilogramos de cocaína en 2002. Overdick se ha declarado inocente, y poco más se ha sabido de su proceso.

En el restaurante mexicano de la Zona 10, los tacos han sido servidos y la conversación continúa con el relato del Oficial.

—El caso es que seguimos a esa novia de Overdick desde Guatemala, la vigilamos a la entrada de la ruta al Atlántico. La seguimos [hasta San Lucas], miramos sus placas y miramos a dónde entró. El problema es que no teníamos certeza de que él estuviera ahí...

—Suena a que todas las investigaciones las empezaron hasta cuando los estadounidenses pidieron a esas personas —interrumpo el relato del Oficial.

—Claro, si aquí nadie tenía nada contra ellos. La Fiscalía antinarco no hace ni mierda en este país. Son las fuerzas de tarea [grupos especiales conformados por policías y fiscales] los que dan algún resultado —responde el Exfiscal.

Cualquiera podría pensar que es una exageración del Exfiscal, algo producido por el resentimiento, quizá, un arrebato verbal amparado por el anonimato que exige para hablar. Sin embargo, hay funcionarios de más alto rango que él que, con nombre y apellido, confirman que el Estado no estaba tan documentado.

Carlos Menocal fue el ministro de Gobernación de Guatemala durante el mandato del presidente Álvaro Colom, entre enero de 2008 y enero de 2012. Nos reunimos a mediados de este año en un restaurante de la Zona 1 de la capital. Según él recuerda, el panorama que encontró cuando asumió el Ministerio era esperpéntico.

—Cuando llego a ministro lo primero que hago es dirigirme a la sección antinarcóticos: "Muéstrenme las investigaciones que hay en torno a los capos históricos que se conocen". La respuesta fue: "No hay". "Puta, ¿cómo que no hay?", dije. No había, nada, ni un pinche papel serio, solo un mapa basado en chismes.

En algunos momentos, esa ausencia de siquiera un pinche papel llevaba a que los estadounidenses dudaran de las autoridades recién llegadas. Como me dijo el exministro: "Cuando a los gringos les entra prisa, les entra prisa".

—Yo, como ministro de Gobernación, tuve un incidente con la DEA, porque sentían desconfianza de nosotros, y decían que nuestro gobierno estaba beneficiando a los Lorenzana. Me preguntaron si de verdad tenía voluntad de agarrarlo. Fue enfrente de la fiscal Paz y Paz. Nos sacamos la madre con el jefe de la DEA. Luego, captura tras captura, les demostramos que no tenían razón.

Para el exministro, la presión estadounidense es desmedida en el tema de narcotráfico. Él sabe que hay otras prioridades. "Esa es una arteria del crimen —dijo—, pero en Centroamérica hay muchas otras más que quizá nos afectan más."

De vuelta en el restaurante mexicano, el Oficial retoma la palabra.

—La cuestión es que alrededor de la casa había terrenos a la venta. Hablamos con el guardián y le dijimos que queríamos ver los terrenos, que estábamos interesados. Estaban cerquísima de la casa donde la mujer entró. Documentamos en video y fotografía. Y encontramos una lomita. Nos tiramos al monte a hacer vigilancia con binoculares. Pero solo veíamos el patio, el jardín de la casa, no el interior. Hasta que un día él salió en la mañana. Estiró, porque iba a hacer ejercicio con unas pesas que tenía ahí afuera. Pedí la orden de allanamiento.

—¿A cuánta gente llevaba? —pregunto.

—Unas 60 personas —dice el Oficial.

—¿Y cómo encuentra a 60 personas honestas en la institución?

—Preferimos prevenir. No les decimos a dónde van ni a qué van. Las reunimos antes de salir. Les quitamos los teléfonos y les ponemos su nombre en un pedacito de *tape*. Los guardamos en una bolsa sellada que nadie va a abrir hasta que termine la operación. Cuando traemos al objetivo a la ciudad, les devolvemos sus teléfonos.

Así es la confianza entre colegas en Guatemala.

El Oficial finaliza el relato de la captura del Tigre Overdick.

—Rodeamos la casa y nos metimos callados, ladeaditos por afuera de la casa. Lo encontramos durmiendo con la chica a la que seguimos. No opuso ninguna resistencia. "Calmados", nos dijo. "¿Horst Walther Overdick?", preguntamos. "Así es", contestó. "¿Me puedo ir a bañar?", preguntó. "Sí, pero a la vista de dos elementos", le dijimos. Se fue a bañar, se vistió con una camisa de botones y, antes de salir de su casa, le dijo a su mamá: "Me voy tranquilo".

Las fuerzas de seguridad
son un barril de dinamita

Carlos Martínez

Marzo 2016

Policías que viven como refugiados dentro de bases policiales y muchos que han sido expulsados de sus casas. Soldados acosados y persegui-dos por pandilleros. Un sentimiento generalizado de desamparo entre los agentes de la ley. La práctica generalizada de hurtar armas de deco-misos policiales. Salarios magros. Son parte de la química que compone un polvorín que siempre tiene alguna mecha encendida.

Los dos detectives inician la charla elogiándose mutuamente.

—A este todo mundo se lo puede aquí —dice Fidelino, y San-tana sonríe bajo su bigote antes de devolver el cumplido.

—No'mbre, este sí que es loco. A este le tienen miedo esos bichos cerotes —y Fidelino se echa para atrás, orondo, intentando disimular el efecto causado por el piropo de su compañero.

Estamos sentados en las gradas de un parque, persiguiendo la sombra de un almendro, aplastados por el calor y sudando sin movernos. Este es el parque de un pueblo, al que aún le queda gran-de su título de ciudad y que probablemente quede un poco más cer-ca del sol que el resto del mundo.

Santana y Fidelino van a explicarme cómo es ser un policía en El Salvador y comienzan por definir los tipos de policía que hay: están los culeros, están los legalistas y están los con huevos. Ellos, desde luego, forman parte del grupo de policías con huevos. Su jefe, en cambio, es una mezcla de los dos primeros grupos.

Santana lleva un abrigo largo, capaz de cubrirle la cintura y le digo que hay que estar loco para ir vestido así en este lugar. Pero él se espanta las faldas de su abrigo, con estilo vaquero y comienzo a entender de qué se trata el asunto. "Esta es la de equipo", me explica, dándole unas palmaditas a su pistola reglamentaria, que lleva enfundada en el lado derecho; "y esta es para cositas", dice, sobándole el lomo al arma que lleva en el lado izquierdo de la cintura. ¿Qué son las cositas?, pregunto. Santana y Fidelino se miran, cómplices, y se sonríen con sus sonrisas de detectives misteriosos y van arrebatándose la palabra, iniciando explicaciones que no terminan nunca.

"Hoy acabamos a las tres de la mañana…"; "El jefe no sabe que vamos a esas misiones…"; "Hay un señor que es ganadero y que los mareros lo extorsionaron. Puso la demanda en la Fiscalía. ¿Y qué cree que pasó? ¡Nada! Entonces el señor busca ayuda para que se le arregle el problema…"; "Los antipandillas solo llegan a tomarse la foto, son culeros. Los que sí tienen huevos de topar son los de la Policía Rural…"; "A veces, nosotros, sin que lo sepa el jefe, nos disfrazamos de rurales, enchicharados [con fusiles], ennavaronados [con gorros pasamontañas] y salimos con ellos de noche, hasta la madrugada…"; "Como nosotros tenemos acceso a testigos criteriados, a los rurales les gusta salir con nosotros, porque sabemos bien dónde están [los pandilleros] y solo a pegar vamos…"; "A veces, cuando se puede, también arrestamos…" "Ey… esto no lo va a poner, ¿verdad?" Y jamás volvieron a hablar del tema.

Santana y Fidelino viven en cantones controlados por pandillas.

El hijo mayor de Santana quería ser policía, como su padre, pero unos pandilleros lo amenazaron de muerte y Santana se endeudó con una fortuna impensable de 7 000 dólares para contratar a un coyote que guiara a su hijo por el camino de los indocumentados. El muchacho abandonó la academia de policía y se fue, sorteando trampas mortíferas en México y burlando un muro de latón en los Estados Unidos. Dieciséis días después de salir fue atrapado por agentes migratorios estadounidenses y deportado a El Salvador. Santana fue a recogerlo al aeropuerto y al cabo de una semana lo envió de nuevo con el mismo coyote.

Fidelino asegura que amenazó de muerte al líder pandillero que le robó un celular a su hija, que fue a buscarlo, con una pistola en cada mano y que le dio apenas un par de horas para que el teléfono apareciera. Apareció.

Santana dice que nunca abandona sus armas, ni siquiera en sus días libres, cuando está trabajando en su milpa. En esos días le deja a su hijo menor una pistola —sin papeles, desde luego— para que vigile mientras él trabaja. En su celular lleva un video en el que sus hijos menores disparan con un revólver y luego con una carabina. Su hija tiene 15 y su hijo 10.

Unos días después volvemos a encontrarnos en aquel parque ardiente y mientras conversamos, Santana persigue con la vista a unos adolescentes que venden café: "Esos no están ahí para vender café, son pandilleros que extorsionan a todos los negocios alrededor del parque", me dice. Llama a uno, que le sirve un café sin despegar la mirada del piso. Santana lo mira con un hambre caníbal y escupe junto a los pies del muchacho. "Estos bichos saben que conmigo no pueden andar con pendejadas porque se los lleva putas."

—Santana... y si sabés que son pandilleros extorsionistas, ¿por qué no los arrestás?

Al vernos conversando en la banca del parque una señora mayor apura el paso y finge no habernos visto. Santana se levanta de un brinco, deja el café en la banca y la alcanza. La señora entra en pánico y en susurros le suplica que no le hable más y que olvide que alguna vez le habló y se larga con toda la prisa de la que es capaz. Ella había prometido al detective servirle como testigo en un caso que involucraba a una *clica* entera del Barrio 18, pero los pandilleros comenzaron a sospechar y la visitaron en casa para amenazarla.

"¿Ves? —me dice Santana, para reforzar la explicación—, sin testigos no hay ni mierda."

⁂

A aquel jefe policial le llegaron rumores de que el líder local de la Mara Salvatrucha había estado jactándose en público de que la pandilla mataría a muchos policías en su municipio. Así que decidió hacerlo arrestar, así, sin mayores excusas, "por feo", y lo sentó frente a su escritorio:

—Vaya, cabrón, vos matás a un policía y yo te mato dos de los tuyos.

—Ojo por ojo —le respondió el pandillero, sin bajar la mirada.

—¡Ojo por ojo, bicho hijueputa! Pero tocá a un policía y no sabés la que te vas a comer.

Y luego de amenazarse mutuamente, el jefe policial ordenó dejarlo libre, para que el jefe pandillero llevara el mensaje a la calle.

"Yo me preocupo por los míos, me lo tomo como algo personal —me explica—. Mire, hace unos días unos mareros le rompieron el antebrazo con una varilla a un compañero, pero se les logró correr. Y yo le pregunté a él: ¡¿Y por qué putas no los mató, si andaba el arma?!... ¿Usted no cree que había suficiente justificación para que los matara?"

✻✻✻

Se le termina la jornada a Ignacio, un agente policial que trabaja en labores administrativas, y va a marcar al aparato que controla la hora de salida y de entrada. Marca y se regresa a su oficina: hace un hueco entre las sillas y los escritorios, pone una colchoneta y se tumba a ver películas, a matar el tiempo en aquel despacho, que ahora es su cuarto. Ignacio vive en esta base administrativa desde hace 11 meses.

Ignacio creció en la casa que es el patrimonio familiar de los suyos, en una colonia del departamento de Santa Ana, donde vivió con su madre y sus hermanos. La Mara Salvatrucha supo que era un policía desde el día en que inició su carrera, hace ocho años. La academia policial suele enviar investigadores para averiguar los antecedentes de sus aspirantes, y en el caso de Ignacio estos entrevistaron a dos hermanos que con el tiempo se *brincaron* a la pandilla. Pero en 2008 no había un ojo por ojo en plena vigencia y eso significaba cosas muy distintas a las que supone hoy en día: aunque era incómoda la convivencia entre gatos y ratones, la pandilla se lo pensaba mucho antes de meterse con la Policía.

Pero las cosas fueron cambiando y los gestos agresivos aparecieron y luego siguieron cambiando y aparecieron las amenazas y luego las amenazas a domicilio y su madre tomó a los hermanos menores y se fueron para Estados Unidos e Ignacio quedó viviendo solo en aquella casa de su infancia. Y así las cosas siguieron cambiando hasta el miércoles 1° de abril de 2015 a las 11:30 de la mañana.

En la memoria de Ignacio, siete pandilleros jóvenes se le acercaron, mientras él sacaba un maletín del baúl de su carro, y le pronunciaron una sentencia de muerte. En el maletín había dos armas: su arma de equipo y la otra, la "quemada", que él había conservado para sí mismo luego de haberla confiscado a pandilleros. Apenas su interlocutor hizo el gesto de manotearse la cintura, Ignacio le encajó un tiro con el arma ilegal y el muchacho quedó herido en el suelo. Al resto le tomó por sorpresa la reacción del policía y él alcanzó a matar a dos más antes de que huyeran junto al resto de agresores. Se subió a su carro y se fue. Jamás denunció el hecho a sus superiores y hasta la fecha no sabe qué fue de la investigación de aquellos cadáveres, si es que hubo alguna.

—¿Por qué no expusiste el caso a tus jefes?

—Si les contás a los jefes te abren un proceso.

—¿Y?

—Eso no lo hacés nunca con el arma de equipo y la corporación no me iba a apoyar porque fue con la otra arma. Pero si lo hacés con un arma de equipo te detienen igual. Estaría yo en el penal de Metapán. Casi que tenés que esperar a que te disparen para poder dispararles vos. Y si viene alguien con un corvo y vos le disparás, también te detienen porque dicen que no es proporcional. La institución te deja perder.

—¿Por qué no denunciaste antes las amenazas?

—Si vos denunciás a la Fiscalía, vas a la cola, te meten debajo de unas resmas de papel así de grandes, ve… En lo que te toca que te investiguen tu caso o que te den seguridad, ya te han matado o ya te has agarrado a balazos con ellos. Además, si ponés la denuncia tenés que poner el lugar donde residís, ¡y eso es una reverenda pendejada! O te piden una dirección alternativa… ¿de quién putas la vas a poner? ¿De tu familia? ¿Y qué pasa si hay fuga de información? Te matan a esa familia. Y vos vas a buscar luego terminártelos a ellos.

Ignacio vive en una base administrativa llena de oficinas y los jefes le aprobaron un permiso para habitarla durante dos meses, luego de que él argumentara problemas de seguridad en su colonia, pero él se ha ido quedando y quedando, estirando el tiempo en silencio, metiendo una pequeña refrigeradora, una cocinilla, un televisor, para hacer que esta base se parezca a una casa... al menos por las noches.

Le digo que, aunque en esta historia su nombre aparezca cambiado, será fácil identificarlo y se pone a reír: "Somos más de 100, muchos más, en todo el país los que estamos igual". Le pido que lo pruebe y que me presente a otro policía que viva en esa suerte de condición de refugiado y entonces me presenta a Guillermo.

Guillermo también vive en una base policial, en un cuartuchito oscuro, cerca de un montón de hierros oxidados. Ahí se baña por las mañanas y ahí están todas sus propiedades, que básicamente consisten en un magro armario con su ropa, algunos zapatos y poco más. Él vive ahí desde hace seis meses y es obvio que no quiere hablar conmigo.

Consigo sacar en limpio apenas lo básico: que vivía en una comunidad de San Salvador. Que los pandilleros que la controlan supieron que es policía. Que cree que lo supieron por culpa de algunos de sus mismos compañeros, de los que él cree están coludidos con los pandilleros. Que la noche en la que iba a morir escuchó a sus verdugos en la calle preguntando por teléfono: "¿Entonces lo sacamos o qué putas?" Que no estaba armado. Que tenía miedo. Que al día siguiente se fue de ahí en el entendido de que el problema era con él y no con su mujer ni con sus hijos.

Guillermo no ha denunciado su caso a los jefes, ni ha vuelto a su casa, y cada fin de semana que puede va a casa de su madre, donde también hay pandilleros, con la fortuna de que no lo conocen. Y lava su ropa y, si hay suerte, mira a sus hijos, que son apenas unos chiquillos. Luego vuelve a este cuartito oscuro a esperar que pase la semana y que en el teléfono no suenen malas noticias.

Es ya de tarde y desde la base policial de Ignacio el día se va poniendo melancólico. Fumamos sentados en medio de un parqueo. Me quedan pocas dudas de que el tipo es duro y de que sus compañeros lo consideran hombre de palabras medidas. Ignacio percibe mensualmente poco más de 300 dólares y no le queda familia en el país, o al menos no una que pueda darle techo a un policía sin ponerse en riesgo. Su novia vive en una colonia habitada por pandilleros e Ignacio teme contaminarla si la visita o si pasa alguna noche con ella. Su casa de infancia, que es toda su herencia, está destinada a ser para él solo un recuerdo, uno bueno, tal vez...

—¿Cómo es vivir en tu trabajo?

—Aquí me levanto, aquí me cocino... y cuando vienen los compañeros ya estoy bañado y cambiado. Jeje... por ejemplo, el 24 y el 31 de diciembre aquí los pasé, loco. Aquí vino mi novia con una lasaña y aquí estuvimos juntos...

Entonces Ignacio rompe a llorar, avergonzado de que lo vea así de jodido un periodista al que le cuesta tanto imaginarse en sus zapatos. "Es una rabia perra, loco", intenta justificar la flaqueza, "te enfurecés como no tenés idea. Es la puta rabia, loco, te dan ganas de darles en la nuca. ¿Qué putas más vas a hacer? Te metés en una situación... una psicosis... no andás tranquilo cuando comés. Siempre tenés que andar con el arma de fuego"... Y en los ojos se le hamaca una ira parecida a aquella arma ilegal con la que mató a sus verdugos.

**

Un inspector policial —que tiene a su cargo a varios agentes en un municipio del centro del país— habla con una claridad soñada para un periodista que realiza un reportaje como este. Sin restarle ninguna palabra al asunto dice que es "normal" guardar armas de fuego decomisadas a delincuentes: "Las utilizamos para ponerlas en escenas cuando asesinamos a algún pandillero que no ande armado". Así, como oír llover.

Cuando patrullaba una zona rural, a inicios de 2015, un grupo de pandilleros ignoró la orden de alto y se echó a correr, desarmado. Él decidió no perseguirlos y apuntó su arma. Alcanzó a matar a uno de los que corría, por la espalda, claro. Luego esparció dos pistolas en la escena y asunto arreglado.

***

Iba un bandido corriendo a todo lo que le daban las piernas en los alrededores del "Mercado Negro", en el centro de la capital, y tras él iba el agente Juan gritándole órdenes de alto que el otro no tenía intenciones de acatar. Pero no contaba con las condiciones atléticas del agente Juan, que al tener cerca a su objetivo le metió una zancadilla estudiada y el otro cayó rodando por el suelo, listo para que el agente Juan lo esposara como a una res. Hasta ahí iba bien la cosa, hasta que el agente Juan levantó la vista y ahí estaba ella, viéndolo con susto.

El agente Juan es un hombre joven y de muy malas pulgas, que hizo su servicio militar y que riega su discurso con palabras como "patria" y "lealtad". Es un policía de nivel básico y gana lo justo para vivir en Soyapango, en una colonia controlada por la facción Sureños del Barrio 18. Solo en su pasaje, dice, viven cinco pandilleros, entre ellos el *palabrero* de la *clica*, que a su vez tiene una madre, que tiene un puesto de venta en el centro de San Salvador y que se quedó de una pieza al descubrir que su vecino, el agente Juan, era policía.

El agente Juan deseó haber llevado aquel día el rostro cubierto, pero luego no le quedó otra que hacerle frente a la situación y saludar a la señora con aplomo.

Desde ese día advirtió a su esposa de la situación y le previno de salir de casa apenas lo necesario. La familia del agente Juan, con una niña de cinco años y un nuevo integrante de seis meses, vive solo con su salario de policía, de 424 dólares al mes, por eso es que él ha conseguido un trabajo como supervisor en una agencia privada de seguridad durante sus días libres. Suele estar muy poco en su casa y para proteger a los suyos supo que él tenía que hacer el primer movimiento. Así que le enseñó a su esposa lo básico para manipular una escopeta calibre 12 que tiene en su casa… sin papeles, claro; y la ha instruido para que, el día que se la muestre a alguien, la escopeta sea lo último que ese alguien vea.

Un día, mientras acompañaba a su esposa a la tienda del pasaje, ella hizo una broma cuando le preguntaron por el bebé: "Mi cuñada lo tiene bien consentido y ella me lo ha secuestrado hoy", dijo. Ahí vio su chance el agente Juan, que, como hemos dicho, no es afecto a los chascarrillos. Pensó en hacer una declaración pública, a voz en cuello: "Esa broma no la volvás a hacer, no digás esa pendejada", gritó, ante una esposa sorprendida por aquel pronto explosivo. Y él lanzó su amenaza a los cinco pandilleros de su pasaje, o quizá a todos los de su colonia, o a todos los del mundo: "El día que alguien le haga daño a mi familia lo voy a arrancar de raíz, a él y a toda su familia".

Aquel discurso no cayó en saco roto y pocos días después el agente Juan recibió una visita durante uno de esos raros fines de semana en que descansa en casa. Desde la hamaca él reconoció la voz del *palabrero* de la colonia y saltó como una maldición con todo y escopeta. Antes de que el pandillero terminara de preguntar por él, el agente Juan le mostraba desde la ventana el agujero gordo del arma. "Intenté mostrarle a él un rostro aterrorizante", asegura. Pero el muchacho tuvo reflejos de sobreviviente y se levantó la camisa para mostrarse desarmado: "Tranquilo, chino, no vengo a buscar problemas", dijo el pandillero, con la cintura desnuda y dando vueltas como una bailarina. "Por eso es que no quedó untado ese bicho ahí", se alegra el agente Juan.

Ese día llegaron a un acuerdo parecido a esto: si vos no te metés con nosotros, nosotros no nos metemos con vos. Una especie de pacto de convivencia en el que definitivamente desconfía. Y el agente Juan aprieta los dientes, y maldice su situación, porque sabe que su pacto es frágil y porque, en su caso, ser buen padre es no estar casi nunca. "Le voy a explicar —me dice—, si me intentaran matar en un bus, yo voy a abrir fuego y si me tengo que llevar a civiles, los voy a matar, porque si no, ¿quién va a ver por mis hijos." Y se le sale del pantalón la pistola y suena en la butaca de esta hamburguesería donde conversamos. El agente Juan se la reacomoda en el cinturón de sus jeans y remata una frase cuya intención todavía intento comprender: "¡Cuánta sangre ha corrido por la corrupción de nuestros gobiernos!, ¿no cree?"

***

Nueve de cada 10 policías que existen en El Salvador forman parte de un grupo que se llama "nivel básico". Casi todos los salvadoreños que deban lidiar alguna vez con un policía —para bien o para mal— deberán entenderse con un miembro de ese grupo.

El nivel básico está conformado por agentes, cabos y sargentos. Estos policías comienzan teniendo un sueldo de 424 dólares con algunos centavos. Al restarle los impuestos, terminan percibiendo, al mes, cerca de 380 dólares. Si uno de esos agentes consigue escalar posiciones, pasando exámenes, manteniendo expedientes pulcros y se convierte en sargento y si, además, acumula 20 años de servicio... puede llegar a ganar hasta 692 dólares, de los cuales llegarán a sus manos 581.

Los policías de nivel básico tienen derecho a aumentos de 6% cada cinco años. O sea que tienen la fortuna de engrosar su salario con aumentos que van desde los 25 hasta los 41 dólares... cada cinco —cinco— años.

El ministerio de Hacienda explica que El Salvador no atraviesa un momento financiero de bonanza y que ser responsables implica ser... sobrios y austeros y.... en resumen, que no hay para aumentos, o al menos no hay para aumentos de policías.

En esta misma coyuntura están abiertos juicios que involucran a los tres últimos presidentes de la República, por sospechas de corrupción o enriquecimiento ilícito. El monto que se les investiga a los tres supera los 20 millones de dólares.

El último presidente, Mauricio Funes, de un solo pase de tarjeta de crédito gastó más de 7 000 dólares en zapatos finos, y de otro tarjetazo gastó 5 900 dólares en perfumes, en un par de jornadas de *shopping* en Miami, aunque su salario mensual era de poco más de 5 000 dólares.

El chofer que menos gana en la Asamblea Legislativa devenga 870 dólares y el que más, 2 000. El ordenanza que menos cobra en la Asamblea recibe 700 dólares mensuales. Cada año, la Asamblea Legislativa entrega un bono navideño a todos sus empleados equivalente a su sueldo entero. Desde luego, eso incluye a los 84 diputados. Ese bono, que se entrega además del sueldo y del aguinaldo, cuesta al país 2.4 millones de dólares cada año.

Entre 2012 y 1014 la diputada Sandra Salgado debió asistir a un congreso que se llamaba "XXV Encuentro feminista: género y otras desigualdades". Otras desigualdades. El encuentro fue en Cádiz, España. En cinco días, la diputada se fundió 9 297 dólares. Y ese fue solo uno de sus 20 viajes.

Entre sus 30 viajes, el expresidente de la Asamblea Legislativa, Sigfrido Reyes, tuvo que hacer una visita de cortesía a los diputados de Vietnam y para cumplir con su deber tuvo que recibir 12 798 dólares.

Cualquiera de esos dos diputados gastó infinitamente más en sus viajes de lo que cualquier policía o soldado de base va a conseguir ahorrar en toda su vida de trabajo. Y ellos solo son dos diputados, que hicieron solo 50 viajes. Entre mayo de 2012 y diciembre de 2014, los diputados viajaron 642 veces, por un costo de 1 310 000 dólares. En fin...

Resulta tal vez curioso que haya un grupo de empleados del Estado, que trabajan en labores de seguridad pública, que envidian, como un sueño imposible, las fabulosas condiciones y salarios con los que trabajan los policías: los soldados que trabajan en patrullajes junto con la Policía ganan entre 250 y 310 dólares al mes.

**

En un cuarto amplio hay un grupo de soldados. En su mayoría muchachos jóvenes con miradas hurañas, con ropa civil humildísima y más de uno aún con el rostro adolescente. Se han presentado de forma voluntaria para hablar conmigo, pero viéndolos ahora parece que hacen cola para ir al paredón de fusilamiento. "¡No, no, no, nada de grabar!", salta uno de ellos cuando pongo la grabadora en la mesa. Vuelvo a guardarla, regañado, y el soldado ahora está a la ofensiva: "Si ni confiamos en los oficiales, no sabemos para qué se va a usar eso". No es lo natural para un soldado dar sus opiniones, así, sin oficial mediante, y la cita toma algo de tiempo antes de que comience a arrojar frutos. Todos viven en cantones rurales, todos son padres, todos se sienten perseguidos, todos saben que llevar el uniforme es una afrenta a la verdadera autoridad de sus comunidades. Poco a poco van saliendo de sus trincheras para contarme cómo luce ser un miembro de las Fuerzas Armadas de El Salvador destacado en seguridad pública:

Uno es un chico delgado y con voz apenas audible. Se escapó por los pelos del que alguna vez fue su mejor amigo. Durante su infancia, este soldado tuvo un amigo que era como su hermano, pero la vida los fue llevando por caminos distintos: a él lo llevó a estudiar hasta noveno grado y luego a trabajar en una fábrica de cerámicas y luego al cuartel. Su amigo terminó siendo miembro del Barrio 18. "Insistía en que colaborara con ellos y como le dije que no, intentó matarme, pero solo un zapato me logró quitar", dice. Se tuvo que mudar con su esposa y su primer hijo, todo lo lejos que consiguió costear.

Otro. Vivía en su cantón, junto con su esposa y sus hijos. Los pandilleros le dijeron a su esposa que se habían enterado de la profesión de él, pero que estaban dispuestos a hacer la vista gorda si les pagaba 3 000 dólares. Ni él ni su esposa han tenido nunca en la vida 3 000 dólares. Así que abandonaron ese terreno y fueron a construir una chocita en otro solar del mismo cantón. Ahí llegaron unos muchachos que él vio crecer desde niños a decirle "estás en deuda con la pandilla". Y a él se le encienden los ojos con un brillo malo y se pone de pie y se toma los testículos y sube la voz: "¡No me hacen falta huevos! No me costaría aniquilarlos... pero es mi familia la que está en juego..." y se le va apagando la enjundia cuando me cuenta que hace más de un año y medio que vive en su cuartel; que llega por horas a su casa, una vez cada muchos días, con todo el sigilo del mundo, a ver a los chicos, o a dejarle dinero a su mujer, a comprobar que viven y luego se regresa a la base militar. Nunca duerme en casa y su familia tampoco tiene autorización para dormir en las barracas de su cuartel. "Nunca hay intimidad con tu pareja", dice, ya más sosegado, y me pregunta si yo le podría decir al ministro de la Defensa que les ayude a conseguir visas temporales de trabajo en Estados Unidos.

Otro. Este muchacho trabajaba poniendo cielo falso en casas que tienen el detalle de tenerlos, hasta que la empresa cerró y no le quedó de otra que ir a tocarle las puertas al ejército: "Comencé a prestar mi servicio y empezaron mis problemas", dice. Un día fue a la tortillería del cantón y ahí llegaron dos pandilleros en una moto. Ambos iban armados y le hicieron saber cuán a disgusto se sentían de tener a un "chacua" viviendo en "su" territorio. Tenía cuatro años de vivir en la casa que construyó con sus propias manos, pero le tomó solo una noche empacar lo que pudo y largarse al siguiente día junto con su esposa y su hija de dos años. Se fue a otro cantón donde sus papás tenían una casita de bahareque que estaba medio abandonada, pero también se tuvo que ir a los meses porque los muchachos llegaron a buscarlo una noche, machetes en mano, sin atreverse a botar la puerta. No esperó a que se atrevieran y abandonó el campo para vivir con su madre en una comunidad de San Salvador, en una de esas casitas diminutas que con su llegada se encogió un poco más y que seguiría encogiéndose en los días siguientes. En la primera casa que abandonó quedaron viviendo su hermana y sus sobrinos: un bebé de brazos y una niña de tres años. Dos días antes de que yo conversara con él, los pandilleros llegaron a buscarlo, y al no hallarlo sacaron a su hermana y la pusieron de rodillas, la amenazaron con matarla a machetazos, dieron una patada a la niña de tres años e intentaron arrancarle de los brazos al bebé. Su hermana está bien, dice, "solo morada de la cara y con los raspones en las rodillas" y ahora vive con ellos junto con su bebé y una niña de tres años que aún no digiere el susto.

Otro. Este soldado luce mayor que sus compañeros y habla con una parsimonia campesina reservada para los asuntos más serios. A él también le exigieron un dinero que no podía pagar: unos inmensos, inabarcables 400 dólares. Un pandillero apuntó a la cara de su hijo con un fusil para estimularlo a pagar. Tuvo que dejar su cantón e irse a otro, con su esposa, su hijo y su anciano suegro. Ahí su niño tuvo la mala fortuna de hacerse un adolescente y de entrar en el radar de la pandilla que lo invitó a salir. Cuando el muchacho se negó, intentaron sacarlo por la fuerza, pero fueron retados por el abuelo del muchacho, machete en mano. El anciano se enzarzó a filazo limpio con cinco pandilleros que terminaron dejándolo en el piso por creerlo muerto. Afortunadamente no murió. Y en esa segunda casa quedó abandonado todo, incluso unas vacas con nombre que eran un tesoro familiar. "Ahora ni salgo de mi casa, y uno tiene que actuar como que si uno fuera el delincuente", se lamenta.

Otro. Los pandilleros se dieron cuenta de que este soldado había participado en una operación en apoyo a la Policía y se tuvo que ir del cantón donde había vivido toda su vida con sus padres y su hermano gemelo. Pero los pandilleros pensaron que su mellizo y él eran uno solo y asesinaron a su hermano mientras iba en moto. "Me mataron a mi hermano por confundirlo conmigo", me cuenta, indeciblemente triste, y consigue, a punta de disciplina militar, evitar que los ojos lo traicionen.

***

José Misael Navas trabajaba de custodiar a la hija del presidente de la República, como miembro del batallón presidencial. Era subsargento del ejército salvadoreño y ganaba 414.50 preciosos dólares por ocupar ese puesto de guardaespaldas que es tan codiciado en la milicia.

Frente a la casa que custodiaba tenía derecho a una silla de plástico sobre la acera, a una caja con vasos y platos colocada bajo el tronco de un árbol y poco más. Lo que merecía, por ejemplo, no incluía un chaleco antibalas.

El 15 de febrero le dispararon desde un vehículo y lo mataron. Los dos tiros que le quitaron la vida le perforaron el tórax y el abdomen.

El presidente Salvador Sánchez Cerén envió condolencias públicas a la familia por medio de Twitter y al sepelio del guardaespaldas de su hija no asistió ni él, ni su hija, ni ningún representante de la familia. El Estado Mayor Presidencial pagó los gastos fúnebres, un paquete de café, otro de azúcar y una bandera de El Salvador que la familia colocó sobre el ataúd.

***

Antesala del despacho del general David Munguía Payés, ministro de la Defensa Nacional.

—Ministro, cuando las pandillas atemorizan y agreden a sus soldados, ¿no es como tocarle la cara a las mismísimas Fuerzas Armadas, o a usted, o incluso al propio presidente de la República?

—Sí, claro que sí, pero sabemos que en esta misión son los riesgos que hay que tener. Sí, es humillante, pero no es nada comparado con nuestra determinación de llegar hasta las últimas consecuencias en el cumplimiento del deber.

—Las Fuerzas Armadas son el último recurso del Estado, el más fuerte... el más temible. ¿Qué le pasa a un país cuando unos pandilleros le amenazan al último recurso, el más fuerte, el más temible?

—Fíjate que nuestra fuerza radica en el colectivo, como ejército. Individualmente somos débiles, como todo ser humano. Pero cuando tocan a alguien desplegamos un enorme operativo para que sientan que no pueden agredir a un soldado sin consecuencias.

—Imagino que no serán un secreto para usted las condiciones aterradoras en las que vive su tropa.

—No lo es. Les enseñamos a administrar esa presión con el adiestramiento. Yo mismo la soporto. Todos los días soporto calumnias y no van a romper mi carácter ni mi profesionalismo con eso. No hay día de Dios que en redes sociales no me venga una injuria.

***

El comisionado Arriaza Chicas no tuvo tiempo de escapar de aquella turba de hombres encapuchados que terminó rodeándolo y ofreciéndole una sonora serenata de improperios: "¡A la mierda Arriaza Chicas!", "¡Solo está en una puta oficina como un ama de casa!", "¡Bola de corruptos!"... El comisionado es el subdirector de áreas especializadas y operativas de la PNC y eso lo convierte en uno de los seis policías más importantes en El Salvador.

El 27 de enero más de 500 policías furibundos marcharon hasta la casa presidencial. Se suponía que la Unidad de Mantenimiento del Orden los detuviera con barricadas hechas de alambres con púas afiladas, pero en lugar de eso se apartaron y algunos de los guardianes incluso se hicieron *selfies* con los manifestantes. Todos llevaban el rostro cubierto con los mismos gorros que la Policía les ha entregado para que escondan sus caras de los pandilleros.

La marcha consiguió lo que ninguna otra había conseguido antes: sacudir los portones de la mismísima casa presidencial y gritarle vituperios al presidente de la República frente a su oficina, sin que nadie hiciera nada para impedirlo. Solo entonces llegó una delegación de oficiales de la Policía y mientras algunos se apartaron a negociar con los líderes de la manifestación, al comisionado Arriaza Chicas le encargaron hablar con la turba para intentar enfriarles los ánimos.

Los policías se desahogaron a costillas de Arriaza Chicas, quien intentaba hacerse oír, diciéndoles a sus subalternos que eran un solo equipo, que compartían intereses, pero los otros le replicaban invariablemente con una lluvia de insultos y de reclamos atropellados: "El presidente dijo que nos iban a dar un bono, ¿dónde está ese bono?" Y el comisionado comenzaba a contestar: "Se está evaluando…", y de nuevo la lluvia: "Solo evaluando cosas que pasan, ¡ya estamos hartos de que estén evaluando!" De nuevo la vocecilla: "Cálmense", y de nuevo la tormenta: "¡¿Cómo nos vamos a calmar si nos están matando a la familia?!"

En 2015, 64 policías fueron asesinados y durante los primeros 64 días de 2016, 10 agentes fueron ejecutados junto con un número difícil de estimar de madres, hermanos, esposas… Para apagar el descontento, el presidente Salvador Sánchez Cerén prometió mejoras, más chalecos antibalas, más patrullas y un bono económico al que no le puso monto, ni fecha de entrega.

El líder de los manifestantes, Marvin Reyes, conocido como Siniestro entre los agentes policiales, advirtió unos días después de la marcha que no tolerarían que ese monto fuera "miserable". Cuando se le pidió que definiera "miserable", dijo que un bono de 150 dólares trimestral era inaceptable y lo calificó como una "basura" y una "ofensa" y dijo que en lugar de apagar el fuego lo encendería más, porque él suele comparar a los agentes policiales con un barril de dinamita, o con un incendio.

Un bono trimestral de 150 dólares, consideró Siniestro, podría llevar a los policías a considerar seriamente irse a un paro general de labores o irse de nuevo a las calles o dejar de producir arrestos. "¿Se imagina lo que pasaría en este país si la Policía se va al paro?", pregunta Siniestro a cualquiera que esté dispuesto a responder esa pregunta. Dijo que los policías necesitaban vivir con dignidad y contó que él mismo había sido expulsado de su casa por pandilleros, pero que debía seguir pagando el préstamo que hizo para comprarla.

Su movimiento pide un aumento de 200 dólares mensuales más dos bonos anuales de 500 dólares cada uno.

Finalmente, luego de muchas evaluaciones financieras, el Ministerio de Hacienda y el director de la Policía aprobaron a finales de febrero un bono trimestral de 150 dólares.

***

—Marvin, he entendido que ser policía es vivir con mucho miedo. Eso es potencialmente un polvorín...

—Es un barril de TNT.

—Un policía armado y bajo ese estrés es también un polvorín.

—Vea los mensajes que me llegan: "Hay que darles", "Eliminemos" [a los pandilleros]... Es una cuestión de erradicarlos a como dé lugar. Esa no es la solución, la solución no es exterminar, pero el policía se ve bajo ese estrés increíble.

—¿No hay psicólogos que atiendan agentes?

Hay un grupo, pero no hacen nada. Si uno llega ahí, lo atienden, pero no salen a buscarnos. Alguien que está bajo estrés no va a aceptar nunca que tiene un problema, y peor si es un psicólogo, porque dicen que no están locos. Hay un compañero que toma medicamentos para controlar la ansiedad y cuando no los toma se vuelve histérico, se vuelve violento y grita, les grita a los compañeros. Si este tipo no toma los medicamentos y anda en la calle... ¿qué cree que va a pasar?

***

Una patrulla de policías y soldados ingresa en una comunidad de Zacamil, en el municipio bravío de Mejicanos. Antes de que los agentes se internen en los laberintos de aquel lugar, los pandilleros ya han desaparecido. El único muchacho que se les atraviesa en el camino es aquel chico de 19 años al que su madre ha enviado a hacer unas compras a la tienda. Los agentes le mandan alto y el chico se detiene. Le ordenan quitarse la camisa para revisar si lleva tatuajes pandilleros. Se la quita. No hay tatuajes de pandilla. Le preguntan si es pandillero. Responde que no. Le preguntan por sus compañeros pandilleros, y el chico repite que él no es pandillero. Entonces comienzan a golpearlo.

Cuando la madre del chico sale a buscarlo, un policía ha apoyado una mano de su hijo sobre un pequeño muro y se la pica con un lapicero. La madre intenta explicarles, les pide que no lo golpeen más. Entonces los agentes le mandan alto a la señora, le ordenan que vuelva a su casa. Ella no obedece. Entonces le apuntan con las armas y la insultan. La llaman "vieja puta". Salen más vecinas y acuerpan a la madre. Intentan explicar que el muchacho no anda metido en nada. Pero los agentes se van poniendo nerviosos. Apuntan con las armas, insultan, amenazan con arrestarlas a todas, las culpan de proteger a pandilleros. Por último, deciden dejar al muchacho en paz y se van.

Tal vez aquellos agentes de la ley estaban aquel día un poco más hartos de ganar un salario de mierda; tal vez en la juventud de aquel muchacho vieron la sombra de todas las amenazas mortales que se van cerrando sobre ellos. Quizá han abandonado una casa que tanto les costó pagar, o la noche anterior durmieron refugiados en el suelo de una base policial que será su hogar. Puede que soportaran la angustia asfixiante de dejar a todo lo que aman a merced de muchachos como al que acaban de golpear. Puede que sean, como dijo Siniestro, un barril de dinamita.

Pero del otro lado de sus iras y de sus miedos, una madre vio cómo torturaban a su hijo y un hijo vio a su madre humillada. Aquellos incendios, que fueron esa tarde esos policías y esos soldados, acaban de perder para el Estado a un chico y a su madre, que ahora los imaginarán con temor. Y también acaban de hacer que aquellos pandilleros a los que nunca llegaron a ver, fueran, desde ese día, un poco más poderosos, un poco más ley, un poco más autoridad. Y cada vez va quedando todo un tanto más roto, y cada vez hay más mechas encendidas.

Los que iban a morir se acumulan en México

ÓSCAR MARTÍNEZ
Octubre 2017

1. LOS ÚLTIMOS REFUGIADOS
(ALBERGUE LA 72, TENOSIQUE, TABASCO, 24 DE FEBRERO DE 2017)

Ella recuerda que cuando se reencontró con él, él era un hombre morado. Ahora, estos dos salvadoreños son pareja. Se enamoraron huyendo. Y han venido hasta el sur de México, la frontera selvática con Guatemala en el estado de Tabasco, a recoger a otro salvadoreño que huyó, al sobrino de ella.

Ella cuenta que cuando se juntó con su actual marido en Ciudad de Guatemala, la cara de él era irreconocible. Estaba hinchada, deforme. Un bulto sobresalía aquí, un morado más intenso se extendía allá, la ceja aún estaba abierta y sangraba.

A él no lo amenazaron de muerte. Lo dieron por muerto. Parecer cadáver le salvó la vida. Es un salvadoreño grueso que ronda los 40, con cicatrices por toda la cara y los brazos. Primero huyó del municipio metropolitano de Apopa, cuando la pandilla Barrio 18 secuestró a sus dos hijas. Entonces, allá por 2005, él tuvo que vender su bodega de granos básicos y pagar más de 10 000 dólares a los pandilleros que además le cobraban 100 dólares mensuales por esa bodega. Recuperó a sus hijas y se mudó a Acajutla, en la costa salvadoreña. Pero allá controla la Mara Salvatrucha, y el negocio de cocos que abrió nunca prosperó. Él optó por ser honesto con los emeeses y admitir que había huido de una zona 18. Pero los de las letras sospechan de todo lo que venga de donde los números. Finalmente, meses de por medio, lo amenazaron de muerte.

Lo querían fuera. Volvió a huir, siempre hacia adentro de su país. Se movió apenas unos kilómetros, hacia una playa llamada Monzón, en Sonsonate. Ahí vivía su mamá, siempre entre emeeses. Pero el hecho de ser familia le dio a él y a sus hijas sombrilla para quedarse. Años después, ya en 2014, él regresó a casa del trabajo y encontró en un cuarto a una de sus hijas retozando con su nuevo novio, un pandillero de la MS. El hombre no pudo digerir la escena. Discutió con el marero. Echó a gritos al marero. Ese mismo día por la tarde, cuatro pandilleros lo reventaron afuera de su casa. Le dieron hasta darlo por muerto. Luego, lo lanzaron en un basurero a orillas de otra playa llamada Costa Azul. Una señora vio aquella masa roja moverse y resoplar entre los desperdicios. Le ayudó a salir. Así, medio muerto, huyó a Guatemala en un bus el día siguiente.

Para ese entonces, ella era solo amiga de él. Ella es una señora guapa, pasados los 40, con unos notables ojos verdosos de gata. Él, desde Guatemala, le contó su desgracia. Ella, justo en esos meses de 2014, pasaba por un momento particular. Durante años, a la fuerza, había sido pareja de un marero de Sonsonate. En 2014 atraparon por homicidio al emeese que la forzaba. Fue a prisión mientras proseguía el juicio. Ella aprovechó su encarcelamiento para huir. Dejó esa "vida de esclava" y alcanzó a su amigo en Guatemala.

Cuando lo vio, lo vio morado y deforme. Juntos siguieron huyendo hacia México. Y, tras pasar meses en este albergue para migrantes en la ciudad sureña de Tenosique, ambos consiguieron refugio y son residentes permanentes de este país. México creyó su historia. México creyó que, de volver a El Salvador, ambos serían asesinados. Se enamoraron y ahora son pareja.

Pero esto es una cadena. Tras uno hay otro y otro y otro.

Luego de unos meses encarcelado, el marero que la sometía salió libre. Amenazó de muerte al hijo de ella. Quería de vuelta a la mujer a la que consideraba suya. El hijo siguió a la madre. Huyó. Ahora también es refugiado en México.

Quedó el sobrino. El pandillero lo buscó a él.

El sobrino es el muchacho de Acajutla que llegó anoche, a quien hoy han venido a visitar desde una ciudad en el centro de

México. Están sentados en un galerón, en el medio del albergue, rodeados por varias decenas de centroamericanos que, como ellos, no migran, huyen.

"Yo así como él vine. Desorientado, pensando qué iba a ser de mi vida. Pero aquí se puede vivir, ya vas a ver", dice el hombre al muchacho recién llegado que hoy iniciará su petición de refugio.

Otra familia de gente que escapa se reúne en México.

Son los últimos refugiados a los que veré en este viaje. El último recién llegado.

Han pasado siete días desde que esta investigación empezó. En solo una semana he conversado con 29 personas que huyen. Familias con bebés, gays hondureños, expandilleros, niñas violadas, hombres mutilados. Huyen de pandilleros, de policías, de narcotraficantes, de secuestradores. Pero sobre todo, huyen de países donde las autoridades no pueden o no quieren protegerlos.

Este año, por primera vez en el siglo, se calcula que México alcanzará una cifra de cinco dígitos en peticiones de refugio: 20 000 personas, casi todas del norte de Centroamérica, pedirán este año acogida para no morir.

Este es el destilado del horror salvadoreño, hondureño, guatemalteco. Quizá la manera más expedita de entender qué significa ser de uno de los países más violentos del planeta es escuchar a los vomitados por la región.

Los que iban a morir, los que se salvaron solos, se acumulan en México.

2. LOS PRIMEROS REFUGIADOS
(ALBERGUE PARA ADOLESCENTES REFUGIADOS, CIUDAD DE MÉXICO, 18 DE FEBRERO)

—¿Querés más gente que huye? —me pregunta el expandillero salvadoreño de 21 años, pequeño, recio—. Este huye por culero.

—¡Sí huyo, pero no por eso, no seás estúpido! —responde Bryan, hondureño, gay, 20 años, blanco, ojos verdes, fino, alto.

Ríen.

Están tirados sobre un sofá viejo, rodeados de otros jóvenes absortos ante las pantallas de sus teléfonos. Bryan muestra al expandillero la foto de su hermana en su aparato. Bromean sobre si serán cuñados un día.

El expandillero huye de jóvenes como él mismo, de su propia pandilla, que lo quiere matar en El Salvador. Bryan huye de jóvenes como el que ahora está a su lado; pandilleros también, pero hondureños, que quieren matarlo porque no hizo lo que le ordenaron. Los dos son refugiados en México desde 2016. El Estado mexicano investigó, creyó sus historias y les otorgó residencia permanente. Pueden moverse libremente por este gran país; pero no pueden, si quieren conservar esa libertad, volver al suyo.

La pregunta que me hizo el expandillero fue retórica. Sabe que busco gente refugiada, pero en esta casa no hace falta preguntar: todos huyen. La mayoría, de jóvenes como él.

Esta casa-refugio fue creada por el sacerdote Alejandro Solalinde y su equipo. Solalinde es desde 2007 uno de los más célebres defensores de derechos humanos en México, y ahora candidato al Nobel de la Paz. Ha sido amenazado de muerte en varias ocasiones. Fundó y dirige un albergue en el sur, en Ixtepec, Oaxaca. En 2015 algunos dentro de su equipo creyeron necesario habilitar un lugar diferente, solo para jóvenes que no estuvieran de paso, que no buscaran Estados Unidos. Estos jóvenes no viajan tras la prosperidad económica. Viajan para vivir. Su objetivo no es llegar a Estados Unidos. Necesitan dejar de estar donde estaban.

Su porqué no está al norte: está al sur.

Año con año, desde 2013, la cifra de personas que solicitan refugio en México aumenta considerablemente, pero en 2015 el aumento se fue a las portadas de los periódicos. De 841 solicitudes en 2013 se pasó a 3 423 en 2015. En 2016 esa tendencia de crecimiento se mantuvo. El aumento respecto a 2015 fue de 157%: 8 781 personas pidieron a México que las salvara.

De un año a otro se pasó de las personas que caben en un palenque, a las que caben en un pequeño estadio.

La Agencia de Naciones Unidas para los Refugiados (ACNUR) calcula que al final de 2017 se llegará a las 20 000 solicitudes. Los que caben en un respetable estadio.

El 92% de las personas que en México aseguran huir de la muerte vienen de tres países: Honduras, El Salvador y Guatemala, en ese orden.

Los que iban a morir ponen sus ojos sobre México. La palabra refugio se esparce en los caminos del migrante centroamericano. En la primera década de este siglo nadie la pronunciaba en los albergues. La gente que huía se mimetizaba entre el flujo de más de un cuarto de millón de migrantes por año, en el lomo del tren de carga en el que la mayoría cruza México. Ahora, muchos empiezan a entender que hay un nombre para migrantes como ellos, que huyen. ¿Usted es migrante o refugiado?, se puede escuchar en cualquier albergue. Los refugiados se multiplican en medio de un camino que cada vez es más caro o difícil cruzar solo. Los bolsones de centroamericanos que piden residencia permanente a México engordan en todo el país: Tapachula, Tenosique, Oaxaca, Ciudad de México, Toluca, Tijuana…

Los coyotes subieron las cuotas amparándose en el terror desatado por la llegada de Donald Trump a la presidencia estadounidense. Trump promete su muro cada vez que puede, aprieta a México. Y México responde como sur que estrangula al sur. En 2016 México devolvió a sus países a 143 226 centroamericanos, el doble de los que devolvió en 2011. México imita lo que su vecino de arriba le hace. Voltea a ver al que tiene abajo y cierra el paso cada vez más.

Si comparamos refugio y deportaciones, no queda duda de que México expulsa muchísimo más de lo que acoge.

"¡A comer!", grita uno de los voluntarios de la casa, y los jóvenes que huyeron se distraen de sus pantallas y corren a formarse alrededor del perol renegrido con fideos y queso rallado.

Hoy, mi primer día de búsqueda de refugiados centroamericanos en México, hay ocho jóvenes en esta casa que aseguran que permanecer en el país donde nacieron les significa morir. La menor tiene 13 años. El mayor es el expandillero.

3. El pandillero y Bryan
(Albergue para adolescentes refugiados, Ciudad de México, 18 de febrero)

E (así llamaremos al expandillero) no demora las explicaciones. "A mí me quieren matar en El Salvador. Soy expandillero 18, sureño", dice E, sentado en una silla en el patio de la casa, lejos de los demás, con la gorra a media frente y la visera recta, tiesa, como no la podría llevar en su país.

Por si las palabras de E no alcanzan para creer su afán por alejarse de la pandilla, ayuda ver su pecho. Donde había un 1, hoy hay un demonio; donde había un 8, un ángel. Borrarse los tatuajes es, dentro de una pandilla salvadoreña, una razón para morir.

Su única condición: no nombre. Por lo demás, él está a punto de dejar la casa y perderse en la ciudad y el Estado de México, una de las áreas más pobladas del continente. Se perderá entre más de 20 millones de personas. Se siente confiado en ese escondite.

—Soy de la *clica* Piwainos Locos Sureños, de Izalco.

En los mapitas de violencia se suelen poner en rojo las zonas graves. E viene de un municipio rojísísimo en un país rojísimo. La tasa de homicidios de El Salvador en 2016 fue de 80.9 por cada 100 000 habitantes, la más alta del mundo que no está en guerra. Ese mismo año, la tasa de su municipio fue de 170.9. Su pedazo de tierra en este mundo duplicó y le sacó un pelo más al promedio del país más violento. En gran medida, él y los suyos eran quienes pintaban Izalco de rojo intenso.

De niño mató. Estuvo preso por un homicidio, pero tenía apenas 15 años. Pagó solo dos, porque los testigos "ya no se presentaron, dejaron el caso abandonado". No por eso dejó de matar. Las cárceles en El Salvador no se llevan bien con la palabra rehabilitación.

—¿En cuántos homicidios has participado? —pregunto.

—Mmm… (ríe nervioso y se acomoda la gorra). Un chingo. Pero también he visto que han matado a un vergo de amigos míos.

—¿Por qué huiste?

—En 2014, en diciembre, me mataron a una chava que era mi novia, los mismos batos de mi colonia. Yo cometí un error. Me

370

mandaron a hacer una misión y se mató a la persona equivocada, y ahí, tipo el castigo tuyo es que te van a dar abajo a vos también, por pendejo. Pidieron la orden al penal de Izalco para que me mataran. Dijeron que casaca, que no me podían matar, que era un soldado leal. Solo dijeron que me castigaran, y torcieron a mi morra. Le pegaron cinco balazos. La morra tenía la misma edad mía, 18 años. La mataron en Izalco en 2014. Ella nada que ver con la pandilla.

A E le dijeron que había sido la Mara Salvatrucha. Él lo creyó. Pero a los dos meses, mientras tomaba cervezas con dos de sus *homeboys*, uno de ellos le confesó que matar a su novia fue su castigo por haber matado a quien no tenía que matar. Matar, matar. El *homeboy* dijo a E los nombres de los asesinos. E no indagó más: "Esa es la manzana de la discordia que me llevó a *topar de cuerda*".

—¿Dónde están los asesinos de tu novia?

—Me *torcí* a esos dos *majes* en Izalco y me vine a la mierda. Esos *majes* no están ahí, están desaparecidos. No hay registro de ellos. La pandilla se dio cuenta y me tiraron luz verde en todo El Salvador. Donde quiera que me miren, me tuercen. Mandaron fotos mías a todas las *clicas*.

Desaparecer, dicho por E, significa enterrar en un maizal o en un cañal.

E huyó el 24 de diciembre de 2014. Su familia —padre, madre, hermanas, hermano— también huyó esa noche. Sabían que tenían que escapar de las consecuencias de E. Viven en otro departamento de El Salvador, pensando en huir hacia otro país. Su hermano ya lo hizo. No es pandillero. Vive, refugiado, en el norte mexicano.

Tras un refugiado centroamericano suele haber otros refugiados en potencia.

E muestra en su teléfono fotografías que le envían otros pandilleros huidos desde Tapachula, Oaxaca, Ciudad de México. Si para un migrante común la palabra refugio es nueva, rara, difícil de entender, para un pandillero centroamericano es más exótica que un koala: ¿pedir ayuda a un gobierno? Y sin embargo, ellos, soldados de la muerte, son de los casos donde el riesgo es más demostrable. ¿Quién dudaría en Guatemala, El Salvador u Honduras de que un pandillero que traicionó a su pandilla tiene eso que los abogados desalman: "causa probable de persecución"? La muerte en el lomo.

Antes de hacer la siguiente pregunta, explico a E que no soy idiota, pero que hay preguntas que es necesario hacer para que queden en registro.

—¿Por qué no denunciaste a la Policía?

—N'ombe, loco, si lo que hacen es meterte *clavo* o tirarte a otro lado donde hay *chavalas* para que te maten. Una vez nos fueron a tirar a Nahuizalco (zona MS) sin camisa, a las nueve de la noche. Al Slow ellos lo mataron. Lo subieron a la patrulla. En un baile estábamos. A la mañana siguiente apareció en el río, en la colonia Tamacha, amarrado, acuchillado.

Desde finales de 2014 la Policía salvadoreña se comporta cada vez más como los represivos cuerpos de los años de guerra. Sus jefes hablan de tres enfrentamientos diarios con pandilleros, pero muchos de ellos, que terminan con dos, tres, ocho cadáveres de jóvenes regados, no fueron tal cosa. La Procuraduría para la Defensa de los Derechos Humanos tiene más de 30 casos abiertos de ejecuciones extralegales. En dos ya se dio sentencia: fueron ejecuciones, no enfrentamientos. Gente rendida, no gente disparando.

Los refugiados, en cualquier caso, son el subregistro oficial de los centroamericanos que huyen. El número que esconde un número real y desconocido. Los pandilleros que piden refugio son una pequeña minoría dentro de esta población. Huyen muchos, pero piden refugio pocos. En todo el viaje, conocí solo a E.

—¿Volverías a la pandilla si pudieras? —pregunto.

—Jamás en mi puta vida. Por mí, que tiren una granada y desaparezcan todos esos mierdas.

—¿El Salvador se agotó para vos?

—Ya no sirve de ni mierda —dice el expandillero sobre lo que él dejó atrás.

Se levanta de la silla y llama a Bryan. Quiere ver fotos de la hermana de Bryan, que también huyó de Honduras, pero ella hacia Madrid.

Bryan es femenino sin esforzarse. Parece que flota al caminar. Se ve ligero y estilizado en cada movimiento. "Y eso que no me has visto vestido de mujer. No es por nada, pero me veo muy bien", dice. E se ríe de él. Pido a Bryan que salgamos al patio a conversar. Bryan también es refugiado desde 2016. No tiene ningún inconveniente en que se escriba su nombre. Dice que ya apareció en un programa de televisión. Pronto se irá del albergue y se perderá entre la multitud de esta o de una ciudad más al norte.

—Soy Bryan, tengo 20 años, estoy desde septiembre del año pasado aquí en México. Vengo de San Pedro Sula, una de las ciudades más peligrosas de Honduras. Me tocó salir. Yo tenía una vida muy bonita allá. Estaba sacando licenciatura en administración de empresas y era gerente de mercadeo de una empresa que se llama Almacenes El Compadre... Soy de la colonia Lomas del Carmen, y ahí está la MS. Me crié con ellos. Son chavos de mi edad. Querían que trabajara para ellos.

Bryan es esa frontera humana difícil de explicar. No fue pandillero nunca. Fue amigo de ellos. Rio con ellos y lloró suplicándoles por su vida. Es habitante de esos barrios. Creció ahí. Esa es su generación. Era parte de eso a lo que en Centroamérica se le llama base social de las pandillas. Un amigo, un conocido que puede hacerles un favor: avisar si viene la Policía, trasladar un mensaje. Hasta que al liderazgo de la *clica* sube el más severo de los pandilleros. El Rata se apodaba en la colonia de Bryan ese pandillero. El Rata no quiso más pequeños favores, quiso dinero, y para obtenerlo quiso utilizar enteramente a Bryan. El Rata le exigió travestirse, pararse en una esquina del parque central, vender su cuerpo y también cocaína, crack y marihuana.

El acoso fue paulatino. El Rata ideaba otros planes. Uno de ellos fue pedir a Bryan que sirviera como sicario. El Rata creía que si Bryan se presentaba vestido de mujer podría matar más fácil. Vender droga, matar, prostituirse. Bryan era un portento en la mente del Rata.

—Un día, los *majes* me bajaron del carro. Me llevaron donde el jefe. ¿Qué pensaste?, me dice. Es tu última oportunidad. Yo no voy a trabajar para vos. Sacó la pistola, me la puso en la cabeza y me dijo: entonces hasta aquí llegaste. Yo le hacía gran drama, le decía que si no tenía corazón, que yo tenía familia. Gran drama.

Esperame, le dije, dame dos días para pensar. Ese mismo día me fui donde mi familia y les dije que me iba un tiempo de la ciudad por cuestiones de trabajo.

Bryan pidiendo aventón. Bryan intentando ser violado por el señor que le dio aventón en Guatemala. Bryan luchando con el señor. Bryan pidiendo dinero en un parque. Bryan en Tapachula, México. Bryan en el albergue Belén. Bryan inició su trámite. Bryan, tras tres meses, fue refugiado.

—Bryan, ¿qué pasaría si volvés?

—Yo digo que obviamente me matarían. Tengo amigos que me escriben: estos están maleados con vos porque te fuiste y los dejaste vendidos. Tenés suerte de que esos majes no saben dónde vive tu familia, me dicen, porque ya los hubieran matado.

Tras cada refugiado que huye de la pandilla quedan varios candidatos a huir. La huida centroamericana viene en cadena, porque las pandillas son organizaciones de control territorial. El exilio de una persona de uno de esos barrios condena al exilio de varios más. Ir a otro barrio del mismo país donde las casas cuesten lo mismo implica ir a otro barrio de pandillas y tener que explicar quiénes son, de dónde vienen, por qué.

4. Otra vida
(Tienda 24 horas, Ciudad de México, 19 de febrero)

E acomoda las chucherías en los estantes coloridos de la tienda donde trabaja. Hoy ha venido vestido como pandillero: gorra negra, recta de la visera, cadena de plata, tatuajes visibles, zapatos Nike, camisa floja. Aún a él mismo le sorprende esto de poder vestirse como joven en una zona obrera de la ciudad. "Bien raro andar así libre."

E planea viajar en estos meses a la frontera con Guatemala a traer a su nueva mujer. Consiguió que una jovencita salvadoreña de 18 años lo visitara en la frontera. Si un refugiado vuelve a su país, pierde su refugio. En la frontera la embarazó. Ella tiene cinco meses de embarazo y E quiere que su hijo nazca en México. Intentó traerla hace 20 días, pero la detuvieron en un retén migratorio en el sur. Volverá a intentar hasta que lo logre.

E ha llegado a relevar del turno al jovencito escuálido que está tras el mostrador.

—Este también es refugiado, mirá —dice E—. Llegó hace siete meses de Honduras. Lo querían matar.

El jovencito prefiere no hablar y refugia su cabeza en la computadora del negocio.

5. No es tierra para niñas
(Albergue para adolescentes, Ciudad de México, 19 de febrero)

Una tarde cálida cae sobre este barrio obrero de la gran ciudad. La mayoría de los jóvenes está trabajando o en el parque cercano a la casa. Adentro del albergue, Heidin escucha el relato de otro refugiado hondureño de 18 años. Ella es una niña de 13 años, pálida, con una enorme melena. Ríe con facilidad y a veces se aísla en una esquina de la casa y se queda ahí, viendo al piso.

El hondureño cuenta a Heidin que él iba para Estados Unidos, huyendo. Nunca había escuchado eso del refugio. Por eso, cuando tuvo que huir, pensó en alcanzar a su familia en Nueva Orleans. Lo atraparon entrando a Ciudad de México en un bus en diciembre del año pasado, y su trámite de refugio aún está en curso. "Pasé el 24 y el 31 llorando en la estación migratoria", dice, y Heidin estalla en risas.

Un refugiado puede tener dos destinos en México: *a)* esperar su trámite, que puede llegar a durar seis meses, en un centro de detención migratoria. *b)* Esperar su trámite con personas a las que se les otorga la custodia de ese migrante, que son los albergues, normalmente. La opción *a* implica no poder trabajar. Encierro. La opción *b* permite rebuscarse, hacer algunos trabajitos y ganar algún dinero. Las autoridades no extienden permisos de trabajo a los solicitantes, pero los que están en albergues hacen lo que pueden.

Los refugiados salieron de sus países de forma desesperada. La muerte ocupaba sus mentes. Pero después, en la agenda mental aparecen otros temas menos urgentes que vivir, pero fundamentales también: los hijos —que muchos dejan con familiares—, la remesa para mantenerlos, la cuota de la casita que dejaron... La vida.

Heidin es un caso particular. Ella nunca dijo: tal persona me quiere matar. Pero a las autoridades mexicanas les pareció natural que ella moriría. No había un victimario concreto, sino una circunstancia: el sector Rivera Hernández. Y una edad: 13 años.

El linaje de ese sector (que agrupa a decenas de colonias) es el siguiente: sector más violento del municipio más violento del segundo país más violento de la esquina más violenta del mundo. Hubo titulares que celebraron la "pacificación de San Pedro Sula" cuando entre 2015 y 2016 pasó de tener una tasa de 171 homicidios por cada 100 000 habitantes a una de 111. México está escandalizado porque su tasa rondó los 18 en 2016. Algunos respiraron aliviados cuando en esa ciudad, icono de la violencia latinoamericana, se logró que "solo" uno de cada 1 000 sampedranos fuera asesinado.

En el Rivera Hernández coinciden las pandillas Barrio 18, Mara Salvatrucha, Batos Locos, Tercereños y la banda criminal de Los Olanchanos. Todos se pelean entre sí y custodian sus parcelas.

"He visto varios asesinatos, porque mi casa es de esquina, y ahí desde la ventana se ven a cada rato", dice Heidin a sus 13 años.

Cuando habla, abre los ojos y los mueve, pero paraliza el resto del cuerpo, como si estuviera percibiendo algo en ese momento, o como si fuera un líder scout teatralizando un cuento nocturno de terror para los suyos.

Heidin, a la que no dejarían entrar al cine a ver una película de miedo sin la supervisión de un adulto, ha visto cómo acuchillan a su mamá en el estómago para robarle; ha sido capaz de liberarse de un secuestro porque sus desgarradores gritos alertaron a una patrulla peregrina que rondaba el Rivera Hernández; ha sido vista con ira por los secuestradores, que son conocidos del lugar, por soplona, por no dejarse secuestrar con calma. La vida de Heidin en su barrio sampedrano no es apta ni para mayores de edad.

Nunca nadie le dijo a Heidin las palabras mágicas del refugiado: te voy a matar. Pero es evidente que varios factores conjuraban contra su vida. Heidin es refugiada porque el Estado mexicano creyó que vivir en ese pedazo de mundo era un riesgo de muerte para esta niña.

"Híjole, hoy no me he peinado", dice Heidin. Abre sus ojazos negros, los pierde en el suelo y se peina.

6. DE ALBERGUE A CAMPO DE REFUGIADOS
(ALBERGUE LA 72, TENOSIQUE, TABASCO, 21 DE FEBRERO)

"Ahora nosotros decimos que esto es un campo de refugiados. Más de la mitad son solicitantes de refugio."

La frase la dice el fraile franciscano Tomás González, fundador en 2011 de este albergue para migrantes, campo de refugiados ahora, en el sur de México. Hubo dos hechos que provocaron el nacimiento del albergue: la masacre de 72 migrantes a manos de Los Zetas en agosto de 2010 en Tamaulipas, y el asesinato a tubazos de tres migrantes hondureños aquí cerca, en el municipio de Macuspana, ese mismo mes. Cinco hondureños fueron asaltados. Dos escaparon y tres fueron asesinados a tubazos por cinco encapuchados. Una de las víctimas era una mujer de 33 años. La violaron y luego pusieron su cabeza sobre las vías del tren, donde la destrozaron con tubos de hierro. La 72, al principio, era un predio baldío que, con el tesón de su fundador, se ha convertido, seis años después, en un albergue con espacio para hombres, mujeres, familias, voluntarios, oficina de Médicos Sin Fronteras y atención sicológica, sala de cómputo, cancha de basquetbol.

Me trasladé de la capital de México a esta puerta de entrada para los migrantes. Tenosique ha sido, desde hace años, una de las rutas principales de la migración, porque desde ahí parte una de las dos líneas de tren que suben hacia el norte. Muchos buscan refugio aquí, porque entrar a México no es tan difícil como viajar sin papeles por él.

Actualmente, el director de La 72 es Ramón Márquez, español que llegó como voluntario hace más de dos años. El albergue-refugio suele tener a 150 personas dentro. El 90% son centroamericanos, principalmente de Honduras y El Salvador, en ese orden.

La mitad no migra. No pretende avanzar pronto. La mitad de esta gente huyó. Busca refugio, y el albergue les ayuda en el proceso de solicitarlo, con acompañamiento jurídico y psicológico.

"Recuerdo que el año pasado, en solo una semana, tuvimos 110 solicitantes de refugio. Es la mayor cantidad que recuerdo en una semana", dice Márquez.

El albergue, como todos, no es un hotel de lujo. Es un lugar donde migrantes voluntarios cocinan con leña. Sopa de pollo, pasta, frijoles, lo que abunde. Es un lugar donde hay horarios para levantarse y acostarse. Donde, cuando hay casa llena, se dormirá en colchonetas en el suelo, cuerpo contra cuerpo. Hay necesidades en los albergues, porque atienden a miles de personas cada año y dependen de donaciones. Pero los albergues como este son, sobre todo, espacios donde los migrantes vuelven a respirar. O, en el caso de los refugiados, llegan de su huida desesperada y se detienen a pensar en todo lo demás. Y, poco a poco, hablan. Cuentan.

Les pregunto por qué ahora. Si Honduras y El Salvador disputan el título del país más homicida desde al menos 2009, por qué hasta ahora se repleta de refugiados su lugar. ¿Por qué antes no se quedaban?

"Las casas del migrante [albergues] empezaron a acompañar a las personas a solicitar refugio. Cuando se descubre una cosa, se corre."

En los albergues se han escuchado historias terribles de gente que huye desde hace décadas. Sin embargo, se seguía viendo a los migrantes como personas de paso. Se les atendía médicamente, se les alimentaba, se les escuchaba y se les veía partir en cuestión de días, semanas como mucho. Pero poco a poco, sin que nadie sepa una fecha exacta, cada vez más empezaron a decir: no quiero seguir, no tengo idea de hacia dónde seguir. Quería huir. Ya hui. Ese era mi plan, nada más.

"Creo que, aparte del factor Estados Unidos y Trump, también influyó el Plan Frontera Sur, ese muro simbólico, invisible, que se planta en el sur de México", agrega Márquez.

Fue un plan —o al menos así le llamaron— lanzado el 7 de julio de 2014 por el presidente mexicano Enrique Peña Nieto. Se presentó como una serie de medidas dirigidas a proteger al migrante, pero terminó ocurriendo que cada una de esas medidas dificultó el camino al migrante: más policías, más agentes de migración en el sur (la cinturita angosta de México), reanudación de los operativos migratorios en el tren y, la más célebre y exótica medida humanitaria, aumentar la velocidad del tren y dificultar que los migrantes lo agarren detenido, para desincentivar ese medio de transporte. Es un plan que de humanitario solo tiene la vocación de agarrar humanos.

Ni a Márquez ni a González les gustan los números oficiales. México asegura que 62% de la gente que pidió refugio durante 2016, lo recibió. No les gusta porque ese porcentaje no cuenta a la gente que pidió refugio pero no terminó el proceso. Gente que se hartó, necesitó moverse para trabajar y enviar remesas. "Un tercio de las personas abandonan el proceso. Muchas veces, como estrategia, el gobierno retrasa 45 días hábiles la entrevista personal. La gente se desespera de pensar en 45 días más, encerrados", dice Márquez. "Nosotros sabemos lo que pasa, convivimos con la raza, no hablo nada más de números, sino de gente que viene a nuestra casa y nos cuenta su historia."

Si esta casa recibió a 370 solicitantes de refugio en 2015, en 2016 fueron 752 y en 2017 hay más de 70 peticiones activas permanentemente. "En 2014, cuando Estados Unidos habló de la crisis de los niños, recibimos a 1 276 (menores). En 2016 recibimos a 1 625. De ellos, 281 no acompañados en 2014 y 861 en 2016", dice Márquez. Las crisis no solo ocurren cuando Estados Unidos lo dice. Ocurren, aunque no se cuenten ni se nombren.

Nada menos hoy, en un primer rondín, uno se encuentra en el cuarto para niñas a dos hondureñas que viajan solas y piden refugio, cuatro bebés menores de cuatro meses y siete niños que rondan los 10 años.

Aún así, con el albergue lleno mitad de migrantes y mitad de refugiados, su fundador augura que vienen tiempos más saturados.

—La raza todavía no sabe mucho qué es esto de ser refugiado. Los tenemos que ayudar. Hay mujeres que nos dicen: yo no soy un caso de refugio, pero es que ya no aguantaba las golpizas de mi marido. Me violaba... Aunque no dicen que las violaban, sino que las obligaban a tener sexo. Me iba con mi mamá y me seguía; con mi hermana, y me seguía... entonces usted es una mujer que debe tener refugio.

7. TEMOR FUNDADO
(ZONA RURAL DE TABASCO, 21 DE FEBRERO)

—Mirá, le dije al *palabrero*, yo ya estoy viejo y la vida me hiede, pero mi hijo...

La frase la dice un señor salvadoreño de 40 años. Hay vidas que pueden heder muy pronto, porque venían con fecha de caducidad.

La casona donde vive esta familia es amplia y está en medio de un pueblito enclavado en el espesor de una zona selvática de Tabasco, México, frontera con Guatemala. Hay que alejarse de Tenosique en medio de carreteras que parten el verde. La casona no es de ellos, y está justo al lado de la carretera. Es una casa que fue abandonada sin mucho esmero: hay trastos viejos por todas partes, anaqueles vacíos de lo que fue una farmacia, carteles de quinceañeras empolvados. Los cuartos huelen a encierro. La familia salvadoreña, el Señor, la Señora, el Muchacho y la Muchacha se reparten entre hamacas y colchones viejos para dormir. Los padres entraron a México, sin permiso de nadie, el 3 de marzo de 2016. Los hijos, dos meses después. Se alejaban de aquella vida hedionda. Una familia mexicana les prestó esta casa a cambio de que mantengan vivas las tilapias del criadero que está en el patio trasero.

El Señor, 40 años. La Señora, 30 años. El Muchacho, 16 años. La Muchacha, 21 años. Los menores son solo hijos del Señor. Y uno más: el Amigo, que huyó junto con ellos, 33 años.

"... Empezaron a decirme que se los diera para que cobrara la renta. Llegó un pandillero y me dijo: danos a tu hijo, que si no te lo vamos a matar... Ya mis años tengo, pero el día que me toquen a mi hijo, a más de alguno me voy a llevar, le dije. Porque, gracias a Dios, siempre he tenido mi corvo debajo de la cama."

"Gracias a Dios".

La Señora tiene a sus hijas, pero ellas siguen en El Salvador, lejos del lugar del que ella huyó.

La ubicación en la que vivía esta familia en El Salvador era terrible por dos razones: la primera es que era un mesón, y en el cuarto de la par vivían pandilleros. No se trata de vecinos insoportables, violentos. Es otro nivel. Recuerda el Señor: "Una vez oímos cómo violaban a una chamaquita de unos 10 años. Ella les gritaba: 'Ay, hijuelagramputa, a tu mamá andá a darle por ahí', llorando. Y solo una pared nos dividía. Todo eso a uno lo desespera. Tantas cosas que uno oye. Tantas cosas". La segunda razón es que esta familia vivía y trabajaba en el centro de San Salvador. El corazón de la ciudad, que late al ritmo que marcan cinco clicas de la Mara Salvatrucha y una del Barrio 18 Revolucionarios. Ahí hiede la vida. Cuadra por cuadra de las 250 del centro, por donde al día transitan 1 200 000 personas, son controladas por pandilleros que se disputan cada metro. El centro es también el área más mortal de la ciudad más mortal del país más mortal. La tasa de homicidios de San Salvador en 2016 fue de 174. Hay gente en esa misma ciudad que toma cócteles de 10 dólares en clubes nocturnos custodiados por guardias privados, pero eso no ocurre en el centro. En el centro hay unos 40 000 vendedores en puestos de mercados, callejeros, con carretones o canastos sobre la cabeza. En esa avalancha humana trabajaban el Señor, la Señora y el Amigo. Ellos, en una llantería; ella, en un comedor de platos de a 1.25 dólares. Vivían en una de las comunidades que hacen de lindero del centro.

Un día a finales de febrero, el Señor le dijo a la Señora: "Ya no aguanto. Voy a mandar a mi hijo de regreso con su mamá, voy a vender los *chuchuluquitos* que tengo y vámonos". Tras la discusión con el *palabrero*, el Señor sentía la mirada de la pandilla en la nuca. Lo mismo le pasaba al Amigo, que había tenido una discusión con otro pandillero por amenazas a su hijo. El pandillero le exigió 50 dólares para quedar en paz, pero el Amigo no los tenía y se ganó una golpiza y una amenaza de muerte. Amenazas en casa, amenazas en el trabajo. El Señor, la Señora, el Amigo, como por obligación lo hacen miles de salvadoreños, vivían y trabajaban en zonas dominadas por la misma pandilla. Pero pasaron algunas cosas más, que ellos cuentan como eventos secundarios. Detalles.

La Señora: Yo trabajaba con la hermana de él (el Señor). Mirábamos secuestros. A veces veíamos cómo a los vendedores de otra zona que trasladaban producto, solo porque venían del mercado, que es MS, los agarraban, los tenían ahí hasta que llegaba un taxi y fuuuun... A matarlos... Y donde ellos trabajan hubo dos muertos... Si gracias a Dios este hombrecito está vivo.

El Señor: él —el Amigo que escucha silencioso la plática— y yo trabajábamos en una llantería. Un día de 2016 estaba yo afuera con la secretaria. Vi que entró un chavo, un jefe de pandilla, que llegó donde mi propio patrón. Lo veo con pistola en mano. Solo a darle en la cabeza a mi jefe.

La Señora: Sí, nosotros recogimos los sesos, todo lo que se le había salido de la cabeza.

El Amigo: Cerramos el negocio. No se podía trabajar a gusto.

El Señor: ¿Cómo se van a pagar 20 dólares a una mara y 20 dólares a otra cada ocho días si la gente no llega por como está el centro?

El Amigo: La Policía quería que diéramos testimonio. No quisimos acceder. Al día siguiente llegaron [los pandilleros] y dijeron que por favor no fuéramos a abrir nuestra boca, ya con pistola en mano.

El Señor: Ver, oír y callar.

Detalles.

El 3 de marzo de 2016 entraron a México el Señor, la Señora, el Amigo, su padre y otros dos empleados de la llantería que vieron los sesos de su patrón.

El refugio, como la migración misma, es una cadena, eslabón tras eslabón. Unos abren ruta, otros vienen detrás. Así fue en este caso. Primero los padres, luego unos hijos y pronto los que quedaron atrás. El Señor dejó atrás, con la madre, a una hija de 15 y uno de 11; la Señora dejó, con el padre, a sus hijas de 14 y 11; el Amigo dejó, con su madre, a un hijo de 18, una de 13 y otro de cinco. Que a nadie le extrañe que en 2016, siete refugiados salvadoreños más lleguen a México.

Para abrir esa ruta, los padres de esos muchachos aguantaron hambre hasta que "dolía la tripa". Pidieron dinero para comer en dos ocasiones, porque a veces "la tripa ya no aguanta". Durmieron cuatro días en una champa, en el monte, sobre hojas de huerta, "llenos de garrapatas". La Señora, en un pueblito llamado El 20, lloró frente al tren, La Bestia. "Era un pánico." Hasta que el Señor decidió abandonar esa idea peregrina de seguir subiendo miles de kilómetros hasta Estados Unidos. Los pocos kilómetros recorridos no invitaban a más. Dos de los miembros del grupo siguieron. La Señora, El Señor, El Amigo y su padre se quedaron en Tenosique y, con ayuda de ACNUR, obtuvieron su refugio un mes después de haber llegado. Su historia, según las autoridades mexicanas, fue contundente.

Las resoluciones escritas que les fueron entregadas por la Comisión Mexicana de Ayuda a Refugiados (COMAR) son un puñetazo recto al rostro de las autoridades salvadoreñas. Todo político de ese país expulsor debería leer varias veces esos papeles.

El documento del Amigo dice frases como: "Puede asumirse que si el Estado es incapaz o es renuente a proteger al individuo en una parte del país, tal vez tampoco lo sea en otras zonas"; "Entre las principales razones para el actual clima de impunidad en el país se mencionó la debilidad de las instituciones judiciales, del ministerio público y de las fuerzas de seguridad, así como la corrupción que afecta a diferentes niveles del Órgano Judicial". Todo gira en torno a dos palabras que son el sello que marca todo: "Temor fundado".

En una entrevista concedida a *Revista Factum* y publicada el 22 de marzo, Fátima Ortiz, directora de Atención a Víctimas del Ministerio de Justicia y Seguridad, aseguró que no hay cientos ni miles de casos de gente que tenga que huir. Hay gente, dijo, que se va porque se imagina que algo puede pasar. Consideró que "el gobierno está siendo muy prudente en no dejarse llevar por las cifras grandes", e incluso aseguró que "en algunos casos la gente lo que quiere es cambiarse de casa... Aprovecharse".

Para el gobierno mexicano, todos estos salvadoreños son de un determinado grupo social al que pertenecen, sin saberlo, miles de centroamericanos: "Ciudadano salvadoreño que se opone a las

CRÓNICAS DESDE LA REGIÓN MÁS VIOLENTA

prácticas de las pandillas". Y que por ello, podría agregarse leyendo el documento, está al borde de la muerte.

El Muchacho de 16 años, el hijo del Señor, ha estado callado en una esquina de la mesa. Le pregunto por el acoso de la pandilla. Dice que era constante, "solo a los menores", "que tenía que pertenecer o me iban a quitar la vida". Le pregunto qué piensa de la Policía y los soldados, y si alguien solo oyera su respuesta pensaría que se le volvió a preguntar por los pandilleros: "Siempre iban a pegarte, si no te hallaban nada te decían que igual pertenecías, que dijeras dónde estaban o te iban a torturar. Yo tengo un amigo que hasta una vez un soldado le dislocó el brazo y luego le pegó con la cacha del fusil. Ahí lo dejaron tirado. Y él no era nada... A mí me cae mal ver a un soldado o un policía".

Mañana, el Señor, la Señora y el Muchacho cuidarán las tilapias. El Amigo saldrá junto con la hija del Señor —que no está en casa ahora— a empujar un carretón de fruta. Al Amigo aún le sorprende que en este pueblo empobrecido uno puede empujar un carretón de fruta por la calle, "ir a todos lados, conociendo, gritando", y nadie te mate.

8. GENTE MUERTA CAMINANDO
(ALBERGUE LA 72, TENOSIQUE, TABASCO, 22 DE FEBRERO)

Es otro día caliente y húmedo en este pueblo de entrada a México. Los migrantes se reparten entre las mesitas de cemento frente a la cancha de basquetbol del albergue. Esperan. Cuesta imaginar que mucha de esta gente, entregada al sopor, fue protagonista de huidas desesperadas hace no mucho.

El albañil guatemalteco sentado junto a los lavaderos de ropa tiene 38 años y busca refugio. Dice que su colonia, cerca del centro capitalino, era 18, pero fue invadida por la MS. "A mí me pusieron las pistolas en la cabeza para que colaborara con la pandilla."

El salvadoreño de 24 años, Víctor, vendedor de tostadas, dice que salió del municipio de Apopa porque "allá es difícil vivir". Sin embargo, él no busca refugio. Logró llegar a Estados Unidos y allá

384

le denegaron ese estatus, con lo que tiene cuesta arriba su petición en México. Víctor dice que fue asaltado en la frontera con Guatemala, en El Ceibo, un punto donde ocurren recurrentes violaciones y robos. Por haber sufrido un delito en territorio mexicano y haber interpuesto una denuncia, obtuvo una visa humanitaria, que le otorga un año renovable en el país. "Hace como tres meses la Policía mató a unos pandilleros en mi colonia. Uno cayó del techo de la casa donde yo vivía, a la par de mi cama. Salieron fotos de mi cuarto en los periódicos." Es difícil saber cuál fue el enfrentamiento al que se refiere. La conversación fue de paso. No le pregunté detalles. En los últimos siete meses han ocurrido al menos ocho enfrentamientos en colonias de Apopa; 16 supuestos pandilleros muertos, un policía muerto.

Una señora del departamento de Cortés, Honduras, aparece angustiada, llorando. Se dirige a Víctor. Dice que pandilleros han golpeado a sus hijos por negarse a entregar una propiedad en su país. Se levanta. Dice que buscará un teléfono para llamarles. Llora. Se vuelve a sentar. Se levanta. Se va.

Junto a su novia de 16 años, hojea un libro de caricaturas Darío, 21 años, hondureño, malencarado, lleno de cicatrices bajo su pelo largo. "Son *filazos*, dice. Vendía droga para la pandilla 18 en una colonia del municipio de Jesús de Otoro, Intibucá. En el municipio, la Mara Salvatrucha tiene más presencia. Vendía *toques* de 20 lempiras (unos 85 centavos de dólar); 15 para la pandilla, cinco para él. Para vender y satisfacer la demanda de la pandilla, tenía que invadir zona contraria. Dejar de vender no era una opción segura. En una emboscada, en diciembre de 2016, cuatro emeeses casi lo matan a pedradas. Fue hospitalizado dos días. Al salir: "Apuñalé a uno y lo dejé en un arrozal". Luego, robó —ese verbo ocupa— a su novia-niña, se fue a trabajar todo el mes cortando café en la montaña, ganó 2 000 lempiras (85 dólares) y huyó. El 14 de febrero inició su trámite de refugio. Su novia lo inició días antes.

Allá, a tres metros, está una familia hondureña. Ella no habla, está enojada. Sobre su regazo, su hijo, un año. A su lado, su marido, 25 años, cobrador y motorista de buses en La Ceiba, Atlántida. En esa ciudad, la tasa de homicidios da un titular de nota interior del periódico cuando supera los 100 por cada 100 000 habitantes. Para abajo, es la normalidad. El porqué de esta familia se pronuncia rápido: él era el encargado de entregar la extorsión a la 18. La *palabrera* de su zona creyó que él era un buen elemento. Le pidió que entrara. Él dijo no. Se lo pidió otra vez. Él repitió no. Ella le dio 24 horas para entrar, huir o morir. Huyó. Están en proceso de refugio.

Basta venir a este albergue, conversar con los que pasan el rato alrededor de la cancha, para darse cuenta de que una de las razones por las que el norte de Centroamérica no tiene una cifra de homicidios aún más espantosa es porque mucha de su gente se salva sola. Era gente muerta caminando. Decidieron, sin ayuda de ninguna autoridad, seguir viviendo. Se calcula que este año más de 20 000 personas pedirán asilo en México. Cuántos de ellos serían si no un número más en las estadísticas de la muerte centroamericana: ¿10, 100, 1 000, 10 000?

9. ¿DÓNDE NO HAY POLICÍAS?
(TABASCO, 22 DE FEBRERO)

Cuando Gustavo decidió huir junto a sus dos hijos y su mujer, sus secuestradores ya hacía semanas que le habían cortado el dedo. No huyó inmediatamente después de la tortura. Huyó cuando entendió que, a pesar de haber pagado, le quitarían algo mucho más valioso: su hijo.

Estaba en el mercado de San Benito, en Petén, Guatemala, muy cerca de la frontera con México. Recibió una llamada cuando paseaba buscando papas y tomates. "Me dijeron que desistiera de la denuncia, que no querían matar a mi hijo, que ya sabía qué tenía que hacer. Tu hijo anda con un short rojo, una playera blanca. Corro donde mi hijo (en el mercado). Mi sorpresa es que cuando llego donde está, una radiopatrulla de la Policía está parada enfrente, y se va del lugar. ¿Qué quiere que yo piense? En ese preciso momento agarramos lo poquito que teníamos y nos vinimos para México", recuerda.

Gustavo sabe que sus secuestradores saben que él los denunció. Por eso insiste en que ocultar su nombre no sirve de nada. Es un hombre en sus cuncuenta, robusto. Me recibe en la mesa de su nueva casa, un apartamentito de dos cuartos en un segundo piso de una estructura en construcción en un pueblo de este estado. Es lo que de momento puede pagar. Lo rodean su mujer, 42; y sus hijos, 16 y nueve.

Gustavo es lo que en Centroamérica nos gusta ensalzar como un hombre próspero, cabal, hecho y derecho. De su pobreza salió a la brava, yéndose indocumentado a Estados Unidos y malviviendo durante siete años hasta formar un capital y volver a su país a invertirlo. Tras 15 años como comerciante en su país, Gustavo tenía dos locales de ropa usada que llegaba desde Estados Unidos, una venta al mayoreo de granos básicos y un negocio de compra y venta de carros y terrenos. Aquí cerca, del otro lado de la frontera mexicana, en el departamento de Petén, él era un hombre próspero. Próspero en algunos lugares de Centroamérica significa posible presa.

El 6 de junio de 2016, cuando se presentó al municipio de Poptún a ver un terreno que le ofrecían, 10 hombres lo interceptaron y lo llevaron a una cueva en la montaña. Su semana de secuestro empezó.

"Querían un millón de quetzales (unos 136 000 dólares). Pero uno no tiene el dinero acumulado, invierte. Me amarraron con las manos hacia atrás. Estuve sin comer una semana. Me daban agua una vez al día. Me tenían dicho que aunque pagara me iban a matar. Me pusieron pasamontaña. Yo, con mi cabeza, tallaba, hasta hacerle un hoyo al gorro. Cuando alzaba mi cuello, como para hacer ejercicio, los veía", dice Gustavo mientras llora y mientras su mujer también llora a su lado.

"A mediados de la semana, me quitan mi dedo, para mandárselo a mi familia en muestra de que ellos sí estaban hablando en serio." Lo sacaron de la cueva. Le amarraron un palo bajo su dedo meñique derecho y, de un machetazo, le separaron un pedacito de su cuerpo, de la segunda falange hacia la punta. Lo próximo que te quitamos, le dijeron, va a ser la cabeza. "Si me van a matar al rato, al menos ahorita denme algo para calmar este dolor", pidió Gustavo. Lo que le dieron es nada. Su dedo, tras ser liberado, tuvo que ser amputado del todo, porque se pudrió en aquella cueva.

Su familia pidió préstamos, pidió aquí, vendió allá. En eso estaban cuando recibieron el pedazo de dedo. Llamaron. Dijeron que pagarían, que ya no más pedazos de Gustavo, por favor. Lo vendieron todo, pidieron más. Pagaron.

Esa noche sacaron a Gustavo de la cueva. Pusieron su cuello en un tronco, afilaron un machete y le dijeron a Gustavo que había unas palas a su lado, que su cuerpo sería enterrado afuera de la cueva y su cabeza lanzada a un río en el municipio de Cobán. Gustavo cuenta que en ese momento tuvo una epifanía: él regresaba a su casa y encontraba a sus hijos tirados en el suelo, cansados de llorar. Lo veían, lloraban más, "pero de alegría, al fin, de alegría".

Dice Gustavo que en la montaña, de noche, las conversaciones telefónicas se escuchan aunque no estén en altavoz. Alguien llamó. Parecía hablar como un jefe. Dijo que no le cortaran la cabeza, que llegaría en minutos. Llegó. Soltaron las manos de Gustavo. El hombre pidió disculpas, dijo que alguien incriminó a Gustavo, aunque no le dijo de qué. Le dijo que esa misma noche sería liberado, pero que recordara no hablar si quería seguir viviendo. Gustavo cree que lo liberaron porque él es pariente de un juez, y el líder de los criminales lo supo antes de que lo decapitaran. Prefirieron evitar el costo.

Gustavo seguía con el navarone sobre el rostro, pero él ya sabía quiénes eran algunos de sus captores. Ya hacía días que había abierto un hoyo raspando la tela con la piedra. "Había policías entre ellos, y expolicías, eran de Los Falsos Pastores", dice Gustavo. Centroamérica es temible aún sin necesidad de sus pandilleros.

A partir de 2014 las autoridades guatemaltecas arrestaron en diferentes hechos a secuestradores en Petén y otros departamentos. Dijeron que se hacían llamar Los Falsos Pastores, porque utilizaban en algunos casos el rol de pastores evangélicos para acercarse a las víctimas a quienes luego exigían incluso millones de quetzales. Cinco de los reos, incluyendo el supuesto líder, Marco Baudilio Godoy, escaparon de la cárcel en mayo de 2015. La banda siguió operando en 2016. Más ganaderos y comerciantes de Petén fueron secuestrados. Al menos a uno más le cortaron el dedo de un tajo.

Gustavo, como pudo, llegando por su cuenta a escondidas mientras pedía refugio en México, declaró en Guatemala contra sus secuestradores. Lo hizo a pesar de que sabe que su Estado no puede protegerlo. Lo hizo porque cree que era importante.

El 1º de julio de 2016, 18 días después de haber sido liberado, 22 días después de haber sido mutilado, Gustavo y su familia huyeron de su país. Ahora son residentes permanentes de México.

—¿Por qué no se fue a otro lugar de Guatemala? —pregunto, como si fuera entrevistador de la Comar.

Le hago otra pregunta: ¿En qué lugar de Guatemala no hay policías? —responde como les respondió.

—¿Qué dejaron atrás?

—Todo. Teníamos casas, terrenos, todo, todo, todo. No teníamos el dinero para el rescate. Aún debo 50 000 quetzales.

—¿Renuncia a su país?

—Guatemala se acabó. Ya no quiero nada con Guatemala.

10. Una amenaza y un incendio
(Tabasco, 22 de febrero)

En una casita de tercera planta vive una familia de Cortés, Honduras. El día termina y el calor amaina en esta frontera. El gran árbol de mango de la par se llena de pájaros que trinan como si pidieran auxilio. Ella, Zulma, la madre de 35 años, señala una casita enfrente: "Ahí viven mis dos sobrinos. Gemelos. Ellos huyeron antes que nosotros. Empezaron con ellos y luego nos cayeron a nosotros", dice.

Él, Árnol, 18 años, era el objetivo a principios de 2016. Los primos de Árnol huyeron porque las pandillas —sí, las dos, la MS y la 18— los querían como miembros. A las pandillas solo hay una forma de decirles no: huyendo. Si no fueron ellos, sería Árnol. Lo seguían. Lo golpeaban. Lo amenazaban. Vigilaban su casa. Lo volvían a golpear. La familia decidió tomar fotos.

Ponen sobre el suelo —no tienen mesa, solo tres sillas y dos barriles— unas polaroid de los brazos moreteados de Árnol.

Siguieron viviendo. Y llegaron los anónimos. Ponen sobre el suelo el único que conservan. Con letras recortadas de diferentes revistas y periódicos, los pandilleros escribieron: "Bueno pues ya que no piensan aser caso pónganse vivos porque quiero que me desalogen la casa".

Siguieron viviendo. Aguantaron un mes y medio. Los pandilleros llegaron una noche, decididos a llevarse a Árnol. Su padrastro, German, de 33 años, se resistió. "Me agarraron a batazos", dice, mientras los pájaros intensifican su gorjeo.

Siguieron viviendo. Pusieron la denuncia. Aguantaron unas semanas. Se fueron a vivir a casa de la hermana de Zulma, en otro departamento. Pensaron que tal vez la justicia hondureña funcionaría y podrían volver a su casa. Les urgía volver, porque habían instalado ahí una pequeña peluquería donde Zulma y German sacaban algo extra los fines de semana. Pero los pandilleros quemaron su casa y su peluquería. Ponen sobre el suelo las fotografías que tomaron de un cascarón de cemento renegrido por el fuego, sin puertas ni ventanas ni nada. Así quedó su casa-peluquería.

Dejaron de intentar vivir en Honduras. Un 29 de mayo de 2016 pidieron aventón a camioneros y huyeron todos: Zulma, German, Árnol y también Vivian, de 17, y Harold de 11. Son refugiados en México. Creen que pronto también llegará la hermana de Zulma, madre de los gemelos de enfrente. "Ya le picaron la puerta con un machete", dice ella.

En sus mentes está ir al norte. "Esta es la puerta de entrada a México", dice Zulma. "Muchos hondureños pasan aquí, pandilleros algunos", dice German.

Temen que su país los siga.

11. Suyas a la fuerza
(ALBERGUE LA 72, TENOSIQUE, TABASCO, 23 DE FEBRERO)

Sentadas a las mesas que rodean la cancha de basquetbol, N y M pasan la tarde. Me acerco y les pregunto si son migrantes o si buscan refugio: "Refugio", dice N. Les pregunto de dónde son. "Del municipio de Santa Bárbara, Honduras", dice M. Les pregunto de qué huyen. "De unos narcotraficantes", dice N.

N tiene 15 años. M tiene 16. Son unas niñas.

El departamento de Santa Bárbara es uno de los tres de Honduras con más denuncias oficiales de violencia sexual, según un estudio presentado por la Universidad Nacional Autónoma a finales de 2015.

M tiene los ojos tristes, verdosos. Tiene un cuerpo delgado, blanco y frágil, un cuerpo al que es notable que le falta terminar de crecer. N tiene cuerpo de mujer, pero una cara infantil. Regordeta y agradable.

La niña N es madre de otra niña de un año. La parió a los 14. Su niña, de la que muestra fotos, se quedó en Honduras. Su padre, un narcotraficante de reconocido apellido en esa zona, le advirtió a N que si se llevaba a la niña, toda su familia moriría. El narcotraficante viola a N desde que N tiene nueve años. La violó, junto con dos amigos, a los nueve, mientras ella regresaba de cobrar un dinero por cortar café. La violó, otra vez con sus amigos, a los 11, cuando ella caminaba cerca de un parque. La violó y la embarazó a los 13, cuando ella había salido a comprar a la tienda. Sus amigos también la violaron esta vez, pero N recuerda que "dos de ellos sí se habían protegido".

Dice N que el narcotraficante quiso quitarle a la niña en varias ocasiones, y que ella incluso denunció en la posta policial. Las amenazas no pararon. "Es que en mi lugar ellos, los narcos mandan." Ella decidió huir el pasado enero e intentar llegar a Estados Unidos para enviar dinero a su hija, idear un plan para llevarla con ella. Su hija, de momento, está con la madre de N.

N no huyó sola. Huyó con su mejor amiga, M.

Pregunto a M, de 16, cómo es su pueblo. Dice que es bien bonito, "como detrás de unas montañas, con wifi en el parque". Le pregunto por qué huyó. Dice que un día, en la puerta de su casa, apareció una nota con unos chocolates. La nota decía que ella era una niña muy linda. "Cosas de enamoramiento", dice M. La nota no tenía remitente. Durante tres meses siguieron llegando regalos:

"flores, rosas, peluches". Un día M se quedó afuera de su casa para averiguar quién la enamoraba. Vio un carro y vio un hombre de "treinta y algo". El hombre dejó una caja "como con unas joyas" y se fue. Ella averiguó quién era, y el hombre resultó ser un reconocido narcotraficante de su pueblo, pariente del violador de N. "Dicen que él abusa de las mujeres primero y después las vende a un burdel." M habló con su madre, y ambas idearon el plan de escape que tenían a la mano: M se fue a trabajar de empleada doméstica permanente en una casa de la capital. Su mamá la visitaba. A los cuatro años y meses, en la víspera de su cumpleaños en diciembre de 2016, M regresó a su pueblo. El 30 recibió otra nota de su enamorado: "Decía que el regalo que me iba a dar en mi cumpleaños no lo iba a olvidar, que ese día yo iba a ser de él y que me iba a llevar". M no salió de su casa durante casi un mes. Consiguió 1 500 lempiras (63 dólares) y se unió a la huida de N el pasado 29 de enero.

Huyeron de violadores y se toparon con violadores. En Santa Elena, Guatemala, conocieron a tres hombres que dijeron ser migrantes y que las podían ayudar a cruzar a México. Dice M que "se miraban bien tranquilos". Los hombres sí las ayudaron a cruzar. Ya en El Ceibo, los hombres dijeron que descansarían en un lugar, y las llevaron a una "casa como abandonada". Eran las 10 de la noche. N y M se acostaron juntas, abrazadas. Uno de los hombres sacó una pistola. "Dijo que mejor cooperáramos. Yo no dije nada. Ni me moví. Mi amiga se puso nerviosa y le dieron una bofetada", dice M. Los tres hombres violaron a las niñas. "Me quedé súper mal. Tres hombres es bien difícil. Me quedé dormida después", dice M, sin amagar llanto. Cuando despertaron, los hombres ya no estaban ahí. Las niñas caminaron a un caserío donde una señora les dio de comer, dónde bañarse y llamó a uno de los frailes de La 72, que llegó por ellas. N llegó al albergue con moretones de mordidas en el pecho y en una de sus piernas.

Han empezado el proceso de refugio, pero no están seguras de si lo terminarán. No están seguras de nada ahora mismo. Las dos repitieron una misma frase: "No puedo pasar solo llorando".

12. HUYENDO
(ALBERGUE LA 72, TENOSIQUE, TABASCO, 23 DE FEBRERO)

Un salvadoreño solo está sentado en el comedor. Son casi las nueve de la noche. Los demás se preparan para dormir en el albergue. El recién llegado espera ser ubicado. Aún tiene la mochila en los hombros. Tiene la mirada perdida y asustada al mismo tiempo. Pierde la vista, pero reacciona con un espasmo a cada ruido a su alrededor.

—¿Qué ondas, hermano? ¿Salvadoreño? —pregunto. Su cuerpo se estremece. Me voltea a ver.

—Sí. De Acajutla.

—¿Huyendo?

—Huyendo.

—Huyendo —repito en voz alta.

—Sí. Dicen que aquí uno puede vivir.

VÍCTIMAS

Yo torturado

Roberto Valencia

Abril 2012

Un miércoles de febrero dos hombres armados —uniformados y con toda la indumentaria de la Policía— bajan a Dani de un microbús en Soyapango, lo llevan a un oscuro pasaje de una colonia controlada por la Mara Salvatrucha, y lo golpean hasta desfigurarlo. Dani podría considerarse afortunado: puede contarlo. Sus agresores siguen trabajando en lo suyo, amparados por un sistema que parece fomentar la impunidad, en especial cuando las víctimas son de los estratos más bajos de la sociedad.

Ya me duele mucho el alma de saber cómo
se tortura a nuestra gente.

Monseñor Óscar Arnulfo Romero,
diciembre de 1977

La hora de visita es de una a dos de la tarde y son casi las ocho de la noche. El vigilante no tendría por qué haberlo dejado, pero Norberto Fernández, Beto, ha logrado entrar en el Dr. José Molina Martínez, el único hospital público de Soyapango. La súplica para que le permitan ver a su sobrino siquiera unos minutos lo ha convencido. Beto conoce el lugar y va directo al pabellón de Cirugía-Hombres. Emboca el pasillo central y camina ligero mirando a los enfermos, la cabeza inquieta a un lado y a otro. Recorre el galerón entero, sin éxito, da media vuelta y regresa para preguntar a la única enfermera que se ha cruzado en la ida.

—Disculpe, aquí es Cirugía-Hombres, ¿veá?

397

—¿Busca a alguien?

—A mi sobrino. Se llama Dani… Carlos Daniel Fernández. Lo ingresaron ayer noche. Tiene 17 años…

La enfermera se gira, camina un par de pasos, verifica un cartoncito, y da por terminada la conversación con un lacónico "este es".

Tirado sobre una estrecha camilla hay un joven con un aparatoso vendaje en la cabeza que le cubre las heridas y el cabello teñido de rojo. A Beto le cuesta relacionarlo con la imagen mental de su sobrino. El rostro lo tiene descubierto, pero deformado por la hinchazón y con grandes llagas y manchas de sangre coagulada. Beto se acerca y comienza a orar, a pedir al Señor que lo saque de esta. Le agarra la mano, y Dani, al sentirla, se esfuerza por apretar la suya y abre los ojos con timidez.

—Tío… —susurra.

—Gracias a Dios. ¿Qué te pasó, m'hijo? ¿Quién te ha hecho esto?

—Los policías, tío, los policías me golpearon…

***

Hoy es 1º de febrero de 2012, miércoles, un día sin estridencias, de esos en los que parece que no sucede nada llamativo: el cielo azul de la estación seca, la campaña electoral que monopoliza los noticiarios, el termómetro arriba de los 30 grados celsius, protestas en los hospitales públicos, 18 asesinatos registrados por la Policía… pura rutina salvadoreña.

Dani tiene día libre. Lo ha pasado en casa, en familia, pero a las tres de la tarde toma un bus de la ruta 41-D hasta el centro de San Salvador. El punto de reunión con sus amigos es la plaza Morazán, y ahí permanecen, sentados y platicando, hasta que se juntan seis. Dani viste como podría hacerlo cualquier otro joven de 17 años: camisa blanca con rayitas horizontales, jeans, tenis blancos y cachucha negra. Lo singulariza su pelo, teñido de rojo desde la coronilla hasta la frente. Lo lleva así porque estudió cosmetología y trabaja en un salón de belleza.

—En mi trabajo uno tiene que andar *fashion* —me dirá otro día—, para que la gente tenga una buena imagen de uno.

398

Los seis cheros deciden tomar dos que tres, recorren las dos cuadras de distancia que hay de la plaza Morazán al parque San José y entran en el chupadero-disco acostumbrado. Para cuando Dani termina su tercera cerveza ·Golden, ya ha anochecido, y por un momento duda entre regresarse a casa o continuar tomando y dormir en algún hospedaje, como ha hecho otras veces. Opta por irse. Al rato se despide y se dirige solo a la parada de la ruta 3-microbús, a un costado del parque San José. Son las ocho de la noche cuando aborda la unidad.

Dani vive en el cantón El Limón, de Soyapango, de Unicentro hacia el norte. En este cantón de colonias urbano-marginales mal ensambladas residen más de 40 000 personas, y es un hervidero de maras. Cuatro *clicas* de la Mara Salvatrucha (MS-13) controlan las cinco etapas de la urbanización Las Margaritas, y la facción de los Sureños del Barrio 18 manda en Montes IV, en Santa Eduviges, en la San Francisco, en Villa Alegre, en la San Antonio, en San Ramón y en el sonoro reparto La Campanera. También opera de forma marginal la Mao-Mao.

La casa familiar es de adobe y bambú, con techo de láminas, y se ubica en una zona semirrural, el asfalto a no menos de 400 metros. El área está salpicada de *placazos* [grafitis] del Barrio 18. De unos meses para acá los patrullajes de soldados y policías son habituales, pero en el fondo no ha servido de mucho: los de la distribuidora de energía eléctrica apenas llegan a leer el contador por miedo a los pandilleros y finan el consumo con promedios. Si bien ir desde la lotificación donde está la casa hasta el reparto La Campanera toma no menos de 20 minutos caminando a buen ritmo, a todas las comunidades satélite del sector se las conoce como Las Campaneras. Dani vive con su madre, varios chuchos, su padrastro, dos hermanos menores —él y ella—, pollos, gallinas y una niña de un año que cuidan como si fuera propia.

Dani no es pandillero. Para nada.

El microbús que ahora lo regresa a casa no va muy lleno, todos sentados. La idea es bajarse en la parada del centro comercial Plaza Mundo, cruzar la pasarela del Bulevar del Ejército, caminar hasta el centro de Soyapango, y tomar un bus de la 49. El tráfico está pesado, y a Dani el sueño le cierra los ojos apenas se recuesta sobre la ventana. Va dando cabezadas y, al despertar de una, se da cuenta de que ha subido una pareja de policías, los únicos parados. Nada anormal. Vuelve a dormitar.

Cuando reabre los ojos, el microbús está llegando al paso a dos niveles ubicado después de Plaza Mundo, donde está el desvío a la urbanización Sierra Morena. La reacción al ver que ha pasado su parada es levantarse y caminar hacia la puerta, pero uno de los policías se cruza y con la cabeza le indica que regrese a su asiento.

—Vamos a ir a la delegación —dice con tosquedad.

Dani conoce Sierra Morena y sabe que en efecto hay una delegación, por lo que en principio prefiere no alterarse. Son además agentes en toda regla: uniformes, placas doradas, cachuchas oficiales, pistolas, macanas…

El microbús pasa de largo la parada de la delegación, y Dani comienza a inquietarse. Recuerda un consejo que algún día le dio su padrastro para estas situaciones, e intenta ver los números de identificación bordados en el pecho, pero un fuerte golpe en la cabeza subraya la orden de mirar solo al piso. Le ordenan que baje una o dos paradas antes del punto de los microbuses. Hay media luna creciente sobre la Sierra Morena, pero para Dani todo es oscuridad. El microbús se aleja, los policías le piden que camine.

***

El Salvador es un país con 6.2 millones de habitantes y en el que en 2011 hubo en promedio 12 asesinatos diarios. La tasa de homicidios por cada 100 000 habitantes fue de 70, el doble que Guatemala, cuatro veces la de México. La salvadoreña es una sociedad violenta, ultraviolenta, y los policías salvadoreños son parte de esa sociedad.

En la República de El Salvador el mandato constitucional de velar por el respeto y la garantía a los derechos humanos recae en las siglas PDDH, la Procuraduría para la Defensa de los Derechos Humanos. Es una institución joven, un logro de los Acuerdos de Paz que en 1992 pusieron fin a 12 años de guerra civil. En dos décadas, la PDDH ha demostrado que opera con relativa independencia, pero carga el lastre de que sus resoluciones no son vinculantes. En la práctica, la institución es poco más que una caja de resonancia que acumula denuncias, que media en conflictos y que emite cientos de informes y pronunciamientos públicos.

A finales de cada año, la PDDH acostumbra elaborar una especie de memoria de labores. La presentada en diciembre de 2011 señaló por enésima vez a la Policía Nacional Civil (PNC) como la institución pública más denunciada por violar los derechos humanos. De enero a noviembre acumuló un promedio diario de cinco denuncias —digo: cinco denuncias contra la PNC todos y cada uno de los días—, para un total de 1 710. Las violaciones al derecho a la integridad física fueron, siempre según los datos oficiales, las más habituales.

Son miles, pues, los salvadoreños que en su diario vivir han tenido experiencias tan negativas con los policías que hasta se han atrevido a denunciarlas.

—¿Qué tipo de denuncias reciben contra la Policía? —le pregunté un día al procurador, Óscar Humberto Luna.

—Por uso excesivo de la fuerza. O sea, a la gente la siguen maltratando, golpeando… y son denuncias que llegan permanentemente. Los policías escogen a un joven, lo golpean, lo ponen en libertad… El problema es que el tema de la seguridad no puede enfrentarse solo con represión.

Las cinco denuncias diarias en la PDDH, sin embargo, no parecen quitar el sueño al ministro de Justicia y Seguridad Pública, el responsable político de la PNC. Luego verán. Y eso que las denuncias son apenas una fracción de lo que en verdad está ocurriendo en las colonias y comunidades de El Salvador. Luego verán también.

***

Hay media luna creciente sobre la Sierra Morena, pero para Dani todo es oscuridad. El microbús se aleja, los policías le piden que camine. Serán, lo más, las 8:30.

Un agente ronda los 30 años, y Dani cree haberle visto barba corta y bigotón. El otro está cerca de los 40. Dani camina un metro por delante. Entran en un pasaje. Miedo. La mirada siempre al piso. Girarse supone golpe seguro. La colonia es un desierto, como si hubiera toque de queda. Dani sabe que es territorio de la MS-13. ¡¿A qué ibas a la Sierra Morena!?, le preguntan. En Plaza Mundo quería bajarme, pero me dormí. Puños en la espalda, manotazos en la cabeza. Otro pasaje. De un golpe le botan la cachucha. El pelo teñido de rojo aflora. ¿¡Por qué!?, preguntan. Soy estilista. ¡Vos culero sos! La agresividad se intensifica. ¡Pendejo! Otro pasaje. Aún no se han cruzado con nadie ni se cruzarán. Dani es pura sumisión. Uno desenfunda su pistola. Miedo. ¡Un puto culero de mierda sos! A los policías les ha cambiado el hablado. "Puro marero", piensa Dani. ¡Semejante culero! Otro golpe. Otro. Llegan al final de un pasaje. Está oscuro. Las últimas casas, deshabitadas, desmanteladas. Se detienen. Le ordenan que dé media vuelta. "El hablado de un marero, igualito, quizá ni policías sean." ¡¿A qué venís a Sierra Morena!? Otro golpe. ¡Mono cerote! Otro. Pero esto recién comienza…

—¿Dónde vivís? —pregunta un uniformado.

—En Las Campaneras…

Como si fuera la señal que estaban esperando. Allá son Barrio 18. Un seco puñetazo en la quijada bota a Dani al suelo. Los dos se abalanzan rabiosos como perros rabiosos. Golpean duro. Parejo los dos. Al rostro. ¡Culero hijueputa! Dani se cubre como puede. Le apartan los brazos, las manos. Quieren desfigurarlo. *Aquí muero.* Lo golpean. Lo golpean. Lo golpean. Los nudillos ensangrentados. La tortura. Aquí te vas a morir, culero. ¡Ayuda!, grita Dani. O cree que grita. ¡Callate, culero! Tortura, según la RAE: "Grave dolor físico o psicológico infligido a alguien, con métodos y utensilios diversos, con el fin de obtener de él una confesión, o como medio de castigo". Más puñetazos más. Un ser humano a merced. Una vida a merced. La sangre mancha el suelo, la camisa. Jadeos de cansancio. ¿Qué piensan en ese instante los torturadores? ¿Qué piensa en ese instante el torturado? Aquí te vas a morir. *Aquí me van a matar.* Y sin embargo. Llanto. Forcejeo desigual. Más golpes, más… hasta que cesan de a poco.

—¡Levantate, culero! —escucha al rato, aún escucha—. ¡Levantate y caminá, hijueputa!

Dani se incorpora como puede. ¡Caminá, culero! Un policía saca su celular y llama. *Está hablando de mí.* Salen del pasaje. Embocan otro, cuesta arriba. La sangre gotea. *¿Salgo corriendo? No, dispararían.* Caminan. Dani oye voces delante. Mira de reojo. Son tres jóvenes, delgados. Uno luce tatuajes en piernas y brazos. La esperanza se desvanece. Son pandilleros. Miedo. Se acercan. El policía los telefoneó a ellos. *Hablan puro marero los cinco.* Son cherada. Dani va el primero, pegado a la pared. Miedo. Apenas se juntan los dos grupos, uno de los pandilleros le agarra la cabeza y se la estampa contra el muro. Dani cae inerte. Ahora los escucha lejanos, cada vez más. Ya no comprende lo que dicen. Se pierde, se pierde, se pierde…

✳✳✳

Kenia, la hermana dos años mayor que Dani, tenía 15 cuando desapareció el 23 de septiembre de 2007. Ese día se fue de la champa que la familia ocupaba en la colonia Veracruz, en Mejicanos, y no volvieron a saber de ella en meses. Fueron tiempos de incertidumbre: que si los pandilleros la habían matado, que si un día la vieron por el Parque Infantil, que si se había ido a Estados Unidos, que si estaba embarazada… Las dudas solo se disiparon cuando un investigador de la PNC los contactó para decirles que Kenia era uno de los cuerpos encontrados en un cementerio clandestino usado por la MS-13 en Finca Argentina, no muy lejos de donde vivían. En mayo de 2008 pudieron al fin enterrar las partes de Kenia que les entregaron.

En estos días Dani y los suyos se están acordando de ella más que de costumbre. Temen que suceda algo parecido a lo que ocurrió en 2007, cuando, en las semanas posteriores a la desaparición, comenzaron a caer llamadas y mensajes intimidatorios. Soy la muerte, decía uno. La presión fue acumulándose hasta que la familia se convenció de que eran objetivo de la *clica* de la MS-13 que opera en la Montreal, y esa presión estalló en una atropellada huida nocturna: en cuestión de horas tuvieron que desmontar la champa y escapar con lo puesto.

La migración forzada por las maras no es algo nuevo en El Salvador, solo que afecta casi exclusivamente a los escalones más bajos de la pirámide social.

—Salir otra vez ahora… ¿y para dónde? —dice la madre—. Ya me pasó lo primero con la Kenia y ahora esto… Quizá lo quieran matar, o a cualquiera de nosotros, porque a Dani también le robaron el teléfono, y había fotos de todos.

Para un indeterminado pero amplio sector de la sociedad salvadoreña, la línea divisoria entre pandilleros, policías, narcotraficantes y soldados no está tan bien definida. Tampoco el reparto de roles de buenos y malos, confiables y no confiables. Dani siente hoy igual o más temor hacia policías y soldados que hacia los pandilleros.

***

Jaime Martínez, director de la Academia Nacional de Seguridad Pública, está convencido de que el policía salvadoreño tiene una formación sólida, envidiable en el contexto latinoamericano. Antes de graduarse, los agentes son capacitados un mínimo de 11 meses. Aprenden a desarmar a un delincuente, a custodiar la escena de un crimen, a redactar una esquela, a disparar… pero también se cultiva el respeto a los derechos humanos, asegura enfático Martínez, con materias específicas sobre derechos de la mujer, derechos de los jóvenes y filosofía de policía comunitaria. Martínez parece creerse lo que dice.

Su jefe inmediato es el general David Munguía Payés, ministro de Justicia y Seguridad Pública. También dice estar convencido de que los agentes de la PNC respetan los derechos humanos y el Estado de derecho. Un día de mediados de febrero le pedí que intentara explicar por qué entonces cinco denuncias diarias en la Procuraduría para la Defensa de los Derechos Humanos.

"Bueno —respondió—, lo primero es que vivimos en un país democrático, y cualquier persona que se siente agraviada puede presentar una denuncia. Por eso algunos hacen denuncias hasta por una mala mirada, y ahí quedan, así que no me extraña que una corporación como la nuestra, que está en contacto permanente con la ciudadanía para darle protección, sea señalada por delincuentes o por organizaciones que pudieran estar relacionadas con los delincuentes."

***

Dani cae inerte. Ahora los escucha lejanos, cada vez más. Ya no comprende lo que dicen. Se pierde, se pierde, se pierde... Deben de ser las nueve, nueve y poco.

[...]

Amanece. Dani recobra el sentido en una ambulancia que lo regresa del Hospital Rosales, en San Salvador, al Hospital Molina Martínez. Le duele todo, pero recuerda con claridad la paliza y a quienes se la dieron. Cuando le preguntan, da su nombre y el teléfono de su madre. Ella llegará a verlo pasadas las siete de la mañana.

Son unas ocho horas las transcurridas entre el cabezazo contra la pared en la urbanización Sierra Morena y el despertar en la ambulancia. Con los días Dani sabrá que al Molina Martínez ha llegado en la cama de un pick-up de la PNC, en torno a las 10 de la noche. Los policías han dicho que un grupo de jóvenes lo estaba apedreando y que ellos lo han rescatado. Por el estado crítico en el que ha llegado, lo han trasladado al Rosales, lo han evaluado y ahora viaja de regreso hacia el único hospital público de Soyapango.

"Esos policías se llevaban con los mareros de la Sierra Morena —especulará Dani dentro de unos días—, y me dejaron vivo... pues a saber, supongo que se convencieron de que yo no era pandillero."

La familia avala esa creencia. Los cuatro días más que Dani permanecerá ingresado los usarán para tratar de buscar justicia. Lo denunciarán en la delegación de la PNC de Soyapango. Lo denunciarán en la Fiscalía de Soyapango. Lo denunciarán incluso en la Unidad de Asuntos Internos de la PNC, en la colonia San Benito, de San Salvador. La sensación que les dejará tanto ir y venir de un lugar a otro es que el sistema trabaja para que los que denuncian este tipo de agresiones se desesperen y tiren la toalla. Quizá así sea.

Un mes y medio después de la paliza preguntaré en la oficina de la Fiscalía en Soyapango por el caso. Sin avances, se limitará a decir un fiscal. Fuera de grabación, y bajo condición de anonimato, me dirá que él estima que a juicio solo llega 1% de los delitos que se cometen, y me dirá que las denuncias contra la PNC por agresiones son muy frecuentes, pero que no recuerda ni un solo caso que se haya podido judicializar. "Le voy a ser franco: yo, que trabajo aquí, a nadie le deseo ser víctima en un proceso penal que involucre a policías, porque todo es cuesta arriba", dirá. Otro día le plantearé lo sucedido a un comisionado de la PNC, y —también fuera de grabación— confirmará no solo que las torturas y las agresiones son práctica común en la Policía, sino que es un hecho que hay agentes que tienen filiación con una u otra pandilla.

Fuera de grabación, El Salvador suena muy diferente al de los discursos oficiales.

**

Mañana calurosa en Soyapango la del jueves 8 de marzo. El doctor Manzano —cirujano

PUESIESQUE hace calor en el despacho de este doctor que ahorita se arranca en caliche

general, gabacha blanca desabotonada, lentes— trata de reconstruir en su propio lenguaje

médico a contarme lo de Dani. A veces hablan como si no quisieran que los entendiéramos,

las consecuencias de la brutal paliza que los policías dieron a Dani: ingreso inconsciente

como si fuera virtud usar esa terminología aséptica que disfraza la realidad. A Dani

en Emergencias, puntaje abajo de 12 en la Escala de Glasgow, remisión inmediata a hospital

dos policías lo dejaron puro monstruo, pero a saber cuántos terminarán tirados en una

de tercer nivel —al Rosales— por sospecha de trauma cráneo-encefálico, tomografía axial

quebrada, para que al día siguiente los periodistas digamos que los mató la mara rival,

computarizada para evaluar posibles daños en el cerebro, cirugía menor en cuero cabelludo,

la versión oficial. En El Salvador, cualquier día te agarran y te dan una taleguiada

reconstrucción de la oreja derecha, penicilina sódica vía intravenosa, traumas contusos y

hasta bajarte el puntaje de Glasgow ese y ya: un expediente clínico más, y la

abrasiones que derivaron en un proceso inflamatorio agudo en el rostro, diclofenaco sódico

sensación —la certeza— de que habrá más Danis, mientras el país siga carcomido

vía intramuscular...

por la violencia. Y SIACABUCHE.

✽✽✽

A Dani le dieron el alta médica ayer en la tarde, después de cinco días postrado en una cama. Al irse, una de las enfermeras, sabedora de que la familia había denunciado la paliza en la Fiscalía, quizá conmovida, le recomendó presentarse en el Instituto de Medicina Legal cuanto antes, mientras las marcas fueran visibles.

Hoy es martes, 7 de febrero, y permanecer parado todavía es una penitencia para Dani, lo poco que camina lo hace cauteloso como un octogenario, y su rostro —un *collage* de puntos de sutura, costras, moretones— sigue siendo una adivinanza de sí mismo.

"Pero ahora ya se ve bien —me dice la madre—, el jueves y el viernes estaba como que era monstruo."

En ruta a Medicina Legal, Dani ocupa el asiento del copiloto del Toyota del 81 de su tío Beto. Atrás, en la cama, vamos la madre, la hermana menor y yo. Cargan una copia de un requerimiento de "reconocimiento médico legal por lesiones", con fecha 2 de febrero y con sello de la Oficina Fiscal de Soyapango. Falta nada para las nueve de la mañana, el tráfico está calmado, y en poco más de 20 minutos el pick-up recorre la distancia entre el cantón El Limón y las instalaciones de Medicina Legal, en el centro de San Salvador. Al llegar, solo permiten la entrada a Dani y a su madre. No tardan ni 15 minutos en salir.

—¿Qué pasó? —pregunta Beto.

—¿Vas a creer —dice la madre— que dicen que ya llegaron al hospital? Que ya llegaron a reconocerlo, dicen, ¡pero si a él nadie lo ha visto ni le ha preguntado!

—A mí nadie me preguntó nunca nada —apuntala Dani.

Por lo visto, un médico forense llegó ayer al hospital y, dado que su informe contiene datos como la fecha de nacimiento, infieren que se limitó a leer el expediente clínico, donde quedó registrada la versión de los policías que llevaron a Dani moribundo a Emergencias.

—Todo está como que los agentes se lo encontraron tirado —dice la madre, cada palabra acentuada por la resignación— y lo rescataron de unos muchachos que le estaban tirando piedras. Y dicen que, si ya lo vio un médico, no lo pueden examinar otra vez.

—¿¡Pero cómo que otra vez si no lo ha visto nadie!? —responde Beto.

Beto agarra el requerimiento fiscal de las manos de su hermana, lo desdobla y lo lee en silencio hasta que encuentra algo que lo impulsa a elevar la voz: "El peritaje se requiere en el plazo de 24 horas, para ser agregado a diligencias que se siguen en la Oficina Fiscal de Soyapango".

—¿Y vos enseñaste esto?

—Pues sí, se lo enseñé y me lo regresó, y ella dice que no, que ya fueron al hospital, que ya lo vieron y que no se puede hacer nada.

Beto se toma un instante para pensar su conclusión.

—¡Se tapan entre ellos!

Dani ha optado por el silencio, pero permanece de pie en el improvisado círculo. Por un momento da la impresión de que se marea, y sugiero que se siente en el carro. Esos segundos de silencio en los que camina cauteloso hasta el viejo Toyota son en los que, sin decirse nada, sin siquiera mirarse uno al otro, tío y madre parecen llegar a la misma conclusión.

—¿Y vos qué decís? ¿Vamos a los derechos humanos? —las preguntas de Beto son suspiros—. Aunque si aquí que tenían la obligación no han hecho nada...

—Yo digo que... mejor nos vamos a la casa. Quizá lo mejor sea orarle al Señor.

(Aclaración: los nombres de algunas de las personas que aparecen en este relato se han modificado para proteger su vida.)

La legión de los desplazados

DANIEL VALENCIA CARAVANTES*
Noviembre 2012

En los suburbios de El Salvador hay cientos de casas abandonadas, desmanteladas, en colonias manchadas por los grafitis de la Mara Salvatrucha o de la pandilla Barrio 18. Esas casas cuentan el drama de cientos de familias que viven en silencio sus propias historias de violencia: las de los desplazados por las pandillas.

Hay casas que hablan. Gritan cosas, cuentan retazos de grandes historias. Esta, en la que recién entramos, es una de ellas. No es muy grande: cuatro cuartos, una pequeña terraza y un patio. Por los acabados que sobreviven —piso cerámico, ladrillo rojo que decora las paredes exteriores, portón de rejas metálicas— uno diría que la familia que vivió aquí le puso mucho cariño y empeño a esta casa. Por las advertencias pintadas en las paredes, uno también diría que la familia que vivió aquí sufrió el desplazamiento, la huida, el dejarlo todo.

***

Si la vida de Sabine Moreno pudiera explicarse con una línea de tiempo, una sucesión de hechos representados por coordenadas y picos unas veces altos, otras veces bajos, podríamos decir que la antigua vida de Sabine Moreno acabó cuando su familia recogió lo poco que podía y huyó de la comunidad sin rumbo fijo.

* Con colaboración de Óscar Cabrera.

Pico alto en el diagrama: la familia huye sin rumbo fijo. Un momento trágico, aunque quizá no tanto como el asesinato del abuelo, emboscada en el camino, no muy lejos de la comunidad, muy cerca de la estación de taxis; tres balas, ningún testigo, sangre manando de la boca. Un momento no tan trágico, quizá, pero doloroso al fin de cuentas.

Pico alto en el diagrama: asesinato de su abuelo. Mauricio Moreno. Q.E.P.D. 06/10/1960 – 18/11/2010.

El asesinato de Mauricio activó por fin esos sensores nerviosos que desde el cerebro le ordenan a los pies correr. Los mismos sujetos que se presume lo mataron, en ese mismo año, ya habían acabado a otros seis miembros de la familia de Sabine, para entonces una colegiala de 16 años con muchos sueños. Uno podría preguntarse: ¿por qué esa familia no huyó cuando cayó la primera de sus víctimas? ¿Quién aguanta tanta muerte antes de decidir largarse de su comunidad? Entre las mujeres que ahora lideran a la familia hay versiones encontradas. Blanca, la madre de Sabine, dice que al principio no creyeron que esas muertes tuvieran que ver directamente con ellos. Amelia, la abuela paterna de Sabine, dice que no se iban por culpa de su marido. La familia hacía todo lo que dispusiera Mauricio, y Mauricio se oponía a abandonar ese pedazo de tierra en medio de huertas y cafetales que tanto les había costado a todos.

Mauricio era un evangélico comprometido y confiaba en que Dios resolvería todos los problemas en los que se metieron solo por el hecho de vivir donde vivían. Decía que si Dios quería que dejaran este mundo, no había por qué oponérsele. Pero el abuelo también era un pecador. Lo dice Amelia, su viuda. Se refugiaba en la iglesia para huir del trago. En su batalla interna entre el bien y el mal, los asesinatos en contra de sus familiares poco a poco fueron inclinando la balanza hacia su principal flaqueza. Por eso, en una de sus tantas borracheras perdió la compostura y desenmascaró sus rencores frente a unos ojos que se enfurecieron cuando lo escucharon proferir una amenaza. Una noche, a la orilla de un camino que atraviesa la comunidad, tambaleante y extasiado Mauricio se olvidó de Dios y dijo que haría justicia con sus propias manos. A los días de esa borrachera y de esa amenaza lo emboscaron y lo acribillaron a balazos. Su familia encontró su cadáver ensangrentado, con tres balas en el pecho y una en el rostro. A esos que ofendió no les gusta que los amenacen.

***

Habrán sido alguna vez felices. Lo dice, en primer lugar, ese paisaje que sobresale detrás de una ventana sin vidrios y sin barrotes. En ese hueco está pintado el volcán de San Salvador. Es un cuadro hermoso: el río bajo la cumbre, la carretera, una milpa —el maizal infaltable en el paisaje salvadoreño—, y al fondo el volcán, imponente, sombreado por unas nubes.

Quienes vivieron aquí añejaron muchos recuerdos. Lo dicen los árboles de mango y mandarina que inundan con su aroma todo el patio. A juzgar por su altura —ocho metros la mandarina, 15 metros el mango—, los árboles llevan varios años echando frutos.

***

Muerto el abuelo, ya no había poder que se opusiera al éxodo de la familia Moreno. Una mujer bajita, morena y resuelta decidió por todos. Amelia, la abuela de Sabine, viuda de la noche a la mañana, se echó a cuestas el control de toda la familia, compuesta por 20 integrantes. La séptima muerte en la familia los hizo partir. El miedo por fin fue miedo, y ordenó a los pies de esas 20 almas correr en abierta y urgente estampida. Se lo dijeron a Blanca, la mamá de Sabine, el sábado 11 de diciembre de 2010. Sabine lo escuchó todo.

"Dijeron que nos íbamos a ir pero no dijeron cuándo. Para nosotros fue una gran sorpresa cuando al siguiente día nos avisaron que alistáramos las cosas", dice.

Huir, abandonarlo todo, sacudió las fibras más íntimas de Sabine. No es fácil abandonar el terruño, piensa ella. No es fácil que le roben el terruño a punta de pistolas y muertos. Lo comprendió cuando buscó sus cosas para meterlas en una maleta. Sintió un vacío en el pecho, pensó que es difícil dejar atrás toda una vida, sobre todo cuando ahí han crecido tres generaciones de una gran familia.

Ella (16 años), su madre (35 años), su abuela materna (50), su abuela paterna (52), habían nacido ahí, en el cantón El Guaje, y a partir de aquella noche ya nunca más regresarían ahí, donde lo dejaron todo. Al igual que ellos, otras 23 familias de esa comunidad huyeron en diferentes oleadas a lo largo de 2010.

Recuerdo de Sabine: empaca lo que puede en cuatro horas. Se siente triste, se pregunta: ¿se puede meter toda una vida en una maleta? La respuesta es obvia. Apenas y alcanza llevarse, además de la ropa, un televisor. Sabine cree que hacia donde la llevaban podrá conectar el televisor. Un carro patrulla de la Policía Nacional Civil entra a la comunidad. Sigue a otro vehículo con placas particulares, prestado por un amigo. Es un camión. Es lo único que la autoridad puede hacer: entrar y salir, custodiar la partida. Todos se encaraman en la cama de los vehículos. Huyen. Se largan para nunca más volver.

Coordenada: Sabine Moreno y su familia huyen de la Mara Salvatrucha 13.

Pico alto: Sabine es desplazada del cantón El Guaje, en Soyapango, El Salvador. Soyapango, parte del Área Metropolitana de San Salvador, es la segunda ciudad más populosa del país.

***

La casa abandonada habla más que la vecina nerviosa que vive en la casa de al lado, que revuelca las pocas palabras que salen de su boca y responde apresurada y nerviosa a las preguntas de Houston, el policía que nos acompaña. Esa vecina no recuerda el nombre de los inquilinos. "Se fueron hace mucho tiempo. No los trataba mucho." La casa dice que la desmantelaron. No hay techos ni focos ni ventanas ni cableado eléctrico. Tampoco grifos en las pilas ni palanca para el retrete.

La casa también le pone nombre y apellido a "los muchachos" que ahuyentaron a los que aquí vivían. En una de las paredes, hay dos letras pintadas en negro. Una es M y la otra S. Son dos letras mayúsculas, muy grandes. Son las siglas de la Mara Salvatrucha 13, una de las pandillas más peligrosas del mundo. En otra pared, esas letras están separadas por dos manos huesudas, con uñas largas, como cuchillos. Las manos hacen señas. Una es una garra, la otra es una letra. Abajo hay tres letras más. Son las iniciales que dan nombre a la *clica* que tomó esa casa: Diábolicos Criminales Salvatrucha (DCS).

En el patio, debajo del árbol de mango hay frutos masticados, semillas chupadas, colillas de cigarrillos, una botella plástica que alguna vez almacenó guaro. En el retrete hay restos de heces. Ya están secos. Houston dice que aquí se reúnen los muchachos. Que la casa para ellos es estratégica, porque desde este punto de la colina pueden observar cuando los policías entran o salen de esta colonia. Houston dice, sin dramatismos, que los muchachos se reúnen aquí "para planear sus fechorías".

"Por eso expulsaron a los inquilinos", dice.

Nos alejamos del sector y después de cruzar dos redondeles y tres calles estamos en otra colonia. Houston nos muestra otros pasajes con casas abandonadas. Pero aquí los muchachos que ahuyentan a la gente tienen otra nomenclatura para autonombrarse. "Fuck the police", escribió alguien en una pared. "18", cierra esa frase. Aquí controla la pandilla Barrio 18, otra de las pandillas más peligrosas del mundo, y enemiga de la Mara Salvatrucha.

En un radio de unos dos kilómetros, las pandillas con mayor fuerza, poder y presencia territorial de El Salvador envían mensajes por medio de los grafitis de las casas abandonadas.

Otra casa que habla. Y otra más: alguien arrancó los ladrillos de esta y ha sembrado una pequeña huerta en el patio y en el último cuarto. En otra, unos niños han entrado a jugar con pintura. Se mancharon las pequeñas manos y las estamparon sobre las paredes. En otra alguien le declaró su amor a alguien más. "Dagoberta y Seco. Amor por siempre y para siempre", escribieron, junto a un corazón pintado con tiza en la pared, y un cártel de Minnie y Mickey tomados de la mano.

En este pasaje de 70 casas hay 25 abandonadas. ¿Qué les pasó a esas familias? ¿Por qué huyeron? ¿De qué huyeron? ¿Quién compra o alquila una casa para luego dejarla abandonada? ¿Por qué nadie llega a vivir ahí? ¿Por qué ningún vecino explica adónde se fueron esos otros vecinos?

Nadie, en este pasaje, se atreve a contestar esas preguntas. Menean la cabeza en señal negativa y entre el silencio y la mirada esquiva uno alcanza a percibir algo que se podría traducir como miedo. Miedo a decir algo que no deben decir. Miedo a ser vistos hablando con la policía. Pero Houston, 23 años como policía, es atrevido y desconfiado. Dice que la gente que se ha quedado no contesta porque son familiares de "los muchachos". Uno no sabe si creerle a él o sospechar que esos que se han quedado simplemente tienen miedo. Quién sabe.

Houston pide que aceleremos el paso. Lo pide luego de que un par de niños se nos han atravesado, por tercera vez, montados en unas bicicletas. "Son orejas de la pandilla. Andan queriendo saber qué estamos haciendo", dice Houston, de nuevo, sin dramatismos. Uno piensa que esos niños, a estas horas de la mañana, deberían estar en clase, pero tal vez reciben clases en la tarde. Quién sabe.

Los compañeros de Houston —otros siete policías— se repliegan y avanzan hasta el carro patrulla. Hace unos minutos, dos de ellos custodiaban con sus rifles la entrada del pasaje de las casas abandonadas. Otros dos estaban en el otro extremo del pasaje, y el resto había hecho un cerco alrededor nuestro. Nos daban las espaldas y miraban en todas direcciones, incluyendo a los techos de las casas de un solo piso. Todos vigilaban. Saben que este es territorio de la pandilla y de nadie más.

Salimos de Lourdes, Colón, uno de los municipios más violentos de El Salvador ubicado unos 15 kilómetros al oriente de San Salvador. Salimos apenas con una idea de lo que ha ocurrido y sigue ocurriendo en este país. Las casas han contado algo pero no lo suficiente. Sus inquilinos han desaparecido y es casi una norma para los desplazados continuar así: olvidados por todos. Es preferible eso a meterse en problemas con aquellos que los expulsaron. Por eso, para entender lo que esas casas no pueden terminar de contar, habrá que rastrear a esos fantasmas desplazados, subir una cumbre ubicada en las afueras de la ciudad, luego bajar, acercarse a las orillas de un río y entrar a una casa con paredes de lámina y piso de tierra. Habrá que seguir hablando en el último refugio de Sabine Moreno.

***

Hace más de 30 años El Salvador entró por una puerta angosta a uno de los capítulos más oscuros de su historia. En las montañas tronaban las balas, estallaban las bombas y morían centenares de salvadoreños. En algunos puntos del país se cometieron barbaries contra hombres, mujeres y niños. Bombas, balas, sangre, muertos. Acusados de pertenecer a uno u otro bando (el ejército o la guerrilla) muchos campesinos decidieron dejar sus ranchos, bajar de las montañas y esconderse donde fuera. Fueron desplazados. Se movieron a las ciudades, a la orilla de los ríos, o a pequeñas comunidades marginales que con el tiempo crecieron y se convirtieron en colonias legales. Muchos otros no solo fueron desplazados sino que se convirtieron en migrantes y lograron llegar hasta los Estados Unidos.

Pico alto para El Salvador: guerra civil. 1980-1992.

Finalizada la guerra, hace 20 años, a El Salvador regresó la paz. Pero sería difícil precisar cuánto tiempo duró esa paz, porque el país comenzó a experimentar otra guerra: la de las pandillas. No hay nada concluyente sobre la razón que originó esta nueva guerra, y solo el odio se asoma por la puerta como posible explicación a las discordias entre los dos bandos.

Todo comenzó cuando unos jóvenes, deportados de los Estados Unidos, se mezclaron con otros muchachos más jóvenes en barrios, plazas y parques. Los que bajaron del norte tenían un nuevo estilo no solo de ver la vida sino de la moda. Vestían camisas flojas, pantalones flojos, pañoletas, gorras… Los de acá se fascinaron con esa nueva moda. Que se mezclaran no fue ningún problema. El problema fue que los de aquí hicieron crecer a las pandillas de los que venían de allá. Los odios continuaron. Dos de las pandillas más peligrosas del mundo encontraron en El Salvador un campo fértil para la batalla, y el Estado se convirtió apenas en un observador silencioso de esos enfrentamientos.

No está nada claro, pero si la historia reciente de El Salvador fuera una línea de tiempo, en los últimos 20 años podrían ubicarse muchos estallidos, representados por picos altos, que demuestran la evolución de las pandillas a base de peleas, cuchillos, balas y muertes.

Ahí donde vivían sus miembros, las pandillas comenzaron a dominar el territorio, se expandieron, y pelearon otros territorios, a lo largo y ancho del país. Para 2005 habían dominado las colonias de Lourdes, Colón, en La Libertad. Esas colonias que patrullamos junto a Houston y sus policías. Cinco años más tarde, en 2010, la Mara Salvatrucha conquistó el Cantón El Guaje, el hogar de la familia de Sabine, en Soyapango.

El ministro de Seguridad, David Munguía Payés, ha llegado a sugerir que las pandillas son un ejército que acerca a los 70 000 miembros directos, más el aporte que dan sus familiares. Si la estimación es exacta, uno de cada 100 salvadoreños es pandillero. El ministro es de los que creen que los familiares han dejado de ser actores pasivos en la estructura de las pandillas.

Lo cierto es que el de las pandillas no es un mundo de blancos y negros. Y es en ese gris tan confuso donde se entremezclan simpatías, miedos, obediencias, abusos, extorsiones y silencios. Sobresale en ese gris confuso la clara utilización de la violencia para obtener control territorial. La población que vive en los territorios dominados por las pandillas está expuesta a normas que aunque no están escritas, se cumplen al pie de la letra. "Ver, oír y callar", es la principal, dice Sabine Moreno. Luego hay otras, muchas, demasiadas...

Si uno vive en una comunidad MS no puede transitar por la vecina comunidad 18, so pena de que cualquiera de las dos pandillas concluyan que uno es un espía.

Uno no puede estudiar en un instituto nacional si vive en una zona controlada por la Mara Salvatrucha, como no puede estudiar en un instituto técnico nacional si vive en una zona controlada por el Barrio 18. En El Salvador hasta la definición de la educación media es algo que miles de jóvenes tienen que pensar bajo los esquemas de las pandillas, que también reclaman para ellas esas instituciones del Estado.

Uno no puede ser visto hablando con la policía porque automáticamente se convierte en un sospechoso soplón.

Uno no puede tratar mal ni con miradas, gestos o palabras subidas de tono a los pandilleros, porque eso es una ofensa que puede pagarse con la vida.

Si se es mujer, se corre el peligro de que usurpen tu cuerpo uno o varios de los miembros de la pandilla que dominan la colonia. Cuando una *clica* de las pandillas Barrio 18 o Mara Salvatrucha entra a un territorio y lo conquista, lo conquista todo. No está nada claro qué buscan, pero el narcomenudeo, la ganancia que deja el control de las extorsiones y la expansión territorial para hacer crecer esas dos fuentes de ingreso se asoman como posibles explicaciones. Hay otros casos, como en El Guaje, en Soyapango, en donde solo la geografía del territorio es apetecida por las pandillas.

El municipio de Soyapango, en San Salvador, por años fue considerado como la primera gran ciudad dormitorio del país. En las décadas de los sesenta y setenta allí se afincaron familias obreras que crearon un bum inmobiliario que convirtió las otroras fincas de café o cañaverales en laberintos inmensos adornados con diminutas casas de concreto de dos y, con suerte, tres cuartos y un patio. Soyapango es una de las ciudades más densamente pobladas del país. Es la ciudad creada para las familias obreras del Área Metropolitana de San Salvador. Y en esa mancha de concreto son pocas las islas verdes que le sobreviven. El cantón El Guaje es una de ellas.

Cuando una *clica* de la Mara Salvatrucha (la Sureños Locos Salvatrucha) conquistó la comunidad del cantón El Guaje, e instaló ahí una sucursal con el nombre de la comunidad en la que creció Sabine Moreno (la *clica* Guajes Locos Salvatrucha) fue porque le interesó la geografía del lugar. Le interesó lo aislado del terreno para organizar ahí reuniones con las *clicas* más fuertes de Soyapango y, según la policía, para dejar regadas a sus víctimas.

Lastimosamente para familias como las de Sabine, saberse conquistados siempre se explica con violencia, intimidación y muertes.

Si antes los desplazados huían de las bombas o de los reclutamientos forzados —sobre todo del ejército, pero también de la guerrilla— ahora huyen casi que por las mismas razones. Huyen porque no quieren que sus hijos se hagan pandilleros, no quieren que los fuercen a hacerse pandilleros, porque no quieren que sus hijas sean violadas, porque muy cerca han impactado las balas, porque los acusan de estar con la policía o con la pandilla contraria. Eso le pasó a la familia de Sabine. Los rumores los acusaron de informar a la policía y de ayudar a la pandilla contraria.

***

Recuerdo de Amelia, la abuela de Sabine: El Guaje era un lugar tranquilo en el que se podía vivir. Era una antigua finca, donde se asentaron unos colonos y sus descendientes desde hace más de 50 años. Ahora diezmada y convertida en una especie de oasis en medio de dos colonias con mala fama, en El Guaje sobreviven diminutos cafetales y huertas. Rodean a esa comunidad rural las colonias Santa Lucía y Sierra Morena. Hace siete años esas dos colonias fueron noticia cuando por primera vez se habló en la prensa de toques de queda impuestos por las pandillas.

El 2005 fue un año de toques de queda en los barrios. Se peleaba el territorio, y las pandillas advertían a los habitantes de esos territorios que no debían salir de sus casas pasadas las siete de la noche, para no ser confundidos con el enemigo. Al menos eso reportaba la Policía. Eso pasaba muy cerca de El Guaje, que para ese momento seguía siendo una comunidad tranquila.

A El Guaje la Mara Salvatrucha llegó cuando se pavimentó el camino que conecta a Soyapango con el municipio de San Marcos. Antes quien entraba a El Guaje solo era alguien que tuviera algo que ver con El Guaje. Pero a mediados de 2008 un grupo de jóvenes, extraños, circuló por esa carretera y le gustó aquello con lo que se encontró.

Recuerdo de Sabine: eran cinco jóvenes. Llegaban a la cancha de fútbol de la comunidad. Se hicieron amigos de los jóvenes de la comunidad. Fumaban cigarrillos y "les decían cosas a las bichas".

Desde cerca, que cinco jóvenes intenten controlar una pequeña comunidad en medio de la nada puede significar muy poco. Una pandilla de barrio, una pequeña pandilla. Pero si se amplían las coordenadas, esos cinco jóvenes ya no son una pequeña pandilla, sino más bien los emisarios de una organización muy grande, con nexos en todo el país, con normas en todo el país. Normas que no tardaron mucho en calar en El Guaje.

Cuando esos cinco jóvenes que Sabine recuerda llegaron a El Guaje, Remberto Morales tenía 12 años. Remberto era, según Sabine, "un niño bien, que se vestía bien, amable, que jugaba con nosotros". Pero Remberto tomó la decisión de acatar y de hacer cumplir las normas de la mara. Se hizo amigo de esos muchachos y entonces dejó de ser amigo de Sabine. Remberto Morales, brincado por la *clica* Guajes Locos Salvatrucha, se convirtió en el Panadol.

Recuerdo de Sabine: desde que le pasó eso, se hizo huraño, pasaba con el ceño fruncido y a quien le mirara mal lo amenazaba de muerte.

No pasaría mucho tiempo cuando Sabine y su familia fueron amenazadas de muerte después de la masacre en la que fue asesinado el Panadol.

***

El Salvador es un país con 6.2 millones de habitantes y en el que en 2011 hubo un promedio de 12 asesinatos diarios. Una tasa de homicidios de alrededor de 70 por 100 000 habitantes. Desde cuando los pandilleros comenzaron a ser noticia recurrente, en el año 2003, tras el lanzamiento del primer plan "mano dura" —un plan represivo que consistía en encarcelar pandilleros acusados de "asociaciones ilícitas"— muchas comunidades, asentamientos y colonias fueron estigmatizados.

Lo que nunca nadie cuestionó fue la incapacidad del Estado para recuperar el control de esos territorios. Lo policía hacía redadas en las colonias dominadas por las pandillas pero eso nunca garantizó que el Estado volviera a controlar esas zonas. Solo eso explica que para 2012, junto a ese elevado promedio de homicidios diarios, se creara una lista de 25 municipios considerados como los más peligrosos del país. Entre estos se incluye a Soyapango, en el oriente de San Salvador, y a Colón, en el occidente de la capital. En medio de todo ese caudal de cifras y muertos, el drama de las familias que huyen de la violencia, moviéndose de un lado a otro, como nómadas, nunca fue ni ha sido tomado en cuenta.

No hay una cifra de desplazados por la violencia en El Salvador porque simplemente el fenómeno no se ha estudiado con rigurosidad ni profundidad. No es un dato que exista porque no es un dato que se denuncie ni se sistematice, y los casos son tan complejos, y los escapes tan silenciosos, que solo los afectados saben lo que les está ocurriendo. La policía se ve amarrada a brindar seguridad a las retiradas y luego hace conjeturas sobre las razones que llevan a una familia a abandonar su casa, sus pertenencias, su vida. Del lado de las familias, la norma no establecida dicta que nadie ponga denuncias por temor a represalias, porque lo que más quieren es desaparecer, pero con vida, no enterrados bajo tierra.

Quizá el dato que más se acerque a la magnitud del problema sea una lista de casas desocupadas que maneja el Fondo Social para la Vivienda (FSV), institución estatal que facilita préstamos para que las familias de bajos recursos adquieran una casa propia. Para siete colonias dominadas por las pandillas, ubicadas en los departamentos de San Salvador y La Libertad, la cifra llega a las 613. Si el promedio de personas por familia en El Salvador es de cinco, según el censo de población de 2007, eso significa que unas 3 000 personas abandonaron su hogar sin una razón clara.

Uno bien podría pensar que los inquilinos de esas casas se fueron porque no pudieron seguir pagando la cuota, según responden de manera oficial las autoridades del FSV. "La norma que une a todos esos casos es que por alguna razón cayeron en mora, y eso obligó a un proceso de recuperación de esas viviendas", dice el gerente de créditos de la institución, Luis Barahona.

Pero uno también podría sospechar que hay algo más fuerte detrás de tanta casa abandonada en esas colonias, dadas las coincidencias entre el elevado número de viviendas solas y la presencia de pandillas.

—¿Uno puede hacer esa relación simple entre casas del Fondo deshabitadas y el contexto de la colonia en donde está ubicada? ¿Uno puede decir, por ejemplo, que quienes se fueron de la colonia La Campanera, dominada por el Barrio 18, se fueron huyendo de la violencia de esa pandilla?

—No creemos que sea el factor principal, pero no podemos negar que en algunos casos se nos ha manifestado que se van porque se ven afectados por la delincuencia de la zona. El problema es que no estamos ante una estadística concreta, como para poder decir: es un 5% de todos los casos, un 10%. Le mentiríamos.

El FSV no es la institución competente para crear una lista de casos, pero al menos reconoce que en aquellas zonas en donde tienen presencia como autoridad, compiten con la autoridad de las pandillas. A quienes solo tienen esas colonias como opción de vida, el FSV les llama "segmento vulnerable".

Es un círculo vicioso. Entre las ofertas de ayuda que da el FSV a aquellos que huyen de la violencia —previa comprobación con una denuncia policial— está la permuta de esa vivienda en otro sector con similares características. Eso, por defecto, y sin que la institución pueda hacer nada, incluye la presencia de alguna de las dos pandillas en el paquete de compra.

***

Coordenadas: es el 31 de julio de 2010. Es de noche. En el cantón Cuapa, fronterizo con El Guaje, unos jóvenes organizan un baile. Si algo puede explicar mejor hasta dónde llegó la violencia en el cantón El Guaje, para que de ahí huyeran 23 familias, fue lo ocurrido después de ese baile, al que acudieron cinco jóvenes, otrora amigos de Sabine Moreno. Uno de ellos era aquel niño que se vestía bien y que terminó, con 14 años, convertido en el Panadol. También iba un joven de 19 años que recién se había convertido en padre. Su nombre era Dagoberto, quien junto a una morena y pequeña joven de nombre Lucía, hermana de Sabine, había procreado a una pequeña niña que para mediados de 2010 tenía año y medio. Dagoberto, un joven inquieto, sin ideas claras sobre qué hacer con su vida, era amigo del Panadol y de los *homies* del Panadol.

***

En los territorios dominados por las pandillas, la frontera que divide la amistad, el apego y el cariño entre los pandilleros, sus familias y sus vecinos a veces es tan difusa, tan poco clara, que omite certezas. Esa falta de certidumbre puede conducir a resultados trágicos, potenciados por conclusiones apresuradas. A la familia de Sabine esas conclusiones apresuradas fueron las que la diezmaron. La única muerte que nada tuvo que ver con esas conclusiones fue la que inició la tragedia de los Moreno.

Pico en la familia de Sabine: Ernesto Quintanilla, un expandillero deportado de los Estados Unidos, muere asesinado el 14 de febrero de 2010.

Ernesto era un hombre tatuado y deportado. En Los Ángeles fue miembro de la Mara Salvatrucha y ni Sabine ni su madre pueden precisar de cuál *clica* era. Lo cierto es que en el año 2000, Ernesto llegó a vivir a El Guaje, porque en El Guaje vivía el único familiar que lo ataba a El Salvador. Vivió en paz Ernesto, sin meterse con nadie, escondido en esa zona rural rodeada por colonias de concreto, hasta que una *clica* de la MS comenzó a visitar el lugar. La *clica* lo ubicó, le pidió que hiciera cosas, pero Ernesto se negó. Por eso lo mataron, porque es muy difícil que un pandillero retirado pueda vivir tranquilo sin hacer cosas por el barrio.

Recuerdo de la madre de Sabine: su hermana se puso muy triste. Nunca pensaron que esa sería la primera de muchas muertes, porque siempre creyeron que lo que le ocurrió a Ernesto no tenía nada que ver con ellas.

El problema es que otro familiar hizo que tuviera mucho que ver.

Pico alto en la vida de la familia Moreno: José Mena desaparece en abril de 2010.

José Mena era un vendedor de muebles de madera que se crio en El Guaje y terminó casado con Beatriz Cruz, una mujer risueña que vivía de lavar trastos y cocinar sopas en un mercado. Beatriz Cruz era tía de Sabine Moreno.

José Mena y Beatriz Cruz frecuentaban mucho la casa de Ernesto Quintanilla, porque José y Ernesto, con el tiempo, se hicieron buenos amigos. El dolor que le provocó la muerte de Ernesto hizo que José perdiera la compostura. En la tienda de la comunidad, José dijo que sabía que los muchachos de la pandilla tenían que ver con el asesinato de Ernesto. A José, a los días de andar haciendo esas acusaciones, se lo tragó la tierra. Desapareció sin dejar rastro. A oídos de la madre de Sabine Moreno llegó el rumor de que el Panadol y el resto de miembros de la *clica* Guajes Locos Salvatruchos habían asesinado a José en el cafetal, después de obligarlo a cavar su propia tumba. Pero Blanca fue astuta. Escuchó el rumor y calló.

El cafetín en el que José Mena acusó a los pandilleros por la muerte de su amigo Ernesto Quintanilla, era regentado por Fidelina y Yesenia Moreno, prima y sobrina de Mauricio, el abuelo de Sabine. Era ese un cafetín modesto, en el que se vendían almuerzos y se cocían pupusas. Era ese un cafetín frecuentado por todos: vecinos, amigos, pandilleros y policías. Pero que los policías lo visitaran, lejos de traer seguridad, solo provocó otra desgracia para la familia Moreno. Como los rumores pueden ser una suerte de verdades para aquellos que se los creen, Fidelina y Yesenia recibían en ese lugar a los policías para contarles de las andadas de los pandilleros de El Guaje.

Pico alto en la familia de Sabine: en la mañana del 16 de junio de 2010 fueron asesinadas Fidelina y su hija Yesenia.

Las acribillaron en medio de la carretera, antes de que prepararan su puesto de venta de pupusas. Por ese asesinato, Mauricio Moreno, el abuelo de Sabine, comenzó a tomar de nuevo.

***

El baile en realidad no era un baile sino que una emboscada. Así como la MS se tomó El Guaje y reclutó pandilleros en El Guaje, el Barrio 18 hizo lo mismo en un cantón aledaño a El Guaje: el cantón Cuapa. Muy tarde lo comprendieron los cinco jóvenes que iban hacia aquel baile.

A las 11 de la noche de aquel sábado 31 de julio la puerta de la casa de la viuda de José Mena fue sacudida por una lluvia de golpes y gritos.

"¡Abra la puerta! ¡Abra la puerta!", gritaban los jóvenes.

Beatriz se sorprendió al ver, en la cabeza de aquel grupo asustado, a Dagoberto, el marido de Lucía, su sobrina. Beatriz los dejó pasar, y no pasó mucho tiempo cuando otra lluvia de golpes sacudió de nuevo la puerta.

Cuando Beatriz abrió de nuevo, fue abatida por un empujón, y solo alcanzó a ver a unas sombras desconocidas que apalearon uno por uno a los jóvenes.

Recuerdo de Blanca, la madre de Sabine: Beatriz, su hermana, nerviosa y asustada, sacude la puerta de su casa y le cuenta lo sucedido. Le dice que la empujaron y que se los llevaron con las manos amarradas con las cintas de los zapatos. Luego Beatriz regresó a su casa, a trancar muy bien las puertas, y retornó donde Blanca todavía más afligida.

Recuerdo de Sabine: ella estaba dormida y la despertaron unos disparos. Al rato llegó Beatriz, gritando: "¡Ya los mataron, Blanca! ¡Escuché unos gritos por el maizal!"

Los gritos fueron seguidos por unos disparos, los disparos que despertaron a Sabine Moreno.

A la mañana siguiente, esa masacre en El Guaje fue noticia a nivel nacional. Dagoberto, el cuñado de Sabine, padre de una bebé recién nacida; Remberto, el otrora amigo de Sabine, convertido en el pandillero el Panadol, fueron asesinados. De los cinco, solo Dagoberto, que no era pandillero, sino que amigo de pandilleros, conservó intacta la cabeza.

Recuerdo de Sabine: a los demás les cortaron la cabeza y les cortaron sus partes íntimas. Luego las partes íntimas se las metieron en la boca.

Corrección de Blanca: solo a uno de ellos le arrancaron sus partes íntimas para metérselas en la boca.

Un mes después de esa masacre las conclusiones apresuradas volvieron a enlutar a la familia de Sabine. El rumor decía que Beatriz Cruz había "vendido" a los cuatro miembros de la *clica* Guajes Locos Salvatruchos con la pandilla rival. Los rumores decían que quienes llegaron a sacarlos de su casa no eran policías, sino pandilleros del Barrio 18, disfrazados de policías, y alertados por Beatriz. Para la madre de Sabine, esos rumores guiaron a un desconocido hasta el mercado en el que trabajaba su hermana. Pico alto en la familia de Sabine: el mediodía del 28 de agosto de 2010 Beatriz Cruz fue asesinada a los pies de una cantarera.

Dos días después, una amenaza recorrió por todo El Guaje. Aquellos que no tuvieran familiares pandilleros debían salir de la comunidad o de lo contrario serían exterminados. El mensaje llevaba una dedicatoria expresa a la familia de Sabine. Dicen que el papel decía: "Empezando por toda la familia de Mauricio Moreno…"

***

Mauricio Moreno era un hombre que no le temía a las serpientes. Lo dice su mujer, Amelia de Moreno. Lo dicen tres fotos que la familia conserva en un álbum. En las fotos, tomadas en diferentes momentos todas, Mauricio alza tres diferentes masacuatas, unas boas que pueden superar los dos metros de largo. En las fotos, Mauricio sonríe. Se le ve contento.

Tras la muerte de Beatriz, pasaron tres meses en los que ocurrió muy poco en El Guaje. Mauricio Moreno pensó que había zanjado el problema denunciando a la policía lo expuesta que estaba su familia después de tantos asesinatos y amenazas. La policía entonces patrulló un par de veces a la semana pero en noviembre dejó de hacerlo. Y Mauricio, que durante todo ese tiempo siguió tomando, y en más de alguna ocasión profiriendo amenazas, diciendo que haría justicia con sus propias manos, retó a los mareros.

No pasó ni una semana cuando él también cayó muerto.

***

El primer refugio fue un infierno.

Recuerdo de Sabine: lloviznaba. El camión los aventó en una calle frente a una gruta, a la orilla de un río. Ella no sabía ni siquiera cómo se llamaba ese lugar, pero sintió que en nada se comparaba al lugar en el que vivían, porque el frío en esa montaña calaba hasta los huesos. Llegaron a esa gruta por sugerencias de otra vecina que también había huido de El Guaje, tres meses antes que ellos.

Esa vecina, esa amiga, a la mañana siguiente, cuando se enteró del arribo de la familia de Sabine, fue a darles abrigo. Les cocinó salchichas con huevo y tomate. Sabine recuerda que la tristeza, la rabia, el enojo, le quitaron el hambre. Quería largarse de ahí, y entonces supo que no tenía ningún otro lugar a donde ir.

***

¿Cuántas familias son desplazadas en El Salvador? La respuesta a esa pregunta podría ser una incógnita para siempre. Lo cierto es que mientras más se pregunta, mientras se revuelve entre las historias de amigos y conocidos, siempre aparecen muchos casos. Demasiados.

Caso 1: Jaime, un policía de Soyapango, ahora asignado a otra unidad, huye a mediados de 2011 de la colonia en la que compró su casa porque se descubrió vecino de pandilleros del Barrio 18. Al principio trazaron un pacto de caballeros, pero a medida que la convivencia convirtió esa frontera imaginaria en un barril en el que pueden depositarse todas las rencillas, Jaime prefirió huir. Ya había amenazado con una pistola y no quería sacarla por segunda vez. Temía que lo mataran o terminar preso por el simple hecho de defenderse de aquello que él consideraba como una amenaza.

Recuerdo de Jaime: una noche de mediados de 2001 tomaba con un vecino, en la tienda de la colonia, cuando sus vecinos pandilleros, también embriagados, llegaron a preguntarle si él era de los policías que mataban *homies*. Jaime, que estaba sentado, se paró y sacó su pistola. Se volvió a sentar y la posó en su pierna derecha. "Si quieren, probamos", les dijo.

Al día siguiente recibió un anónimo debajo de la puerta de su casa: "O te vas o se mueren vos, tu mujer y tus dos hijos".

Jaime lo dejó todo. Todavía intenta vender la casa y ahora alquila otra en otro municipio, en otro departamento.

Caso 2: Carolina nació, creció y se desarrolló en una comunidad dominada por la Mara Salvatrucha. Esa frontera gris que obliga a convivir con pandilleros, compartir con ellos, respetarlos a ellos, terminó definiendo el amor de Carolina hacia uno de esos pandilleros. Carolina se hizo su mujer y tuvo un varón de esa relación. Cuando el niño tenía dos años, su padre cayó preso.

Recuerdo de Carolina: su marido la obligó a visitar el penal de Ciudad Barrios, al oriente del país, todas las semanas, y en cada visita la obligó a meterse droga y chips de celulares en la vagina. A mediados de 2009 unos custodios la descubrieron con un paquete de marihuana que llevaba en la vagina. Se le cayó después de que la obligaron a hacer decenas de cuclillas. Fue encarcelada seis meses en el penal de mujeres, en el municipio de Ilopango. Cuando salió, los pandilleros de la colonia llegaron a buscarla hasta su casa. Le dijeron que debía continuar con las misiones. Carolina se negó, la golpearon enfrente de su hijo. La dejaron malherida.

Carolina decidió largarse de su casa, abandonar a su familia, y cargar con su hijo, hoy de cinco años. Alquiló una casa en el departamento de Santa Ana, al occidente del país, pero hasta allá la persiguió la pandilla. Alguien la denunció como desaparecida y en agosto de 2011 colgó su imagen en el noticiero 4 Visión, uno de los de mayor *rating* en El Salvador. Al siguiente día, una vendedora de celulares, mientras ella cargaba su saldo, la reconoció y le preguntó que por qué se había fugado de su casa.

Recuerdo de Carolina: caminó de regreso a su casa, junto a su hijo, mirando por el rabillo del ojo. Cruzó el centro de la ciudad, llegó al mercado, lo atravesó, y por todo ese trayecto sintió que alguien la perseguía. Al día siguiente se dio cuenta de que la vendedora no guardó su secreto, y que incluso distribuyó su número de celular. Lo supo porque alguien marcó a su teléfono, y antes de que esa voz terminara de decir: "Al fin te encontramos, bicha hija de…", ella aventó el aparato en un basurero del parque central. Carolina se movió a otro departamento, y luego cruzó, indocumentada, hacia Guatemala. No piensa regresar.

Caso 3: A Juan lo acaban de amenazar de muerte. Lo han amenazado sus propios sobrinos, que ahora "caminan" con la Mara Salvatrucha. Juan vive en una comunidad al occidente del país, y no sabe qué hacer con su vida. Entre sus alternativas todavía no contempla huir, porque dice que adonde quiera que vaya pasará lo mismo.

—Las pandillas están en todas partes. Tengo dos lugares adonde ir, pero en esos dos lugares también hay pandillas. A lo mismo voy a ir a dar —dice Juan.

—¿Y entonces qué piensa hacer?

—Esa es la cuestión. Yo no quiero perder todo lo que tengo acá, así que a lo mejor me toca defenderme por mis propios medios. Porque a uno, de pobre, ¿quién va a venir a prestarle ayuda?

***

El segundo refugio fue toda una molestia. La familia de Sabine se movió a la orilla de un río, porque 20 personas no pueden vivir sobre un camino vecinal, interrumpiendo el tráfico de vehículos más de dos días. Por eso al segundo día los hombres levantaron unas chozas con techos de aluminio encima de unas peñas gigantescas. No tenían agua para beber ni para lavar la ropa y la del río no daba consuelo porque estaba y sigue contaminada. No tenían en qué cocinar la comida porque todos los utensilios quedaron en la casa que dejaron en El Guaje. No tenían en dónde bañarse ni en dónde defecar, más que en un hueco pestilente que quedaba entre los peñones del río.

"Pasamos dos semanas serenándonos [a la intemperie]... Mire: sufrir así, esto no se le desea a nadie", dice Sabine.

***

El tercer refugio es una champa protegida detrás de un portón de hierro largo y alto. Este pedazo de tierra que no es suyo, que nunca será suyo, era el parqueo de la casa de otra familia que les ha brindado cobijo.

En la sala hay un sillón largo, dos sillas de plástico y aquel televisor que Sabine logró rescatar en la huida de El Guaje. El sillón, las sillas plásticas, las láminas, la cocina de leña, la mesa del comedor, son cosas que ha tocado conseguirlas a base de sacrificios que Sabine y su madre no tenían contemplados. Aquí no hay trabajo para ninguna y les toca sobrevivir vendiendo pastelitos rellenos de papa y empanadas de plátano a sus vecinos, entre los que se encuentran otras tres familias de refugiados de El Guaje.

La sobrina de Sabine, la hija de Remberto, el joven asesinado junto con otros cuatro pandilleros justo hace dos años, enciende el televisor. Están pasando la caricatura de Bob Esponja.

—¿Ustedes quieren regresar? —preguntamos.

—Por mí, yo quisiera estar en mi lugar otra vez, pero es imposible regresar. Las casas de nosotros ya están ocupadas por gente de los mismos pandilleros. Ellos se apoderaron de ese lugar —responde Sabine.

***

En marzo de 2012 ocurrió un suceso inédito en El Salvador. El gobierno hizo un pacto con la pandilla Barrio 18 y la Mara Salvatrucha 13 que consistió en la reducción de los homicidios a cambio de traslados de los líderes de las pandillas de penales de máxima seguridad a cárceles con menores restricciones.

Los traslados de 30 líderes de las pandillas coincidieron con la reducción significativa de los homicidios. A un mes de la tregua y de esos traslados, los homicidios se desplomaron en un 59%, de 13.6 a 5.6 diarios. Reducción que para agosto de 2012 se mantiene. Si la tendencia sigue a lo largo del año, El Salvador se alejaría muchísimo de la tasa de muertes con la que cerró 2011 (alrededor de 70 homicidios por cada 100 000 habitantes), y que lo ubicaron como el segundo país más violento del mundo, solo superado por Honduras, que registró 82 homicidios por cada 100 000 habitantes.

El gobierno de El Salvador, encabezado por el presidente Mauricio Funes, niega la existencia de negociaciones del gobierno con las pandillas, pero desde entonces ha caído en una suerte de contradicciones al tiempo que se ha comprometido a buscar apoyos en los partidos políticos, la empresa privada y la sociedad para acabar de una vez por todas con la violencia entre las pandillas. Además, el mismo ministro de Seguridad, David Munguía Payés, ha dejado claro que el plan de conciliación entre las pandillas fue afinado en su despacho y con pleno conocimiento de Funes.

Oficialmente, lo que ha ocurrido en El Salvador es una tregua entre el Barrio 18 y la Mara Salvatrucha respaldada con el apoyo logístico del gobierno.

Pico alto para El Salvador: después de años de violencia, hoy es tiempo de tregua entre las pandillas.

"¿La tregua no las anima para regresar a sus casas?"

Comentario de Sabine: esa tregua es mentira y para nosotros no sabe a nada. Nadie revivirá a mis familiares muertos y nadie nos garantiza que podemos regresar, y estar sanas y salvas en nuestro lugar de origen.

Mientras más niñas, mejor

Óscar Martínez
Noviembre 2012

En la casa hay 12 niñas. Las 12 han sido víctimas de trata, la mayoría han sido explotadas sexualmente. Lo que cuentan, lo que se cuenta adentro de un albergue para niñas víctimas de trata, es lo que aquí afuera somos, como sociedad.

La directora abre los ojos y los clava en la pantalla de la computadora. Hace el gesto que uno hace cuando se entera de una mala noticia. Una muy mala noticia. Las dos manos, una sobre otra, le tapan la boca. Murmura: "Qué desgracia, qué desgracia... Qué desgracia, qué desgracia... Qué desgracia, qué desgracia, qué desgracia".

"Accidente vial en San Vicente", dice el titular en la pantalla. Lo que es decir muy poco. En el kilómetro 62 de la carretera Panamericana de El Salvador, en las inmediaciones del municipio de Apastepeque, a eso de las 2:30 de la tarde de este lunes 30 de julio, un carro perdió el control, se estrelló contra un poste, prendió en llamas y calcinó hasta la muerte a sus cinco pasajeros. Y eso aún es decir muy poco.

Un motorista, un policía, una empleada del Instituto Salvadoreño para el Desarrollo Integral de la Niñez y Adolescencia (ISNA) y dos niñas fueron consumidas por el fuego.

Las dos niñas tenían 14 años. Una era guatemalteca, la otra era hondureña. A las dos las esperaba la directora que ahora ve la pantalla con las manos en la boca. Las esperaba, y para darles un buen recibimiento había planificado un paseo para mañana. Una visita a la playa, a la Costa del Sol. Era sorpresa. Las niñas no sabían. Y eso no es lo más trágico.

Las dos niñas eran libres desde hacía apenas ocho días. La Policía las había rescatado de una cervecería en la frontera de El Amatillo, en La Unión. Ahí, eran prostituidas. La directora dirige desde hace dos años y medio el único albergue para víctimas de trata en el país, un albergue exclusivo para niñas. Las esperaba para empezar su proceso de rescate, de tratamiento, de liberación. Para intentar que conocieran otra vida. Pero solo conocieron esta.

***

El hecho de que la directora aún se sorprenda habla bien de ella. Cualquiera diría que ya nada de lo que le pueda pasar a una niña podría sorprenderla.

El albergue no deja dudas. Es un albergue de niñas. Lo más adolescente que puede encontrarse como decoración es alguna fotografía de Britney Spears en sus primeros años de fama. Por lo demás, Dora La Exploradora o Blanca Nieves respaldan cada cartel de reglas internas o rotulito de bienvenida. Decoración aparte, nada de lo que ahí ocurre, nada de lo que a las de ahí les ocurrió, tiene una pizca de relación con lo que Dora La Exploradora tenga que decir.

Solo una de las 12 niñas está hoy fuera del albergue. Se trata de Mari, una niña delgadita, delgadita, de 13 años, la menor del grupo. Está en el Instituto de Medicina Legal, en diligencias con la fiscal del caso. Le están haciendo un reconocimiento vaginal. Mari es la más huraña del grupo. Cuando alguien le hace una pregunta sobre su vida, suele contestar "usted mucho quiere saber", da la vuelta y se larga. Odia salir a esos reconocimientos porque cree que ya no la dejarán volver al albergue, y tiene mucho miedo de caer otra vez en manos de los que la maltrataron. De ellos no se sabe mucho. Mari cuenta su relato con cuentagotas. Una de las escenas que menciona es la de ella, amarrada de pies y manos en la cama de un pick-up camino a ser vendida a algún hombre en una ciudad fronteriza de El Salvador. Sus escenas son así, frases de tormento sin más detalles.

Hay peluches en casi todas las camas.

Las demás niñas hacen collares y pulseras con cuentas coloridas en la salita de talleres, a la par del patio. Una de ellas tiene en brazos a un bebé. Su bebé. Ella tiene 17 años, y el bebé tiene cuatro meses. Ella no sabe cuál de los hombres a los que fue vendida es el padre.

Mari regresa. Llora. Se encierra en el cuarto que antes ocupaba la psicóloga del albergue. La psicóloga obtuvo otro trabajo, y el albergue no tiene más psicóloga fija, así que las tías, como las niñas llaman a las trabajadoras sociales que permanecen en la casa, hacen lo que pueden. De vez en cuando las visita un psicólogo al que las niñas casi nunca le cuentan nada. Una de las tías se encierra en el cuarto con Mari. La niña de 13 años, como es costumbre, contesta a las preguntas de forma parca. ¿Por qué llorás? Me fue mal. ¿Por qué te fue mal? Porque sí. Y llora, y la tía le acaricia el cabello, que es lo único que puede hacer.

***

Esta casa, si no fuera por las tías, sería una casa de seguridad y no un albergue. Aquí las niñas están seguras porque hay policías en el portón. Pero están albergadas porque la directora y las tías las escuchan cuando lloran. Y eso es lo menos complicado que las cinco tías y la directora hacen. También se pelean con los médicos que, sin tacto, preguntan a una niña a cuántos hombres atendió. También las acompañan en los vehículos para que no vayan a las diligencias judiciales solas en un carro patrulla. También las reciben cuando la Policía las lleva directo de un lupanar al albergue, drogadas, borrachas las niñas, en tacones. También las abrazan con fuerza para calmarlas cuando en un ataque de rabia, o de síndrome de abstinencia, alguna de ellas se sube al techo del albergue y de la misma cólera empieza a destruirlo. "Porque son calladitas —dice la directora—, pero sus crisis son psicóticas." También detectan cuándo una niña no puede sentarse. Y no solo lo detectan. La revisan. Y encuentran que su vagina está hinchada, roja y supura. Y toman algodón y la curan durante dos semanas, cada noche, hasta que la niña de 14 años puede sentarse de nuevo. Eso hace la directora. Eso hacen las tías.

Porque las tías son casi todo lo que las niñas tienen. También tienen a Mario Mena, el subdirector de Restitución de Derechos del ISNA, que recibe en su despacho a las que han sobrepasado lo que las tías consideran una crisis normal. Habla con ellas, pacta con ellas, les pide tiempo a las niñas, tiempo para sanar un poco más. Y en teoría las niñas también tienen un subcomité de atención a víctimas, que pertenece al Consejo Nacional Contra la Trata de Personas. Ese subcomité, se supone, reúne a todas las siglas del país que pueden hacer algo por el futuro de las niñas. Algo como procurarles capacitación o una bolsa de trabajo. Pero el Ministerio de Trabajo nunca ha hecho una propuesta concreta en ese subcomité. Algo como agilizarles los trámites de salud, o reducir la burocracia, para que no tengan que contar a cada médico que son niñas y víctimas de trata. Pero el Ministerio de Salud nunca ha hecho una propuesta concreta en ese subcomité. Algo, quizá, como destinarles profesores personales, para que recuperen todo el tiempo perdido en burdeles. Pero el Ministerio de Educación nunca ha hecho una propuesta concreta en ese subcomité.

Las tías son casi todo lo que las niñas tienen. El doctor Mena lo dice: de las 12 niñas en el albergue, solo cuatro de ellas tienen apoyo de su familia. Las demás están solas con las tías. "Hemos ido descartando: padres, tíos, primos, madrinas… Nadie", explica Mena. Muchas veces, de hecho, las niñas están ahí debido a sus familias. Hace no mucho estuvo en el albergue una niña a la que su padre vendía por las tardes en una cervecería a cuanto borracho quisiera tener sexo con ella. La niña tenía 11 años cuando llegó al albergue.

Lo curioso es que los jueces de menores deciden en qué momento una niña debe salir del albergue e irse con algún familiar. Ellos, habitualmente con el consejo del fiscal asignado al caso, deciden eso. Muy raras veces consultan a las tías.

Este mismo año un juez decidió que una niña de 13 años ya tenía las condiciones para salir del albergue. La enviaron a casa de su madre con todo y su hijo de seis meses. Ahora mismo, en su casa de bahareque en un cantón, la niña parece desnutrida y se encarga de cuidar día y noche a su hijo desnutrido y a sus cuatro hermanos menores también desnutridos. Su futuro no parece muy prometedor.

Hay que decirlo claro: El Salvador no está preparado para atender a las víctimas de trata. Lo reconoce el viceministro de Justicia y Seguridad, Douglas Moreno. "En el tema de víctimas, la deuda es grandísima." Lo dice también Silvia Saravia, la encargada de atención a víctimas de la Fiscalía: "Tenemos una deuda grandota en atención a víctimas". Lo dice Mena: "Falta muchísimo". Basta decir que las niñas víctimas de trata son las víctimas privilegiadas. Si el Estado recupera a un niño víctima de trata no sabe qué hacer con él. Resuelven en cada caso. Si recuperan a un hombre víctima de trata, y ya lo han hecho, este mismo año, a un joven veinteañero que era vendido a otros hombres, no saben dónde ubicarlo. Incluso si recuperan a una mujer víctima de trata no saben qué hacer con ella. Resuelven sobre la marcha. Improvisan.

Hace tres años la Policía recuperó a cuatro mujeres dominicanas. Mujeres guapas, altas, morenas, que habían sido traídas con falsas promesas de modelaje al país, y terminaron, bajo amenazas, en una red de prostitución en hoteles de lujo. Estaban dispuestas a declarar, pero desistieron. Uno de los policías que las custodiaba explicó que desistieron no por miedo a los tratantes, sino por hartazgo: "Las tenían en bartolinas, en la frontera y en diferentes puestos policiales. ¿Usted se imagina a cuatro muchachonas hermosas que se tienen que bañar, cambiar y dormir en medio de un montón de policías salvadoreños? Solo querían irse".

"Si se empieza el proceso de atención y no se termina, la víctima será más vulnerable de volver a caer [en una red de trata]", explica Saravia. A ella no le extraña que haya pocas condenas; tiene un razonamiento distinto a la mayoría. La mayoría de fiscales y funcionarios apuntan a la falta de jueces especializados, sensibilizados, que sepan lidiar con una víctima de este delito. Pero Saravia apunta a la falta de víctimas fuertes, que hayan pasado procesos completos, que estén listas para contar sus calvarios sin cambiar el relato en las partes más dolorosas, sin tener que protegerse de sus propios recuerdos. Porque hoy por hoy, habiendo lo que hay, Saravia se pregunta: "¿Cómo una víctima se va a atrever a meterse en un proceso jurídico?"

El mes pasado el presidente Mauricio Funes recibió de manos de Moreno el documento base para elaborar una política nacional contra la trata. Es un intento sin precedentes, pero de momento es eso, un intento. De momento, las niñas tienen a las tías.

***

Ayer fue el cumpleaños de Mari. La directora hizo lo que hace cada vez que puede: escuchó. Mari se acurrucó a la par de su escritorio. "¿Qué te pasa?", preguntó la directora. Mari, de 13 años, solo dijo dos frases ese día: "Quiero que me acaricie un muchacho. Me quiero morir". No se lo dijo a una psicóloga. No hay. Se lo dijo a la directora.

***

El albergue es lo que es dependiendo de qué niñas están y de cuánto tiempo llevan ahí. Hoy, por ejemplo, el albergue parece una casa donde se han reunido 12 amigas, todas niñas entre 13 y 17 años. Escuchan reggaeton, bailan, hacen collares y pulseras de colores. Todas tienen más de dos meses aquí. Todas pasaron ya la etapa crítica. Porque cuando recién llegan, dice la directora, llegan como hipnotizadas.

Aunque dé asco pronunciarlo, esta casa de niñas a veces parece un prostíbulo sin clientes. La directora ha visto llegar a unas 100 niñas y nacer dos bebés en estos dos años y medio. Las ha visto llegar desde los nueve hasta los 17 años. Cuando coincide que llegan varias que han sido rescatadas de un mismo burdel, es difícil cambiarles el horario, explica la directora, que sabe que aquí todo se trata de paciencia, mucha paciencia. Las recién llegadas, muchas veces, cuando ven que el sol cae, como por instinto, se maquillan, se ponen tacones y sus faldas más cortas, y caminan por el albergue como esperando.

"Una vez me trajeron a una hondureña de 11 años que había sido víctima de trata laboral. Había pasado unos años encerrada en una casa donde era la sirvienta, donde la violaban y la golpeaban. No le pagaban nada. Ella quería solo hacer oficio en el albergue. Desde temprano, limpiar. Lo hacía como desesperada", cuenta la directora.

Así son las niñas, aprenden desde pequeñas. Unas, a escribir y leer, a levantarse temprano y bañarse para ir al colegio; otras, a fuerza de golpes, de golpes, de golpes, a vestirse sexis cuando el sol cae, a limpiar como esclavas desde la madrugada.

En la mesa del albergue, las niñas siguen ensimismadas en sus collares de cuentas de colores. A la cabeza de la mesa está la niña de 16 años a la que su mamá echó de la casa y que terminó bajo engaños encerrada en un burdel. Frente a ella está la niña morena de 16 años que cada vez que se enoja dice que su novio es *palabrero* de una pandilla. Enfrente de ellas está otra niña de 16 años que estuvo encerrada en un burdel dirigido por una señora que abría el local a eso de las seis de la mañana. A esta niña, su papá la tocaba desde los 13 años. Callada, junto a ellas, también está Mari, que a sus 13 años lo que menos quiere es volver a su casa. Se enoja, llora, grita cuando cree que alguien le sugiere que un día volverá a su casa.

Las niñas de esta casa son un reflejo de lo que hay afuera de la casa. "Vienen de mundos difíciles, han sido víctimas de un montón de cosas desde chiquitas en sus hogares", dice la directora.

"Hay niñas —explicó un fiscal guatemalteco que ve casos de trata y abusos sexuales en ese país— a las que hemos encontrado en la frontera con México, en Tecún Umán, prostituyéndose por un pan con frijoles, dando sexo oral a cambio de algo de comer. Hay niñas a las que un prostíbulo les va a parecer un paraíso."

Hay niñas a las que un prostíbulo les va a parecer un paraíso.

***

Silvia Vidal tiene mucho coraje. Tiene 55 años, es vasta y tiene mucho coraje. Fue, por decisión propia, prostituta en las calles de San Salvador durante 15 años. Lo dejó hace 20, y tiene el coraje de contarlo. Y no solo de eso, sino de utilizar su experiencia para fundar y dirigir una asociación, Flor de Piedra, que ha atendido a unas 2 000 mujeres que trabajan en la prostitución. En calles, en discos, en cervecerías, en barras show, en casas privadas.

Es refrescante escucharla, porque no se rebusca por términos políticamente correctos. Habla con el lenguaje de las calles y los bares, con el lenguaje que usan las mujeres para las que trabaja. Así, con sus palabras claras, contesta preguntas mientras se toma una gaseosa.

—La historia de haber sido explotadas sexualmente bajo engaños o por la fuerza y para beneficio de una tercera persona, ¿qué tan normal es?

—Quizá cada mujer nueva que va ingresando al trabajo sexual se enfrenta con esa situación. Por lo general las traen engañadas. Un montón de gente viene de los cantones y les dicen que vienen a trabajar de domésticas o a un comedor, y ahí se enteran. Quizá 60% de las mujeres empiezan con un engaño.

—¿Es normal que haya menores de edad en el negocio?

—Por lo general, ha habido en los negocios.

—¿Los hombres salvadoreños consentimos acostarnos con niñas?

—¡Ajá! Ahí vamos a tocar un punto. Cuando yo andaba en la calle, muchos viejos me decían: me gustan las cipotas, porque están menos cogidas. Saben que son más ingenuas y les pueden hacer lo que les dé la gana. Hay varias expresiones de ellos: mientras más chiquitas, menos cogidas. Mientras más niñas, mejor.

—¿Entre 13 y 15?

—Sí... Una vez yo vi entrar a un hospedaje a una niña de nueve, 11 años lo más, y pregunté. La abuela la vende, me dijeron. ¿Bien terrible, verdad?

—Cuentan que a algunas niñas incluso les ponen algodón en la vagina, para que se sientan como vírgenes cada vez que las penetren. Es un hecho, muchos hombres buscan menores vírgenes.

—Claro, claro... Por ahí andaba un mito hace unos años, de que los hombres pensaban que acostándose con una virgen se les podía quitar el sida. Es bien terrible.

***

Una de las niñas llora. Cuando las tías las sacan del albergue para que convivan con otras niñas, con otros niños, siempre hay algún incidente. Así lo llaman las tías: incidente. Se trata de pequeños detalles, alguna palabra grosera que escuchan por ahí, pasar por un lugar que les recuerda algo, ver una escena familiar que les pone en la cara lo que no tienen. Hay muchos incidentes aquí afuera del albergue. Son detonadores que las hacen recordar algo. Y las niñas del albergue tienen muy pocos buenos recuerdos.

Es sábado 28 de julio, y la directora y las tías no están en sus casas con sus familias. Están aquí, con los ojos clavados en las niñas que bailan en la pista. El ISNA ha hecho una gran fiesta esta tarde. Los niños de todas las instancias de protección del sistema han venido. La directora me cuenta que si bien se han hecho muchos esfuerzos por explicar a los demás niños que ellas son víctimas de un delito llamado trata, es difícil que el mensaje cale. La mayoría de niños se ha quedado en la cabeza la idea de que esas 12 niñas estuvieron en prostíbulos hace un tiempo.

Varios de los muchachos del ISNA las rodean a una distancia prudente, tímidos como adolescentes. Ellas, las 12 niñas, en sus tacones descomunales, bailan sin parar. A una de ellas, a la niña morena de 16 años del albergue de trata, otra niña de esa edad le ha dicho ramera. Se lo dijo porque la niña morena sacó a bailar a un muchacho que al parecer le gustaba también a la otra niña. Un conflicto normal de adolescentes ha sido el incidente del día. La palabra ramera no significará lo mismo para esta niña morena y sus 11 compañeras que para el resto de niñas del salón.

"Las cicatrices son parte de ellas —dice la directora con los ojos fijos en la niña morena que, entre lágrimas, se ha quitado sus tacones, se ha puesto unas sandalias y se ha sentado en un rincón, fuera del salón de baile—. Ellas siempre están a la defensiva, esperando que alguien les diga algo. Es muy difícil luchar con el estigma de la sociedad."

La pregunta obvia ante la montaña de obstáculos que se impone frente a cada una de estas 12 niñas es si cabe la posibilidad de que algún día sanen.

"No por completo", dice la directora, se pasa las manos por la cara para reanimarse y camina despacio hacia el rincón para sentarse al lado de la niña morena.

Atrapadas en la ciudad de los encapuchados

Daniel Valencia Caravantes
Marzo 2013

La madeja de la violencia en San Pedro Sula no permite respuestas sencillas y encierra muchos culpables, pero, cuando los verdugos visten uniforme, cada colonia, cada calle y cada casa se convierten en una trampa. ¿Con quién habla, a quién acude, en quién confía una víctima que sospecha y teme de la misma Policía?

"¡Deténgase, por favor!"

Nuestra guía se ha sobresaltado. No hace mucho dejamos la urbe y poco a poco nos internamos en una calle ancha y polvosa, flanqueada por matorrales y pequeñas casas desvencijadas de un solo piso rodeadas por maleza, o más bien alejadas, una casa de la otra, por la maleza, verdadera dueña del lugar. Esta colonia se antoja demasiado rural para ser considerada parte de San Pedro Sula, la ciudad más importante de Honduras —más que Tegucigalpa, la capital— por su actividad industrial. Estos son los matorrales de una de las ciudades más prósperas en toda Centroamérica.

Nuestra guía nos ha mandado hacer alto porque al fin hemos llegado a la entrada de Chamelecón, una comunidad peligrosa según la Policía. Nos ha detenido porque debemos cumplir un ritual.

"Tenemos que bajar los vidrios —nos dice nuestra guía—. Si no, van a pensar que venimos a dispararles."

A lo lejos, unos jóvenes esperan que nos acerquemos o que retrocedamos, parados sobre la acera de una pequeña casa con paredes de concreto. Ahí donde están ellos es la entrada a la comunidad, que se extiende un par de kilómetros a la redonda, bordeando un río ancho y sucio al cual la comunidad le ha robado el nombre: Chamelecón. El punto de control aquí responde a hechos pasados: otras veces han entrado pick-ups con vidrios polarizados, y eso ha dejado jóvenes muertos. Luego la Policía identifica a las víctimas, siempre, como pandilleros del Barrio 18.

Bajamos los vidrios. Nuestra guía pide que avancemos despacio. Los jóvenes nos miran curiosos. Están serios. Uno de ellos fuma; otro entrecruza los brazos; un tercero nos apunta con el dedo índice mientras habla con alguien a través del celular. No alcanzamos a identificar entre los balbuceos qué es lo que dice, pero mientras avanzamos nuestra guía resuelve el acertijo con una certeza que se antoja contundente:

"Esos *güirros* [chicos] son los espías de los muchachos. Seguro han avisado que no somos amenaza."

***

En el primer piso de un restaurante ubicado en el centro de la ciudad, un grupo de mujeres hace la cola para ordenar comida. A simple vista son un grupo más, amigas que se encuentran para compartir el almuerzo. Pero es hasta después de las presentaciones, de la aclaración de dudas —¿usted de verdad es periodista? ¿Cómo consiguió nuestros números? ¿Para qué quiere saber quiénes somos y lo que nos pasó?— que el grupo revela su verdadera identidad.

Y es hasta que subimos las gradas del restaurante, y nos ubicamos en una mesa del segundo piso, aislados del ruido y del resto de los comensales en el lugar, cuando una de ellas, entre risas, revela una interioridad:

"Usted no se fijó, pero no nos paramos para hacer la cola, para que nos identificara, hasta que decidimos que con usted, aquí, no correríamos peligro."

Esta mujer que habla con una risa nerviosa entre labios se convertirá más tarde en nuestra guía por una comunidad peligrosa de la ciudad. En esa comunidad, hace año y medio, su hermano fue torturado, secuestrado y desaparecido.

Las dos mujeres que la acompañan también perdieron a familiares en hechos distintos, ocurridos en lugares y fechas distintas, y a la fecha todavía los siguen buscando.

Antes de terminar el almuerzo, las mujeres ya han hecho un resumen ejecutivo de sus casos, de la vida de sus parientes desaparecidos y de las circunstancias extrañas que rodean sus ausencias. También han hecho un resumen de lo que hicieron el día anterior y en la mañana del día de la reunión: visitaron cementerios clandestinos y, hoy temprano, la morgue de la ciudad. Luego de andar preguntando de cabo a rabo, y ahora que están almorzando, las mujeres han cambiado a temas menos dolorosos. Entre bocados se han preguntado por sus familiares y por la salud de sus hijos. No son las mejores amigas, pero por ratos lo parece. Las une un lazo no deseado: es como si fueran las integrantes de un club que en realidad no existe (al menos no formalmente): el club de las madres, esposas, hermanas, familiares de desaparecidos de San Pedro Sula.

✳✳✳

El Consejo Ciudadano para la Seguridad Pública y Justicia Penal, una oenegé mexicana, ha señalado a esta ciudad, los dos últimos años consecutivos, como la ciudad más violenta del mundo. El año 2012 cerró con una tasa de 169 homicidios por cada 100 000 habitantes. Mal afamada, San Pedro Sula ha trascendido fronteras subida en sus muertes. Más recientemente, un fotoperiodista la puso en el escaparate internacional luego de retratar una pequeña escena de violencia que mereció el segundo premio del World Press Photo en la categoría "Hechos contemporáneos". En la imagen hay un hueco, un hueco en un portón que separó al fotoperiodista de una escena de homicidio; en el hueco, una mesa de billar; debajo de la mesa, dos cuerpos tirados en el suelo; en medio de los cuerpos, un charco de sangre.

Pero si se le extirpa el drama detrás de cada escena violenta, San Pedro Sula es una ciudad plana en la que parece que el calor determine la velocidad con la que se mueve la gente. Es así hasta que llueve, porque junto a la violencia de hoy día algo que define bien a esta ciudad es su deficiente sistema de alcantarillas.

San Pedro Sula genera 60% del PIB de Honduras y está justo al borde del precipicio desde el que las ciudades más importantes de Centroamérica intentan saltar a la modernidad, pero no logra quitarse el nudo que la ata a su clásica estampa de pueblo grande y acartonado. Cuando llueve, en el centro de la ciudad —diseñado con la tradicional cuadrícula española— lo más recomendable es alejarse de las calles y las aceras, porque San Pedro no es tan plana como aparenta. Bajo una lluvia copiosa se han visto casos de transeúntes arrastrados y de carros que flotan a la deriva debido a las fuertes correntadas.

A medida que uno se aleja del centro, en muchas de las barriadas las tuberías de aguas negras prácticamente desaparecen; y en las comunidades más apartadas, como Chamelecón, cualquiera lluvia con carácter lo empantana todo. Forma pozas, lodazales intransitables, zancuderos.

Justo eso es lo que hay frente a la casa a la que nos ha conducido nuestra guía: un charco de lodo, un zancudero.

Nuestra guía se ha bajado del vehículo y ha gritado un nombre. Después de unos segundos, al portón se han asomado las dos protagonistas de esta historia. La madre es bajita, morena y gordita. Tiene 45 años. La hija es una blanca y desenfadada chica de ojos verdes, espigada y curvilínea. Es una bonita niña de 12 años.

Después de los saludos y las presentaciones, nuestra guía le habla a la madre, que para efectos prácticos es su cuñada:

"Enséñeles adónde cayeron los disparos", le dice.

La niña a lo mejor sospecha de qué va la plática y se aburre antes de que inicie. Pide permiso a su madre para salir a jugar con sus amigos, tres niños que se han asomado a la escena, curiosos. La madre accede y la niña se escabulle en un corredor y luego regresa empujando una bicicleta. Sale a la calle, se monta, arranca y pedalea hacia la esquina de la cuadra. Sus amigos van tras ella.

La madre nos enseña cinco agujeros de bala en el portón.

Entramos.

La sala es pequeña, y frente a la sala hay una mesa de vidrio, quebrada en dos de sus esquinas. La quebraron los hombres que secuestraron a Carlos López, el hermano de nuestra guía.

***

El 21 de agosto de 2011, a las cinco de la mañana, junto al canto de unos gallos, un grupo de hombres despertó a la familia López, asustando a todos, porque los hombres golpeaban con fuerza el portón de la vivienda.

"¡Abran o tumbamos el portón!", gritó uno de los hombres, mientras otros dos seguían meneando la lámina de la puerta. Carlos López, desencajado, desconfiado y temeroso, no supo qué hacer, y no fue sino hasta que su mujer le pidió que se asomara por la ventana de la sala y preguntara a esos hombres quiénes eran y qué querían, que decidió salir. Lo hizo. Entreabrió la puerta y preguntó a esos hombres quiénes eran y qué querían. En el cuarto, su mujer abrazaba a su hija, que también había pegado un brinco desde el colchón en el que dormía en el suelo hasta la cama en la que seguía su madre, de rodillas, espiando por una de las rendijas de la ventana.

"¿¡Quién es!? ¿¡Qué quieren!?", gritó Carlos López, e inmediatamente recibió, de nuevo, la misma amenaza: "¡Abran o tumbamos el portón!"

Sobre todo porque en Chamelecón hay pandilleros del Barrio 18, uno nunca imaginaría que los captores de Carlos sean esos a quienes su esposa, su hija y su hermana acusan.

Los hombres iban vestidos con uniformes parecidos a los de la Policía, con armas gruesas como las que usa la Policía, y con gorros navarone como los que usa la Policía cuando hace redadas sorpresa. En el chaleco antibalas que cargaba uno de los hombres, la mujer de Carlos López alcanzó a descifrar unas letras: DNIC. División Nacional de Investigación Criminal de Honduras.

Todo lo que ocurrió después de que Carlos abriera la puerta y de que ese comando armado entrara a la casa, provocó que la hija de Carlos López sufriera un trauma que hoy es atendido por una psicóloga. Un trauma que quizá cargará hasta el día de su muerte.

***

Carlos López tenía 17 años de vivir en Chamelecón cuando fue secuestrado y desaparecido por un grupo de hombres armados y vestidos como policías. Regentaba, en el parqueo de su vivienda, una sala con cuatro mesas de billar y un pequeño expendio de cervezas. Era un líder comunitario, amigo de todos, precisamente porque su local era el único lugar de diversión para los hombres de la comunidad en unos dos kilómetros a la redonda. En comunidades como la Chamelecón, cuando se habla de los hombres de la comunidad, hay que tener en cuenta que también estamos hablando de "los güirros", los pandilleros.

Carlos López abría el billar de martes a domingo, de cinco de la tarde a 10 de la noche. Y unas tres veces por semana jóvenes pandilleros de la comunidad llegaban al local de Carlos López para jugar, para departir, para conversar.

En Chamelecón, como en los cientos de comunidades dominadas por pandillas en toda Centroamérica, esos jóvenes se convierten en una especie de autoridad a la que no se le puede decir que no. Hay demasiado en juego. Pero por curioso que parezca, la amenaza a la integridad física de sus vecinos es algo que solo ocurre en circunstancias anormales: si la pandilla cree que un vecino o vecina tiene relaciones con la pandilla rival, o si sospecha que es informante de la Policía. Una tercera causa, también frecuente, tiene que ver con el abuso sexual hacia las mujeres jóvenes o con noviazgos forzados por la ley del más fuerte. Sobre todo si esas jóvenes no tienen a padres como Carlos López, un hombre respetado por los pandilleros, que velen por ellas.

Los pandilleros son los hijos de los vecinos que hombres como Carlos López han visto de niños y han visto crecer. Por esas cercanías y empatías, salvo lo ya mencionado, los pandilleros hacen uso de una soberanía que se camufla en la cotidianidad de la convivencia entre los vecinos.

A Carlos López, por ejemplo, nunca lo extorsionaron. Pero una vez al mes él, a petición de ellos, y luego de una serie de negociaciones, les regalaba a los pandilleros de la 18 una caja de cervezas.

Hacía lo mismo para las festividades y para las fechas de cumpleaños de los miembros de la pandilla. Cumplido ese tributo, ni Carlos López ni su mujer temieron nunca un problema con los muchachos.

Si temían, en cambio, que las actividades de los muchachos los metieran a ellos en problemas. Sobre todo porque la presencia de los pandilleros de la 18 en el billar podía comprometerlos a ellos con otro bando. Uno que usa armas legales, que tiene placas de autoridad pero que en Honduras, desde hace años, es en el rumor y en la práctica una institución profundamente corrupta. La Policía.

***

"¡Que abra, le digo!" Carlos López abrió el portón, y su mujer solo alcanzó a escuchar el gemido de alguien al que le acaban de sacar el aire del pecho. Luego escuchó que una mesa de vidrio se quebraba, y rápido comprendió que habían quebrado su mesa.

La madre y la hija se abrazaron, pero al instante fueron separadas por uno de los hombres, que entró en el cuarto y con un grito les ordenó que se pararan. Mientras lo hacían, ambas vieron que Carlos López era arrastrado por otros dos hombres hacia la cocina, ubicada al otro lado del cuarto.

—¡Vos sos el Mope! —le gritaba uno de sus captores a Carlos López, mientras otro terminaba de esposarle las manos en la espalda.

Carlos se negaba, restregaba la cara contra el piso. Recibió unas cuantas patadas.

—¿¡Vos no sos el Mope!? ¡Pero si vos sos pandillero! —insistía su captor.

En el cuarto, la mujer de Carlos también fue interrogada, pero ella no respondía porque se había quedado como muda. A Carlos, en la cocina, le seguían dando patadas.

—¡Su nombre es Carlos López! ¡Es mi papá, por favor dejen a mi papá! —gritó descontrolada la hija de Carlos, al ver que a su padre lo torturaban y que su madre se había quedado ida.

Fue hasta que el sujeto que estaba con ellas en el cuarto se acercó a la niña que la mujer de Carlos López reaccionó. Recuerda que aquel hombre casi topó su máscara contra la nariz de la niña, mientras la miraba fijo, con ojos furiosos.

—¡Mi esposo no es el Mope! —gritó ella, y luego volvió a abrazar a su hija.

¿Compasivo?, ¿intimidado?, el hombre ordenó a los dos que estaban en la cocina que sacaran a Carlos hacia el patio. Aquella mañana había en la casa de los López una sobrina de Carlos, que la noche anterior había llegado de visita. Uno de los sujetos la descubrió escondida en otro de los cuartos de la casa y la sacó también hacia el patio, jalándola de los pelos, arrastrándola.

—¡Esta *güirra* es pandillera! —dijo el que la había encontrado, y luego la levantó, le estrelló el cuerpo y la cara contra una pared y la tiró al suelo, boca abajo. Por último le puso una de las botas encima de la nuca. Y se quedó ahí, la bota sobre la nuca, durante un buen rato.

Ni Carlos López, que a esas alturas era un bulto impotente, ni su mujer entendían por qué pese a hurgar las pertenencias de Carlos, de darle vuelta a la casa, de no encontrar ni droga ni armas, esos sujetos seguían insistiendo en que en esa casa había un pandillero conocido como el Mope, y seguían buscando drogas, y seguían buscando armas.

Eran seis los encapuchados, con uniformes parecidos a los de los policías, con chalecos parecidos a los de los policías, que torturaron durante los siguientes 10 minutos a Carlos López frente a su mujer, frente a su sobrina, frente a su hija.

Esposado, con la cara ensangrentada besando el suelo, debajo de una mesa de billar. Es la última imagen que la hija de Carlos López guarda de su padre. Los hombres armados lo levantaron de los pelos, y pese a los ruegos de la niña y de la esposa no dejaron que se despidiera. Se lo llevaron hacia la cama del pick-up con vidrios polarizados en el que habían llegado. Las mujeres intentaron seguirles el paso, pero tuvieron que retroceder y esconderse detrás de una pared porque uno de los sujetos, antes de subirse al vehículo, roció el portón de la casa con una ráfaga de metralleta.

Ellas sospechan que lo hizo para evitar que apuntaran la placa del vehículo.

***

Hace años, en la víspera de la Navidad del 24 de diciembre de 2004, un autobús repleto de gente fue acribillado por un comando armado en una calle de la colonia San Isidro de Chamelecón. Murieron 28 personas, entre ellas siete niños.

Justo en la cresta de su campaña cero tolerancia en contra de las pandillas, el entonces presidente de Honduras, Ricardo Maduro, denunció que ese ataque lo habían perpetrado pandilleros. La Policía capturó a varios sujetos, supuestos miembros de la Mara Salvatrucha, y los acusó de ser los autores de la masacre. Al cabo de un año, un tribunal condenó a dos de esos cinco sospechosos a cumplir 822 años de cárcel. El fallo fue todo un hito en las cortes penales del país. Un éxito.

Lo curioso del caso es que diversas organizaciones de derechos humanos en Honduras sostienen, hasta la fecha, que no fueron pandilleros los que perpetraron esa masacre. La duda la abrió uno de los candidatos a la presidencia de la época, que eventualmente se convertiría en presidente de Honduras: Manuel Zelaya. Mel, el presidente que sería derrocado por el golpe de Estado de 2009, dijo en 2005 que detrás de esa masacre estaba al narcotráfico aliado con la Policía.

No fue la primera, ni la última vez, que se acusaba a la Policía de Honduras de estar detrás de prácticas de exterminio.

En 2002, dos años antes de la masacre, la inspectora de la Policía, comisionada María Luisa Borjas, intentó procesar a un grupo de oficiales e investigadores de la División Nacional de Investigaciones (DNIC) por su participación en una serie de ejecuciones extrajudiciales de jóvenes sospechosos de ser pandilleros o sospechosos de ser delincuentes. Uno de los líderes de este grupo de oficiales era Salomón de Jesús Escoto Salinas, que cinco años después, en 2009, sería designado por Manuel Zelaya como director de la Policía. Según las investigaciones de Borjas, ese mismo grupo era el responsable de haber organizado el secuestro de un exministro de Economía y de luego haber ajusticiado a los secuestradores que les colaboraron en la tarea. Al frente de este grupo, Borjas también señaló a Juan Carlos "el Tigre" Bonilla, el actual director de la Policía hondureña.

Mientras Borjas intentaba armar sus casos, fue destituida y expulsada de la corporación policial. Sin embargo, desde hace 10 años es un referente para hablar de la corrupción policial. Ella sigue insistiendo en que entre 2002 y 2004 el gobierno de Ricardo Maduro "implementó una política de exterminio en contra de supuestos jóvenes pandilleros o delincuentes, liderada por los altos mandos de la Policía, creada, diseñada y puesta en marcha en las ciudades de San Pedro Sula y La Ceiba".

En octubre de 2011 las acusaciones que Borjas hizo entre 2002 y 2004 resucitaron. En Tegucigalpa, la capital del país, un grupo de policías secuestró y ejecutó a dos jóvenes. Uno se llamaba David Pineda. El otro era Alejandro Castellanos, el hijo de la rectora de la Universidad Nacional Autónoma de Honduras, Julieta Castellanos.

El crimen sacudió al país porque en menos de dos semanas se supo que la cúpula policial había intentado encubrir el crimen. Sacudió al país, además, porque el crimen logró que Honduras reconociera, por fin, que *su* Policía no solo tiene una fuerte propensión hacia la corrupción y una relación estrecha con el crimen organizado, sino que, además, tiene en sus filas a asesinos.

El caso de Carlos López es uno más entre otro centenar de casos de desaparecidos o ejecutados en todo el país. Una amiga de nuestra guía, otra miembro del fúnebre club de madres, esposas y familiares de desaparecidos en San Pedro Sula, perdió a su esposo, Reynaldo Cruz, luego de que un comando armado, a bordo de un pick-up polarizado, lo secuestrara en una calle transitada de la ciudad. Ella y su esposo iban a bordo de un microbús del transporte colectivo cuando el pick-up se atravesó en el camino y le dio el alto. Del vehículo se bajaron unos hombres encapuchados que encañonaron a todos los pasajeros, bajaron a Reynaldo, le cubrieron el rostro con un saco de tela, lo metieron al pick-up y se lo llevaron. Sigue desaparecido. Los hombres vestían como policías de la DNIC: ropa sport, chalecos antibalas, gorros navarone.

Reynaldo, al igual que Jorge López, regentaba un billar en su colonia, La Planeta, otro de los suburbios más importantes de Honduras y, según las autoridades, la colonia más conflictiva de la ciudad por la fuerte presencia de pandilleros en ella. En el último año, antes de su secuestro, Reynaldo había sido acusado por los policías que patrullaban La Planeta de proteger a pandilleros. En realidad, Reynaldo era el líder de su comunidad, regentaba un billar, recibía a todo tipo de clientes, y su trato con los jóvenes de la comunidad, pandilleros o no, respondía a su trabajo como promotor de limpieza y recreación de la municipalidad. De esos altercados con la Policía la familia incluso tiene una fotografía, movida, que un vecino tomó cuando en una redada policial en el billar un grupo de agentes intentó llevarse a Reynaldo. Del secuestro el único testigo que ha quedado, el único que quiere recordar que sucedió, es su mujer, una desesperada madre de tres hijos, que ha abandonado su casa y se ha refugiado en las afueras de la ciudad, en casa de unos amigos.

Comandos armados. De eso habla todo mundo en Honduras, sobre todo en San Pedro Sula, últimamente. El domingo 17 de febrero de 2013 Óscar Ramírez, un joven de 17 años, hijo del penúltimo director de la Policía —hay alta rotación en el cargo—, fue asesinado en una lujosa colonia en las afueras de Tegucigalpa por un comando armado. Su padre, Ricardo Ramírez del Cid, el exdirector de la Policía, ha pedido que se investigue al actual director policial, Juan Carlos Bonilla, por su posible vinculación con el crimen.

Juan Carlos Bonilla, el Tigre, el mismo oficial que hace 10 años fue acusado por María Luisa Borjas de dirigir a un grupo de policías que ajusticiaban a presuntos delincuentes en la ciudad de San Pedro Sula.

***

¿Por qué San Pedro Sula es la ciudad más violenta del planeta? ¿Por qué Honduras es el país más violento del planeta? Es casi imposible dar una respuesta contundente, pero lo cierto es que hoy día hay una pregunta más apremiante para tratar de entender el drama de las víctimas en este país. ¿Cómo se vive en un lugar donde se desconfía de todos, hasta de la misma Policía? Las respuestas, hoy día, apuntan a un solo culpable que, dicen, ha desconfigurado todo: ha convertido en poderosos a los malos y en malos a los buenos. Y aunque cuando hablan de este culpable los expertos se refieren a San Pedro Sula, las respuestas bien podrían explicar lo que ocurre en todo el país, en el oriente, en la costa atlántica, en el occidente.

Dice Migdonia Ayestas, directora del Instituto Universitario en Democracia Paz y Seguridad, una oficina adscrita a la Universidad Nacional de Honduras desde donde se coordina un observatorio de la violencia auspiciado por Naciones Unidas: "No hay una completa investigación criminal que explique las causas y motivos de esta violencia. Pero los datos de los móviles preliminares que dan las autoridades apuntan a que detrás de este despunte está la narcoactividad que viene de Suramérica y pasa por Centroamérica".

Dice Elvis Guzmán, vocero de la Fiscalía de San Pedro Sula: "El sicariato, el narcomenudeo, la participación de las pandillas relacionados o no con el crimen organizado son parte del gran problema del narcotráfico. Y eso no lo podemos negar. Ese es el problema actual: el narcotráfico. Aquí eso se maneja mucho".

Dice el comisionado Amílcar Mejía Rosales, jefe de la Policía en San Pedro Sula (recién trasladado desde Tocoa, uno de los departamentos donde se descarga más droga proveniente de Suramérica, y un departamento en el que también se libra una batalla por la tierra entre campesinos y guardias de terratenientes): "Honduras es el país de Centroamérica más vulnerable por el tránsito de droga de sur a norte. Y le voy a explicar esa vulnerabilidad: como los grandes narcotraficantes están pagando la logística de almacenaje y transporte no con billetes, sino con droga, la pelea entre los narcomenudistas locales por territorios y mercados está haciendo que los homicidios se disparen".

**

Desde la desaparición de Carlos López, ocurrida hace más de 16 meses, a su mujer siempre se le viene la cabeza algo que para ella no termina de tener sentido: ¿Por qué el comando que irrumpió en su casa insistía en preguntar por droga, por armas, por un pandillero al que evidentemente no conocían, cuyo rostro no habían visto nunca? Trata, sin embargo, de no dar muchas vueltas a ese asunto. Le interesa más, porque está convencida de que quienes se llevaron a Carlos fueron policías, que alguien le diga dónde está su marido, vivo o muerto. O que alguien señale a quienes lo desaparecieron.

A la fecha, ni la Fiscalía de Derechos Humanos en Honduras ni la Policía tienen conclusiones sobre las desapariciones de Carlos López, Reynaldo Cruz o los otros tres desaparecidos por los que clama el club de los familiares de desaparecidos de San Pedro Sula.

Antes de despedirnos, la madre y la hija nos acompañan a un terreno baldío ubicado a unos 500 metros de su casa. Es un patio de unos 25 metros cuadrados. Atada a unos árboles y enrollada entre los alambres de púas de una cerca, resalta en ese lugar una cinta amarilla con la leyenda "no cruzar" impresa en ella.

Hace tres días, en ese lugar, la Policía ha encontrado un cementerio clandestino. Se supone que hay al menos tres cadáveres enterrados aquí, supuestas víctimas de la pandilla Barrio 18. En el trayecto, la hija de Carlos López ha estado callada, absorta en sus propias cavilaciones. Pero cuando llegamos a este patio, deja suelto un comentario: "¡Ju! A saber cuántos pedazos de gente van a encontrar ahí…"

Un día después, los forenses encontrarán en el lugar un cuerpo que no será el de Carlos López.

Mientras esperamos al chófer que nos sacará de Chamelecón, la madre pregunta: "¿La embajada de Estados Unidos dará asilo a gente como nosotras?"

Teme que quienes se llevaron a Carlos regresen por ellas. Teme por su hija. Una joven bonita en un sector de pandillas, sin la protección de un padre al que todos le tenían respeto, preocupa a su madre.

Antes de partir, un pick-up de la Policía nos alcanza. Vienen del cementerio clandestino. Cruzamos la mirada con los agentes. Van serios. Los ojos de la niña se llenan de toda la furia de la que es capaz una niña de 12 años.

"Ahí van esos malditos", susurra cuando el pick-up ya se ha alejado.

Yo madre[*]

ROBERTO VALENCIA

Junio 2013

Cifras oficiales: más de 60 000 pandilleros activos y —lo más inquietante— un entramado social que representa casi 10% de la población salvadoreña. ¿Puede seguir abordándose este problema como algo estrictamente delincuencial? Un periodista de El Faro *se reunió a lo largo de 13 meses con la madre de un pandillero para intentar comprender qué conduce a un joven de una comunidad empobrecida a integrarse a una pandilla, y cómo una mamá digiere que el fruto de su vientre se convierta en pandillero.*

> Hay muchos hogares destrozados, hay mucho dolor, hay mucha pobreza. Hermanos, todo eso no lo miremos con demagogia.
>
> MONSEÑOR ÓSCAR ARNULFO ROMERO,
> diciembre de 1979.

No deseo a nadie que tenga un hijo así, como el mío. No es fácil vivir con esto. A veces quisiera ser un hada y cambiarlo todo, a él, pero lastimosamente no se puede. A veces hubiera preferido que fuera ladrón o afeminado. En la cárcel lo tengo ahorita. Si está ahí es porque algo debe, usted sabe, y si va a salir a las mismas… Puede sonar injusto que

[*] Los nombres de algunas personas que aparecen en este relato se han modificado para proteger sus vidas; también algunos lugares y otros detalles que podrían resultar comprometedores.

una mamá hable así, porque casi todas las mamás quieren que sus hijos salgan, que salgan así deban cinco o 10 muertos. Mi forma no es así. Eso de que uno va a estar haciendo daño a otras personas y riéndose de la vida… no. Pero a él no se lo digo como se lo estoy diciendo a usted. Eso me lo guardo. Al principio caía como en depresión. Bien feo me agarraba. Pero si me derribo, ¿quién va a criar a mis otros hijos? Pasé otro tiempo que sentía que me disparaban por la espalda. Otras veces pienso que me van a parar y me van a decir: esta es la mamá de fulano. Es como una psicosis, como que yo anduviera los tatuajes en la frente. Porque hay resentimientos, y si le quieren dar donde más duele… Yo así le digo: tus hermanitos van a pagar el pato… y yo, ¿creés que no? Y por ahí lo voy amortiguando, aconsejando. Le digo: mirá, Dios te tiene aquí con un propósito, que cambiés. Yo sé, mamá, me dice. ¿Qué más puedo hacer? Es mi hijo… Sí, hay madres que se alejan de sus hijos, pero eso no cabe en mi corazón.

***

No le gusta airear su secreto. Hace seis meses ni siquiera sus otros hijos sabían que Gustavo es un *activo* de la Mara Salvatrucha-13 (MS-13). Apenas se lo ha susurrado a los familiares más cercanos y a las poquísimas personas que se han ganado su confianza.

Hoy es un martes de abril, 2012, y Madre al fin ha accedido. La cita a ciegas es a la 1:15 de la tarde en un centro comercial sobre la 10ª Avenida Sur, en la parte baja de San Salvador. Aunque el Barça juega la Champions y hay movimiento, reconocerla resulta demasiado sencillo. Cuarentona, el plante recio de una veterana vendedora de la calle —rostro expresivo, mirada afilada, espalda ancha, brazos más gruesos que los míos— y la cara de preocupación de quien guarda un secreto terrible. Viste falda larga, como les dice el pastor.

Nadie más sabe que Madre hoy ha quedado para hablar de su secreto.

—Con Gustavo me pasó que le di mucha libertad —dice—. Yo confiaba porque era bien tranquilo, si de niño hasta las cipotas le pegaban, y hogareño: dejábamos desorden en la casa, y al llegar lo había arreglado.

Madre exige que Gustavo nunca —nunca— sepa que va a contar su secreto a un periodista. Madre teme a los pandilleros. Vive entre ellos. Madre sabe, y porque sabe, teme. En este primer encuentro, en un Pollo Campero, se la ha pasado mirando alrededor con recelo. Cuando ha dicho algo de la pandilla, ha bajado la voz como si estuviera en un templo.

—Entonces, ¿me dejará contar su historia?

—Solo si me promete que no va a ir mi nombre ni el de mis hijos ni mi dirección.

Exige también lugares menos concurridos para hablar. Madre en verdad teme.

✳✳✳

Hace apenas 30 años Mara Salvatrucha y Barrio 18 no significaban absolutamente nada en El Salvador. De hecho, hasta que se pervirtió, "mara", la palabra que define el fenómeno del pandillerismo juvenil centroamericano, tenía connotaciones positivas. Se utilizaba para referirse afectuosamente a los conocidos de la colonia o la escuela, a la cuadrilla, al grupo de amigos.

Pero en los ochenta las guerras y la pobreza expulsaron a cientos de miles de centroamericanos —sobre todo salvadoreños— hacia Estados Unidos —principalmente al área de Los Ángeles—; las *gangs* angelinas sedujeron a una parte de los migrantes que cayeron en los suburbios latinos; cientos se integraron a la pandilla 18 o en la MS-13, aunque no solo; y a inicios de los noventa el gobierno estadounidense desató una política de deportaciones masivas de centroamericanos con el virus de las pandillas interiorizado.

En cuestión de meses El Salvador vivió la llegada de docenas, centenares de *activos*, cuyo estilo de vida —ropas holgadas, tenis Nike Cortez, llamativos tatuajes, estrictos códigos disciplinarios y una seductora oferta de hermandad eterna— resultó ser un imán para la juventud de la posguerra. También deportaron a integrantes de otras pandillas y estaban las autóctonas, pero en menos de una década la MS-13 y el Barrio 18 polarizaron el fenómeno de tal manera que en la actualidad parecen las dos únicas.

La extrema desigualdad social, la débil institucionalidad, la impunidad y determinadas políticas públicas que actuaron como combustible —la política de "mano dura" y la decisión de asignar cárceles a cada una de las pandillas, por citar un par de ejemplos— fueron el caldo de cultivo idóneo para la radicalización de las maras, más violentas y con un control territorial más agresivo que el de las casas matrices en Los Ángeles.

Esto no es exageración: en amplias zonas del país la gente hoy tiene miedo de pronunciar en público los números 13 o 18.

El gobierno de El Salvador empezó en 2012 un censo para dimensionar la implantación del fenómeno. En mayo de 2013, monitoreados 184 de los 262 municipios, las cifras oficiales hablan de 60 000 pandilleros activos y de una red social adicional de 410 000 personas, entre *chequeos* (jóvenes en periodo de pruebas para ganarse un lugar), *jainas* (novias o compañeras de los pandilleros), *mascotas* (niños que caminan con la pandilla) y familiares directos que mantienen vínculos. Y entre los familiares, una figura hegemónica: la madre.

Hay varias docenas de miles de madres de pandilleros en El Salvador. En un universo tan vasto cabe casi de todo: madres cómplices de los delitos de sus hijos, madres que simplemente se aprovechan del terror que infunde la pandilla, madres pasivas pero que de alguna manera se benefician de la actividad delictiva, madres distanciadas de sus hijos, madres que odian a sus hijos… y madres —como Madre— que a su hijo pandillero lo quieren de corazón pero también de corazón odian la pandilla.

***

Es jueves y mayo. Hace dos meses que Mara Salvatrucha y Barrio 18 acordaron una tregua auspiciada por el gobierno. Los homicidios se han desplomado a menos de la mitad, y las concesiones del Estado a los pandilleros no se han hecho esperar, con generosidad acentuada en las cárceles: removieron a los militares de los controles de ingreso; el horario para la visita íntima pasó de una a 12 horas; los familiares pueden meter hoy más dinero y comida; colocaron televisores de plasma en las celdas. También se restituyó un derecho: ahora entran los niños.

—El sábado que fui a verlo llevé a Erick.

Gustavo tiene un hijo —Erick— que en junio cumplirá cuatro años. Llevaba casi dos sin acariciarlo, desde que el gobierno prohibió a los pandilleros ver a sus hijos. Fue un sábado de abrazos pospuestos y besos diferidos en el área de visitas.

—Nomás verlo le dijo "papá". Y Gustavo, llorar y llorar. "Erick, ¿me querés?", le decía. "Sí." "Pues abrazame", le decía. Lo anduvo paseando por toda el área de visita. Un amigo lo vio y le dijo: "Si tus mismas orejas tiene, ¿y decís que no se te parece?" Fueron como dos horas. Al irnos, el cipote le dice: "Me quiero quedar aquí, con vos". Gustavo lloraba. Los tres lloramos. "Andá a la casa", le decía el cipote. Bien vivo.

✳✳✳

Madre nació un sábado de octubre de 1971 en el Hospital de Maternidad, donde nacían y nacen los pobres. Hija de Manuel y María Julia, curtidos vendedores de la calle los dos, fue la mayor de los cinco hijos que engendraron —dos murieron al nacer—, pero ambos huían de fracasos previos: María Julia tenía otros tres hijos; y Manuel, otros cinco. El primer hogar fue un mesón de la colonia Zacamil de Mejicanos.

—Mi papá vendía dulces-cigarros-chicles... y le iba bien, era bien famoso. Pasó 20 años en la puerta de un colegio y los fines de semana, al estadio. Era un pan de Dios. Tomaba sí, pero no nos golpeaba. Conmigo fue bien chévere... Mi mamá no. Me obligaba a lavar ropa, a cocinar, a trapear. Una vez me quebró una escoba en el lomo por quemar unas pescaditas.

La familia consiguió un lote en el Campamento Morazán, en Soyapango. Fue cambiar de sitio para no cambiar. Con 11 o 12 años, Madre se cansó de la rigidez y de los golpes, y marchó a vivir con una hermanastra al reparto San José, también en Soyapango.

—Ella me enseñó a cocinar, a ir al mercado... todo lo importante.

Una discusión con la hermanastra la regresó a casa de sus padres, pero nada sería igual. Niña aún, pero Madre tenía su propia venta de dulces-cigarros-chicles —el influjo indeleble de la figura paterna— en una parada de buses urbanos cerca de la Alcaldía de San Salvador. Con 13 años creyó tener encarrilada la vida: abandonó los estudios en sexto grado y se dejó querer. Pudo haber sido distinto, pero no.

—Los novios que tuve eran cobradores de buses; tanto pasar y pasar por mi venta.

Con 14 se fue a vivir a un mesón en la colonia Yumuri de Mejicanos, junto con un cobrador que la enamoró —una década más viejo— y la suegra. La amorataba a mordiscos para que todos en la colonia supieran que tenía dueño y le prohibió trabajar. Para Madre eso era el amor. Se sentía completa con novio formal, un techo y la vida por delante. Antes de haber cumplido los 16 quedó embarazada.

Pero su proyecto de vida colapsó como un rascacielos golpeado por un Boeing 767. Para cuando Gustavo nació, abril de 1988, las continuas infidelidades del ya excobrador y las consecuentes discusiones forzaron el regreso de Madre a casa de sus padres, que ahora vivían en una comunidad por el Centro de Gobierno, en San Salvador.

"Del padre de Gustavo sé que se casó y poco más. Él jamás me volvió a preguntar ni yo lo busqué. A mi hijo lo crie sola. Desde tiernito me tocó tenerlo a la par."

***

La privacidad apalabrada es uno de los quiosquillos junto a las piscinas del Centro Español, en la exclusiva colonia Escalón, de San Salvador. Aún es el mismo jueves de mayo en el que me cuenta el reencuentro carcelario de tres generaciones. Madre me acaba de decir también que su hijo cumple condena en Ciudad Barrios, y se entusiasma cuando le digo que tomé fotos cuando visité esa cárcel para cubrir algo de la Tregua.

—¿Podemos verlas? Quizá sale.

En Ciudad Barrios hay unos 2400 emeeses, y la posibilidad de que aparezca en alguna foto suena ridícula, pero enciendo la laptop y comienza la rueda de reconocimiento.

—A ver… ¿Puede poner un poco más grande ahí?

—…

—No, no es él. Así está aquel ahora, pelón, pero no es él.

—¿Y es alto muy alto?

—No, de mi porte… *Pere, pere*… Dele atrás…

—…

—Esa cara… más grande… Ahí está —no hay nadie alrededor, pero Madre baja la voz hasta el susurro—, ese es mi hijo.

Viste camisola blanca, como casi todos en la foto. Está en primera fila de un nutrido grupo. Gustavo tiene espaldas anchas, parece bien alimentado. Rapado al cero, sus orejas —las de Erick— lucen aún más grandes y despegadas. La peloneada muestra dos tatuajes de su *clica* en la cabeza, a un lado y en la parte alta. Los antebrazos también están tintados. El rostro y el cuello, limpios.

—Nos parecemos, ¿va? Ahí está mi Gustavo. ¿Y podría pasarme esa foto sin que nadie más la vea?

❋❋❋

Gustavo

Gustavo nació por cesárea un miércoles de abril de 1988 en el Hospital de Maternidad, donde nacían y nacen los pobres. Nació amarillento y lo retuvieron tres días. Madre recibió el alta antes, pero el tajo suturado de su bajo vientre se le infectó a la semana y regresó de urgencia al hospital como quien llega a pedir un favor.

"De la herida me salía un agua bien fea, que *hiedía*. Se me fueron los puntos y se me abrió todo. Me quedé un mes en Maternidad, luego me cosieron otra vez."

En la microeconomía del vendedor de la calle un mes sin trabajo es un mes sin ingresos. Apenas recibió el alta, Madre tuvo que ir al puesto, ahora con su hijo. Salían a las seis de la mañana a vender y regresaban a las seis de la tarde.

"Al bebé lo tenía a la par de la venta, en una cajita de cartón."
Resultó un niño tranquilo. Le costó hablar. No molestaba.
Tímido. Si le decía que se quedara quieto, quieto se quedaba.
Cuando hubo que matricularlo en una escuela, lo matriculó, pero
no alteró la dinámica de pasar juntos cuantas más horas mejor.
Quizá por eso el vínculo. Madre tiene una caja de zapatos llena
de fotografías; de sus tres hijos, Gustavo es con diferencia el más
retratado.

No era el más brillante de la clase, pero llegó hasta bachillerato
sin repetir grado. En casa ordenaba, barría, limpiaba trastes, se llevaba con sus hermanos, los cuidaba. Cumplió 10, 12, 15 años y nada
hacía pensar que terminara en una pandilla. Con 16 aplazó primero de bachillerato, y Madre decidió que comenzara a trabajar con
uno de sus hermanastros en una imprenta. Gustavo le entregaba la
mitad de su salario. Pero al año hubo un recorte de personal y quedó fuera. Sin trabajo y sin estudios, comenzó a pasar más tiempo con
los muchachos de la colonia.

"Lo que lo arruinó fue el mucho tiempo en las calles, y yo, que
confiaba en él porque era bien tranquilo: nunca llegó bolo a casa, no
fumaba. Él salía a la canchita a jugar y subía a las siete, y luego fue
pasando ese límite. A las ocho, después a las nueve, 10, 11…"

A mediados de 2006, con 18 años recién cumplidos, Gustavo le dijo que se iría a vivir con unos amigos a otra colonia. Madre
comenzó a sospechar cuando empezó a verlo bien vestido, zapatos
caros, nada que ver con la austeridad familiar. Pero se resistía a pensar que fuera pandillero.

Un día le dijeron que estaba preso en la delegación policial de
Mejicanos. Madre llegó y un comisionado le soltó a bocajarro que
era pandillero de la Mara Salvatrucha. Gustavo lo negó y renegó con
tanta determinación que Madre lo creyó. Salió a los tres días sin cargos. Volvió a caer preso, y esta vez lo enviaron a la cárcel de Chalatenango. Tardó meses en recuperar la libertad, y lo primero que
hizo al saberse libre fue regresar a casa para sincerarse, como quien
se quiere quitar un peso de encima.

—Ya no puedo vivir aquí —dijo Gustavo— ni podré venir a
visitarla, es para no causarle problemas.

—Hijo, vos bien sabés el bien y el mal. En esta casa hay calamidades, pero un mal ejemplo nunca lo has visto...

—Yo sé, mamá.

Gustavo lucía entero. Madre quería morir. Pero aquella plática no fue una discusión.

En marzo de 2009 un operativo de la División de Investigación de Homicidios de la PNC desarticuló su *clica*, pero Gustavo escapó. En junio quiso celebrar el primer cumpleaños de su hijo —el fruto de una relación en apariencia estable— y fue al centro de San Salvador a comprar piñata. Sobre la avenida España una patrulla le pidió la documentación en un control rutinario y comprobó que era prófugo. Gustavo cargaba 80 dólares y celular, y se los ofreció al agente. Esta vez no puedo, andamos dos más, obtuvo por respuesta. Aquellos fueron sus últimos momentos en libertad.

En agosto de 2010 Gustavo y otra decena de pandilleros de su *clica* fueron condenados a distintas penas por asociaciones ilícitas y por tres asesinatos cometidos entre junio de 2007 y enero de 2008. A Gustavo le cayeron 30 años.

—¿Y usted por qué cree que se metió en la pandilla?

—Por los limitantes que teníamos en la casa, quizá. Y que pasó mucho tiempo en la calle.

***

Mañana será junio y viernes, hoy es jueves y mayo. Madre está contenta, una contentura compatible con los temas de conversación más ásperos.

—El martes mataron a un cipote —dice—. Ahí por la canchita, del Seguro para arriba. Yo justo pasaba, como a esa hora voy a hacer limpieza.

—¿Usted lo vio?

—Solo oí los disparos. Dicen que 14 años tenía, y que lo habían expulsado de la escuela. Esta vez llegó un carrito del Canal 33.

—¿La otra pandilla lo mató?

—A saber. Solo sé que tenía 14 años y que vivía por los condominios. Yo oí los disparos y me agarró canillera... luego los grandes gritos. Gritaban: nooooo. A saber por qué lo mataron, pero 14 años tenía el cipote.

En El Salvador, uno de los países más violentos del mundo, la violencia se ha adueñado de la conciencia colectiva, pero hay —debería haber— una diferencia entre quienes conviven a diario con su expresión más cruda —las maras— y quienes viven en residenciales amuralladas y el fenómeno solo lo perciben por Facebook o por televisión. De cualquier conversación con Madre, en especial de las nacidas con vocación de intrascendencia, surge la evidencia del ambiente de extrema violencia que la rodea.

—Yo siento que la mentalidad de Gustavo ya cambió: 50% negativo y 50% positivo —dice, mientras la acerco en carro a la colonia Zacamil.

—¿En qué le nota usted maldad?

—A veces me ha hecho comentarios de la mamá de Erick. Dice que ya se ha ganado la bolsa negra, y que si no ha dado la orden es por el niño.

Ella tiene 19 años; lo tuvo con 15. Vivían juntos cuando detuvieron a Gustavo, pero el amor eterno se marchitó tras unas visitas a la cárcel. Ella tenía tatuado el nombre de él, pero lo cubrió con otro tatuaje. A Gustavo hoy le cuesta digerir que ella ponga trabas para que Erick lo visite, pero lo que más lo enciende es que ande con otros.

—Ella ahora tiene otras parejas —dice Madre—, y él ya me dijo: si quiere andar con otro baboso, que ande, pero que no sea ni de la colonia ni policía ni *homeboy* ni mucho menos de la otra pandilla; que sea civil; y que sus cosas las hagan fuera, donde nadie la vea; y que se cuide de no embarazarse. Él a veces se enoja, se enoja, pero yo intercedo por ella. Le digo: es la mamá de tu hijo, te lo está criando. Pero como dos veces le he oído eso de que se ha ganado la bolsa negra…

—¿Y qué dice usted cuando lo escucha?

—Me pongo a llorar. No seás así, le digo, ningún ser humano merece esas cosas, por muy malo que sea. Ya cuando me ve llorar me dice que estaba bromeando, "¿cómo va a creer usted?", me dice, "pero dígale que no se ande regalando a cualquiera". Eso sí le da cólera.

***

Madre crio sola a Gustavo, desde tiernito a la par. Ensayó algún intento de reconciliación con el padre, pero no tardó en concluir que la ruptura era la mejor opción.

Los últimos años de la guerra civil los vivió en casa de sus padres, pero apenas llegaba a dormir porque optó por trabajar a destajo. Siguió con su venta mañanera de dulces-cigarros-chicles y se colocó como mesera en una pupusería, de tres a nueve de la noche. Tomó otra decisión importante: dejó su puesto junto a la parada de buses y probó suerte unas cuadras al sur, en las puertas del cine Majestic. El bebé siempre a su vera.

La apuesta resultó un acierto, y Madre disfrutó de cierta holgura económica. Se permitía algún caprichito para Gustavo, raro era el domingo que no salían a comer pizza o pollo, y logró ahorrar 8 000 colones (914 dólares al cambio actual), una cifra que 20 años después le suena a fantasía.

En las puertas del Majestic conoció a Chamba, el portero del cine, cinco años más viejo y padre de dos hijas. No tardaron en irse a vivir juntos a un mesón ubicado detrás del mercado de Ciudad Delgado, para mientras, pero los Acuerdos de Paz trajeron un sinnúmero de proyectos de cooperación. Madre supo de una lotificación en la Zacamil —la colonia en la que estuvo su primer hogar— avalada por el Estado, las cifras cuadraban con su presupuesto, y llegaron a levantar su *champa*, que no tardó en convertirse en una modesta casita.

Con 22 años Madre volvió a embarazarse. Gustavo tenía seis cuando en enero de 1995 nació Karina.

En ese tiempo Madre supo no solo de las continuas infidelidades de Chamba, sino que en sus planes ella era algo así como el segundo plato, la querida.

—Chamba tiene otra hija de la edad de Karina. Esa otra mujer como que lo tiene absorbido. Es más joven, más boni… no, más bonita no es. El cuerpo quizá, pero como ellos solo eso miran, lo exterior.

—Usted como que no ha tenido mucha suerte con los hombres...

—Los padres de mis hijos me dejaron por otra. Quizá por lo mismo que yo he sufrido le digo a mi hija que se cuide y que elija a un hombre con valores, aunque sea *feyito*, porque de los bonitos rara vez sale algo bueno.

Pero la ruptura no fue tan abrupta en esta ocasión. Chamba siguió llegando a la casa, con aportes mínimos a una economía familiar que comenzaba a dar señales preocupantes, y con ocasionales fogonazos de pasión.

Con 29 años Madre volvió a embarazarse. Gustavo tenía 13 cuando en septiembre de 2001 nació Gabriel. Pudo haber sido distinto, pero no.

Como si presintiera que lo peor estaba por venir, pidió que la esterilizaran.

***

Viernes 15 de junio, 2012.

"¿Se recuerda del cipote aquel que le dije que mataron? ¿El de los condominios? Catorce años tenía. Pues dicen que jugando fue, que otro de los muchachos le puso la pistola en la cabeza, bromeando, y se le disparó. También dicen que es primo de uno de los meros-meros."

***

Karina

Karina nació por cesárea un miércoles de enero de 1995 en el entonces nuevo Hospital Zacamil, otro hospital para pobres. De los tres, resultó el embarazo más tranquilo, sin estreses ni discusiones de pareja. Madre está convencida de que eso determinó. Karina fue la primera en aprender a caminar. Siempre ha ido bien en los estudios. Tiene una edad complicada, 18 años, pero acepta con resignación la precariedad económica; ni siquiera protestó cuando la pobreza le privó de fiesta de 15 años. Madre cree que tiene madera de líder. Es bien madura, dice, el orgullo en la mirada.

El Día de la Madre de 2012 Karina le escribió una carta en la que le pedía disculpas por sus berrinches, le agradecía los valores inculcados y le prometía que iba a seguir esforzándose.

"Mi familia dice que es la única con la que me he ganado el cielo. Y eso que la mayoría somos vendedores y no le gusta mucho vender ambulante. En un puesto sí, ya estuvo haciendo tortas en el chalé de mi hermana, pero en la calle no le gusta. Yo la animo: rompé el hielo, no seás una vendedora más en la familia."

Karina ha logrado un hito en el árbol genealógico: alcanzar la mayoría de edad sin embarazarse. Aspira a convertirse en la primera licenciada de la familia.

**

La Tregua entre la Mara Salvatrucha y el Barrio 18 va camino de los cinco meses, las estadísticas oficiales insisten en que se cometen la mitad de asesinatos que hace un año, pero Madre dice que en su comunidad apenas nada ha cambiado. El "ver, oír y callar" sigue siendo ley de vida entre los residentes. El Estado, sin embargo, acentúa su permisividad con los pandilleros en las cárceles: para el Día de la Madre pudieron encargar Pollo Campero; y para el Día del Padre, Pizza Hut.

"Pero viera lo que me pasó el otro sábado que fui al penal con Erick…"

Dice Madre un martes de julio. Luego suspira.

"Gustavo se puso a jugar con él y a enseñárselo a sus amigos, pero ya al final el niño se viene y le dice gritando: sos un papá de mentira porque no vas a la casa y no me arreglás la bicicleta, y no me querés porque no querés que me quede aquí contigo. Tiene cuatro años pero es bien vivo. Y mi hijo se puso a llorar, a llorar, pero puro niño lloraba. Todos alrededor lo miraban callados, y yo lo abracé, llorando también pero con miedo, porque a saber qué estaban pensando. Y ahí alcancé a decirle: hijo, todo esto lo hubieras pensado antes."

***

Madre pidió que la esterilizaran cuando Gabriel nació, la segunda de las decisiones trascendentes que tomó en aquellos meses turbulentos. "Empecé a ir a la iglesia a los días de salir embarazada. No sé, sentí la necesidad."

Durante más de un año asistió a la Misión Cristiana Elim, pero unos familiares la convencieron para congregarse en otra más íntima —unos 70 feligreses en los días más concurridos— y más estricta, una que exige un año de cultos antes de bautizarse y que establece restricciones que rozan el fundamentalismo: solo faldas largas, mantelina (pañuelo) obligatoria para el culto o para leer la Biblia, nunca maquillaje ni aretes ni anillos ni bailes ni fiestas de cumpleaños, diezmo inexcusable de cada dólar que uno gane y estricta prohibición de trabajar los sábados.

—Yo antes el sábado era cuando más vendía, no paraba en casa, pero ahora, nada. Bueno, el año pasado fui a vender una vez porque lo necesitaba, pero no le dije a nadie.

La religión pasó a ser un pilar importante en la vida de Madre. Cada noche, cuando sus hijos duermen, acostumbra a hablar con Dios suavecito, para que nadie más la escuche. Primero le agradece, luego le pide perdón y por último le cuenta sus necesidades.

—Siendo usted tan religiosa, ¿qué le dijo a Dios cuando supo lo de Gustavo? ¿Le reclamó?

—No, no podemos hacer eso. Mi hijo ya era mayor y, como me dijo la jueza, sabía el bien y el mal, y si él hacía algo malo, sabía que iba a dar cuenta.

—Pero usted habrá rezado mucho por él.

—Sí, pero no está dentro de mí evitar eso. Es cierto que yo recibo lo que él está sufriendo porque soy la mamá, pero él se lo buscó. Lo mío es, digamos, una cruz que estoy cargando.

—A pesar de su profunda religiosidad.

—Pues sí, tal vez por algo que uno hizo antes y lo estoy pagando ahora. Quizá porque desobedecí a mi mamá, porque me fui de casa siendo bicha… a saber. No siento que sea un castigo de Dios, él no nos pone cargas que no podamos llevar.

Quizá no de Dios, pero en El Salvador sí es un castigo ser madre de un pandillero.

***

Es lunes y es noviembre, casi mediodía, y el cementerio municipal La Bermeja es una plancha ardiente bajo un cielo azul intenso. La madre de Madre murió ayer a primera hora, después de pasar más de tres semanas en coma en el Hospital Zacamil como consecuencia de un derrame cerebral.

La noticia voló casi en tiempo real hasta el penal de Ciudad Barrios, y Gustavo ordenó a Madre que gestionara los permisos para estar ahora en el cementerio, esposado. Madre hizo lo que le pidió su hijo, pero me acaba de asegurar que se ha alegrado en silencio cuando le respondieron que no era posible, que solo dan permiso —cuando lo dan— para entierros de familiares en primer grado de consanguinidad. La satisfacción es porque ahora aquí hay unas 100 personas, y la mayoría desconoce su secreto.

El Día de Muertos está reciente, y este solar de muertos engramado y sin cruces está lleno de flores plásticas multicolores, algunas zapateadas y pisoteadas. A un costado hay dos canopis: el más grande es para rescatar del sol a familiares y amigos, pero no da abasto; otro más pequeño está sobre la fosa, sobre cuatro empleados municipales con palas y una estructura metálica rectangular que usan para bajar el ataúd.

"Pueden pasar a verla para despedirse —dice el pastor—, porque van a proceder a sepultarla. Me dicen que ahorita hay otro entierro."

En este sector del cementerio meten a tres o cuatro personas en cada fosa, y es el azar el que elige tanto la ubicación concreta como los acompañantes de soterramiento. En las lápidas —del tamaño de un cuaderno e incrustadas en el suelo— nomás se agrega el nombre del nuevo difunto a los otros con apellidos foráneos. Alguien dijo que la muerte nos iguala a todos, ricos y pobres, pero parece que a algunos los iguala más que a otros.

Gabriel llora. Madre y Karina prefieren la seriedad. Ellas son las que más sufrieron los últimos años de María Julia, que fueron duros: diabetes, úlcera, silla de ruedas, y su carácter siempre conflictivo.

469

"Mi deber es servir a mi madre, con su temperamento y todo —me dijo meses atrás Madre—. De todos sus hijos tal vez la paciencia solo yo la tengo, porque ella sí es desesperante."

En los próximos días un pandillero se tatuará el nombre y la fecha de la muerte de su abuela materna, su única abuela.

***

Gabriel

Gabriel nació por cesárea un viernes de septiembre de 2001 en el Hospital Zacamil. Ni en el embarazo ni en el parto hubo mayores complicaciones, pero Madre está convencida de que esos nueves meses de oscuridad forjaron la personalidad.

"Embarazada yo peleaba mucho con el papá. Lloraba, me enojaba... y todo ese resentimiento mío lo absorbió."

Hace cuatro años que Gustavo y Gabriel no se ven, pero Madre sabe que siguen muy unidos. Teme que Gabriel se convierta en Gustavo.

Lo siente revoltoso, hiperactivo, demasiado vivo, y eso le preocupa. Por tres años le ocultaron que su hermano encarcelado es pandillero, pero terminó averiguándolo. La preocupación, sin embargo, venía de antes, de cuando Gabriel simulaba olvidar el cincho para llegar a la escuela con los pantalones flojos, de cuando Madre supo que caminaba y hacía mates de pandillero.

"Yo le digo: actuás así porque te creés el gran hombre, pero quedás mal. Si querés llamar la atención, hacé cosas buenas, no hagás esas cosas."

Madre incluso se movió para que recibiera terapias grupales con un psicólogo del Hospital de Niños Benjamín Bloom.

Con casi 12 años, Gabriel está en una edad crítica cuando se vive en una comunidad con presencia de pandillas. Gustavo sabe, y porque sabe, teme. Pide a su hermano que esté lejos de los muchachos. Le dice: pórtese bien, que tengo ojos por todos lados y lo tengo vigilado. Madre es muy estricta con los horarios. Solo le permite salir de casa para estudiar por las mañanas y entrenar fútbol por las tardes. No acepta retrasos. La aparente tiranía tiene su lógica: si la pandilla controla la colonia, cuanto menos tiempo pase en las calles, mejor. Y la pandilla controla.

—A veces estamos haciendo tareas que le han dejado y yo digo 13 o 18, y Gabriel me dice: "Esos números no se dicen, mamá, la van a matar".

Cientos, miles de madres de comunidades empobrecidas se fajan en silencio para que el fenómeno de las maras no engulla a sus hijos, y a veces tienen éxito.

—¿Y si al final se hiciera pandillero?

—No, no… siempre le ando diciendo que diga que es hijo único… pero no, no… Y con él hablo claro, porque a estos niños hay que hablarles claro desde los 10 años. Yo le digo: ahí tenés el ejemplo de tu hermana y ahí tenés el de tu hermano, ¿qué querés ser? En mi persona no concibo que pase eso… fuera algo… algo… demasiado, pues.

***

Hoy es domingo, 16 de diciembre ya, pero en la casa de Madre no hay nada —nada— que siquiera insinúe la inminencia de la Navidad. La austeridad que el pastor predica a veces concuerda con la austeridad a la que obliga la pobreza.

Han pasado 236 días desde el primer encuentro con Madre; 236 días desde que le planteé que me gustaría conocer su casa, su colonia; 236 días desde que respondió que lo creía imposible y peligroso.

En su comunidad no entra nadie sin que la pandilla sepa, y costó primero serenar los temores de Madre y luego dar con la fórmula que permitiera que un hombre con acento y rasgos físicos extranjeros llegara a su casa. Entré no como periodista, sino como esposo de mi esposa, cuya presencia era menos estridente por su condición de trabajadora social de una modesta oenegé con un programa de atención a mujeres vendedoras.

La casa está en una de las comunidades que forma parte del crisol de condominios, residenciales y asentamientos de esa cuasi ciudad llamada colonia Zacamil. Son unos 40 metros cuadrados —paredes de bloque, suelo de cemento— que rinden dos cuartitos, un recibidor, una minicocina, el baño y un micropatio en la parte trasera; el hogar se ha agrandado desde que falleció la madre de Madre. La vivienda refleja el desorden al que obligan el hacinamiento y la necesidad: no hay dos piezas del mobiliario que combinen, la ropa en perchas colgadas de los polines, pichingas llenas de agua para cuando la cortan, huacales bajo las mesas. Si hubiera que elegir un elemento disonante, sería la modesta computadora que la hermana de Madre compró a plazos y que está aquí porque su hijo quinceañero pasa las tardes con esta familia.

"Gelatinas $0.25", dice un letrero escrito a mano y pegado en la fachada.

La Navidad no es feliz en este hogar. El colegio en el que Madre vende dulces de lunes a viernes cierra por vacaciones, y desaparece de cuajo el sostén de la economía familiar: 20 dólares semanales. Toca vender gelatinas, cafés, bolsas de churritos, cualquier cosa que permita sumar unos centavos.

—¿Cómo pasan estos días?

—Hago venta también. Hoy en la mañana hice atole de maíz tostado. Lo vendo entre los vecinos, o llego hasta la puerta del hospital. Vendí como seis dólares… para la comida de hoy.

—Seis dólares de ganancia.

—Noooo, no, de ganancia son como dos, para irla pasando más que todo —Madre bosteza.

—Y, sabiendo que tiene tanta necesidad, ¿no le ayudan de su iglesia?

—Me dan 15 dólares al mes por hacer la limpieza. También hago limpieza en otra iglesia y me dan otros 20 dólares mensuales; ahí vamos como una hora los días martes, jueves y domingo.

—¿Vamos? ¿Quiénes van?

—Voy con una vecina. Bueno, nos dan 50 dólares para las dos, pero ella agarra 30 y me da 20, como ella fue la que hizo el trato.

En El Salvador la que gana 2000 dólares al mes se siente pobre porque se compara con el que gana 5000. El que ingresa 1000 dólares, desdichado frente a la que gana 2000. La que cobra 700, indigente ante el que ingresa 1000. Sin embargo, un hogar en el que entran 600 dólares al mes ya está entre el 15% de los hogares con mayores ingresos.

Madre sí conoce la pobreza. La pobreza es que la herencia de tu padre sea un pedazo de acera pública en la puerta de un colegio; la pobreza es que a los días de recibir el alta hospitalaria haya que tirarse a la calle a vender con el recién nacido en una caja de cartón; la pobreza es no poder pagar 2.29 dólares del recibo de agua y tener que bañarse en casa de una vecina; la pobreza es que otro partido político gane las elecciones municipales y provoque un terremoto en la economía familiar por suspender las becas de 30 dólares mensuales a estudiantes notables; la pobreza es no tener para comprar un paquetito de frijoles Naturas para enviárselo al hijo encarcelado.

***

Madre sospecha que se convirtió en madre de un pandillero en la segunda mitad de 2006. Pudo haber sido distinto, pero no.

Abran... ¿De verdad es la Policía? Que aaaaaabran... Una madrugada la Policía se presentó en casa con orden judicial. Gustavo estaba ya encarcelado. Madre abrió la puerta antes de que se la botaran. Gritaron que buscaban armas y drogas. En la casa solo estaban Madre, su anciana madre y sus dos hijos. Se fueron sin nada, dejaron la angustia. Gabriel estuvo todo el cateo temblando y lloriqueando, agazapado ante la horda de uniformados malencarados y armados.

No solo eso. Como su secreto lo conocen contadas personas, a Madre le toca escuchar de todo en silencio. Que si los pandilleros —Gustavo— no tienen hígado, que si son desalmados, que si no tienen corazón, que ojalá un incendio los carbonice a todos. Un hermanastro que sí sabe le dice que lo deseche, que un hijo así no merece sacrificios.

No solo eso. Está la tortura hecha política de Estado en las cárceles.

—Ahora lo de los registros se ha calmado un poco, pero con los soldados era bien feo. Siempre nos desnudaban por completo. Dos veces me metieron el dedo, así como cuando te hacen la citología...

Uno imagina a su propia madre que, por algo tan razonable como visitar a un hijo, alguien le pide desnudarse, abrirse de piernas, le mete el dedo envuelto en látex en la vagina o en el recto, y lo gira bruscamente para hallar chips, celulares, marihuana.

—Tuvieron un tiempo a una soldada que se la pasaba diciendo: "Todavía falta el montón de viejas putas". Ella nos metía el dedo, y gracias a Dios que nunca me puso chulona a hacer flexiones. Una señora entró un día que ni caminar podía por las flexiones. Y otra vez, a una señora mayor le querían meter el dedo y dijo que padecía del colon. Pues no entre, le dijeron, y no pudo ver a su hijo.

El Salvador es un país que ha naturalizado las violaciones de los derechos humanos, que las ha institucionalizado. Un Estado que mete el dedo en el culo a sus madres.

✳✳✳

Hoy es un sábado de mayo, 2013. Han pasado cuatro meses desde la última vez que nos sentamos a platicar. Madre puede recibirme antes del culto de la tarde. Me ofrece asiento en el sofá de su casa y sube el volumen de la televisión. Don Francisco parece ser uno más en la conversación.

—¿No ha visto las noticias? Hoy está fregado por aquí... Hace como dos semanas mataron a dos cipotillos en la comunidad de allá arriba, de 14 y 15. A estos [Gabriel y el sobrino] les digo que no salgan a la calle, porque a veces no andan buscando quién la debe, sino quién la pague.

—¿Entre ellos mismos fue lo de esos dos muertos?

—No, supuestamente los de aquí subieron a matarlos.

—¿Y no que estaban con la Tregua?

—Sí, pero a saber...

Su hijo Gabriel estudia ya quinto grado, pero ha tenido que cambiar de escuela porque un profesor un día lo echó de clase a él y a otros tres, y se desquitaron ponchándole las llantas. Madre dice que en la nueva escuela todo va mejor, pero la maestra la hizo ir porque Gabriel estaba amenazando a otro niño.

—El bicho a mí me estaba fregando —dice Gabriel—, y le dije: "¿Vos qué me vas a andar fregando? Es uno que se la pica porque es gooordo".

—Me llamó la maestra —complementa Madre— para decirme que Gabriel la amenazó diciéndole que tenía un hermano pandillero en la cárcel. Yo ahí me tuve que sincerar con ella, pero la maestra lo tomó bien.

Su hija Karina fue admitida en la Universidad de El Salvador.

Su hijo Gustavo volverá a ser padre en agosto. A la madre la conoció porque llegaba de visita al penal. Gustavo lleva varios meses sin ver a Erick porque su madre —sigue viva— lo prohibió cuando en el kínder le comentaron que el niño pregonaba los tatuajes de su padre. Si su hermana le presta 10 dólares para los pasajes y para comprar un plato de comida, Madre irá a verlo a Ciudad Barrios mañana. Gustavo alguna vez le ha dicho que deje de visitarlo si se aburre, que lo entendería.

Quizá se lo ha dicho porque sabe que Madre nunca lo hará.

"En el fondo siento un vacío bien grande, porque así como lo anduve de chiquito, así tendría que estar hoy a la par mía. Él es por el que más luché, porque empecé de la nada, y criar a un hijo no es fácil."

Madre es madre de un pandillero, de un asesino. Pero uno desde afuera no puede evitar las conjeturas: ¿y si el padre de Gustavo se hubiera hecho cargo? ¿Y si no hubiera tenido que dejar los estudios porque Madre no podía pagar las cuotas? ¿Y si la salvadoreña no fuera una sociedad tan consumista? ¿Y si la iglesia que paga a Madre menos de un dólar la hora de limpieza le pagara cinco dólares? ¿Y si la Policía tuviera un papel más activo en las comunidades y no se limitara a hacer redadas?

Pudo haber sido distinto, pero no.

—Me saluda a su esposa, por favor —me dice Madre, a modo de despedida en la parada de buses a la que me ha acompañado—, y dígale que Gabriel ya se está portando más o menos.

El cuarto de los huesos está sobrepoblado

Daniel Valencia Caravantes
Septiembre 2013

¿Dónde están los desaparecidos? En el último año y medio, el Equipo de Antropología Forense del Instituto de Medicina Legal estudió 120 osamentas vomitadas por la tierra, y en 16 años ha recogido millares de huesos que ya no caben en un pequeño cuarto que vomita historias de masacres de la guerra, de las pandillas, de migrantes. El cuarto se vacía a cuentagotas porque no hay recursos ni interés de los fiscales o de los policías. Por eso 500 reaparecidos sueñan reencontrarse, algún día, con sus familiares errantes.

Ahora Raymundo Sánchez entra al cuarto de los huesos, esquiva un escritorio y saluda a Saúl Quijada, un hombre serio, pequeño pero fornido, dueño de una frente amplia y una línea en el bigote perfectamente rasurada, como dibujada con delineador. Un Pedro Infante salvadoreño. Raymundo Sánchez, en cambio, es laaargo, moreno y colmilludo. "Un corazonsote con dos largos brazos y dos largas patas", dirán de él sus compañeros. Raymundo Sánchez atraviesa el cuarto de los huesos con la Muchacha en brazos. A toda prisa. Al final del cuarto hay una puerta que descubre un patio. Sale. En el patio hay un caldero y debajo una hornilla conectada a un tambo de gas. Raymundo Sánchez crea fuego. Quien lo viera ahí, acurrucado, claudicaría ante un espejismo: un brujo juega con su pócima; llena con agua el caldero y ahoga a la Muchacha, sumergiendo una por una todas sus partes; agrega una pizca de Axión quitagrasa y se dispone a esperar tres horas de cocción. Al cabo de unos minutos el agua ya bulle y hace revolotear los 146 huesos en los que está resumida la Muchacha. El cuerpo humano tiene más huesos que esos 146, pero esa ausencia no inquieta a Raymundo Sánchez. Son suficientes y él los necesita pulcros. "Limpitos, chelitos", dice. Aprisionada, sometida bajo un trozo ahumado de duralita, la Muchacha ni viva hubiese dado pelea. No tiene cómo: alguien le robó para siempre los brazos.

"Esta es la Muchacha de Ilopango —dice Raymundo Sánchez—. Fue encontrada en un segundo enterramiento. Se presume que su novio la mató y la quiso desaparecer dos veces. Quién sabe dónde quedaron sus bracitos."

***

Cuando el caldero alcanza la ebullición desparrama por sus costados un charco grasiento que chorrea hasta el suelo. Afuera San Salvador es humo, es grito de vendedores alrededor del Centro de Gobierno, es el silencio de un palacio legislativo que al fondo de este complejo parece estar pintado. La Corte Suprema de Justicia está al otro lado de la calle, cuatro pisos arriba en el palacio judicial. Demasiado en el cielo para un país en el que los más desgraciados seguro, seguro, seguro, terminarán bajo la tierra, hasta que alguien los encuentre —si los encuentran— y acaben en la esquina de este patio, cocidos en el caldero que custodia Raymundo Sánchez. El caldero humea y la Muchacha se evapora y se eleva al cielo; las nubes están cargadas; se viene un mes gris y lluvioso. Hay mañanas en las que cuesta más trabajo tenerle fe a la humanidad, sobre todo si amaneces frente a la sopa de una muchacha.

***

Al cuarto de los huesos entra Óscar Armando Quijano, un médico cincuentón dueño de un par de lentes y una corbata de color brillante. El doctor Quijano es el jefe del Equipo de Antropología Forense (EAF) del Instituto de Medicina Legal de El Salvador. Él no evoca a ningún actor, pero a partir de esta, todas sus entradas a este cuarto harán recordar al Kramer de *Seinfeld*. Es un hombre-cómico,

478

un chistoso, un *jodarria*. Cuando entra, un instante es un tornado, el cuarto cobra vida, se alegra, hasta que él invoca seriedad.

—¡¿Cómo estamos, vieja loca?! —le dice al doctor Saúl Quijada. El hombre del bigote fino deja en paz a una calavera, la coloca sobre un estante y choca palmas y puños con su amigo. Se molestan desde hace 15 años. Por llamarse de esa forma —un episodio que está basado en una película de Pedro Infante y a una mujer bonita que se les puso enfrente— ambos son conocidos como las Viejas.

Ahora, el doctor Quijano se dirige a Raymundo Sánchez, pero en realidad nos está hablando a todos.

—¡Ajá, Humildad! Este hombre es pura humildad. Y tiene pedigrí. ¡¿Verdad, Humildad?!

Raymundo Sánchez se retuerce en su silla. Ríe, todos reímos, hasta que el doctor Quijano deja de retorcerle los pellejos de las costillas.

—¿Vieron? ¡No chilla!

El doctor Quijano se pone serio y se dirige hacia el patio. Un instante es la calma. Atraviesa la puerta que da al patio. Percibe el vapor, imagina a la Muchacha, la huele. Me levanta las cejas. Me da una palmada en el hombro:

—Con verduritas, mire… ¡sabroso!

De nuevo, desgraciados todos, reímos.

***

Ahora el cuarto de los huesos huele a huesos recién hervidos. Los salvadoreños dicen que los muertos sueltan un "ijillo", pero eso es Chanel junto a esta patada que destroza el tabique nasal. Luego baja torbellino por la tráquea, somete los pulmones; estos se defienden, y lo que no es exhalado es porque se escabulló hacia la boca del estómago, donde desbarajusta todo. Pero eso solo ocurre la primera vez que se entra en el cuarto de los huesos, un rectángulo blanquecino gracias a tres brillantes lámparas. Lo menos importante aquí son tres estanterías y un lavamanos. Lo más importante son cuatro mesas sobre las cuales descansan esqueletos. Dos de las mesas son tablones improvisados sobre unas armazones de hierro; las otras dos son tablones sobre unas columnas hechas con cajas de cartón, llenas de huesos; todas desarmables al menor contacto imprudente. Hay cajas apiladas por todos lados, cuatro sillas que no encuentran su lugar en el mundo, instrumentos colgados del techo... En el cuarto de los huesos se camina milimétrico, como los acróbatas en la cuerda floja. Un paso en falso le robaría la paz a los huesos.

El cuarto de los huesos reúne una colección de salvadoreños de la más fina clase de los desaparecidos: de la guerra y de la violencia actual, y de hace un año, de hace dos, tres, 10 o 30... En el cuarto de los huesos están los huesos de un niño que no alcanzó a nacer, de nacidos, de bebés, niños, niñas, jóvenes, hombres, mujeres, ancianos, ancianas... Hay baleados, mutilados, degollados, ahorcados, decapitados, acuchillados. Hay una chica que quiso fumar su último porro, un chico que tenía zapatos de patines y uno más que murió con los audífonos puestos. Hay tres guerrilleros, una familia masacrada hace 30 años, una pandilla de jóvenes... los médicos también han encontrado la calavera de un perro y la osamenta de una rata. Ahora son sus mascotas. Pero aquí los importantes son los huesos como los del Pirata y, ahora, los de la Muchacha, aquella que limpiaron en sopa y se evaporó hasta el cielo.

El cuarto de los huesos es tan parecido al país que la ironía se sirve en bandeja: es tan chico como El Salvador que lo esconde; está tan saturado como El Salvador que lo esconde, es tan carente de todo que este cuarto debería llamarse "cuarto de huesos El Salvador" y no "Antropología Forense". Por sobrepoblación, los huesos se arriman encima de otros huesos, separados todos por cajas de cartón, por viñetas que evidencian su lugar de origen. En el cuarto hay osamentas provenientes de los cuatro puntos cardinales del país. En el cuarto de los huesos, paradojas de la vida, se reencuentran los desaparecidos durante la guerra civil, finalizada hace casi 22 años, y de la violencia sinsentido de la guerra de las pandillas. Aquí se reencuentran, sin treguas, pandilleros de la Salvatrucha con pandilleros del Barrio 18. Y sus víctimas. También hay huesos que hablan de otros huesos: los de los migrantes que retornan calavera. Aquí se condensan tres de las más grandes tragedias del país. Son nuestros huesos de la guerra y de la "paz". Aquí hay huesos que invocan a sus parientes vivos. Huesos que resurgieron para gritar lo que ocurrió antes y lo que ocurre ahora. Huesos para denunciar la sociedad que fuimos y que somos. Aquí hay alrededor de 13 millares de huesos, correspondientes a 69 seres humanos, pero por este cuarto han desfilado más. Muchísimos más. Y todos, todos, todos, comparten una característica: alguna vez fueron engullidos por la tierra; y tiempo después la tierra los vomitó.

No hace mucho, un antropólogo forense peruano, encargado de la Oficina de Personas Desaparecidas y Ciencias Forenses de la ONU, visitó el cuarto de los huesos. Revisó estadísticas, se juntó con policías, forenses y fiscales. Por la cantidad de denuncias de desaparecidos, por la cantidad de casos que se encuentran, vivos o muertos, por la cantidad de casos que quedan sin resolver, José Pablo Baraybar concluyó: "El Salvador es como un cementerio clandestino. Ahí adonde pise está pisando la tumba de algún desaparecido".

Al cuarto de los huesos llegan policías y fiscales buscando casos; madres, padres, hermanos y hermanas buscando familia. Nadie llega por casualidad ni por invitación. Quien entra a este cuarto es porque busca algo que se le ha perdido. Y quién mejor para ayudarles en su búsqueda, en este océano de huesos, que un barquero de radios y fémures largos llamado Raymundo Sánchez.

✳✳✳

Raymundo Sánchez, técnico forense, cuelga los retazos de ropa de la Muchacha. Detalles como la ropa íntima son clave para identificar a los desaparecidos.

Ahora Raymundo Sánchez entra al cuarto de los huesos y se desnuda. De verdad tiene piernas y brazos largos. Café oscura la piel. Cuando suda parece atleta. A veces le gusta ir a correr a las gradas del estadio olímpico de la capital, al Mágico González, para liberar el estrés que acumula en el trabajo. Otras veces aparta las tardes para jugar basquetbol en un torneo entre oficinas del órgano judicial. Le gusta más el basquetbol que la carrera, pero intenta practicar ambos deportes para mantenerse en forma. Por su tamaño, indispensable para las canastas, sus amigos en el IML también le llaman Largo.

Raymundo Sánchez cuelga su ropa de ciudadano cualquiera detrás de la puerta y se disfraza de auxiliar forense, con un peculiar uniforme que a veces es celeste y a veces es verde, pero que invariablemente tiene bordado por encima de la bolsa, al lado del cuello en V, su nombre: SR. SÁNCHEZ. Él no es médico, pero es como si lo fuera. Tiene 18 años como auxiliar forense, y tres como la mano derecha de los doctores Saúl Quijada y Óscar Armando Quijano. Ha cargado tantos muertos Raymundo Sánchez, que a veces bromea con estar maldito. Se lo dijo alguna vez un hermano del culto. "Ustedes, por jugar con los muertos, están malditos." Raymundo Sánchez lo cuenta y sonríe. Y luego reflexiona en voz alta: "Pero quizá algo tenía de razón. Uno no sabe quiénes fueron en vida todos los que vienen a parar aquí. ¿Imagínese viene alguno embrujado?" Él, también a veces, es bromista.

Raymundo Sánchez no le tuvo miedo a la muerte cuando, hace ya muchos años, menos largo y más muchacho, corría desde su casa, en el municipio de Ciudad Delgado, hacia las escenas que para esas fechas dejaba la guerra civil salvadoreña: cuerpos baleados, calcinados, aventados en plena calle, ante los ojos de una comunidad que lejos de vivir horrorizada, aceptaba esa normalidad. "Creo que siempre me llamaron la atención los muertos, desde chiquito. Yo era el primero en llegar cuando se sabía de algún baleado en la calle", dice Raymundo Sánchez, al tiempo que menea remolino un polvo edulcorado en su termo de plástico. Bebe agua roja mientras se deja observar por sus mascotas: una familia de escarabajos clavados con alfileres sobre unos carteles que explican huesos; una mariposa negra de alas extendidas que gira 360 grados, ensartada en el segundero de un reloj de pared; la calavera de un perro, completa, blanquísima, como el mármol, con sus colmillos en perfecto estado. No hace mucho la encontraron en una exhumación, a las orillas del lago de Ilopango, muy cerca de donde más tarde sacarían a la Muchacha. Iban por un desaparecido y regresaron con tres más y su nueva mascota. Todavía no la han bautizado.

Raymundo Sánchez quiso estudiar medicina, pero rápido tuvo que abandonar sus estudios cuando a mediados de los noventa se supo padre. Hoy su hija mayor lo admira, y por su padre se le ha metido que quiere ser investigadora de la Policía. Él la está convenciendo para algo que "dé más". Probablemente ella se decante por una antropología social y después se especialice en antropología forense fuera del país. Su hijo menor también admira a su padre, y todavía se emociona cuando alguna vez, de esas esporádicas, él ha aparecido en alguna imagen de la tele. A las exhumaciones se les persigue como las avispas a la miel. "Pero todavía está muy cipote y creo que no sabe aún lo que quiere. Lo que sí me he dado cuenta que le gusta eso de los sistemas, de las computadoras", dice Raymundo Sánchez. Por su familia, hace mucho tiempo, Raymundo Sánchez no dudó en abandonar sus estudios de odontología para ir por la plaza que le ofrecían en Medicina Legal: ir por los muertos para ganarse la vida.

Dieciocho años después su oficina es el cuarto de los huesos. Aquí trabaja, almuerza, atiende vivos, limpia huesos, cocina huesos, clasifica huesos, apunta datos, enseña huesos, guarda huesos, resguarda huesos. Cuando puede, un lapso después del almuerzo, descansa sus huesos y cierra los ojos, sentado en una silla. El escritorio de Raymundo Sánchez es prolijo, pero a veces las circunstancias lo desordenan. Papeles, requerimientos, memorandos. Al menos aquello que él logra controlar, la esquina del escritorio, siempre está ordenada: dos estanterías para una colección de lápices y lapiceros, en el que sobresale su cepillo dental. Atrás del escritorio de Raymundo Sánchez están los improvisados tablones de estudio, y sobre uno de ellos ahora yace la Muchacha, que se seca después de dos días de hervidas y lavadas. Pasada la etapa de cocción, Raymundo Sánchez, con un bisturí y con otro cepillo dental, raspó los huesos para sustraerles hasta la última hilacha de carne. Luego ordenó el esqueleto, atravesando las vértebras con un hierro largo y delgado para formar la columna vertebral. Las vértebras atravesadas por el hierro evocan a un pincho de carne.

Ahora la Muchacha se seca y un par de moscas le molestan el orificio nasal. Raymundo Sánchez sale en su auxilio, y rocía a la

Muchacha con Raid matamoscas y mosquitos. Las moscas huyen despavoridas. La Muchacha queda tranquila.

Suena el teléfono. Raymundo Sánchez contesta. El cuarto se impacienta, como previendo lo que se viene. Cuelga.

—Vienen a preguntar por un desaparecido —dice Raymundo Sánchez, y sale del cuarto y se va a buscar a los visitantes. Se va a advertirles.

Al cabo de unos minutos, dos mujeres entran temerosas por la puerta. Una es bajita, vestido verde, humilde, cortado a la cintura por un cincho de tela. Lleva una cartera roída, unas zapatillas bajas y gastadas. Está inquieta, angustiada. No habla. Mira para todas partes. La otra mujer es delgada, un poco más alta, usa gafas. Ella se tapa la nariz con un pañuelo. Desde el pañuelo habla. La primera es la madre y ella es la tía de un joven desaparecido hace un año. Entran al cuarto y le piden al barquero permiso para moverse entre los huesos. Se acercan a la Muchacha, pero esta no les dice nada. Se van a la mesa del centro, y un joven con el cráneo destrozado, macheteado por sus victimarios, tampoco les resuelve la angustia. De lejos observan al Pirata. Él tiene la quijada fuera de posición, adornada en un costado por una placa de titanio. La muerte se mofa con una burlesca carcajada.

—¿Este no será? —pregunta la tía, y la madre del joven se acerca a una calavera dispuesta al final de cuarto, cerca de la puerta que da al patio. Casi la besa. La mujer intercambia miradas con dos cuencas vacías y hurga con atención a unas quijadas con muy pocos dientes y muy pocas muelas.

—No, madre. Esa es de una señora encontrada en San Pedro Masahuat —interviene Raymundo Sánchez.

—Yo sé. Mi hijo no tenía los dientes así —habla por primera vez la madre, segura de sus recuerdos.

—¿Usted ya había venido, verdad?

Las mujeres se encogen de hombros y vuelven cabizbajas al escritorio. Raymundo Sánchez les ofrece asiento. Se pone unos lentes que lo avejentan. Él las escucha, y mientras lo hace busca en sus archivos. Encuentra el expediente del hijo desaparecido. Lo lee rápido. Elucubra repreguntas. Los detalles que parecen más insignificantes a veces suelen ser claves. ¿Tenía relleno en alguna muela? ¿Fracturas? ¿Cómo iba vestido la última vez que lo vio? ¿De qué color era el calzoncillo? Cuando Raymundo Sánchez habla con los familiares de las víctimas, es un santo. Su voz se torna dulce, suave, acogedora. Un "yo la entiendo" pronunciado por su boca vale tanto como cualquier abrazo, que aquí no los hay. Ella revive la desaparición, las sospechas contra su vecino, el de la casa a la par de su casa, "uno de esos muchachos". Un pandillero. Ella llora y Raymundo Sánchez la consuela:

—Tenga fuerza, madrecita, porque esto en este país así es. No le insisto a que les pida ayuda a ellos porque eso también es peligroso.

—¡Si ya lo hice! Y me habían dicho que lo iban a hablar, pero a través de unas de sus mujeres me amenazaron.

—Es que ese es el problema… Pero mire, nosotros no nos vamos a mover de aquí. Y yo nunca olvido un detalle. Si aquí viene, tenga por seguro que le vamos a avisar.

Hora y media después, las mujeres se marchan, esperanzadas en la promesa de Raymundo Sánchez, un corazonsote con dos largos brazos y dos largas patas. Hay mañanas en las que tus problemas no son problemas, sobre todo si conoces a estos familiares errantes.

✳✳✳

Ahora entra huracán, cargando una corbata roja, el doctor Óscar Armando Quijano.

—¡Ajá, cipotada! ¿Cómo va la cosa?

El doctor Quijano siempre entra vestido de civil: siempre manga larga, pantalón planchado, zapatos bien lustrados, siempre una corbata de color al cuello. Siempre los lentes, siempre la picardía. Entra a las 11 de la mañana y sale a las ocho de la noche. Por las mañanas da clases en una universidad. Por las tardes, a partir de las cuatro, se queda solo en el cuarto de los huesos escuchando, a veces, "Saturday Nigth Fever", de los Bee Gees.

—¡Mire cómo alegra el cuarto esta cipota!

El doctor Quijano se acerca a una simpática joven de pelo negro azabache y unos preciosos ojos con ascendencia hindú. La abraza, contentísimo, y le da un beso en la frente. Es como si fuera su hija. La chica le responde contentura y le devuelve el abrazo. Es como si ya conociera las maneras del loquillo doctor Quijano, aunque apenas y puede decir y entender un par de cosas en español. Estos son los últimos días de Monish, una forense canadiense, recién graduada. Está de pasante con los antropólogos salvadoreños. Es la última de tres pasantes que han vivido entre nuestros huesos. Raymundo Sánchez lo tiene claro. Lo dijo hace cuatro días, voz de mascarilla, mientras le arrancábamos las perlas de la Muchacha a una grasienta y descompuesta melcocha humana:

—Ha de ser bien raro que en Canadá aparezcan tantos cadáveres enterrados como en El Salvador. Aquí lo anormal es lo más normal del mundo, y eso es interesante para ellas.

Raymundo Sánchez, si la rutina no cambia, siempre tendrá material para educar a doctoras jóvenes y ávidas de huesos. En 2012 la Policía Nacional Civil recibió 1 564 denuncias de desaparecidos: 132 fueron confirmadas como homicidios, 820 archivadas porque "aparecieron" las personas; el resto, 612, continúa sin paradero conocido. Con los desaparecidos de 2011 ni la Policía sabe qué ha pasado, pero al menos queda una cifra: hubo 1 267 denuncias. Para julio de 2013 la Policía reportaba un incremento de casos en un 18%, respecto al mismo periodo del año anterior; 949 denuncias al finalizar la primera mitad del año. Todo lo anterior solo sirve para explicar dos importancias. La primera es que tarde o temprano van a reaparecer todos esos huesos. En el último año y medio han terminado aquí 120 osamentas, de uno, dos, tres o 30 años de antigüedad. Lo segundo es que si el cuerpo humano tiene 206 huesos, eso significa que detrás de los desaparecidos del último año y medio hay otro cuarto de millón de huesos que se desarman buscándolos. O no. Pero esos son familiares extraños. En el cuarto de los huesos hay una osamenta que ya fue identificada, pero sus parientes tienen miedo de ir a buscarla, porque eso haría sonar las alarmas de la pandilla. Hay otra: la de una chica que no alcanzó a ser mamá. Su familia sabe que la calavera y su cría están aquí, pero mandaron decir a la Policía que ella se buscó este final por andarse involucrando con pandilleros.

El doctor Quijano sale del cuarto de los huesos. Su oficina es un cuadrado cerrado y aislado que comparte con su amigo Saúl Quijada. El escritorio del doctor Quijano es un remolino donde aparecen y desaparecen informes, papeles, dictámenes. Alguien le regaló una caja de cartulina, en la que hay dibujado un sombrero negro con cinta blanca, que dice: DR. QUIJANO. Alguien más le regaló un esqueleto de juguete, pequeño, de hule flexible, que él mantiene sentado. En una de las gavetas de su escritorio guarda uno de sus más preciados tesoros: un hierro conectado a un cable de corriente que le sirve para calentarse el agua del café. En un tapexco colgado de la pared guarda su sombrero de soldado, con el cual se disfraza para ir a hacer las exhumaciones. De soldado, sin embargo, Óscar Armando Quijano no tiene nada.

En su juventud, Quijano vivió alguno de los momento más álgidos de la represión militar en su alma máter, la Facultad de Medicina de la Universidad de El Salvador. No habrá sido fácil, para muchos jóvenes como él, resistirse a los pasionismos de la guerra, sobre todo cuando a su lado caían muertos compañeros o se les perdía el rastro a otros desaparecidos. En un viaje hacia una exhumación, en el municipio de Mejicanos, pasamos frente al portón de la Universidad por el que muchas veces entró.

—¡Ja! ¡Hubiera visto, papá! Una vez salimos por ahí como que éramos garrobos, arrastrándonos con la panza, porque caían los morteros y tronaban los cuetes. Pero gracias a Dios pude graduarme —dice el doctor Quijano, y una plaza de médico forense, a finales de los ochenta, los hizo recular hasta Ciudad Barrios, en el oriente del país. Allá, sin profesores, aprendió a la brava a hacerse médico forense.

—¡En aquellos tiempos no se sabía ni miércoles, cipote! Uno se estrenaba en el día a día. Aprendimos a hacer autopsias a la brava, con las costaladas de guerrinches y soldados que llegaban a la morgue.

En 1993 había tres razones que lo persuadían para regresarse a la capital. Una plaza en el Hospital de Niños Benjamín Bloom, una nueva plaza en la oficina de Medicina Legal en Santa Tecla y el nacimiento de su primer hijo. Ganó el cupo para la primera, pero decidió quedarse con los muertos, entre otras cosas por el sueldo, pero principalmente porque esa oficina le quedaba cerca de la casa. "Criar un cipote no es chiche, no crea, y ya mi mujer me había advertido que me quería tener cortito", bromea el doctor Quijano. Allá por 1995 conoció al odontólogo forense Saúl Quijada. Jugando basquetbol a la salida del trabajo se hicieron buenos amigos. Sin embargo, no sería sino hasta 11 años más tarde cuando los dos terminarían trabajando juntos.

En el taburete que hay sobre el escritorio del doctor Quijano él siempre cuelga dos carteles hechos a mano: "Ando en una exhumación", dice uno; "Estoy en el laboratorio", dice el otro. El primer lugar se refiere a cualquier punto en El Salvador; el segundo, al cuarto de los huesos.

***

Ahora Óscar Armando Quijano regresa transformado en el doctor Quijano y se pone a repasar el inventario del día. Camisa de doctor, cuello en V, color celeste. "Este ya estuvo, ahora me toca con este", y señala al Pirata, la calavera que parece que se tira carcajadas. "Venga a ver, cipote. A este ya lo tenían bien avanzado." Al Pirata alguna vez le dispararon en la cara, en el brazo, en una pierna, en la otra, en las costillas. "*Premortem*. Todos estos pijazos fueron *premortem*. Por eso le digo que ya lo tenían bien avanzado", dice el doctor Quijano.

El doctor Saúl Quijada deja de armar el rompecabezas de otra calavera y secunda a su amigo: "Este hoyo que le ve en la tapa del cráneo no es el balazo, sino una trepanación que seguro le hicieron para aliviar una inflamación en el cerebro, a consecuencia del disparo en la cara".

Pasa el tiempo, y entre las palabras técnicas de los doctores y las bromas del doctor Quijano sobresale un hueso. Es el hueso más hermoso de todos, aunque la naturaleza le dio un lugar poco agraciado.

—¡No, no es el chunchucuyo! El chunchucuyo es esta parte, mire —dice el doctor Quijano, y toca la punta del hueso sacro, una oda a la ingeniería natural, una máscara con ocho orificios ordenados en cuatro pares. Por los orificios, en vida, nadan los nervios. Es un coral de arrecife escondido bajo aguas turbulentas. O quizá la naturaleza es sabia: esconde y cuida lo más hermoso en el lugar menos pensado. Un golpe salvaje a ese hueso es la muerte en silla de ruedas.

—¡Un golpe ahí ni Superman, papito! —dice el doctor Quijano.

La clase de huesos se interrumpe cuando entra de súbito el fiscal Ramiro Quinteros para pedirles ayuda a ellos, los que saben de huesos, de posibles causas de muerte, de lo último que le pasó en vida a los dueños de esos esqueletos. Él, moreno, barba oscura y desordenada, pelo corto, como el de Trucutú, tiene un caso entre manos y necesita la ayuda del jefe de la Unidad de Antropología.

—Ajá, papá, ¿qué necesita? Hable claro o calle para siempre —le dice Quijano.

El fiscal coloca sobre la mesa unos papeles y enseña las fotografías de unas radiografías. Quijano toma las fotos e intenta verlas en un lector colgado en la pared, pero el lector no se enciende. Raymundo Sánchez llega en su auxilio, y después de golpear con los dedos las tres lamparitas que hay en el interior del aparato, crea luz.

—La patóloga dijo que la posible causa de la muerte era un proyectil de arma de fuego, pero mi testigo criteriado me dice que le dieron así: con una piocha —dice el fiscal.

—¡Ajá! Pero en estas carambadas se aprecia muy poco, macizo, ¿qué quiere que yo haga? —pregunta Quijano.

—Que me dé un peritaje nuevo —pide el fiscal.

El doctor Quijano se quita los lentes. Observa al fiscal, toma las radiografías, las golpea.

—Vea, papá: ¡no joda! Así no se hacen las cosas. Yo para hacerle un peritaje necesito trabajar con los huesos.

Cuando el doctor Quijano dice "los huesos" se frota las falanges de la mano izquierda.

—¿No me puede hacer el favor? ¡Hágame el cachete! —ruega el fiscal, y le guiña el ojo.

—¡No, macizo! Y me va a disculpar: ¡pero las cosas no son así! ¿Se imagina en el huevo que me meto si yo hago algo así?

¡No'omb'e! ¡Óigame: necesito los huesos! ¡Yo con estas fotos no hago nada! ¡Sería un irresponsable! ¿Adónde están esos huesos? Tráigamelos y luego hablamos.

El fiscal duda, se ríe nervioso.

—¡Híjole! Ahí sí me va a esperar —dice el fiscal— porque ahorita no tengo ni idea de en cuál cementerio lo enterró la familia. Pero vea, si lo encontramos, ¿nos la llevamos a ella para ir a sacarlo? —dice el fiscal, y le levanta las cejas a Monish, la pasante canadiense. Ella, aunque no hable español, pareciera que intuye lo que está pasando y se da la vuelta hacia los huesos que tiene a la espalda. Es como si se quejara con la Muchacha.

El doctor Quijano se le acerca al fiscal y le pone los papeles en el pecho.

—¡No sea bayunco, macizada! Tráigame esos huesos y yo le doy un dictamen.

El fiscal se retira, y el doctor Quijano se desquita con Raymundo Sánchez.

—¡¿Va' cre'r lo que quería este?! ¡¿Va' cre'r, Humildad?!

—¡Ay! ¡Ay! ¡Ay! ¡Ya deje, homb'e!

***

Ahora los 206 huesos del doctor Saúl Quijada salen del cuarto y migran hacia la salida. San Salvador está a punto de conmemorar sus fiestas patronales, y el dueño de esos huesos que se mueven con lentitud, con pasitos cortos, se queja. Frunce el ceño, tuerce el labio superior y con él mueve un bigote fino.

—Este es uno de los problemas que tenemos como país —dice el doctor Saúl Quijada—. Esta mentalidad de pueblo que no se nos quita. ¿¡Cómo se les ocurre permitir que a la par del Centro de Gobierno se instale una feria!? ¡Dígame en qué otro país ocurre eso!

En los arriates y en las aceras, a un lado del complejo judicial, del palacio de justicia, decenas de vendedores ya comienzan a armar sus puestos de feria. Dentro de poco aquí olerá a papitas fritas, churros españoles y enredo de yuca; pero ahora todo es muy pronto. Unos trabajadores han colocado el esqueleto de una Chicago sobre la calle. Cruzamos. Saúl Quijada deja de quejarse. Siguen los pasitos cortos, probablemente porque tiene dañadas ambas rodillas, o probablemente solo sea su manera de andar.

Llegamos a otra oficina gubernamental. Es pequeña, más pequeña que el cuarto de los huesos. "Banco de ADN de Migrantes. Procuraduría de Derechos Humanos." Saludamos. Una chica cuenta unas calcomanías adornadas con códigos de barras. Es un rollo bastante grueso. En una silla una anciana está llorando que su hijo se fue hacia los Estados Unidos y a la fecha no ha vuelto a saber de él. Saúl Quijada entra en otro cuarto y se despide. No saldrá sino hasta dentro de tres horas, después de haber entrevistado a tres familias, unas 15 personas, que han perdido a sus parientes en la frontera norte de Estados Unidos. Les ha preguntado por pequeños detalles, esos que pueden hacer alguna diferencia. El Banco de ADN de Migrantes, en dos años, de entre 500 muestras de familiares de desaparecidos, ha logrado ubicar 28 osamentas. En el último año, en una morgue de Arizona, Estados Unidos, se han congelado 800 osamentas de migrantes centroamericanos que aparecieron muertos en el desierto.

Los doctores Saúl Quijada y Óscar Armando Quijano son testigos de las tres principales desgracias de El Salvador: la violencia de la guerra, que impulsó la marcha de decenas de miles de migrantes, que a su vez derivó en el retorno de los pandilleros como los conocemos hoy, que ahora son una gran razón para huir de nuevo. Es la mariposa de Raymundo Sánchez repitiéndose en un círculo vicioso. Y lo triste es que no todos los que huyen regresan con remesas y encomiendas. Y esa es otra millonada de huesos vivos que no tiene ni idea de por dónde comenzar a buscar a aquellos que se perdieron en el camino hacia los Estados Unidos.

***

Ahora Saúl Quijada está de regreso en el cuarto de los huesos, obsesionado con otra calavera. Le da vueltas, la ausculta, le cuenta los dientes, los examina, parece que le habla, pero a él no le gusta ocupar esa figura. Audífonos en los oídos, tararea "I was Made for Lovin' You", de Kiss.

—¿Cómo estuvo ayer?

—Es cansado. La carga emocional que transmiten los familiares de los desaparecidos es algo fuerte. Si uno no descarga, puede pasarla mal.

Saúl Quijada se descarga haciendo pesas. Intenta hacerlo tres veces a la semana. Por eso el pecho es erguido, los músculos anchos, la pinta de un Pedro Infante. También se distrae en su consultorio dental, al salir del trabajo. Alguna vez, a una pregunta boba ("¿Con cuál paciente se siente más cómodo?"), Saúl Quijada contestó: "Con el de aquí. ¡Los vivos mucho se quejan, ja, ja, ja!" Él, a pesar de todo, también puede hacer bromas.

Los fines de semana intenta distraerse atendiendo un negocio familiar: un vivero-café en las afueras de la capital. Ideal para los románticos: un sitio despejado y fresco, apacible, con vista al volcán de San Salvador. Le gusta preparar cafés, pero le gusta más pasar tiempo con su hijo, de nueve años. Una vez, en una actividad del colegio, cuando el niño estaba más pequeño, la maestra le habló a Saúl Quijada un tanto extrañada. Los niños habían descrito a sus padres como médicos, ingenieros, abogados y ella no entendía por qué Saulito insistía en que su papá se dedicaba a cavar hoyos.

—Ja, ja, ja. Cuando le expliqué mi trabajo la maestra dejó de hacerme preguntas.

Saúl Quijada regresa a su rompecabezas.

—¿Qué le dice?

—No, nosotros no hablamos con los huesos, pero eso no significa que ellos no dejen de explicarnos muchas cosas.

—¿Hombre o mujer?

—Mujer. Con los cráneos es más fácil definir el sexo. También con las pelvis. Las pelvis de las mujeres están diseñadas para expandirse, para dar la vida.

—¿Y los cráneos?

—Ellos nos dicen que las mujeres están anatómicamente más adaptadas para la comunicación. El paladar, vea, es más angosto y más profundo, como una caja de resonancia. Tendrá que ver con la evolución: ¿qué hacía el hombre? Se iba de caza, en silencio. ¿Y la mujer? Hacía comunidad, educaba a los hijos, y para todo eso necesitaba comunicar.

Repasamos la idea con el cráneo del Pirata. "El hombre tiene el macetero más fuerte, más protuberante. Vea las cuencas de los ojos. Más profundas, como binoculares. Con el perdón de las feministas, pero la evolución como que fue machista y fue diseñando a los hombres como cazadores." Ahora nos pasamos a la Muchacha. "Vea las cuencas del cráneo. Es más rasgada, para que el lóbulo del ojo pueda tener una visión lateral o, como decimos, para ver mejor por el rabillo del ojo. Y usted se preguntará por qué. ¿Ha visto cómo se defienden los pequeños camaleones, girando el ojo 360 grados? Ah, pues la evolución diseñó a las mujeres a la defensiva, como a las presas." La Muchacha tiene un golpe en la base del cráneo, que en vida fue la nuca. ¿Habrá visto cuando la atacó su victimario? ¿Habrá gritado un último auxilio?

**

Ahora Raymundo Sánchez y el doctor Saúl Quijada se preparan para una restitución. Se va el Pirata, y la Muchacha se ha acercado lo suficiente para despedirse. Se va la carcajada burlesca del Pirata. Se van los huesos de un cazador por fin cazado del Barrio 18. A uno que ya lo tenían avanzado, uno que al fin se dejó morir. Le encontraron golpes en las cervicales, a la altura del cuello.

La primera vez que su hermana lo vio en el cuarto, lo reconoció de inmediato. Lo delataron las placas de titanio en la quijada y en el radio izquierdo. Ahora ha venido por él. La acompaña su marido, un simpático hombre bajito, de bigote largo y gorra. Un hombre de habla campechana.

—¡Sí, hombre! ¡Este es mi compadre! ¿Cómo no lo voy a reconocer? Sí, aquí están las señas: ¡ve! Yo no le creía a ella…

El Pirata, entonces, cobra vida en su cuñado.

—Este hombre caminaba así, mire: con la mano izquierda, esa que tiene la placa de metal, así, enjutada, y renco, como subibaja.

El Pirata era un pirata cojo.

—Imagínese cómo terminó mi compadre… Y estaba bicho, 32 años. Imagínese todo lo que le hicieron hasta que lograron matarlo. Yo solo me pregunté cuánto no habrá hecho con otros él.

***

Una semana después de la despedida del Pirata ha llegado la hora para despedirse de la Muchacha. Los antropólogos forenses han concluido que la vapulearon, le destrozaron algunas costillas, con golpes secos, contusos; le dieron en la quijada, pero probablemente el golpe en la nuca, con un "objeto cortopunzante y cortocon-duntente", fue el que acabó con ella. En castellano eso significa que alguien le introdujo en la nuca, con soberana saña, con precisa violencia, la punta de algo.

—Así ajusticiaban en la guerra… ¿No sabía? —dice el doctor Quijano, y con el cuerpo hace las veces de un verdugo que se para detrás de su víctima que, acurrucada, solo espera que se termine todo con un golpe certero en la nuca.

—¡Zas! —dice el doctor Quijano, al tiempo que hunde una vara imaginaria—. Eso ha de ser terrible.

—Muchos se preguntan por qué hay tanta violencia hoy, y nadie se ha puesto a pensar que solo estamos reproduciendo todo lo que vivimos en el pasado —interrumpe el doctor Quijada, reflexivo. El doctor Quijada es un hombre reflexivo.

Pareciera que fue ayer cuando la Muchacha se evaporó en el caldero, y ahora está seca y tatuada. En todo este proceso, Raymundo Sánchez ha sido un fiel y celoso cuidandero. Nunca ha perdido ningún hueso, pero por precaución a todos les pone un código con plumón negro. "Si algún huesito se cae, ese código nos dice a qué caso pertenece", dice. Así, todita tatuada, la Muchacha está lista para partir. Ahora Raymundo Sánchez recoge uno por uno todos sus huesos y los introduce en una caja. En unas bolsas embala los vestigios de la que fue su última ropa. Un saco de yute y un lazo que lo cerraba, un pantalón, un cincho, un hilo y un sostén. Dos medias. Dos botas carcomidas. Raymundo Sánchez ahora sale del cuarto con la Muchacha en brazos.

—Para esto es importante este trabajo —dice, convencido, mientras camina—. Si me pregunta a mí, este trabajo sirve más para que las familias encuentren a los suyos que para que los fiscales capturen a los pandilleros. Si allá afuera nos vamos a seguir matando, y cada vez en eso están evolucionando más. ¿Que no ve que ahora están desenterrándolos y los dejan aventados en las calles? ¿Para qué hacen eso? Para que no los vinculen, porque saben que los están delatando.

En el parqueo de la morgue hay un viejecillo que espera a la Muchacha. Pellejos tostados de color café es su padre. Él no quiere ver a su hija así, ningún padre quiere ver a su hija así, pero Raymundo Sánchez se acerca para animarlo.

—Venga, padrecito, le aseguro que esto le va a hacer bien.

El viejecillo trastabilla, pero se deja llevar por la mano de Raymundo Sánchez.

El doctor Quijada y el doctor Quijano le presentan al padre los huesos de su muchacha. Hace unos segundos la han sacado de la caja y la han recostado en un ataúd.

El viejecillo tiembla, y cuando ya no se resiste, estalla.

—Yo vine solo para que nadie viera esto... ¡Viera cuánto nos han ofendido! ¡Cuando nos preguntaban si la habían mutilado, para nosotros era una vergüenza! Pero así como la han puesto se ve completita, gracias a Dios...

Todos callamos. Un instante es una eternidad. El doctor Quijada se lanza confortador. Le toma el hombro al viejecillo, se lo acaricia, le habla al oído.

—Usted ya no haga reparos en esas cosas y sepa que aquí está su hija. Pídale a la gente de la funeraria que selle la caja, para que la gente no haga más comentarios en la vela.

El viejecillo le aprieta el brazo izquierdo al doctor Quijada. Llora todo lo que puede. Por más que se repita, no es lugar común: ningún padre debería ver morir a sus hijos; ningún padre debería enterrarlos así.

—Ahora, usted esté tranquilo, sereno, y transmítale esto a su familia: ahora van a descansar porque saben que ya la encontraron; y ella va a poder descansar en paz, porque ya regresó con ustedes.

El viejecillo se recompone. Inhala. Suspira. Inhala... Luego aprieta todas las manos que se le cruzan y da las gracias. "¡Gracias, doctores!" Antes de partir, desgraciados, preguntamos el nombre de su hija. Él responde orgulloso. La Muchacha se llamaba Fidelina. Tenía 33 años.

***

Ahora el cuarto de los huesos está sumido en un profundo silencio. La ausencia de la Muchacha ha trastocado todo. Raymundo Sánchez, cabizbajo, prepara remolino su refresco edulcorante. El doctor Quijano da vueltas por el cuarto, mudo, buscando respuestas en los huesos de las nuevas osamentas que hay que examinar. Al no encontrar consuelo huye de ahí. "Va pues, nos vemos", murmura. "Nos vemos, doc", alcanza a decirle Raymundo Sánchez. Saúl Quijada está derretido en una de las sillas y ni le responde. Tiene la mirada perdida. 3 p.m. Lo anuncia la mariposa que gira 360 grados. Hay tardes en las que la vida sabe a pura mierda, aunque esa tarde unos desgraciados hayan hecho un poco de bien.

***

Todos estos huesos todavía tienen mucho que contar. Las fiestas patronales de San Salvador ya finalizaron, y la pestilencia que dejó la diversión de la ciudad ya se ha ido con el viento; los charcos de aceite, orines y heces han desaparecido, y el doctor Saúl Quijada se ha quitado esa roncha de la cabeza. Desde la restitución de Fidelina, al cuarto de los huesos han llegado cinco osamentas que aparecieron botadas en cinco puntos de la ciudad, otros cinco parientes han venido buscando huesos, pero los suyos todavía no están aquí; y Raymundo Sánchez y los doctores han hecho dos exhumaciones más. En una de esas, Raymundo Sánchez, el hombre que no le teme a la muerte, entró en feroz batalla con una tumba, ubicada en el centro del cementerio de San Juan Opico, un pueblo alejado a una hora de la capital. Íbamos a descabezar a un muerto, a traer la calavera de aquel caso que un fiscal quería que le resolvieran estudiando solo unas fotografías. Fue aquella una batalla épica, de cinco largas horas entre la ubicación de la tumba, la excavación y la resucitación de esos huesos. Y aunque Raymundo Sánchez diga lo contrario, la muerte esa vez parece haberle vencido. Era aquel el cadáver más putrefacto que hayan olido un grupo de cavadores, dos policías, un fiscal y un periodista. Golpeaba como las olas golpean los despeñaderos: unas veces calmas; otras, demasiado fieras. El único que se mantenía estoico, sin mascarillas, supervisando la obra, era el doctor Saúl Quijada. Eso se explica gracias a su esposa, quien ha descubierto que su marido ha perdido la sensibilidad en el olfato. El cadáver estaba envuelto en cinco bolsas plásticas, un año de enterrado, embadurnado de cal. "Un macerado", dirá Raymundo Sánchez. Era un joven de 13 años que murió a manos de la Mara Salvatrucha. Sabía de un asesinato, creyeron que era un soplón y lo mataron. Disfrazado como cazafantasmas, Raymundo Sánchez se aventó al nicho y batalló con la osamenta, que no quería soltar el cráneo. Un millar de moscas le hicieron trampa. Un minuto. Dos minutos. Cinco minutos, siete minutos y Raymundo Sánchez apenas pudo sostenerse de la mano de William Villanueva, un auxiliar forense que se desvive por conseguir una plaza con el equipo de antropólogos. Villanueva, un gordito serio, también tiene dos décadas jalando muertos, y en los últimos meses ha comprobado que reaparecer a los desaparecidos es un trabajo que quizá valga más la pena. Sale de sus turnos nocturnos y en lugar de irse a su casa, con sus hijos, ocupa sus días libres para ayudarle a Raymundo y a los doctores, como esa tarde, en la que sacó a un pálido de una tumba, porque la muerte lo había dejado K.O. Lo *tufeó* a Raymundo Sánchez. Le costó reincorporarse antes de llegar a 10, para reanudar la batalla, porque al final decidieron que tenían que traerse todo el esqueleto.

—¡Fue la cal! ¡Fue la cal! —dijo media hora más tarde, todavía desencajado, defendiéndose de las preguntas.

De regreso en el cuarto de los huesos, el doctor Óscar Quijano, experto en reconocer detalles, no dudó un instante cuando resumió todo lo que había pasado.

—¡O sea que ese hijuelule estaba sabroso!

***

Una osamenta sin identificar de un excombatiente de la guerrilla apareció a mediados de 2012 en una comunidad cercana al lago de Coatepeque, occidente de El Salvador.

Ahora partimos junto a Raymundo Sánchez y Saúl Quijada en un viaje en el tiempo. Todo gracias a una casualidad. Ayer una tormenta desnudó la vulnerabilidad del cuarto: cuando llueve recio, el agua se cuela por el techo, y cerca de la puerta que da al patio cae catarata. La inundación mojó las bases de las cajas que hacen de soporte a las mesas de trabajo. Y los ambientes húmedos arruinan los huesos. Seis de las cajas dañadas contienen las osamentas de 17 personas masacradas por el ejército salvadoreño en El Mozote, hace más de 30 años. Y es ahí donde radica la casualidad.

Resulta que este cuarto de los huesos que conoció la Muchacha no es el primero ni el original. Antes hubo uno que retuvo más de 400 osamentas, la mitad de las cuales eran de niños. Y aunque ese ya desapareció para siempre, sobrevive el segundo cuarto de los huesos, que está escondido en el sótano de otro palacio de justicia, ubicado en la ciudad de Santa Tecla, a escasos minutos de la capital. La cuna del EAF. Los huesos que hay ahora en el nuevo laboratorio de antropología forense son contemporáneos a los que hace más de dos décadas se estudiaron en el primer cuarto de los huesos de El Salvador. Y ese primer cuarto, aunque ya no tiene huesos, aún conserva su nombre bautismal.

Llegamos al parqueo del Centro Judicial de Santa Tecla. Raymundo Sánchez y Saúl Quijada desaparecen instantes después de bajarse del carro. Se han perdido, emocionados al reencontrarse con sus viejos amigos. En estos sótanos, oficinas hechizas en el centro de un parqueo, nació hace casi 15 años la unidad de antropología.

—¿Dónde está El Mozote? —preguntamos a un motorista del centro judicial.

—¿El Mozote? Es el cuarto de la esquina. Vaya a ver. Solo toque la puerta.

Entre 1992 y 1993 un grupo de antropólogos argentinos vino a El Salvador para intentar comprobar que una terrible masacre había ocurrido en las montañas del norte de Morazán, al oriente de El Salvador, como denunciaban los familiares de los sobrevivientes, respaldados por Tutela Legal del Arzobispado de San Salvador. En enero de 1982 una mujer, llamada Rufina Amaya, denunció al mundo que le habían matado a su esposo y a la mayoría de sus hijos unos soldados salvadoreños. Y no solo a ellos, sino a un millar de campesinos en el caserío El Mozote y en otros ocho poblados más. Cuando la denuncia fue publicada en el *New York Times* y el *Washington Post*, el gobierno de El Salvador negó esa masacre, y luego también la negó Estados Unidos, país que había adiestrado a los autores materiales de la misma: al teniente coronel Domingo Monterrosa y los soldados del Batallón de Reacción Inmediata Atlacatl.

Durante toda esa década, el Estado salvadoreño siguió ocultando todo, pero gracias a la presión internacional que levantó la noticia de la apertura del caso, en un juzgado del oriente del país, el órgano de justicia autorizó que se practicaran exhumaciones en El Mozote. Y como no había en esa época antropólogos forenses en El Salvador, se contactó al Equipo Argentino de Antropología Forense (EAF), que en la década de los ochenta había cobrado fama luego de descubrir algunos de los cementerios clandestinos de la dictadura argentina.

En El Mozote todavía hay gente que recuerda con mucho cariño aquellas exhumaciones. Juan Bautista Márquez es uno de ellos. Él es un anciano ya de pellejo pegado a los huesos que sobrevivió a esa masacre, huyendo de un caserío para refugiarse en otro; huyendo a un tercero, hasta que la masacre terminó —después de siete días— y pudo huir sin tantas prisas hacia los campamentos de refugiados en el vecino Honduras.

—Recuerdo a una de las doctoras que se quebró cuando encontró, en uno de los entierros, el juguetito de un niño cerca de los huesitos de su dueño. Creo que era un caballito de madera. Eso fue duro —dice Juan Bautista Márquez.

En una de las jornadas de excavación, muchos otros recuerdan que el entonces presidente de la Corte Suprema de Justicia, Mauricio Gutiérrez Castro, ordenó la suspensión de las exhumaciones porque ya era demasiado tarde, porque no podían seguir toda la vida, porque los sobrevivientes siempre apuntaban a nuevas fosas, en donde aseguraban había muchos más huesos.

Desde las montañas del oriente del país, camionadas de huesos viajaron alrededor de cuatro horas hacia Santa Tecla, hacia un cuarto hechizo en un sótano, al "nuevo Mozote", y ahí fueron estudiados por los antropólogos argentinos, en mesas improvisadas en los pasillos que dan al parqueo.

El Mozote es un cuarto oscuro, cuadrado y amplio, y ahora está atiborrado de contenedores fríos. La mayoría ya no sirve, y en su lugar hay un par de refrigeradoras más nuevas. Al final del cuarto hay un pasillo, y al final del pasillo una bodega. Ahí se guardaban las osamentas hasta que fueron estudiadas y más tarde restituidas a sus familiares. En una de las paredes hay un mapa antiquísimo de El Salvador, pero la custodia de El Mozote cree que no data de la época de las osamentas.

El Mozote ahora es el laboratorio de ADN para la región central del país. Sara de Lazo es quien recibe, todos los días, las muestras de sangre de los muertos por accidente, de los que se suicidan y de los asesinados. Pequeña, frágil, solitaria, ella vino aquí cuando a El Mozote ya solo le quedaba el nombre, pero dice conocer muy bien la historia. Le preguntamos qué sabe, y ella habla de todo: de los ancianos, de las ancianas, de las mujeres violadas, de los jóvenes masacrados, de los niños... Se detiene cuando en la cabeza se le cruzan las imágenes de los niños. Los labios comienzan a temblarle; ella pasa sola en ese cuarto, los ojos se le vuelven lágrimas; ella pasa sola en ese cuarto, y nosotros solo sabemos lo que pasó antes, y eso está bien, pero ignoramos lo que pasa ahora. Ella, que apenas y se entera de las historias en el nuevo El Mozote, que a su oídos solo llegan fragmentos de relatos detrás de unas muestras de sangre, que ella después convierte en unos códigos numerales, fríos, sin historia... Hasta ella se quiebra.

—Es importante conocer el pasado, para saber de dónde venimos. Y me alegra que estén conscientes de eso... Ustedes me hablan de El Mozote, quieren que les diga qué sé de los niños de El Mozote, y lo que sé es lo que he leído, así que mejor les voy a contar de los niños de ahora: ¿saben cuántos niños y niñas vienen aquí violados, estrangulados, desenterrados, asesinados por aquellos en quienes confiaban? ¿¡Saben cuántos son!? ¿¡Tienen una idea de cuántos son al año!? A veces uno quisiera tener tiempo para sacar esas estadísticas, para hacer una investigación que explique qué nos pasa, pero no se puede. No se puede...

***

Ahora Raymundo Sánchez se divierte en un cuarto contiguo a El Mozote. Está carcajada amplia, degustando un segundo desayuno que le convidó uno de sus amigos reencontrados. "¡Ya voy! ¡Ya voy!"

El doctor Saúl Quijada también sale al paso. Hace un resumen del nacimiento del EAF salvadoreño: tras las exhumaciones en El Mozote, una recomendación de los argentinos quedó bailando en la mente del desaparecido Juan Matheu Llort, quien por años fuera el director de Medicina Legal de El Salvador. Así que se crearon plazas y se capacitó a los postulantes para que se convirtieran en antropólogos fuera del país, porque en El Salvador a la fecha no hay ninguna carrera de antropología forense. Uno de esos iniciados fue Saúl Quijada. Estudió en Monterrey, México, y en El Salvador se juntó con el doctor Pablo Mena, hasta 2006 jefe del EAF. A finales de los noventa a las oficinas del IML llegaban oenegés que pedían ayuda para desenterrar víctimas de la guerra, amén de que las familias querían reencontrarse con los huesos de sus familiares asesinados. Y entonces Pablo Mena, Saúl Quijada y un tercer doctor más salían mosqueteros en su auxilio.

En el año 2000, a solicitud de la Comisión Interamericana de Derechos Humanos, el órgano judicial aprobó una segunda exhumación en El Mozote y los caseríos aledaños, en el oriente del país. Y hasta allá fueron enviados Saúl Quijada y Pablo Mena, para encontrarse por primera vez con el equipo argentino. Con el tiempo se hicieron amigos, y con el tiempo Saúl Quijada fue adoptado por los argentinos. En 2005 incluso se lo llevaron hasta Argentina, para entrenarse junto a ellos.

—Recuerdo que al principio desconfiaban, sospecho que por las experiencias de inicios de los noventa, cuando les interrumpieron el trabajo.

—¿Cómo ganó su confianza?

—Fue fortuito. Ellos nos vieron trabajar, y ocurrió que se interesaron en mi experiencia en odontología forense. Yo tenía la suerte de haberme capacitado en México, y entonces creo que el quiebre fue eso.

Conocer de calaveras, mandíbulas y dientes muertos.

—Una vez, mientras analizaba un cráneo, una de las líderes del equipo, Patricia Bernardi, me observó. Se acercó, me hizo preguntas y me escuchó con atención. Fue como una prueba de fuego, digamos. Cuando terminamos, ella me ofreció un trato: vos nos enseñas de dientes y nosotros te enseñamos de esqueletos, ja, ja, ja.

Un año después de que Saúl Quijada viajara hacia Argentina, el equipo original de antropólogos salvadoreños se deshizo. Pablo Mena se salió de Medicina Legal y recaló como director de un hospital nacional. Otro médico que estaba junto a ellos se cambió a patología, y fue entonces cuando el IML decidió que una de las viejas dirigiera el equipo de antropólogos. La vieja original lo recuerda como un chiste:

—¿Va' creer? A mí me zamparon en este huevo, y me tuve que venir a trabajar con esta otra vieja. Yo allá estaba bien con mis muertitos, ja, ja, ja —dice el doctor Óscar Quijano.

—¿Se arrepiente?

—¡Para nada, papá!

Desde entonces las viejas son un debate constante: se pican para ver quién termina primero sus peritajes, para ver quién definió mejor la edad aproximada o quién tiene más razón en una probable causa de muerte.

***

En el camino al segundo cuarto de los huesos, el que todavía sobrevive, Raymundo Sánchez y el doctor Quijada nos señalan un pilar del centro judicial. Hay un vehículo funerario parqueado frente al pilar, porque el pilar está a la vista de todo mundo. Está ahumado también el pilar, manchado por una gruesa capa de hollín. Antes de que Raymundo Sánchez creara fuego con un tambo de gas, fósforos y una hornilla, lo hacía a la base de este pilar como lo hicieron alguna vez los cavernícolas. El presupuesto del Órgano Judicial, que durante años se jactó —y se jacta impune— de gastar millares de dólares en ordenanzas de lujo y secretarias con sueldos de diputadas, no tuvo, sino hasta 2012, una partida para comprarle a este equipo un tambo de gas. Hasta hace un año, las sopas humanas se cocinaban a fuego lento de leña.

***

Ahora estamos en el segundo cuarto de los huesos. Es irrespirable. Ha pasado tanto tiempo cerrado, desde que trasladaron al EAF hacia San Salvador, que la humedad, el encierro y los huesos delatan los hongos que se están apoderando de todo: de las cajas, de los huesos, de esas historias. En el segundo cuarto de los huesos hay, con redundancia necesaria, demasiados huesos. Más de 300 cajas rellenas con huesos, más de 100 bolsas de cartón rellenas con huesos. Desde 1997 hasta mediados de 2012. Llegan hasta el techo las cajas, y en un estante sobresale una veintena de cráneos. Aquí hasta el doctor Quijada usa mascarilla porque el tufo a moho y hongo de hueso es tan fuerte, y tan peligroso, que también su nariz lo reciente. Si los familiares de todos estos huesos dieran con este cuarto se volverían locos tratando de adivinar cuáles son los suyos.

—Ray, ¿te acordás cuál era la caja del niño? —le pregunta voz de mascarilla el doctor Quijada a Raymundo Sánchez.

En una caja que fue creada para resguardar papel bond están los restos de El Marcianito. Es pequeñito El Marcianito, y Saúl Quijada tuvo que pegarle los huesos del cráneo porque la naturaleza todavía no los había soldado. Está completo El Niño, con todos sus huesitos en versión miniatura. Este niño no fue abortado, este niño no fue aventado a un basurero, este niño apareció cuando alguien abrió una zanja. El Salvador es un cementerio, dijo alguien ya. El niño estaba envuelto en una camisa de niño: azul con verde, marca Bebe Crece.

—Si se dan cuenta, este niño tenía su camisita, y eso explica que alguien lo cuidó. Ahora la gran pregunta es: ¿lo desapareció la mamá o la mamá también desapareció con él, y aún no la hemos encontrado?

—¿Qué edad tenía?

—Este es el desaparecido más pequeño del país.

Tenía entre cinco y ocho meses de nacido.

Antes de salir del segundo cuarto de los huesos, Raymundo Sánchez encuentra una nueva mascota. Alguna vez hurgó por ahí, hasta que quedó hecha huesos. Es la diminuta osamenta de una pequeña rata. Es el animal más raro de la tierra la rata, porque salvo la calavera pegada a la columna, el resto —pura columna, costillas y cola, pero sin patas— es una sola línea larga como el ciempiés.

***

En el viejo cuarto de los huesos ya no hay huesos de El Mozote, pero en el nuevo cuarto de los huesos hay seis cajas que cuentan esa terrible historia. No hace mucho, tres antropólogas canadienses catalogaron los nuevos huesos de El Mozote. Esos huesos reaparecieron en 2010, un juzgado los requirió un año más tarde, y dos años después vinieron a parar hasta aquí. Muchos de esos huesos guardan la terrible y triste historia de Orlando Márquez, un hombre robusto que cuando joven huyó de la guerra y de El Mozote, porque no quería convertirse en guerrillero y tampoco en militar. Orlando Márquez huyó de Morazán justo un año antes de la masacre, y la última vez que vio con vida a su padre con él les mandó saludos a su madre, a su nana y a sus dos pequeñas hermanas. La menor era una bebé que se cargaba en brazos.

Orlando Márquez se enteró de la masacre en la víspera de la Navidad de 1981, y cuando se sintió solo en el mundo decidió que nunca más regresaría a su tierra. Sin embargo, una vez terminada la guerra, y sobre todo a finales de la década de los noventa, muchos comenzaron a repoblar El Mozote, y hasta los oídos de Orlando

Márquez llegaron las noticias que decían que se estaban adueñando de la tierra de su padre. Fue así que decidió ver qué pasaba, con la angustia de reencontrarse con un pasado doloroso. Desde el año 2000 Orlando Márquez hizo visitas esporádicas a El Mozote, pero en su cabeza ya había borrado la idea de buscar a los suyos. Viajaba para poner cercos que alguien más luego le robaba; y así, hasta que un día se cansó y decidió regresarse a vivir por largas temporadas a El Mozote.

Pero Orlando Márquez tenía familia, y su familia lo extrañaba. Lo extrañaban aún más, sobre todo cuando en 2005 la colonia donde vivían ya no aguantaba con los gritos que provocaban unos pandilleros. Su esposa, Miriam, alcanza a recordar que a pocas casas de la suya alguien pegaba alaridos, perseguidos por un horrendo silencio. "Un día supimos que habían decapitado a alguien", recuerda Miriam. Tenía la mala suerte la nueva familia Márquez de haber crecido en Lourdes, Colón, municipio que con el transcurrir del tiempo se convertiría en uno de los más violentos del país. Un territorio en el que la guerra entre las pandillas se volvió —y sigue siendo— peculiarmente violenta y sádica, con cuerpos descuartizados en las calles de las colonias, cabezas jóvenes decapitadas y desfaceladas, máscaras hechas con piel de rostros sobre el pavimento, cementerios clandestinos por todas partes: en los maizales, cafetales, cañales, en los patios de las casas. Un territorio en el que una calavera que se llamaría el Pirata sobrevivió muchas muertes antes de caer aniquilada. Huyendo de esa violencia, la esposa y los hijos de Orlando Márquez lo persiguieron hacia El Mozote, el lugar al que hace 30 años había jurado que nunca regresaría. Fue entonces cuando Orlando decidió que la nueva familia Márquez repoblaría también El Mozote, el lugar del que había huido por culpa de una guerra, el lugar al que regresaría para refugiarse de otra.

La familia creció, y para 2010 ya no cabían en un solo cuarto, así que decidieron hacer una nueva edificación. Temía Orlando Márquez encontrarse con su pasado, así que cambió los planos: ya no debajo de un amate porque al escarbar la tierra podían encontrarse con sus padres y hermanas. Cuál sería su sorpresa cuando descubrió que allá donde por fin decidió abrir una zanja brotarían todos sus huesos.

Un año más tarde, Orlando Márquez no sabía qué hacer con todos esos huesos, así que los guardaba en la sala de su antigua casa, en la que toda la familia se sentaba alrededor de un televisor. Toda su familia, incluyendo a sus padres Santos y Agustina; y sus hermanos José, Edith y Yesenia, todos muertos. Retazos de ropa le decían a Orlando Márquez que aquella era su familia. Unas sandalias que él había mandado para su hermana menor le decían que los huesos que acompañaban a esas sandalias eran los de ella. Reconoció a su madre en una dentadura postiza, medio chamuscada. Detalles importantes. En noviembre de 2011 el juzgado de San Francisco Gotera le quitó a su familia, y durante un año volvieron a desaparecer. La antigua familia Márquez no fue enviada al cuarto de los huesos, en calidad de depósito, sino hasta enero de 2013.

✳✳✳

Ahora nadie está estudiando los huesos de la familia Márquez porque no hay fiscales interesados en su causa. Pero alguien hurga entre los huesos de la vieja familia Márquez y cree reconocer a Agustina y a Santos. Allá en donde aparece una clavícula o un fémur pequeño sospecha que son las niñas Edith y Yesenia. Pero es que son demasiados estos huesos, demasiados, y solo estas seis cajas son suficientes para callarles la boca a todos aquellos que insisten en que en El Mozote no ocurrió lo que ocurrió. En seis cajas hay tres cráneos reventados, pares incompletos de fémures, tibias y peronés; decenas de costillas, una colección de marfil de dientes, pesados como canicas; cientos y cientos de fragmentos de huesos que ya sueltan polvo de hueso, porque el tiempo está acabando con ellos. Es curioso el polvo de hueso: al aspirarlo por accidente evoca al aserrín, y raspa las paredes nasales como una lija. Causa alergia. Es como si tuviera algo que decir. En los huesos de El Mozote hay 1 659 fragmentos de huesos, más 1 221 gramos de hueso fino, a punto de polvo. Llenarían esos gramos tres latones de leche. No hace mucho, tres pasantes canadienses concluyeron que en estas cajas están los restos no solo de la familia Márquez, sino de otras 12 personas más. Así de grande sigue siendo esa masacre, más de 30 años después.

***

Ahora Raymundo Sánchez brinca de la alegría porque ha descubierto un tesoro. Lo mandaron desde Chalatenango, en la zona norte del país. Debajo de una pila de huesos viejos, huesos de la guerra, hay un uniforme verde militar. Botas, pantalón y camisa. No es el primer uniforme de guerrillero que aquí se encuentra. También está Julio Américo, pantalón negro y camisa verde, todavía restos de plomo en la camisa. También está uno sin nombre, aparecido cerca del lago de Coatepeque, al occidente del país. A este lo ajusticiaron: adentro del cráneo todavía se observan los "improntes de bala". Son unas manchas verdes, metal oxidado. Pero este nuevo guerrillero es más atractivo, porque en la manga izquierda del uniforme tiene bordada una estampa de las Fuerzas Populares de Liberación (FPL). Está perfecto el uniforme, y cuando Óscar Quijano entra al cuarto, se planea una rifa.

—¡Esto es pura historia, Humildad! ¡Ya la hicimos! —grita Quijano, al tiempo que extiende la camisa.

—Esto bien podría ir a parar a un museo, es historia nacional —secunda Quijada, reflexivo.

—Yo he oído que hay gente que paga buen billete por hallazgos así —remata Raymundo Sánchez, frotándose las manos.

—¡Ya estuvo! —sentencia Quijano—. ¡Este bolado lo vamos a rifar! ¿Se apunta, cipotón?

Desgraciados todos, nos matamos de la risa.

***

Hace muy poco, mientras este equipo andaba desenterrando huesos, un equipo de arqueólogos encontró cuatro jaguares hechos de barro en las ruinas de Cihuatán, ubicadas en las afueras de la ciudad, en el caluroso municipio de Aguilares. Antes que ellos, otros arqueólogos han encontrado por todo el país otros cientos de piezas arqueológicas a lo largo del último siglo. En 2006 el Centro Nacional de Registros llegó a decir que en todo el país, allá adonde se abra una zanja aparecerán restos arqueológicos. Al paso que vamos, alguien tendrá que advertir a los cazadores de tesoros que hurguen con mascarillas y guantes de látex porque si la tierra ya no aguanta con la época precolombina ni con la época de la guerra, mucho menos lo hará con esta nueva época de huesos frescos.

***

Ahora las lluvias han mermado, y una corriente cálida cuece a San Salvador. En estos últimos días todo ha estado más calmado, y el equipo intenta acelerar los casos que no urgen, para tenerlos archivados, para estar listos por si alguien llega a pedir esos huesos. Son tiempos de laboratorio, y en esos tiempos cada quien anda en lo suyo. Quijada con sus cráneos, Quijano con sus esqueletos, Raymundo Sánchez y William Villanueva coleccionando muelas para que el laboratorio saque muestras de ADN, archivando reportes, ordenando osamentas. En uno de los descansos, entre cuentos de la guerra y bromas, Villanueva y el doctor Quijada bautizaron a una de las mascotas. El cráneo blanco hueso de un perro colmilludo se transformó en un monstruo de color negro, con crestas de color rojo, ojos de víbora y dientes sangrientos. El doctor Quijada revela el nombre que le pusieron a su creación.

—Este equipo es tan bueno que hasta presumimos haber encontrado la calavera del Chupacabras, ja, ja, ja.

Una llamada interrumpe la rutina. Quijada consulta a la mariposa.

—Siempre que llaman al mediodía es porque la Fiscalía quiere una exhumación.

***

A la orilla de una línea férrea creció, infinita, una comunidad marginal, y al inicio de la comunidad, dos familias abandonaron el lugar, y ahí en donde estuvieron sus pequeñas casas ahora es una cancha de futbolito macho, con dos pequeñas porterías de hierro en sus costados. No es larga ni ancha la cancha, a la orilla de la línea del tren.

Raymundo Sánchez descuelga todos sus utensilios en una esquina de la cancha, y saca un GPS para marcar el punto exacto de la excavación. Cuando sale al campo, Raymundo Sánchez nunca se despega unos lentes misión imposible.

La fiscal del caso es una mujer que se ve cansada, hastiada. Para protegerse del sol ha llevado una sombrilla. Suda. Suda mucho. Le cuenta a un policía que ella tiene una hermana gemela, y que alguna vez decidieron estudiar medicina.

—Pero yo al final ya no quise para no estar viendo muertos, y mire en las que ando…

Un hombre en una motocicleta atraviesa sospechoso sobre la línea férrea. Unos policías hacen como que lo detienen y él les muestra sus papeles. Lleva lentes grandes, oscuros, y coloca el casco a un costado de la cancha, cerca de la línea del tren. Los policías le dicen que ya puede irse, él se pone el casco y desanda su camino. A la vuelta de la esquina hay otros policías esperándolo, para retenerlo. Él es el testigo criteriado.

Durante una hora, un hombre cavará un profundo hoyo, con la complicación que provoca dejar intacta una tubería que se le atravesó a medio camino. Y en ese no encontrará nada.

Los investigadores, dos policías jóvenes, le dicen a la fiscal que les dé tiempo para ir de nuevo por el testigo, para sacar esos cuerpos de ahí. La fiscal se impacienta, les da tiempo, pero les instruye que no se tarden más de lo debido.

Media hora más tarde regresan los dos investigadores, seguidos de un tercer policía, todos encapuchados. El tercer policía es bastante delgado, como el hombre de la moto. Se mete en la cancha de fútbol y con la punta del zapato restriega la arena allá donde cree recordar que enterraron a las víctimas. Dos cuerpos, dos jóvenes. Luego se dirige hacia una de las metas, y en la esquina de la cancha restriega de nuevo la planta del zapato. "Ahí hay otro cuerpo", murmura. Ese es de otro caso.

Ya es mediodía, el sol arde, los detectives se impacientan, todos queremos terminar rápido esto. Los niños de la comunidad han salido de la escuela, observan curiosos la escena; les están jodiendo su canchita; jóvenes se atraviesan en bicicletas, una mujer en faldas observa todo con detalle. "Esa es la mujer de uno de los *palabreros*", le susurra el testigo a un investigador, y entonces deciden sacarlo de ahí.

Dos horas más tarde, casi dos metros más hondo, y la tierra no escupe nada. Los investigadores blasfeman, se quejan, dicen que ¡no puede ser!, si ellos saben que ese es un cementerio clandestino, ubicado a las narices de los vecinos que entran a esa comunidad infinita, ubicado bajo la canchita en la que juegan todos los niños. Los investigadores piden auxilio a los forenses, y el doctor Quijada le ofrece una salida a la fiscal:

—Paremos aquí —le dice—, y vengamos mañana con más apoyo de la alcaldía para seguir cavando, podemos hacer una zanja en...

La fiscal lo interrumpe, ni lo deja terminar.

—No. Yo creo que ya no. Si ya dos veces el testigo se equivocó, la información no es tan fiable que digamos.

Los investigadores le ruegan. Ella hace que llama a su jefe.

—¡No! Se acabó. ¡Nos vamos! Van a disculpar por la molestia —le dice al doctor Quijada.

La comitiva se sale de la comunidad, y los investigadores vienen maldiciendo desde detrás de los pasamontañas. "¡Como no es ella la que se arriesga!", dicen. "Como que no supiera que el año pasado solo de ahí sacamos tres cuerpos", dicen. "No sé cuál es la urgencia, si a su oficina a aplastarse va nomás", dicen. "Ya mañana esos cuerpos no van a estar ahí", lamentan. La comitiva se detiene en la salida de la comunidad, los investigadores corren al otro lado de la calle. Ahí hay una sorpresa. A menos de 15 metros de la canchita está la subdelegación policial de Ciudad Delgado, un edificio de dos plantas incapaz de hacer algo contra el cementerio clandestino que tiene frente a sus narices.

***

Ahora escuchamos la última llamada en el cuarto de los huesos. El doctor Saúl Quijada se le adelanta a Raymundo Sánchez.

—¿Qué caso me dice?

—...

—Permítame... ¡Ray! ¿Sabes si había un caso de restitución para hoy? ¿Cuál es?

Raymundo Sánchez busca en los archivos, encuentra por el que preguntan, ubica la caja, está al fondo del rimero de cajas que hay en una esquina. Amenazan avalancha los huesos. "Es el 48." Son pocos huesos en la caja: un fémur, un par de vértebras, unas pocas costillas. El doctor Quijada le habla al teléfono.

—Mire, me va a disculpar con lo que le voy a decir, pero nosotros siempre procuramos decirles a los familiares que cuando hay pocos restos piensen ahorrarse el dinero de un ataúd grande...

—...

—Sí, son poquitos huesos. Con que consiga un ataúd pequeño, de esos para niños...

—...

—Está bien. No hay ningún problema. Es su decisión y nosotros la respetamos. Espero que no haya tomado a mal la sugerencia.

***

Llueve el cielo como si quisiera dejar caer toda su furia en una sola vomitada. El Muchacho entra a la morgue, donde lo esperan los doctores Quijano, Quijada, y los auxiliares Raymundo Sánchez y William Villanueva. Llega empapado.

Inicia el acto de restitución, y el Muchacho es como si estuviera ausente, como que no entendiera nada de lo que está ocurriendo ahí. Los doctores le explican que esos huesos son los de su pariente, que ve uno de los huesos cortados, porque de ahí se sacó el ADN que hizo *match*...

—¿A usted le tomaron la muestra? —pregunta el doctor Quijada.

—Sí, yo di mi sangre —dice el Muchacho, que sigue serio, desinteresado. Es como si entre esos huesos y él no existiera nada. Ni un vínculo. Nada. ¡Nada!

Y entonces Raymundo Sánchez comienza a sacar los huesos, uno por uno, y los coloca en un ataúd para adultos, pero al muchacho ese gran vacío sigue sin decirle nada. Un fémur, una vértebra, una costilla... En el ataúd hay un rompecabezas al que le falta un 90% de sus partes. Raymundo Sánchez saca otro hueso, largo, blanco, y es hasta entonces cuando el Muchacho deja de estar muerto, reacciona, menea las piernas, que están paradas, desesperadas.

—¡Momento! —dice el Muchacho—. Déjeme ver eso...

A ese último hueso se le ha enrollado una pulserita, sencilla, de hilos entrelazados, con líneas azules, celestes y moradas.

—¿Puedo quedarme con esto? —pregunta el Muchacho, pero en realidad la pregunta es un ruego, que antes de pronunciarlo ya le ha partido la voz.

Agarra la pulsera, la observa en la palma de su mano, y es entonces cuando sus huesos le llaman, para despedirse, para decirle que ahora ya pueden descansar en paz. Ambos. El Muchacho aprieta la pulsera, con todas sus fuerzas, con todas sus fuerzas, con todas sus fuerzas, hasta que desde el corazón le sale un grito seco, uno que le cauteriza el alma, y eso le duele, y sin embargo, por curioso que parezca, ese instante es mil recuerdos, la mariposa de Raymundo Sánchez girando en dirección contraria a millón por segundo, el ardor en el pecho es un reencuentro que después de cauterizar, reconforta. Reconforta. Reconforta...

—¡¡¡Mi hermano!!! —grita el Muchacho, y ahora aprieta la pulsera contra su pecho. Por fin su hermano de toda la vida ha reaparecido, su hermano mayor, su único hermano en este mundo desgraciado.

Los salvadoreños cruzan fronteras de guerra a diario

Óscar Martínez
Enero 2016

Todos los días, miles de salvadoreños tienen que cruzar de zonas gobernadas por la Mara Salvatrucha a zonas gobernadas por una de las dos facciones del Barrio 18. Sus vidas se modifican debido a esos límites. Algunos sacan documentos con información falsa para poder circular. En este país hay fronteras internas de las que incluso depende la vida de muchos. Ocurre desde hace años, pero la regla se hace más estricta con el paso del tiempo.

CRUZAR FRONTERAS CADA MAÑANA, CADA NOCHE

"No creás, nunca se acostumbra uno. Yo salgo con miedo de mi casa. Regreso con miedo. A veces he pensado en sacar varios DUI que digan que nací en zonas diferentes del país para no tener problemas."

Lo dice un joven veinteañero residente en la colonia Bosques del Río, del municipio de Soyapango. Recorremos en carro la calle La Fuente, de dos carriles, que se interna desde el centro comercial Unicentro hacia su colonia. Un recorrido de 10 minutos con poco tráfico. A lo largo de esa calle, por pequeños desvíos o pasajes, se entra a ocho colonias diferentes. Pocas veces la definición clase obrera o clase media-baja podrá aplicarse mejor que a la población que habita estas colonias. Secretarias, obreros, administradores de empresas, maestras de escuela, motoristas. Casitas de dos cuartos y una sala-cocina-comedor. Vivienda mínima, le llaman, casas con subsidio gubernamental. La calle La Fuente es de unos

513

dos kilómetros hasta Bosques del Río. Los que la recorren en bus atraviesan en pocos minutos más de cinco fronteras de guerra. Sin eufemismos: conflicto armado, muertos.

La Fuerza Armada de El Salvador estableció un promedio: durante los 12 años de guerra civil fueron asesinados 16 salvadoreños cada día. En 2015 el promedio fue de más de 18. Fuimos más mortales que en nuestra guerra. El año terminó con 103 homicidios por cada 100 000 habitantes. Uno de cada 1 000 salvadoreños fue asesinado.

A lado y lado de la calle La Fuente, de Soyapango, se esparcen ocho colonias dominadas por la MS y el Barrio 18 Sureños, algunas de ellas son de las más icónicas colonias tomadas por las pandillas en toda el Área Metropolitana de San Salvador. La colonia del joven —que por razones obvias pidió se omita su nombre y otros detalles de su vida— es Bosques del Río y está gobernada por el Barrio 18 Sureños, una de las dos facciones en las que se partió la pandilla nacida en California.

El joven no es pandillero. Es trabajador. Trabaja desde adolescente. Ha trabajado en maquilas, almacenes, centros comerciales. No es pandillero, pero cada vez que ha obtenido un trabajo ha tenido que desnudarse ante los encargados de personal para que revisen si tiene tatuajes de pandillas. Para obtener su último empleo incluso le hicieron la prueba del polígrafo. La primera pregunta fue: ¿pertenece a alguna pandilla? El joven no es pandillero, pero es de Bosques del Río, y en el país más violento del mundo, el nombre de tu colonia es como un segundo apellido.

"Mi principal problema es Monteblanco", dice en el carro.

Monteblanco es gobernada por la Mara Salvatrucha. Parte de su gestión como gobierno es impedir que gente de Bosques del Río entre en su territorio. Impedir que jóvenes de Bosques del Río, por ejemplo, estudien en el Centro Escolar Agustín Linares. El joven debería haber estudiado ahí, en la escuela que queda a 15 minutos caminando desde su casa, pero como las fronteras son las fronteras optó por viajar más de una hora cada día y estudiar en el centro capitalino, lejos de donde lo conocían. Muchos padres en Bosques del Río optan por rascarse el bolsillo y pagar para que sus hijos se mantengan dentro de su frontera y estudien en el colegio privado Liceo Cristiano Reverendo Juan Bueno.

No es que los emeese de Monteblanco hagan algo particular. Así son las reglas fronterizas de esta guerra. Ya no solo cuenta que alguien sea pandillero. Si alguien habita de un lado de la frontera, ese es su bando, lo haya escogido o no. Para la mayoría de esa gente, gente como el joven, la demarcación pandillera es más importante que la demarcación oficial: uno puede olvidarse de dónde le toca ejercer el voto y las consecuencias no serán ni de cerca tan severas como si olvida que esa colonia por donde camina es de la pandilla contraria. Los gobiernos van y vienen, las pandillas siguen ahí desde hace dos décadas.

Adentro de muchas de estas colonias hay puestos policiales que reciben casi ninguna denuncia de los habitantes que los rodean. El lema de la MS recoge el espíritu de ese efecto pandillero: ver, oír y callar. Su versión alargada lleva incluso una alta cuota de cinismo: ver, oír y callar si la vida quieres gozar.

La demarcación pandillera cubre gran parte del país. Según datos de la Policía de 2013 hay *clicas* de ambas pandillas en los 14 departamentos. El departamento que menos *clicas* tiene, según la versión oficial, es Morazán, con 18. Esa demarcación se hace estricta en los barrios populares. Si bien incluso la exclusiva Zona Rosa de San Salvador puede considerarse territorio del Barrio 18 Revolucionarios de la comunidad Las Palmas —en marzo de 2014 ametrallaron un restaurante argentino que denunció la extorsión— los pandilleros no están en esa área pidiendo el DUI a los pasajeros de los buses. En cambio en Soyapango, entre colonias como la del joven, sí.

"En Bosques queda el punto de las Coaster de la 41B, el problema es que en el recorrido entran a Monteblanco a sacar gente. Es una vuelta de tres minutos, cinco si la Coaster va llena, pero yo no puedo entrar a esa colonia. Hago dos cosas. A veces me bajo en la entrada de Monteblanco y espero que la Coaster salga. Solo que a veces los motoristas con la cabeza me hacen que no me suba, porque llevan pandilleros emeese, y me toca esperar a que llegue otra."

Toda esa estrategia cada mañana. Todas las mañanas. Ser joven y vivir en una comunidad de pandillas es vivir marcado.

"Si no, me cruzo por los pasajes de Los Ángeles, para salir a la entrada de la colonia San José. Ahí no hay mucho problema, porque es de la misma pandilla de mi colonia. A la salida, agarro una 41B o A, pero sigo con riesgo, porque las que siguen... Es bien complicado: El Limón, MS; la Guayacán, MS, la Kiwani, MS. Ahí se paran en un muro que tapa la colonia para ver quién va en la Coaster. Yo trato de sentarme a la par de alguna señora y esconderme en ella. Silban para ver quién reacciona. Tenés que ir con la cabeza abajo."

Desde primera hora de la mañana, cientos de salvadoreños andan con la cabeza abajo.

La estrategia del joven no es suya nada más. Señores, mujeres, jóvenes hacen un plan similar para evitar entrar a Monteblanco si son de Bosques del Río. A principios de diciembre de 2015, los emeese de Monteblanco hicieron circular un papel dentro de los buses de la 41B y A. Prohibían a la gente de Bosques del Río que no era pandillera del Barrio 18 Sureños bajarse a la entrada de la colonia, en la frontera. Dice el joven que casi nadie ha hecho caso. El instinto de supervivencia tiene años desarrollándose entre los habitantes de ese nudo de comunidades inmersas en esta guerra que disputan los más de 60 000 pandilleros que el gobierno calcula, pero que marca la cotidianidad de millones de salvadoreños.

"Cuando vengo del trabajo, ya de noche, está la entrada a la Kiwani. La Coaster para enfrente. Yo me aviento antes, me cruzo la calle ligero y me meto por los pasajes de la San José, para llegar a Los Ángeles y entrar a Bosques."

Avanzamos en el carro. Tras una colonia viene otra. El joven no ha terminado de decir "aquí dominan los sureños" cuando ya estamos en zona MS. Los *placazos* señalizan cada territorio. Una M y una S de más de dos metros en Montes. Una mano haciendo la garra emeese decora toda la pared de una casa. Más adelante, una pequeña pintada en una pared, concreta, como si fuera mensaje vial: "Aquí comienza el dominio de la 18". Frente a Monteblanco, donde el joven suele bajar cada mañana, dos muchachos hablan por teléfono. "Son postes", dice el joven, sin resaltarlo, con la normalidad de quien dice llueve. Porque los postes, los vigías de las pandillas, son normales en este país, parte del paisaje cotidiano que tienen enfrente millones de salvadoreños. La gente de Bosques del Río puede no saber el teléfono del puesto policial más cercano, pero seguro saben que Pirata es el *palabrero* de su colonia. Para sobrevivir hay que entender quién manda.

"Aquí fue lo que te conté de la Guayacán", dice el joven cuando pasamos frente a la entrada a esa colonia. Se refiere a que la semana pasada, su vecina le gritó desde su casa que no se fuera a trabajar. La vecina había recibido una llamada de un familiar que le comentó que los pandilleros emeese de la Guayacán estaban esperando, pistola en mano, a los buses y revisando a los jóvenes. Buscando tatuajes, pandilleros enemigos conocidos. El problema es que eso no es excusa para faltar al trabajo ante los jefes del joven. El hijo de la señora y el joven decidieron aventurarse juntos y apostarle a una estrategia.

"Nos bajamos unas cuadras antes, frente a la gasolinera, antes de Monteblanco y la Guayacán, caminamos por la San José hasta la cancha de fútbol y logramos agarrar una 41A. Era cierto, estaban bajando gente ese día."

Estas colonias son como decenas de otras colonias. La normalidad salvadoreña se parece más a esto que a un lugar donde no pase esto. Lo curioso es que la vida política del país transcurra de espaldas. Será para enmarcar el día en que la cotidianidad de jóvenes como el joven marque la pauta de una plenaria legislativa en el país. Si aquí alguien pintara las fronteras entre una y otra pandilla, desde el aire se vería como un rompecabezas de piezas pequeñas. Un anillo de colonias demarcadas por fronteras invisibles rodeado por otro anillo de colonias iguales. Más allá está Montes de San Bartolo III, MS; Los Conacastes, 18; Bosques de Prusia, MS; El Pepeto, MS y 18; El Limón, MS; El Arenal, MS; Las Margaritas, MS; Las Campaneras, 18.

Llegamos a Unicentro. El acuerdo para que el joven aceptara hacer el breve recorrido fue que no entráramos a Bosques del Río, porque alguien podría pensar que daba información a algún detective policial.

Le vuelvo a preguntar si ya se acostumbró. Repite.

"Nunca se acostumbra uno."

Esa idea de que la gente se acostumbra bien a vivir bajo las fronteras de las pandillas o que los campesinos gustan de levantarse a las tres de la mañana o que las empleadas domésticas logran ordenar sus gastos con sus miserables sueldos son ideas paridas desde la comodidad y la cobardía de los que no somos esa gente. Muchas cosas se dicen en zonas donde no dominan las pandillas sobre la gente que vive donde sí dominan. Pocas veces se le pregunta a esa gente qué quiere decir. Pareciera, si uno ve los noticieros, que solo se les visita cuando tienen un cadáver enfrente y que casi siempre se les pregunta si el cadáver, en vida, fue pandillero.

Toda esa tensión con la que arranca y termina el día solo por llegar y volver al trabajo puede incluso ser el menor de los problemas de esta demarcación pandillera. Un padre me contó que no puede visitar a su hijo en su casa ni viceversa. Su hijo y él viven a 10 metros de distancia, pero la calle que los separa en la colonia Popotlán II, del municipio de Apopa, no es una calle sino una frontera. Del lado del hijo gobierna el Barrio 18 Revolucionarios. Del lado del padre gobierna el Barrio 18 Sureños. Padre e hijo, cuando quieren verse, se citan en otro municipio o en un centro comercial. Una mujer del municipio de El Carmen, en el departamento de Cuscatlán, no pudo ir este diciembre al funeral de su tía, asesinada por pandilleros, porque el funeral ocurrió en otro territorio, gobernado por las dos letras.

El discurso oficial suele sugerir que la mayoría de los muertos son pandilleros, que esta guerra solo mata guerreros. Y sin embargo, decenas de miles viven en márgenes que pueden terminar en muerte al menor error. Si el padre cruzaba la calle para decir hola a su hijo. Si la mujer iba al entierro de su tía. Si el joven se duerme y no baja a la entrada de Monteblanco.

Le pregunto al joven cómo logró aprenderse todo este entramado de colonias si no logra visitarlas. Dice que algunas las visitó antes de que la guerra arreciara y las fronteras fueran inviolables. Recuerda haber jugado en el torneo de fútbol de la colonia Los Ángeles con un equipo de Bosques del Río hasta que un día, al medio tiempo, hubo balacera entre unos y otros. Aún recuerda que la cancha de El Pepeto es de grama artificial, "bien alfombradita", pero ese sector quedó del lado MS y tiene años de no patear una pelota allá ni en Monteblanco. Es un aprendizaje lento, constante. Una balacera por allá, un joven muerto frente a El Limón, un *placazo* en cierta cancha, un retén pandillero a la entrada de la Guayacán...

El joven explica de mejor manera cómo se aprendió el mapa de su vida.

"Porque es la socazón diaria de uno. Uno tiene que saber dónde caminar y dónde no. Porque uno ha vivido toda la vida aquí."

IMPUESTOS FRONTERIZOS

"Esta calle es el límite, mire. La frontera de guerra es todo esto. Aquí se agarran a balazos a cada rato. Allá abajo son MS. Arriba son 18 Revolucionarios. Es una L. Y nosotros en medio."

Lo dice un hombre cuarentón, recio. Él es negociador de renta de una ruta de buses y microbuses. Ese es su trabajo. En un país donde hasta la Coca-Cola o Tigo pagan extorsión, hay arquitectos, paleteros, zapateros, profesores y negociadores de renta. La realidad crea puestos de trabajo. Él se encarga de negociar telefónicamente con los pandilleros el pago de la extorsión. El punto de buses donde él trabaja queda justo en el vértice entre el dominio de las dos pandillas. Es una de las rutas que tuvieron la mala suerte de que una pandilla no aniquilara a la otra y dominara todo el sector. Pagan a un lado y pagan al otro desde el punto donde sus buses arrancan. Aunque el hecho de que una sola pandilla gobierne la zona donde se ubica el punto de una ruta no garantiza que solo pague extorsión a ese gobierno pandillero. Si el recorrido de los buses implica pasar por zonas de otra pandilla, lo normal es que haya una tarifa para cruzar esa frontera y circular el territorio.

Antes de conocer al negociador me reuní con tres empresarios de buses. Uno de ellos me aseguró que hay rutas que pagan más de cuatro "impuestos de guerra", porque atraviesan zonas de las tres pandillas y, en el caso de la MS, de dos *clicas* distintas, y ambas cobran por cruzar su frontera. Tiene lógica. Por poner un ejemplo: de poco le serviría a la *clica* de los Centrales Locos Salvatrucha, en el centro capitalino, que la de los Criminal Gangster Salvatrucha, de Mejicanos, le cobrara a una ruta en su territorio, si ni un cinco de eso llegaría a sus manos.

Ni el negociador ni los empresarios aceptan que sus nombres aparezcan. Ni el número de la ruta ni el municipio donde está el punto. Cuando se escribe de pandillas se escribe lo que se puede. El límite primero es no matar a nadie al escribir. Las pandillas delimitan otras cosas, no solo el territorio. El acuerdo es que puedo decir que es una ruta del Área Metropolitana de San Salvador.

Junto al negociador, recorremos en carro la ruta de sus buses.

"La negociación con la MS fue hace más de cuatro años. Se quedó en 550 dólares al mes. Los 18 pidieron 800, 900 dólares, lo que quisieron, hasta 1 200 dólares mensuales llegaron a pedir. ¿Ya vio los balazos en el portón de la oficina? Fueron ellos, porque no se les quiso dar lo que pedían. Empecé a negociar: ellos dijeron que se conformaban con 700 dólares. Son criminales, pero cipotillos los de la 18 de aquí. Yo les dije 200. Quedó en 300 dólares mensuales."

Pasamos por el territorio del Barrio 18 Revolucionarios. Es un lunar rural en medio de la ciudad. La calle principal es asfaltada, pero los pasajes que se abren a los lados son de tierra y dan al monte.

"Mirá —dice el negociador— aquí es la frontera. Démosle para abajo, todo esto es zona MS. A la MS así se le paga: yo les digo en qué bus va a ir la renta, les doy la placa, el color y el teléfono del motorista. En todo este trayecto [de unos dos kilómetros], salen ellos. Ellos no te van a decir dónde están. Los 18 mandan a un bichito a traerla. Bien se la entregamos con el vigilante del punto o se las voy a tirar en una bolsa allá arriba, y llega el niño a traerla… Mirá, aquí asaltan, en esta parte es que salen asaltantes comunes en la noche a quitarle la caja al motorista…"

Pagar extorsión es obligatorio para los buses. Así de claro. Es imposible que en El Salvador de hoy, demarcado por las pandillas como está, las autoridades puedan proteger a los motoristas de una ruta que decida no pagar. Son un blanco fácil, hacen el mismo recorrido todos los días. Si no pagan, tarde o temprano, alguien será asesinado. En 2015, según la Policía, 93 motoristas de buses y microbuses fueron asesinados. Los empresarios de buses agremiados en dos asociaciones fuertes, que muchas veces ocupan la carta de la inseguridad para negociar con los políticos, aseguran que en 2015 pagaron a las pandillas 26 millones de dólares en extorsiones.

Así de mortal la situación, pagar extorsión ofrece algunas prerrogativas.

"Aquí asaltan… La MS me ha dicho que cualquier cosa, si alguien anda jodiendo o asaltando buses, ellos me protegen. Yo le digo [al pandillero]: mirá, los motoristas me acaban de tirar que andan dos chavos, uno con short blanco, una gorra así… Él me responde: ahorita. Lo identifican y le dicen: si volvés a venir, te vamos a matar. Es más efectivo que la Policía. Es inmediato."

La relación con la Policía es, para algunos, innecesaria en estas zonas. O, si es necesaria, lo es por razones paradójicas. Algunos negociadores de renta de los buses dan el número telefónico con el que negocian la renta a los policías. Piden ser intervenidos, pero no para denunciar la extorsión, sino para que en caso de escuchas no los vayan a confundir con extorsionistas. A la hora de negociar con un pandillero, se habla como si se hablara con un amigo: qué ondas, perro; qué pasó, compa; buena feria te mando ahí, buen *alivián*. En ocasiones, lo único que quiere un negociador que da el teléfono a la Policía es no terminar preso por hacer su trabajo.

El negociador no sabe el apodo real de ninguno de los pandilleros con los que habla. Tiene ocho teléfonos controlados desde los que se comunican. El que un día dijo llamarse Chino la próxima vez dirá llamarse Seco. Pero el negociador tiene maña para identificar voces y saber, por la experiencia de cómo se resolvieron problemas, qué voz los resuelve.

Hace algunos meses, dos pandilleros abordaron varias unidades lejos del punto de buses. Dijeron ser miembros de una *clica* de la MS, dieron dos apodos, dos números de teléfonos y una orden a los motoristas: queremos un dólar diario por unidad. Suena a poco, pero en este caso iban a ser más de 600 al mes. El negociador llamó a los teléfonos recibidos por los motoristas y les pidió un favor: entiéndanse con el pandillero de la MS al que ya le pago renta. Les dio el teléfono de la voz a la que relaciona con la solución de sus problemas. El negociador enlazó telefónicamente a dos mareros. Sus problemas se solucionaron.

"Vaya, aquí salimos de zona MS para volver a zona 18. ¿Viste ese poste? Ahí va el bus. Nos tienen bien vigiladitos. ¿Ves esa casa? Ese es el punto donde hay que mandarles el bus cuando hay un muerto."

Tener un punto de buses dentro de una frontera pandillera implica ponerte del lado de esa pandilla a la hora en la que hay muerte y en la que se necesita diversión. El negociador, al señalar la casa, se refiere a que ahí es donde se hacen los velorios de los pandilleros asesinados. Él tiene que enviar un bus cada vez que matan a alguno, para trasladar a la gente al cementerio. Combustible y motorista corren a cuenta del busero. Lo mismo ocurre alrededor de fechas como Navidad, Semana Santa o la primera semana de agosto. Los pandilleros vacacionan.

"A veces piden ir a la playa El Sunzal —dice el negociador—, El Majahual. La vez pasada pidieron ir hasta El Cuco. 'Nooo', le dije, 'no jodás, más cerquita'. Bus y gasolina. Les negocio: 'Mirá, los buses están malos, se van a quedar'. El de aquí responde: 'No te preocupés, yo llamo grúa si se queda, y voy a llevar mecánico'."

El negociador negocia. Si ya hizo dos viajes por muerte o placer al mes, intenta desviar el favor. Les pide que busquen otra ruta y le pidan sus buses.

Regresamos al punto. Cinco motoristas saludan al negociador. Esperan su turno para salir de ruta. Los motoristas cruzan fronteras de guerra a diario. Gracias a la extorsión, tienen permiso de circulación en diferentes zonas. Aunque a veces ni la extorsión les otorga la libre circulación.

"Si se dan cuenta de que un motorista anda tatuaje o anda manejando con un bicho de pandilla contraria o de una colonia muy identificada con la otra pandilla, rapidito lo sacan. Nos llaman y nos dicen: 'Por este lado que ya no pase'. A veces directamente nos dicen que ya no lo quieren ver trabajando en la ruta. Tenemos gente que ha tenido que sacar DUI nuevo para poder trabajar y que los mareros no los jodan."

Hay quienes necesitan documentos con información falsa para poder recorrer algunas zonas de su propio país. Documentos falsos para transitar, como los que algunos migrantes centroamericanos compran para cruzar México o entrar a Estados Unidos, aquí hay quienes los ocupan para pasar de una colonia a otra.

El negociador asegura que es costumbre que los motoristas hagan paradas no establecidas formalmente a la entrada de colonias gobernadas por las pandillas. Paran, dice, para que se baje la gente que no puede entrar a esas colonias.

Le pregunté a uno de los empresarios de buses con los que hablé qué hacen en esos casos. Me respondió que despiden al motorista y que el motorista entiende la razón. Si trabaja, muere. El mismo empresario, luego de responder, soltó una frase de esas que caen pesadas, que generan un momentáneo silencio en la sala: "Si a mí la pandilla me dice que ese motorista no trabaje, no trabaja; si me dice que por esa calle no pase, no paso; si me dice que cambie una parada, la cambio; si me dice que ese día no salgan los buses, no salen. Aquí ni Viceministerio de Transporte ni Policía de Tránsito, yo obedezco a las pandillas y punto". La sentencia viene con agravante: el empresario que la pronunció ha sido diputado de la Asamblea Legislativa.

La última semana de julio de 2015, como una medida de presión hacia un gobierno que aumentaba la represión contra las pandillas y las comunidades que gobiernan, las tres pandillas ordenaron un paro general de transporte que se cumplió casi totalmente. Algunos no acataron. Solo esa semana, siete motoristas fueron asesinados mientras trabajaban.

El negociador se baja del carro y se despide desde la ventana. Hago la última pregunta:

—¿Ya pagaron aguinaldo?

—Ya, 300 dólares extra a la 18; 550 a la MS.

PEQUEÑA ZONA NEUTRA

"Antes estaba un grupo de un lado y otro del otro. Querían marcar la diferencia. Se habían dividido en dos pedazos la cancha."

Lo dice, a la par de la cancha de basquetbol, la directora de una escuela del municipio de Apopa. Ella pasa de los 40. Está a cargo de una escuela que ha quedado justo en zona neutra. De un lado tiene al Barrio 18 Revolucionarios. Del otro lado tiene a la Mara Salvatrucha. La escuela no está cerca del límite. Es el límite. Está rodeada por dos colonias del Barrio 18 y cinco de la MS. Adentro de la escuela, de hecho, estudian los *palabreros* de las dos colonias que cercan la escuela. Toda esta situación es, para la directora, una suerte.

"Estamos en el límite. No está definido quién va a tomar las riendas de la institución. Estamos en el limbo. Eso es un punto a nuestro favor. Mientras ellos se definen, quizá es de las pocas instituciones de Apopa donde no se nos pide dinero."

Lo usual, según confirman esta directora y dos maestros más con los que hablé, es que los pandilleros hagan llegar un mensaje a la dirección por medio de un maestro o del portero de la escuela: queremos tanto dinero mensual. Ese dinero sale de las bolsas de los maestros. Pagan para poder enseñar.

Una de las grandes ventajas de delimitar fronteras es imponer impuestos. Todos pagan, las compañías que instalan televisión por cable, las señoras que venden en los mercados del centro, taxistas, el camión del Agua Cristal, el marinero que vuelve de meses en el mar. Hay colonias donde los pandilleros exigen una cuota mensual a cada habitante que tiene vehículo, un impuesto por ser privilegiado.

La escuela de esta directora, en cambio, está en zona neutra. Nadie ha terminado de imponerse.

"El día que definan la rivalidad, se nos van a ir todos los alumnos contrarios y nos vamos a quedar a disposición de la pandilla que gobierne."

El día que una pandilla amplíe su frontera, la escuela será suya y no aceptarán foráneos.

Para otros maestros, la situación de esta escuela de Apopa sería catastrófica. En lugar de un territorio de despeje, la escuela podría ser un territorio de guerra intramuros. Un maestro del departamento de La Libertad me describió su escuela como un lugar "tranquilo" porque "gracias a Dios solo tenemos alumnado que vive en zona MS". Sin embargo, eso depende del talante de cada directora, y esta ha sabido controlar la situación adentro haciendo algunas concesiones.

Intentan no expulsar a nadie ni aplazarlos, hacen lo posible para que pasen. E incluso, en algunos momentos, permiten que la escuela se convierta en una zona de resguardo ante otra guerra que enfrentan las pandillas.

"La escuela es un lugar seguro para ellos. Un alumno estaba en una clase a la que le adelantamos los exámenes, porque se enfermó el maestro. Los despachamos. Ese alumno llegó. Yo sé que él es de los líderes de la 18. Me dijo: 'Seño, permítame que esté viniendo, puedo hacer limpieza. A mi casa llega seguido la Policía y tengo miedo'. '¿Miedo a qué?', le pregunté. 'No pregunte, seño, solo permítame estar aquí'."

Si bien la mayoría de los operativos de la Policía va dirigida contra objetivos pandilleros específicos, durante 2015, el año más violento del siglo en El Salvador, las denuncias en contra de operativos policiales irregulares que se saldan incluso con masacres de gente desarmada han sido recurrentes. La Procuraduría para la Defensa de los Derechos Humanos ha asegurado que esto se ha vuelto una de sus prioridades. La institución tiene expedientes abiertos por casos como la masacre de San Blas, donde un grupo de la Policía asesinó a ocho personas, dos de ellas no pandilleros, desarmados y rendidos, que murieron de tiros en la cabeza y en la boca en una finca cafetalera.

La directora asegura que algunos alumnos han hecho sus intentos por echar leña al fuego, pero no han prosperado en esta zona neutra. No faltan en las aulas los gritos de "hay barrio" cuando alguna suma o resta da 18; ni los aplausos cuando el resultado es 13. Han encontrado pintas de MS y 18 en aulas como la de cómputo, pero tras dialogar con ellos y asegurarles que llamarán a sus padres, son "los mismos líderes los que se han sentado a resolver y al día siguiente ya no están las pintas". La directora, inmersa en su cotidianidad compleja, describe las señales de paz de una manera muy particular.

"Le digo, aquí es tranquilo, por ejemplo, nunca me le han dicho a un maestro que va a aparecer en una bolsa."

Lo del recreo lo lograron resolver con una charla general de la directora a los alumnos. "Aquí no hay jóvenes de un lado o de otro, sino solo alumnos", dijo. Y logró que desapareciera la frontera dentro de la cancha de la escuela. Solo esa frontera.

"Del portón de la escuela para afuera ya todo está mapeado. Unos se van por un lado, otros por otro. Algunos esperan unas horas para irse. Se reparten. De cada lado caminan los de cada pandilla. El problema son los que viven en la colonia MS que está del otro lado de la calle, no en la colonia de la par de la escuela."

Esos alumnos tienen que atravesar toda la calle principal de la colonia del Barrio 18 Revolucionarios para cruzar la carretera y llegar a su zona MS.

"Se ha negociado que un pick-up los venga a traer, incluso a los grandes —hay alumnos de más de 20 años en la escuela—. El pick-up se va por la calle principal, no entra a los pasajes."

Una especie de amnistía, un salvoconducto, un permiso temporal para atravesar la frontera prohibida. Solo a ciertas horas del día y solo para uniformados de la escuela.

La amnistía no es total. Es para ese pick-up que lleva a esos muchachos. Este año, un estudiante de la 18 cruzó la frontera MS y murió baleado.

La directora asegura que los verdaderos miembros de las pandillas que estudian en la escuela son contados. Asegura que los dos líderes tienen 14 y 15 años y estudian en octavo y noveno grado. Niños sumergidos en una guerra que les deja solo caminar por pedazos de su país. Los demás son estudiantes que no pertenecen a ninguna pandilla, pero viven en colonias dominadas bajo su signo. Cuando hay que identificarse se identifican con su colonia, como es obvio. ¿Quién de adolescente no defendió su aula? ¿Quién no fue parte de una pandilla inocente en su colonia, de esas que servían para ganar guerras de silbadores en Navidad o para pinchar llantas y tocar timbres? A ellos les pasa lo mismo, pero en medio de una situación que no tiene nada de divertida ni de navideña. Son niños respondiendo a su ambiente. Su barrio lo dominan pandillas sanguinarias y ellos, sin formar parte, se identifican con sus letras, sus números, imitan a sus líderes, caminan como ellos y se dan de puños contra niños de la otra colonia que tampoco son pandilleros. ¿Lo hacen porque son asesinos? ¿Porque traen el gen de la muerte? ¿Porque son peores que otros niños? No, porque son niños que actúan normalmente, se acostumbran a la situación que los rodea, y esa situación es anormal, enferma, destructiva.

Las fronteras no solo delimitan una cancha o una colonia. A veces, también el aprendizaje.

"Una vez, un alumno nos dijo: 'Tengo que aplazar este año'. No sé qué misión traía, pero tenía que estar en medio del grupo que subiría a su grado. Él lo dijo: 'Este año me han mandado a aplazar', y no se refería a sus papás."

Hay quien dirá que la directora concede, que otorga a las pandillas. Hay quien jamás entenderá la complejidad de esta guerra. Esta guerra, por ocurrir todos los días en las zonas donde viven millones de salvadoreños, ha modificado el tejido social, cada pedacito. El recreo en una escuela, el camino al trabajo, las pruebas para obtener un empleo, los lugares donde se juega fútbol, la hora de salida de la escuela.

"Prácticamente, nosotros mantenemos todo el año una tregua aquí adentro. Todo el año tenemos que estar orientando. Mi pregunta es: ¿qué hay afuera de la escuela? ¿Qué se les ofrece?"

La guerra.

Ver, oír y linchar en Chichicastenango

Roberto Valencia
Septiembre 2018

La pandilla 18 y la Mara Salvatrucha eran, a finales de los noventa, una realidad cada vez más asfixiante en Chichicastenango, la más populosa de las ciudades del departamento del Quiché, en Guatemala. Pero el fenómeno de las maras se estrelló contra la cosmovisión maya k'iche', que tiene en la fortaleza de la comunidad uno de sus pilares. Hoy, Chichi (170 000 habitantes) es una de las ciudades menos homicidas en la región más homicida del mundo —el Triángulo Norte de Centroamérica—, con una tasa de asesinatos inferior a la de Chile, Bélgica o Canadá. ¿Quiere saber por qué?

[*Spoiler alert.* Esta crónica reconstruye el asesinato de un niño llamado Jafet Absalón Xirum Chinol, ocurrido el 18 de octubre de 2017 en el cantón Pachoj del municipio de Chichicastenango, en Guatemala. Absalón tenía 12 años. Lo asesinaron pandilleros de la 18. La crónica narra también las convulsiones que aquella muerte provocó en el cantón y en la ciudad entera —de amplia mayoría indígena, de la etnia maya k'iche'—, y cómo las comunidades organizadas investigaron por cuenta propia el asesinato del niño, y lo vengaron a su manera: con linchamientos brutales primero, con gasolina y fuego después. Todo eso se relata en esta larga crónica, y se destripa en este primer párrafo por la convicción de que lo importante del relato no es su sangriento desenlace —por inspirador o inhumano que parezca—, sino sus pliegues y recovecos. Lo verdaderamente importante son los porqués.]

***

El niño entró en la casa creyéndola vacía, pero había tres hombres.

Absalón —12 años, 120 centímetros, indígena, piel morena, pelo liso y negro, ojos café— había salido rumbo a la escuela del cantón, una especie de centro comunal multiusos en el que también se paga la factura del agua. Así se lo había ordenado en la mañana Miguel Xirum, su padre.

Hasta entonces, aquel miércoles para Absalón había sido un día intrascendente, olvidable. Se había despedido temprano de sus padres, que atienden un negocio propio en el centro de Chichicastenango; había asistido a clases en su escuela, la Flavio Rodas Noriega; y luego se había regresado al cantón, a esperar que entrada la noche la familia regresara. La rutina. Lo único fuera del guion había sido ir a pagar la factura. Ese rato aprovecharon los tres hombres para colarse en la casa.

Sobre el papel iba a ser un robo limpio, en una vivienda vacía, en un cantón apenas transitado de la periferia de Chichi. Los ladrones eran tres: Juan Senté (alias) Tucán y Dustyn Daniel Xiquín Cabrera (a) el Dustyn, dos veteranos de la 18, casi treintañeros; con ellos estaba César Armando Chicoj Xirum, la mayoría de edad recién cumplida y primo de Absalón, seguramente el que sugirió lo sencillo que sería hurtar en esa casa. Hubo un cuarto involucrado, aunque él no subió hasta el cantón Pachoj: Carlos León Macario, amputado de una pierna, el más viejo de los cuatro, dieciochero también.

El robo era un robo entre pobres: pobres de solemnidad robando pertenencias a pobres un poco menos pobres. Se llevaron un televisor marca Polaroid de 14 pulgadas, un equipo de música, un huipil y otras prendas indígenas valiosas, y 5 000 quetzales en efectivo, unos 650 dólares. El contratiempo que lo alteró todo fue la irrupción del niño.

Cuando apareció —pants oscuros, camiseta de manga larga color vino, tenis rojos—, los tres hombres lo sometieron y lo amarraron. Absalón reconoció a su primo. La tensión y la ansiedad se dispararon. Asesinarlo emergió como la mejor opción. El Tucán comenzó a estrangularlo. Veinticuatro horas después, con la espalda deshecha a puros latigazos, César Armando diría que quiso salvar la vida de su primo, que agarró los brazos al Tucán, pero este lo apartó de un empujón, y que se salió de la casa para no verlo.

Las últimas palabras que César Armando alcanzó a oír en boca de su primo Absalón fueron: "No, no me hagan eso".

Sacaron el cadáver y lo arrojaron en una zanja.

El Tucán, el Dustyn y César Armando acapararon cuanto pudieron (el televisor, el equipo de música, el huipil, los quetzales) y luego se esfumaron. Pero aquella huida —todo el hurto— resultó desaguisada y torpe: la chumpa color café de uno de los ladrones quedó olvidada en la casa.

***

"Noticias así resuenan tanto —me dijo Tevalán Tzoc— porque no ocurren seguido, porque acá la comunidad protege a su gente."

Augusto Tevalán Tzoc (6 de junio de 1975) es el responsable —comandante, le dicen— de la filial Chichicastenango de los Bomberos Municipales Departamentales, un cuerpo de socorro similar a Comandos de Salvamento de El Salvador. Es un hombre que convive con la violencia y sus consecuencias.

Cuando me senté con él yo ni siquiera sabía que el niño se llamaba Absalón. Habían pasado casi tres semanas del asesinato y, aunque aquella muerte me había aparecido un día antes en pláticas informales en el mercado, fue la plática con Tevalán Tzoc la que me permitió dimensionar el rechazo feroz que entre los chichicastecos generó aquel infanticidio.

Chichi es una ciudad muy tranquila, en parámetros del Triángulo Norte de Centroamérica (Guatemala, Honduras, El Salvador), la región que Naciones Unidas etiquetó como la más violenta del mundo. Cuando el 18 de octubre de 2017 asesinaron a Absalón los chichicastecos llevaban más de dos años sin enterrar a un menor asesinado.

En realidad, todo el departamento del Quiché —del que Chichi es la ciudad más poblada— es muy tranquilo. En 2017 Quiché —1.2 millones de personas— reportó tres homicidios por cada 100 000 habitantes, por debajo de Chile, Uruguay, Estados Unidos y de varios países europeos. Guatemala en su conjunto cerró con 26 homicidios por cada 100 000 habitantes. Honduras, con 44 asesinatos cada 100 000 hondureños. Y El Salvador, con 60 homicidios por cada 100 000 salvadoreños.

Pero 2017 no fue un año anómalo o una rareza estadística. Quiché y otros departamentos chapines en los que la etnia maya k'iche' es mayoría absoluta (Totonicapán, Sololá, Alta Verapaz, Huehuetenango...) presentan números de violencia homicida más propios de Europa occidental que del Triángulo Norte. En Chichi —ciudad que ronda los 170 000 habitantes— hubo solo tres asesinatos en 2017, ninguno con arma de fuego; un homicidio en 2016; dos en 2015. Y así.

Cuando los números de asesinatos son esos, las preocupaciones son otras. "En el mercado te pueden abrir la cartera", me dijo Tevalán Tzoc. Los robos armados son atípicos. Las extorsiones, algo exótico. Y las pandillas, un fenómeno abortado del que apenas quedan brasas.

Tevalán Tzoc: "Cuando una comunidad quiere investigar algo hasta el final, lo hace. Se van a buscar al sospechoso y hasta que él diga: yo fui".

Luego me enumeró un listado de linchamientos ocurridos en Chichi y otros municipios cercanos en los últimos años. La plática terminó con una advertencia: "En Pachoj se han organizado por lo que pasó y no quieren ver a un desconocido después de las seis de la tarde. Si usted va, le aseguro que tendría problemas".

✻✻✻

La chumpa color café de uno de los ladrones quedó olvidada en la casa. Y en una de sus bolsas, un teléfono.

Miguel Xirum, el padre de Absalón, llegó a la casa tipo 8:30 de la noche. Las ventanas habían sido forzadas, el desorden dentro de la casa reforzaba la idea del robo, y —lo que más lo alteró— su hijo no estaba a una hora en la que debía estar. Lo llamó a gritos, pero nada. De 35 años, Miguel era miembro del Cocode del sector alto del cantón Pachoj. Más luego se detallará, pero los Cocodes (acrónimo de Consejo Comunitario de Desarrollo) son sistemas de organización comunal claves en Guatemala, que funcionan con especial diligencia en los lugares con mayor presencia indígena. Miguel telefoneó a otros integrantes del Cocode, que de inmediato fueron a ayudar en lo que hasta entonces se creía que nomás era un hurto.

La llamada en la subestación 71-21 de la Policía Nacional Civil (PNC) cayó a las 9:01 de la noche. La denuncia aún era por robo. Pero en los 40 minutos que los tres agentes asignados tardaron en subir a Pachoj, en la otra punta de la ciudad, los vecinos hallaron el cuerpo.

El Tucán no lo había alejado mucho: 25 metros al norte de la casa, según el parte policial. Si el grupo de personas que respondió a la solicitud de ayuda de Miguel no lo halló antes fue, por un lado, porque era noche cerrada y luna nueva, con escasísima visibilidad; y por otro, porque lo arrojaron en una zanja llena de vegetación.

Cuando el Toyota Hilux QUI-074 de la PNC llegó, los ánimos estaban ya caldeados. Algo difícil de digerir en una comunidad como el robo a uno de sus vecinos respetados ya se había convertido en el asesinato de un niño. La noticia se regó por Chichi en un chasquido. Llegaron los socorristas para sacar el cuerpo de la zanja; llegaron algunos periodistas movidos por tan inusual homicidio; y llegaron más y más vecinos del propio cantón, de cantones aledaños y de otros no tan cercanos. Luego, tipo 11, llegó el Ministerio Público encabezado por Wendy Tiú, la fiscal de turno. Más luego, pasada la medianoche, llegó otro pick-up de la División Especializada en Investigación Criminal (DEIC) de la PNC, con el oficial Salvador Hernández Ramírez al frente.

Recogieron algunas evidencias y, tipo 12:30 de la madrugada, cargaron al niño Absalón en la cama del pick-up QUI-074 y se lo llevaron al Hospital Santa Elena de Santa Cruz del Quiché, la cabecera departamental, para que al día siguiente le hicieran la autopsia.

En la diligencia policial que se redactó, la número 627-2017, se plasmó un dato en apariencia intrascendente: "Por rumores públicos se escuchaba que dicho menor fue eliminado físicamente por un pandillero que reside en este municipio, de nombre Dustyn Daniel Xiquín Cabrera". El Dustyn.

Firmes en la arraigada convicción de que la mejor justicia es la que aplica la comunidad, los vecinos habían trasteado el teléfono que hallaron en la chumpa color café olvidada, habían marcado algunos números memorizados en el aparato, y creían tener información suficiente para resolver el asesinato por cuenta propia. El siguiente día, jueves 19 de octubre, sería un día largo.

***

En Chichi hay maras y hay mareros, pero cuesta hallar similitudes entre el fenómeno de pandillerismo de esta ciudad y el que condiciona la vida —y la muerte— de decenas de miles de personas en San Salvador, en San Pedro Sula, en San Miguel, en Ciudad de Guatemala…

En las paredes de tal o cual barrio o cantón de Chichi aparecen placazos cada tanto: los mismos trazos y temáticas, las mismas letras y números. Pero en la práctica son poco más que pura travesura. Basta una jornada de civismo promovida por cualquier escuela para pintar encima a niños sonrientes abrazados, coloridas flores-arco-íris-soles, o lemas que proponen amor, tolerancia y respeto mutuo, como sucedió en los alrededores del estadio municipal. Las cachuchas con visera plana las usa cualquier *patojo* chichicasteco. Supe de un joven que estaba *parando* un grupo afín a la 18 en un cantón; ese joven era uno de los lustrabotas del parque central. El desaguisado en la casa de Absalón, ejecutado por la que podría considerarse la *clica* más activa y los pandilleros más curtidos, evidencia que muy poco tiene que ver la versión actual de las maras de Chichi con lo que se vive en el resto de Centroamérica.

No siempre fue así.

Los primeros dieciocheros y emeeses en el Quiché irrumpieron también en los noventa. Para el cambio de siglo un sector importante de la juventud de Chichi, de Santa Cruz, de Nebaj y de otros núcleos urbanos importantes del departamento se había dejado seducir por las maras. Había pandillas menores, como Los Metálicas o Los Limonadas, pero las dos referenciales eran el Barrio 18 y la

Mara Salvatrucha (MS-13). "La MS estaba en la mitad de Chichi", me dijo Benjamín, *activo* entonces, 35 años ahora, ex de la 18.

Chichi está bien comunicada con Ciudad de Guatemala por carretera. El vaivén de buses es infinito. Y en los buses, gente. Y entre la gente, pandilleros. Ese flujo y algún que otro deportado hicieron que surgieran varias *clicas* que con los años también *pararon, mataron, violaron y controlaron*, pero siempre conscientes de que lo grueso estaba en la capital ("para subir de nivel era de ir a Guatemala y de matar a alguien", me dijo Benjamín) y en El Salvador ("en El Salvador son las ligas mayores", me dijo Luis, *activo* entonces, 30 años ahora, ex de la MS-13).

Nombres de pandilleros de aquellos años son el Eddy, el Macario, David, el Johnny, el Sokom ak'al, el Pechuga, el Tucán... La mayoría están muertos o retirados. No todos.

"Aquello pudo controlarse, y la clave fue la iglesia cristiana evangélica", me dijo Emanuel Pérez, el director de Estudios Bíblicos ASELSI, una organización que trabajó con pandilleros y dio cabida a expandilleros. "Dios ama a este gente", dijo.

Las iglesias ayudaron y puede que incluso Dios, si en verdad existe. Pero hay otro factor poderoso que influyó en que se pusiera freno a la expansión y a la radicalización de las pandillas. "Las comunidades organizadas también ayudaron, y es que los *muchachos* se dieron cuenta de que la gente es muy violenta", dijo Emanuel Pérez.

Los últimos 15 años están salpicados de linchamientos en Chichi. Al Sokom ak'al lo quemaron vivo frente a la iglesia de Santo Tomás, el mero corazón de la ciudad. Años después, las comunidades vapulearon a dos pandilleros y quemaron a otro más; dicen que sobre uno de ellos, moribundo, la gente hacía cola para saltarle encima desde la escalinata de la iglesia. En el cantón Camanchaj, en enero de 2009, también golpearon y quemaron a otros tres hombres. Y así.

Algo así sucedió en Pachoj tras el asesinato de Absalón.

***

El jueves 19 de octubre pintaba un día largo, y lo fue.

Absalón, en la morgue. Pero Pachoj quiso vengar su muerte, y más de 200 vecinos —del cantón los más, pero no sólo— se congregaron a primerísima hora en torno a la familia doliente.

Del celular hallado en la chumpa color café olvidada se extrajo información precisa. Parte de la turba se dirigió al cantón Patulup I, a la casa de César Armando, el primo. En su cuarto encontraron un par de bocinas del equipo de música robado. La turba lo agarró, lo intimidó y se lo llevó a Pachoj. No tardó en confesar lo hecho el día anterior y sin mucha insistencia delató a sus compinches: el Dustyn, el Tucán y Macario.

La turba se disgregó para buscar a los tres, pero solo halló a Macario, en su casa del cantón Chilimá. También se lo llevaron a Pachoj.

Juntos César Armando y Macario, la turba los interrogó y les aplicó el castigo maya.

A César Armando lo azotaron con ganas. Su espalda, su cuello y en menor medida su pecho quedaron atravesados por líneas sanguinolentas y amoratadas, algunas de ellas reventadas en sangre, como si alguno de los látigos o varas tuviera alguna púa. Solo mirarlo será un tormento, pero comparado con lo que le hicieron a Macario, a César Armando le salió barato.

A Carlos León Macario lo molieron a golpes. Cuatro o cinco veces más latigazos y más marcados que a su compañero de linchamiento. También lo golpearon en el rostro y se recrearon con los tatuajes que tenía. El de su brazo derecho, alusivo a la 18, quedó irreconocible, como si hubieran querido borrárselo con una cuchilla. La espalda, toda color vino tinto, y con tantas salidas de sangre que Ángel Ernesto Vargas Maldonado, el oficial de la PNC que recibió aquel cuerpo derrotado, pidió a los agentes que no lo sentaran dentro del pick-up QUI-074, sino que lo cargaran en la cama, para no ensangrentar los asientos.

Puras piltrafas, pero César Armando y Macario salieron vivos del cantón Pachoj aquel jueves. Los retuvieron horas eternas, pero la comunidad acordó llamar a la PNC y entregarlos.

"Por la gravedad de las heridas, fueron trasladados a la emergencia del Hospital Nacional Santa Elena de Santa Cruz del Quiché, en donde Carlos León Macario quedó internado en la sala de observaciones con la custodia policial respectiva", consignó el reporte policial.

Los dejaron salir vivos de Pachoj por una razón: la comunidad ya tenía el nombre del asesino.

***

En 1935 se estrenó *Las nuevas aventuras de Tarzán*, rodada en "las extrañas selvas de Guatemala", decía uno de los afiches promocionales. Parte de la película transcurre en Chichicastenango, la "aldea indígena" en la que se conocen Lord Greystoke (Tarzán) y un tal padre Muller. En el filme se ve la iglesia de Santo Tomás —tal cual hoy—.

En 1941, en plena Segunda Guerra Mundial, el gobierno de Estados Unidos pagó a Walt Disney y a sus colaboradores más cercanos una larga gira por Latinoamérica, como embajadores de buena voluntad. Una de las escalas fue Chichicastenango, donde grabaron un minidocumental que se recrea en el indigenismo, y en el que también aparece altanera la iglesia de Santo Tomás, con su escalinata llena de hombres y mujeres que queman incienso en latas que balancean para esparcir los humos —tal cual hoy—.

Hoy, ocho décadas después, el centro de Chichi no luce tan distinto. Similares ropajes, edificios, andares, fisionomías… Chichi es (aún) un lugar de esencias, la capital espiritual de la etnia maya k'iche'. El *Popol Vuh*, su libro sagrado, fue hallado acá. Su ordenadamente caótico mercado —jueves y domingo— es una explosión de colores y olores, con la magia propia —pros y contras— de lo no moldeado para enamorar a los turistas. Un día de mercado hallás a docenas de *chelones* con sus cámaras, sus alturas, su piel lechosa y sus calcetines blancos, pero (aún) resultan un elemento disonante.

"Aquí siempre hemos sido más organizados —me dijo Ren Ixcamparij—; siempre, ancestralmente, y es por los indígenas."

Jimmy Ronald Ren Ixcamparij (22 de mayo de 1973) ha sido periodista, político prominente (diputado por el Partido Patriota en la legislatura 2012-2016) y empresario. Es un rostro conocido de la ciudad, alguien influyente, y vive en una gran casa en el cantón Chucam. Cuando lo entrevisté era uno de los miembros del Cocode.

Ya se apuntó: Cocode es el acrónimo de Consejo Comunitario de Desarrollo. Los Cocodes son la base del Sistema de Consejos de Desarrollo, un organigrama legislado y financiado por el Estado guatemalteco. Hay Cocodes en toda Guatemala, pero no funcionan igual en Zacapa o Chiquimula que en Quiché o Totonicapán. Como regla general, la ecuación es esta: a mayor porcentaje de población indígena, mayor involucramiento de los vecinos.

Los Cocodes y la cosmovisión maya (para los que la comunidad es un valor supremo) congeniaron, bien para decidir en asamblea qué calle hay que adoquinar, bien para aplicar el castigo maya a algún transgresor. En Chichi, los Cocodes son poder ejecutivo.

Mercado en la mañana, cancha de fútbol rápido en la tarde. Disciplina, responsabilidad y profundo sentido de comunidad permiten que el mismo espacio tenga usos tan dispares. Se trata del llamado Centro Comercial Santo Tomás, a apenas dos cuadras de la céntrica iglesia de Santo Tomás. En los letreros de las entradas advierten de que están "organizados contra la delincuencia". Montaje: Mónica Campos.

"Ser parte del Cocode es una obligación que todos ejercemos por dos años, y cuando se convoca a una reunión, que lleguen todos los vecinos mayores de edad es obligatorio", me dijo Ren Ixcamparij, a quien también le pareció muy mala idea —fue muy enfático— que yo fuera a Pachoj a reportear, estando los ánimos caldeados aún.

Desde la academia, tampoco se cree que sea casualidad que los departamentos de mayoría indígena sean año con año los menos violentos de Guatemala. El investigador Carlos Mendoza (13 de febrero de 1972) lo expresa así: "Mi hipótesis tiene que ver con las instituciones informales de los pueblos indígenas, que incluyen mecanismos propios para la resolución de conflictos".

Mendoza investiga la violencia homicida desde hace dos décadas y ha firmado trabajos específicos sobre linchamientos: "Con los linchamientos parece haber un efecto de contagio, en el que un municipio o cantón que escucha que en otro lincharon a alguien y que por eso ya no pasa nada ahí, entonces como que copian el método, y se da cierto contagio geográfico".

¿Los linchamientos terminan siendo un sistema efectivo de control? "Esa es una hipótesis que sería interesante comprobar: que son disuasivos para otro tipo de hechos delictivos", respondió Mendoza.

***

La comunidad ya tenía el nombre del asesino cuando el cantón Pachoj se fue a dormir el jueves 19 de octubre. El día siguiente era el entierro del niño Absalón.

No habían pasado ni 48 horas desde el asesinato, y la ciudad seguía en *shock*. Eso hizo que el último paseo de Absalón por Chichi pareciera, más que un funeral, una multitudinaria manifestación de rechazo a la violencia y de solidaridad y respeto hacia la familia.

El cementerio municipal es muy céntrico, a apenas cuatro cuadras de la iglesia de Santo Tomás. Después de la hora de almuerzo, cientos, miles de chichicastecos —mujeres en su mayoría— acompañaron el paso del ataúd cargado por hombres. Flores de colores vivos y de vivos colores también los atuendos de la inmensa mayoría. Y sobre la multitud, en volandas, la caja gris brillante con Absalón adentro, la foto del niño sonriente pegada al frente, y un suéter azul amarrado encima.

La marcha atravesó buena parte del colorido cementerio. El modestísimo panteón de la familia Chinol, de 12 nichos, lo estrenó Absalón. Recién lo habían levantado y ni siquiera pintado estaba. Lo introdujeron en el hueco de la esquina inferior izquierda. Tres semanas después, aún no habían colocado lápida ni inscripción alguna, pero acababa de pasar el Día de Muertos, y frente al nicho había jarros con flores, hojas de pino y de zempasúchil (las anaranjadas que se ven en *Coco*, la película de Disney) regadas en el suelo, y también fruta y una bebida en un vaso tapado, quizá horchata.

"Quiero agradecer a todo el pueblo porque... de verdad... tiene un corazón amoroso", dijo tras el entierro Manuel Morales, tío de Absalón: "Veo a un pueblo que de verdad está apoyando".

Luego sucedió algo extraño. Detrás del panteón de los Chinol hay un barranco y una quebrada llena de vegetación. Alguien creyó reconocer al Tucán y al Dustyn al otro lado, salidos de sus escondites para ver de lejos el entierro, confiados en la distancia. Calcularon mal. Docenas de hombres iniciaron una improvisada cacería de los dos pandilleros que terminó con suerte dispareja: el Dustyn escapó, no así el Tucán.

Como si nada, ante centenares de ojos, la turba se lo llevó a Pachoj.

***

Acá todos han hablado claro: no vayás a Pachoj, no vayás a Pachoj. Anómalo coro con tonos pavorosos: ¡Al cantón Pachoj, no!

Yo no hago caso.

Mañana torno *al Salvador*, ¿cómo no andar al cantón *d'Absalón*? Poco loco acaso, no hago caso a las notas anotadas tras hablar con tanto morador, tras tantas jornadas acá. Aparco los asombros acaparados y opto por trasladar la razón al cantón, para captar, para hallar, para confrontar.

Tras el asesinato del niño Absalón, los vecinos optaron por hacer patrullajes nocturnos en los tres sectores del cantón Pachoj. Este afiche se colocó en una de las entradas. Tiene el escudo de la Policía Nacional Civil de Guatemala, pero su rol es decorativo.

Son las ocho algo pasadas ya, con sol. Ando yo solo. Nomás alcanzo Pachoj, vacas. Poco más allá, acobarda la pancarta roja colgada lado a lado. "Sector organizado", aclama. Pavor. Todo como abandonado. Árbol frondoso, árbol alto, árbol con hojas... Ando solo por la rampa. Pavor. Ando más. Calma rara, como pocas. Pasan los patojos, mala corazonada. Yo ando más y más, con pavor, franco pavor. Poblador con cara larga asoma. Hablo: "Busco a don Mario Lindo, del Cocode, ¿lo conoce?" La grabadora graba. Habla poco, hosco, como no cómodo. Raro, todo raro acá. Ando más. Más pobladoras con pocas palabras, rostros amargos. "A don Mario, ¿lo conocen?" Callan las más, los más. Pavor. Yo ya paso los ocho años tratando con las maras, con tarados, con malvados, con soldado matón. Nada comparado con el pavor pasado ahora, andando solo por Pachoj. Nada. Avanzo poco a poco a poco, sacando las palabras como con sacacorchos. Logro andar hasta la casa. ¡Toc, toc! "¿Vive acá don Mario Lindo?" Ahora *no'stá*. Sonoro fracaso. Yo acabo acá. Ahora, para abajo, algo más calmado. Bajan dos mototax rojos, alzo la mano, lo paro, lo abordo. A Santo Tomás, por favor, a la plaza.

Atrás, cantón *d'Absalón*.

Atrás, cantón Pachoj.

Atrás, pavor.

Trabajoso contar cabal-cabal lo soportado allá, tan trabajoso como narrar sólo con la *a*, con la *o*.

***

La turba se llevó al Tucán a Pachoj. A plena luz del día. Serían las cuatro de la tarde cuando lo agarraron tras la persecución vertiginosa por el cantón Chucam, contiguo al cementerio.

Sobre lo que ocurrió aquella tarde-noche en el juicio popular sumario hay distintas versiones.

Unos dijeron que lo mataron nomás llegar, que los vecinos ya tenían certeza absoluta de que era el estrangulador de Absalón y no había mucho más que agregar. Otros, los más, dijeron que no, que al Tucán lo mantuvieron vivo por horas, sometido a un interrogatorio-linchamiento feroz, motivado por un primitivo sentimiento de venganza que concluyó en una sentencia a morir rociado de gasolina y quemado vivo. Y algotros dijeron que entre el linchamiento y la quema hubo tiempo, valor y ganas para arrastrarlo con un pick-up por algunas calles, amarrado de pies y manos, antes de prenderle fuego.

Sea como fuere, la historia no difiere en lo fundamental: los vecinos de Pachoj mataron al Tucán por considerarlo la persona que ahorcó a Jafet Absalón Xirum Chinol, un niño de 12 años asesinado por el simple hecho de entrar en su propia casa cuando la estaban desvalijando tres hombres, tres pandilleros de la 18.

Un selecto grupo de hombres designado por la comunidad se encargó después de hacer desaparecer aquella amalgama de músculos, huesos y órganos sanguinolentos —quizá calcinados— que pocas horas antes eran un hombre apodado el Tucán.

**

La subestación 71-21 de la PNC está en la salida hacia Santa Cruz. Es un edificio austero de una altura, pintado con los colores institucionales, y que alberga una pequeña bartolina. No hay cárceles en Chichicastenango.

"Aquí lo que más se da es la violencia intrafamiliar", me dijo la agente Heidy Cristina Loarca Sajquim, designada por el subinspector Santiago Xiloj —máxima autoridad en la 71-21— para darme respuestas.

Los indicadores de delincuencia en Chichi son primermundistas, pero no por un despliegue o una efectividad policiales extraordinarias. La subestación atiende el casco urbano y 52 de los 90 cantones, a unas 145 000 personas. Por todo, hay asignados 25 policías en turnos rotativos. Naciones Unidas sugiere como cifra idónea 30 policías por cada 10 000 vecinos. En la 71-21 hay dos por cada 10 000. Eso no quita que esta sea una de las ciudades más tranquilas de Centroamérica.

La PNC en Chichi es, en una interpretación benévola, una autoridad complementaria a las comunidades organizadas. Aunque quizá lo correcto sea decir que son una autoridad subordinada. Cuando platiqué con Loarca Sajquim se cumplían cabal tres semanas desde el asesinato del Absalón, y era *vox populi* que el Tucán había sido linchado. "Del Tucán no sabemos nada, pero hay rumores de que lo mataron", me dijo, como si nada.

El año 2017 terminará y la muerte del Tucán no se consignará en ningún informe oficial sobre la violencia homicida en Guatemala. Es un homicidio que oficialmente nunca sucedió.

**

A Juan Senté (a) el Tucán la comunidad lo mató pocas horas después del entierro del niño Absalón. "Ni su propio hermano se anima a buscarlo", me dijo un vecino del cantón Panchoj bajo estricta condición de que no publicara su nombre.

A Carlos León Macario y a César Armando Chicoj Xirum el Ministerio Público les abrió un proceso formal después del brutal correctivo que les aplicó la comunidad.

El cuarto de los dieciocheros, Dustyn Daniel Xiquin Cabrera (a) el Dustyn, desapareció. Yo estuve en Chichi la primera quincena de noviembre, y su paradero era un misterio. Unos aseguraban que había sido linchado y quemado junto al Tucán, pero los más metidos en el tema me dijeron que había logrado huir de la ciudad y salvar así su vida. El 12 de junio de 2018, ocho meses desde el asesinato, el Dustyn reapareció en Santa Cruz del Quiché. La PNC lo detuvo después de que intentara asaltar una tienda con una navaja. Un grupo de vecinos organizados llegó a la delegación para aplicarle el castigo maya, pero la Policía esta vez lo impidió. Y todo esto ocurrió sin que ni pobladores ni autoridades repararan en que era el mismo Dustyn involucrado en el robo en la casa de Absalón.

En Pachoj, la frustración y la venganza desembocaron en una mayor organización. El sábado 21 de octubre hubo una reunión de asistencia obligatoria, junto a la escuela. Llegaron unos 250 vecinos y acordaron crear tres grupos de patrullaje, uno para cada sector del cantón. De ocho de la noche a cuatro de la madrugada. Armados y comunicados. Solo hombres, unos 15 o 20 por patrulla. El k'iche' como lengua para entenderse. Patrullar no es voluntario. Solo con una enfermedad o algo realmente incapacitante alguien puede librarse. Todo para impedir que de noche ingresen personas ajenas al cantón.

"Los delincuentes ya se enteraron de que no somos una comunidad débil", me dijo uno de los patrulleros del sector III.

Los linchamientos de alguna manera tienen una vocación preventiva. Por eso lo que le hicieron al Tucán era *vox populi* en toda la ciudad. Quieren que lo que hizo la comunidad lo sepa el ladrón, el violador, el marero.

Tras los trágicos sucesos de octubre de 2017 en el cantón Pachoj, se sucedieron uno, dos, tres y hasta siete meses sin que se reportara un tan solo homicidio en Chichicastenango o en alguno de sus 90 cantones. Siete meses. No es poca cosa hablando del Triángulo Norte de Centroamérica.

Semblanzas de los autores

Carlos Martínez nació en El Salvador en 1979. Es periodista de *El Faro* con diecisiete años de experiencia. Parte de su obra ha sido recogida en antologías de no ficción como *Lo mejor del periodismo de América Latina II*, *Antología de crónica latinoamericana actual*, *Crónicas negras. Desde una región que no cuenta* e *Historias para no olvidar*. Es licenciado en periodismo por la Universidad Centroamericana José Simeón Cañas y maestro en ciencias políticas por la Universidad Autónoma Metropolitana, de México. Miembro fundador de Sala Negra. En 2008 recibió el premio nacional de periodismo cultural Fernando Benítez, entregado en la Feria Internacional del Libro de Guadalajara; en 2011, el Premio Ortega y Gasset; en 2013, el premio latinoamericano de periodismo de investigación, otorgado por el instituto IPYS; en 2014, el premio Centroamérica Cuenta, organizado por la revista *Caretas* y la FNPI. En 2018 recibió el Hillman Prize; ese mismo año fue finalista del premio FNPI en dos categorías, y en 2019 formó parte de un equipo de investigación que recibió el premio Rey de España. Carlos Martínez se ha especializado en la cobertura del fenómeno de pandillas en Centroamérica —particularmente de la Mara Salvatrucha-13 y Barrio 18— y de los sistemas penitenciarios de la región. Desde 2014 es parte del equipo responsable del contenido del Foro Centroamericano de Periodismo, que se organiza cada año y es el evento regional más grande de periodistas.

Daniel Valencia Caravantes nació en El Salvador en 1983. Periodista en *El Faro* desde 2002 y editor desde 2015. Miembro fundador de Sala Negra, coautor del documental *Las masacres de El Mozote* y de los libros *Crónicas negras* y *Jonathan no tiene tatuajes*. Mención honorífica en el premio de investigación periodística (IPYS, 2007 y 2015); finalista en el premio Gabriel García Márquez; Premio de Derechos Humanos y periodista del año. Sus relatos han sido retomados por revistas y periódicos en Francia, España, Colombia, Chile, Argentina, Venezuela, Honduras, Guatemala y Nicaragua.

José Luis Sanz nació en España en 1974. Es director de *El Faro* y miembro fundador de Sala Negra. Hace periodismo en El Salvador desde hace 20 años. Entre 2009 y 2014 investigó y escribió en Centroamérica y Estados Unidos sobre las actividades, historia y evolución de las pandillas Mara Salvatrucha 13 y Barrio 18, y fue parte de los equipos que ganaron el premio latinoamericano de periodismo de investigación IPYS en 2013, el premio Gabriel García Márquez a la excelencia en 2016 y el Premio Internacional Rey de España en 2019. Sus crónicas han sido seleccionadas en dos ocasiones entre las mejores de Iberoamérica por la Fundación para el Nuevo Periodismo Iberoamericano. Es coautor de los libros *Jonathan no tiene tatuajes* y *Crónicas negras*, y fue parte de la antología alemana *Terror Zones: Gewalt und Gegenwehr in Lateinamerika*. Dirigió, además, los largometrajes documentales *La última ofensiva*, sobre la llegada de la guerrilla del FMLN al poder en El Salvador, y *La semilla y la piedra*, sobre el genocidio Ixil en Guatemala.

Óscar Martínez nació en El Salvador en 1983. Fue coordinador del proyecto En el camino (2007-2010) y es miembro fundador del proyecto Sala Negra (2011-2018) de *El Faro*. Es editor de investigaciones especiales de ese periódico y autor de *Los migrantes que no importan*, sobre el viaje de los indocumentados centroamericanos a través del México del crimen organizado, *A History of Violence*, crónicas sobre la violencia en el norte de Centroamérica, y coautor de *Jonathan no tiene tatuajes*, *Crónicas negras* y *El niño de Hollywood*, que explica a través de la vida de un sicario la historia de la Mara

Salvatrucha-13. Ha sido antologado en los libros *Crónicas de otro planeta*, *Nuestra aparente rendición*, *Antología de crónica latinoamericana actual* y *Los Malos*. Ha publicado artículos, ensayos y columnas de opinión en medios estadounidenses como *The New York Times*, *The Nation* y *The New Republic*. En 2008 recibió el Premio Nacional de Periodismo Cultural Fernando Benítez, entregado en la Feria Internacional del Libro de Guadalajara. Es premio Nacional de Derechos Humanos por la Universidad José Simeón Cañas de El Salvador y miembro del equipo que ganó el primer lugar del premio de periodismo de investigación entregado por el Instituto de Prensa y Sociedad en 2013, el Hillman Prize en 2018 y el Premio Rey de España en 2019. En 2016 recibió el premio Maria Moors Cabot, entregado por la Universidad de Columbia y el Premio Internacional a la Libertad de Prensa, entregado por el Comité para la Protección de Periodistas.

Roberto Valencia nació en Euskadi en 1976, pero reside en El Salvador desde 2001. Es miembro fundador de Sala Negra del periódico digital *El Faro*, un proyecto de cobertura de la violencia en Centroamérica, especializado en el fenómeno de las maras. Ha ganado, entre otros reconocimientos, el Premio Latinoamericano de Periodismo de Investigación 2013 y el Premio Excelencia Periodística 2015 de la sip en la categoría de Crónica. Es autor y coautor de varios libros, entre los que destacan *Carta desde Zacatraz*, *Crónicas negras* y *Hablan de Monseñor Romero*.

Crónicas desde la región más violenta de Sala negra de El Faro
se terminó de imprimir en julio de 2019
en los talleres de
Litográfica Ingramex, S.A. de C.V.
Centeno 162-1, Col. Granjas Esmeralda, C.P. 09810,
Ciudad de México.